我们发挥政府投入的主体和主导作用，宁肯少上几个大项目，也优先保障脱贫攻坚资金投入。8 年来，中央、省、市县财政专项扶贫资金累计投入近 1.6 万亿元，其中中央财政累计投入 6601 亿元。打响脱贫攻坚战以来，土地增减挂指标跨省域调剂和省域内流转资金 4400 多亿元，扶贫小额信贷累计发放 7100 多亿元，扶贫再贷款累计发放 6688 亿元，金融精准扶贫贷款发放 9.2 万亿元，东部 9 省市共向扶贫协作地区投入财政援助和社会帮扶资金 1005 亿多元，东部地区企业赴扶贫协作地区累计投资 1 万多亿元，等等。我们统筹整合使用财政涉农资金，强化扶贫资金监管，确保把钱用到刀刃上。真金白银的投入，为打赢脱贫攻坚战提供了强大资金保障。

——习近平总书记在全国脱贫攻坚总结表彰大会上的讲话

（2021 年 2 月 25 日）

财政脱贫攻坚系列丛书

脱贫攻坚　财政担当

——财政脱贫攻坚工作综合报告

财政部脱贫攻坚领导小组办公室　编

中国财经出版传媒集团
中国财政经济出版社

图书在版编目（CIP）数据

脱贫攻坚　财政担当：财政脱贫攻坚工作综合报告／财政部脱贫攻坚领导小组办公室编．--北京：中国财政经济出版社，2021.6

（财政脱贫攻坚系列丛书）

ISBN 978-7-5223-0291-1

Ⅰ．①脱…　Ⅱ．①财…　Ⅲ．①扶贫-工作报告-中国　Ⅳ．①F126

中国版本图书馆CIP数据核字（2020）第264440号

丛书责编：蔡丽兰　梁　飞

责任编辑：郁东敏　　责任校对：胡永立

封面设计：中通世奥　　责任印制：刘春年

脱贫攻坚　财政担当

TUOPIN GONGJIAN　CAIZHENG DANDANG

中国财政经济出版社 出版

URL：http：//www.cfeph.cn

E-mail：cfeph@cfeph.cn

社址：北京市海淀区阜成路甲28号　邮政编码：100142

营销中心电话：010-88191522

天猫网店：中国财政经济出版社旗舰店

网址：https：//zgczjjcbs.tmall.com

北京时捷印刷有限公司印刷　各地新华书店经销

成品尺寸：170mm×240mm　16开　33.25印张　395 000字

2021年6月第1版　2021年6月北京第1次印刷

定价：82.00元

ISBN 978-7-5223-0291-1

（图书出现印装问题，本社负责调换，电话：010-88190548）

本社质量投诉电话：010-88190744

打击盗版举报热线：010-88191661　QQ：2242791300

编委会名单

序言

财政是国家治理的基础和重要支柱，在打赢脱贫攻坚战中肩负着特殊的重要职责。党的十八大以来，各级财政部门坚持以习近平总书记关于扶贫工作的重要论述为根本遵循，认真贯彻落实党中央、国务院的决策部署，把打赢脱贫攻坚战作为最紧要的政治责任、最重要的政治任务、最大的民生工程，坚决优先保障好脱贫攻坚投入，持续完善财税支持政策，切实加强扶贫资金管理，扎实推进定点帮扶工作，引导带动全社会扶贫，为如期打赢脱贫攻坚战、全面建成小康社会作出了积极贡献。2021 年 2 月 25 日，习近平总书记在全国脱贫攻坚总结表彰大会上发表重要讲话，充分肯定了财政脱贫攻坚取得的成绩和作出的贡献。

财政部脱贫攻坚领导小组办公室组织编写的《财政脱贫攻坚系列丛书》，包括《脱贫攻坚　财政担当》《脱贫攻坚　财政使命》《脱贫攻坚　财政故事》三册，以翔实的文字、系统的数据、鲜活的素材、生动的案例，全面回顾了财政脱贫攻坚进程，介绍了财政脱贫攻坚取得的丰硕成果，展现了财政脱贫攻坚工作中涌现的一批先进事迹，充分体现了广大财政扶贫干部为民服务的家国情怀、勇于创新的历史担当、尽职奉献的工作作风。

习近平总书记多次强调，脱贫摘帽不是终点，而是新生活、新奋斗的起点。打赢脱贫攻坚战后，要继续巩固拓展脱贫攻坚成果，接续全面推进乡村振兴。征途漫漫，惟有奋斗。各级财政部门要进一步增强“四个意识”、坚定“四个自信”、做到“两个维护”，在以习近平同志为核心的党中央坚强领导下，积极发挥财政职能作用，强化乡村振兴资金和政策保障，发扬伟大的脱贫攻坚精神，以永不懈怠的精神状态、一往无前的奋斗姿态，真抓实干、埋头苦干，为全面建设社会主义现代化国家，实现第二个百年奋斗目标作出新的贡献。

财政部党组书记、部长：刘昆

2021 年 5 月 1 日

目录

一、财政脱贫攻坚理论文章

二、中央财政脱贫攻坚综合报告

三、地方财政脱贫攻坚工作情况

四、附录

一、财政脱贫攻坚理论文章

充分发挥财政职能作用
坚决支持打好三大攻坚战

财政部党组书记、部长　刘昆

2018 年 8 月 2 日

打好防范化解重大风险、精准脱贫、污染防治的攻坚战是以习近平同志为核心的党中央为决胜全面建成小康社会作出的重大决策部署。2018 年 4 月，习近平总书记主持召开中央财经委员会第一次会议，明确提出了打好三大攻坚战的思路和举措。财政部门要认真学习贯彻习近平总书记重要指示要求，深刻领会打好三大攻坚战的深远意义，充分发挥财政职能作用，坚决支持打好三大攻坚战。

一、支持打好三大攻坚战是财政部门的重要职责使命

财政是国家治理的基础和重要支柱。打好防范化解重大风险、精准脱贫、污染防治三大攻坚战事关国家发展全局，对决胜全面建成小康社会意义重大，财政部门责无旁贷。

支持打好三大攻坚战是财政部门履职尽责的应有之义。党的十八大以来，在以习近平同志为核心的党中央坚强领导下，党和

国家事业取得历史性成就，发生历史性变革。当前，打好三大攻坚战是决胜全面建成小康社会必须跨越的重大关口，将为建设社会主义现代化强国奠定坚实基础。财政部门在决胜全面建成小康社会、实现中华民族伟大复兴中国梦的进程中肩负着重要职责，必须紧紧围绕新时代中国特色社会主义发展的战略安排，增强跨越关口的信心决心，统筹当前与长远，保持财政工作和财政政策的连续性，增强前瞻性，优化财政资源配置，采取更有力更有效的举措，坚决支持打好三大攻坚战。

支持打好三大攻坚战是财政部门践行以人民为中心发展思想的内在要求。我国社会主要矛盾已经转化为人民日益增长的美好生活需要和不平衡不充分的发展之间的矛盾，这对财政工作提出了新的更高要求。打好三大攻坚战，既是解决发展不平衡不充分问题的客观需要，也是满足人民日益增长的美好生活需要的必然要求。财政取之于民，用之于民。财政部门在打好三大攻坚战中，要全面落实以人民为中心的发展思想，抓住人民群众最关心、最直接、最现实的利益问题，突出财政的公共性和公平性，完善财税制度安排，有效发挥防范化解重大风险、消除贫困、改善生态环境质量的职能作用，不断增强人民群众的获得感、幸福感、安全感。

支持打好三大攻坚战是财政部门推动实现高质量发展的重大任务。我国经济发展进入新时代，基本特征是经济已由高速增长阶段转向高质量发展阶段。打好三大攻坚战，是破解发展难题、实现经济高质量发展的现实需要。财政部门要牢固树立新发展理念，按照高质量发展的要求，坚持标本兼治、疏堵结合、循序渐进，完善制度和强化管理并重，坚决守住不发生系统性风险的底线；充分发挥政府投入的主体和主导作用，完善财政脱贫攻坚政策体系，集中发力补齐短板；围绕环境整治和生态建设的重点领域、关键环节做好资金保障，落实和完善促进绿色发展的各项财税政策，把生态环境优势转变为发展优势。

二、坚持底线思维，支持打好防范化解重大风险攻坚战

打好防范化解重大风险攻坚战，重点是防控金融风险。地方政府债务风险防控，关系到地方财政稳健运行和实体经济健康发展，关系到金融市场稳定和经济社会发展大局。党的十八大以来，财政部门始终绷紧财政可持续这根弦，积极贯彻落实预算法，推动加快建立规范的地方政府举债融资机制，强化限额管理和预算管理，开展债务风险评估和预警，建立债务风险应急处置机制，构建债务风险常态化监督机制，依法查处问责违法违规融资担保行为，覆盖地方政府债务管理各个环节的“闭环”管理体系逐步形成。当前，地方政府债务风险总体可控。截至2017年末，全国地方政府债务余额16.47万亿元，控制在全国人大批准的2017年地方政府债务限额18.82万亿元之内，债务率低于国际通行的100%—120%警戒线。同时，有的地方仍继续违法违规变相举债，风险隐患不容忽视。

习近平总书记强调，我们既要有防范风险的先手，也要有应对和化解风险挑战的高招；既要打好防范和抵御风险的有准备之战，也要打好化险为夷、转危为机的战略主动战。应对地方政府债务风险，财政部门必须坚持底线思维，坚持稳中求进，抓住主要矛盾，开好“前门”、严堵“后门”，坚决刹住无序举债之风，牢牢守住不发生系统性风险的底线。一是严控法定限额内地方政府债务风险。地方政府依法一律采取发行政府债券方式规范举债。合理确定地方政府债务限额，稳步推进专项债券管理改革，保障地方合法合理融资需求。二是着力防控地方政府隐性债务风

险。一方面，坚决遏制隐性债务增量。坚决制止违法违规融资担保行为，严禁以PPP、政府投资基金、政府购买服务等名义变相举债。加强风险源头管控，硬化预算约束，严格项目审核，管控金融“闸门”，决不允许以新增隐性债务方式上新项目、铺新摊子。另一方面，积极稳妥化解存量隐性债务。坚持谁举债谁负责，严格落实地方政府属地管理责任。督促地方树立过紧日子的思想，通过盘活各类资金资产化解存量隐性债务，高负债地区要大力压减项目建设支出、“三公”经费以及其他一般性支出。要加强监督问责，从严整治举债乱象，对违法违规融资担保行为发现一起，查处一起，问责一起，并予以曝光。

三、坚持精准理念，支持打好精准脱贫攻坚战

农村贫困人口脱贫是全面建成小康社会最艰巨的任务。党的十八大以来，以习近平同志为核心的党中央对扶贫开发作出一系列重大部署，财政部门认真落实精准扶贫精准脱贫基本方略，完善资金和政策体系，大力支持脱贫攻坚。2013—2017年，中央财政累计安排补助地方专项扶贫资金2 786.88亿元，年均增长22.7%；省级及以下财政扶贫资金投入也大幅增长。在全国832个国家扶贫开发工作重点县和连片特困地区县全面推开涉农资金整合试点，将一部分涉农资金配置权完全下放到贫困县，由贫困县根据脱贫需要因地制宜统筹使用。狠抓财政扶贫资金监管，组织开展专项检查，坚决查处资金使用管理中存在的违纪违规问题。5年来，全国累计减贫6 800多万人，贫困地区群众生产生活条件显著改善，脱贫攻坚取得了决定性进展。当前，脱贫攻坚进入最后攻坚阶段，剩下的3 000万左右农村贫困人口，很多是特殊贫困群体，现有贫困大多集中在深度贫困地区，脱贫攻坚面

临的挑战依然巨大，需要解决的突出问题依然不少。

习近平总书记指出，脱贫攻坚时间紧、任务重，必须真抓实干、埋头苦干。财政部门要按照党中央、国务院关于打赢脱贫攻坚战三年行动的决策部署，坚持现行扶贫标准，聚焦深度贫困地区和特殊贫困群体，全力以赴支持打赢脱贫攻坚战。一是抓好投入保障。继续增加财政专项扶贫资金规模。加大对贫困地区的一般性转移支付力度，相关专项转移支付进一步向贫困地区、贫困人口倾斜。贯彻落实“三个新增”要求，做好2018—2020年中央财政支持深度贫困地区脱贫攻坚的资金安排，重点支持“三区三州”。二是把握精准要义。深入推进贫困县涉农资金整合试点，落实试点明确的放权改革要求，支持贫困县因地制宜推进脱贫攻坚。坚守脱贫攻坚现行目标与标准，既不降低标准影响脱贫攻坚质量，也不盲目提高标准，避免“福利陷阱”和“悬崖效应”。发挥财政预算的约束和导向作用，会同相关部门区分轻重缓急安排扶贫项目和资金。瞄准建档立卡对象，精准使用扶贫资金，确保贫困人口受益。三是强化绩效理念。全面加强各级各类扶贫资金管理，构建扶贫资金动态监控机制，建立扶贫资金总台账，将用于脱贫攻坚的财政资金全部纳入台账，实行精细化管理，解决实时监管到项目、到人、到企业的“最后一公里”问题。落实《扶贫项目资金绩效管理办法》，全面升级扶贫项目资金预算绩效管理流程，推动建立“花钱必问效，无效必问责”的机制。

四、坚持绿色发展，支持打好污染防治攻坚战

良好生态环境是实现中华民族永续发展的内在要求，是增进民生福祉的优先领域。党的十八大以来，以习近平同志为核心的党中央深刻总结人类文明发展规律，以前所未有的力度推动生态

文明建设。财政部门坚持绿色发展理念，着力在增投入、转方式、建机制上下功夫。5年来，中央财政调整支出结构，向绿色发展、环境保护、生态修复等重点领域倾斜，累计投入1.16万亿元，年均增长15.7%，远高于同期中央财政支出9.5%的增幅；创新支持方式，注重整体协同推进，支持开展流域横向生态补偿试点，推动地区间联防联控，探索统筹山水林田湖草等自然生态各要素开展整体修复；落实污染者责任，完善税收、政府采购、资源有偿使用、生态补偿等制度体系，促进生态环境治理的成本在政府与市场主体之间合理分摊，生态环保资金已经实现绩效管理全覆盖。同时也要看到，我国环境污染仍然严重，生态环境压力居高不下，提供优质生态产品的能力仍然不足，打好污染防治攻坚战任务艰巨。

习近平总书记指出，生态环境是关系党的使命宗旨的重大政治问题，也是关系民生的重大社会问题。财政部门要认真学习领会习近平总书记在中央财经委员会第一次会议和全国生态环境保护大会上的重要讲话精神，坚持问题导向，针对薄弱环节，加大财政支持力度，确保党中央关于污染防治各项决策部署落到实处。一是统筹增量和存量。加大资金投入，2018年中央财政安排大气、水、土壤三项污染防治资金合计405亿元，比2017年增长19%，投入力度是近年来最大的。对现有支持污染防治的各项资金和其他相关专项进行梳理，结合绩效评价情况，加大资金结构调整力度，增加用于污染防治重点工作的投入。二是聚焦重点发力。围绕“到2020年使主要污染物排放总量大幅减少，生态环境质量总体改善”的目标，完善相关财税政策，支持打赢蓝天保卫战，打好柴油货车污染治理、城市黑臭水体治理、渤海综合治理、长江保护修复、水源地保护、农业农村污染治理攻坚战等标志性重大战役。中央财政扩大支持北方地区清洁取暖的试点城市范围，中央国有资本经营预算加大对污染防治的投入。相关政策要更加注重源头防治，推进调整“四个结构”，推动做到“四减四增”。三是兼顾当前和长远。大力推进重点生态功能区转移支付、横向生态补偿机制、生态环境监测执法、财政事权和支出责任划分等制度建设，完善生态环境保护长效机制。健全以改善环境质量为核心的资金分配机制，集中财力确保管用有效的重点污染治理事项顺利推进。

三大攻坚战是以习近平同志为核心的党中央确立的三场硬仗，事关决胜全面建成小康社会，事关亿万人民福祉，必须坚决打赢打好。财政部门要深入贯彻习近平新时代中国特色社会主义思想和党的十九大精神，牢固树立“四个意识”，切实做到“两个坚决维护”，自觉从党中央工作大局出发，增强使命感紧迫感，充分发挥职能作用，紧紧抓住重点任务，全力以赴抓好落实，坚决支持打好三大攻坚战，为决胜全面建成小康社会作出新的更大贡献。

（原文刊载于《求是》杂志2018/15）

学深悟透习近平总书记扶贫重要论述
全力以赴支持打赢脱贫攻坚战

财政部党组书记、部长　刘昆

2018 年 9 月 30 日

习近平总书记扶贫重要论述，是习近平新时代中国特色社会主义思想的重要组成部分，是打赢脱贫攻坚战的根本遵循，为做好财政扶贫工作提供了强大思想武器和科学行动指南。财政部必须深入学习领会习近平总书记扶贫重要论述，认真贯彻党中央关于脱贫攻坚的决策部署，充分发挥财政职能作用，坚决支持打赢脱贫攻坚战。

一、深刻领会习近平总书记扶贫重要论述的精髓要义，找准财政在打赢脱贫攻坚战中的工作定位

党的十八大以来，以习近平同志为核心的党中央把扶贫工作摆到治国理政的重要位置。习近平总书记就扶贫工作提出了一系列新思想新观点，作出了一系列新决策新部署，以深刻的扶贫开发理论创新，有效指导并推动脱贫攻坚实践创新。财政是国家治理的基础和重要支柱，在优化资源配置、调节收入分配、促进社

会公平正义等方面发挥着重要作用，在打赢脱贫攻坚战中肩负着重要职责。

（一）学习领会习近平总书记扶贫重要论述，深刻认识打赢脱贫攻坚战的重大政治意义

打赢脱贫攻坚战是社会主义的本质要求。习近平总书记指出："贫穷不是社会主义。如果贫困地区长期贫困，面貌长期得不到改变，群众生活长期得不到明显提高，那就没有体现我国社会主义制度的优越性，那也不是社会主义。"消除贫困、改善民生、实现共同富裕，是社会主义的本质要求，是社会主义制度优越性的集中体现。如期打赢脱贫攻坚战，在中华民族发展史上首次整体消除绝对贫困现象，是人类社会发展史上的伟大创举，必将进一步彰显我国社会主义制度的优越性。打赢脱贫攻坚战是践行以人民为中心的发展思想的内在要求。习近平总书记指出："我们必须坚持发展为了人民、发展依靠人民、发展成果由人民共享，作出更有效的制度安排，使全体人民朝着共同富裕方向稳步前进，绝不能出现'富者累巨万，而贫者食糟糠'的现象。"人民是发展的主体，增进民生福祉是发展的根本目的。打赢脱贫攻坚战，是践行全心全意为人民服务根本宗旨的重要体现。必须坚持人民主体地位，充分调动人民群众的积极性、主动性、创造性，不断增强贫困群众在改革发展中的获得感，不断促进人的全面发展、全体人民共同富裕。打赢脱贫攻坚战是决胜全面建成小康社会的应有之义。习近平总书记强调："全面建成小康社会、实现第一个百年奋斗目标，农村贫困人口全部脱贫是一个标志性指标。"让贫困人口和贫困地区同全国一道进入全面小康社会是我们党的庄严承诺。打赢脱贫攻坚战、补齐全面建成小康社会最大的"短板"，没有任何讨价还价的余地。必须增强使命感紧迫

感，按照党中央确定的脱贫攻坚目标和扶贫标准，真抓实干、埋头苦干，确保如期完成脱贫攻坚任务，使全面建成小康社会得到人民认可、经得起历史检验。

（二）学习领会习近平总书记扶贫重要论述，准确把握脱贫攻坚科学方法论

习近平总书记扶贫重要论述，既阐明了总体要求、目标任务、重点工作和保障措施，又指出了具体的工作方法和实现路径，是我国脱贫攻坚伟大实践和宝贵经验的科学总结，是做好扶贫工作、打赢脱贫攻坚战必须坚持的科学方法论。要坚持党对扶贫工作的领导。党的十八大以来，我国脱贫攻坚取得的伟大成就，是在以习近平同志为核心的党中央坚强领导下、在习近平总书记关于脱贫攻坚系列新思想新观点的科学指引下取得的。打赢脱贫攻坚战，加强领导是根本，组织领导是保证。必须坚持党的领导，强化中央统筹、省负总责、市县抓落实的管理体制，强化党政一把手负总责的领导责任制，为脱贫攻坚提供坚强政治保证。要坚持精准扶贫精准脱贫基本方略。重点解决好“扶持谁”“谁来扶”“怎么扶”“如何退”的问题，针对不同原因不同类型的贫困采取不同措施，因人因户因村施策，对症下药，精准滴灌，靶向治疗。要自觉摆脱思维定式和路径依赖，不能眉毛胡子一把抓。要坚持加大政府投入和社会动员并行。在发挥政府投入的主体和主导作用的同时，动员和凝聚全社会力量广泛参与，构建专项扶贫、行业扶贫、社会扶贫互为补充的大扶贫格局。要坚持从严要求、真抓实干。把全面从严治党要求贯穿脱贫攻坚工作全过程和各环节，加强脱贫攻坚领域作风建设，确保脱贫攻坚过程扎实、脱贫结果真实，使脱贫攻坚成效经得起实践检验。要坚持扶贫与扶志、扶智相结合。贫困群众既是脱贫攻坚的对象，更

是脱贫致富的主体。要不断改进工作方式方法，充分发挥群众的积极性、主动性和创造性。要多采用生产奖补、劳务补助等机制，将救急纾困和内生脱贫结合起来，激发贫困群众内生动力，实现可持续稳固脱贫。

（三）学习领会习近平总书记扶贫重要论述，充分发挥财政在脱贫攻坚中的职能作用

消除贫困是我们党的重要使命，如期实现脱贫攻坚目标是必须完成的政治任务。要牢牢把握打赢脱贫攻坚战是重大政治任务这一定位，学深悟透习近平总书记扶贫重要论述，完善财政脱贫攻坚政策体系，在打赢脱贫攻坚战中发挥应有作用。必须全力以赴保障资金投入。完善财政综合扶贫投入体系，根据脱贫攻坚任务增加专项扶贫资金投入，优化扶贫资金投入和使用结构，发挥财政扶贫投入的引导作用。围绕攻克深度贫困堡垒，确保新增脱贫攻坚资金主要用于深度贫困地区，新增脱贫攻坚项目主要布局于深度贫困地区，新增脱贫攻坚举措主要集中于深度贫困地区。必须锐意改革推动政策创新。建立健全激励相容的体制机制，激发各方积极性、主动性，引导资源要素向深度贫困地区聚焦，精准施策，有效帮扶特殊贫困群体，推动脱贫攻坚取得实实在在的效果。必须坚持绩效导向强化资金监管。优化资金配置，加强资金整合，把每一分钱都花在刀刃上，防止资金闲置和损失浪费。全面加强各类扶贫资金项目绩效管理，提高使用效率，让每一分脱贫攻坚投入都给贫困群众带来实惠。

二、认真贯彻习近平总书记扶贫重要论述，财政扶贫工作取得重要进展

党的十八大以来，财政部认真学习贯彻习近平总书记扶贫重

要论述，按照党中央、国务院决策部署，坚持把支持脱贫攻坚作为重要政治任务，扎实做好各项工作。

（一）不断加大扶贫投入，发挥政府投入的“主导性”

按照习近平总书记“扶贫开发投入力度，要同打赢脱贫攻坚战的要求相匹配”的指示要求，中央财政调整支出结构，优先保障扶贫投入，无论是投入规模、投入比重，还是资金增速，都充分体现了政府投入在扶贫开发中的主体和主导作用。一是不断完善财政综合扶贫政策体系，加大对贫困地区转移支付力度，全国832个贫困县的一般预算支出中，上级补助及返还占比达80%左右。二是引导有助于脱贫的农业、教育、医疗、交通、生态等各类专项转移支付向贫困地区、贫困人口倾斜，推动解决突出问题，弥补脱贫攻坚短板。三是持续大幅增加财政专项扶贫资金规模。2013—2017年，中央财政累计安排补助地方专项扶贫资金2 787亿元，年均增长22.7%。在此基础上，2018年再增200亿元，达到1 061亿元，较上年增长23.2%，连续三年保持200亿元增量。四是积极拓宽财政扶贫投入渠道。2013—2018年，中央财政安排专项彩票公益金80亿元，用于支持贫困革命老区产业发展和小型生产性公益基础设施建设。五是督促有关省份优化地方政府债务资金支出结构，重点支持脱贫攻坚。2016—2017年，每年支持脱贫攻坚的债务资金规模为600亿元，2018年增加到将近1 100亿元，其中支持易地扶贫搬迁为891亿元。

（二）推动放权改革，充分调动基层的“积极性”

落实习近平总书记“给贫困县更多扶贫资金整合使用的自主权”的重要指示精神，2016年，启动支持贫困县开展涉农资金整合试点，核心是将部分涉农资金的配置权完全下放到处于脱贫攻坚一线的贫困县，支持贫困县依据当地脱贫攻坚规划，区分轻重缓急，自主确定和实施扶贫项目，当年整合资金规模超过2 700多亿元。2017 年，整合试点范围进一步推广到全部 832 个贫困县，实际整合 3 286 亿元，完成支出 2 935 亿元。2018 年，截至 6 月底已实际整合各级涉农资金 2 129 亿元支持脱贫攻坚，完成支出 1 065 亿元。这一放权改革的实施，推动形成了“多个渠道引水、一个龙头放水”的扶贫投入新格局，彻底解决了“基层最知道自己哪儿疼，却没法开方抓药”等顽疾，充分调动了贫困县的积极性、主动性、创造性，受到基层干部群众的普遍欢迎。

（三）创新支持机制，不断提升扶贫政策的“精准性”

深刻领会习近平总书记“扶贫开发贵在精准，重在精准，成败之举在于精准”的内涵要求，从资金分配、使用、监管等环节着手，不断提升扶贫资金使用的精准性。完善扶贫资金因素法分配机制，确保资金投入向脱贫攻坚主战场聚焦。规范资金精准使用，对象上要求瞄准建档立卡贫困人口，用途上重点支持改善发展条件、提升发展能力、培育致富产业。紧紧抓住“精准”这一核心，推动资金使用机制创新，总结提炼、推广了资产收益扶贫等新模式。习近平总书记在山西太原主持召开深度贫困地区脱贫攻坚座谈会时，对资产收益扶贫模式给予了高度评价，肯定其是解决深度贫困的好办法。此外，注重扶贫与扶志相结合，支持实施公益岗位扶贫、以工代赈扶贫等一批精准扶持措施，帮助贫困群众通过自力更生增收脱贫。完善教育、医疗等兜底保障政策，促进改善贫困地区教育质量，防止因病致贫返贫。

（四）磨砺监管绣花功夫，确保扶贫资金的“安全性”

习近平总书记特别强调：“扶贫资金是贫困群众的‘救命钱’，一分一厘都不能乱花，更容不得动手脚、玩猫腻！”中央财政将“资金保障要实”作为财政扶贫的重点工作，先后修订完善财政专项扶贫资金管理办法和绩效评价办法，扎紧制度“笼子”。每年开展专项扶贫资金绩效评价，并根据评价结果给予激励奖励，通过绩效评价“指挥棒”引导地方强化扶贫资金使用管理，不断提升资金的脱贫成效。认真开展扶贫开发工作成效考核、脱贫攻坚督查巡查，强化扶贫资金绩效约束，“倒逼”地方落实资金监管主体责任。在持续加强扶贫资金常态化监管的同时，不定期组织全国财政监督检查力量，对各地扶贫资金使用管理情况进行“全面体检”。总的看，随着扶贫资金监管力度的逐步加大，近年来扶贫资金领域发生的严重违规违纪问题涉及的资金比例呈现逐步下降趋势。

三、坚持以习近平总书记扶贫重要论述为根本遵循，全力以赴支持打赢脱贫攻坚战

党的十九大将脱贫攻坚作为决胜全面建成小康社会必须打好的三大攻坚战之一，作出新的重大部署，提出新的更高要求。习近平总书记对“打赢脱贫攻坚战三年行动”作出重要批示，并在一系列重要会议上对脱贫攻坚工作作出重要指示，为实施好打赢脱贫攻坚战三年行动提供了根本遵循。

财政部认真学习贯彻习近平总书记扶贫重要论述，牢固树立“四个意识”，切实做到“两个坚决维护”，围绕脱贫攻坚决战必胜的目标，把打赢脱贫攻坚战作为重大政治责任，发挥好财政部

脱贫攻坚领导小组的统一领导和统筹协调作用，进一步增强财政支持脱贫攻坚工作合力，不折不扣落实好党中央关于打赢脱贫攻坚战的决策部署。

（一）聚焦“坚中之坚”，全力支持攻克深度贫困堡垒

习近平总书记作出了“深度贫困地区是脱贫攻坚的坚中之坚”的重要判断，要求采取更加集中的支持、更加有效的举措、更加有力的工作，集中优势兵力打攻坚战。财政部及时将财政扶贫工作重心聚焦到集中投入、集中政策、集中精力支持攻克深度贫困堡垒上。投入安排方面，切实贯彻“三个新增”要求，结合编制2018—2020年中期财政规划，将脱贫攻坚摆在财政支出优先保障的位置，提前制订深度贫困地区脱贫攻坚增量资金安排方案，在保证现有扶贫投入不减的基础上，三年新增安排深度贫困地区脱贫攻坚资金2 140亿元，其中“三区三州”1 050亿元。资金落地方面，提前将支持“三区三州”的增量资金细化分解，确保落到具体地区，并明确要求省级财政也加大投入，避免“挤出效应”。提前通知地方增量资金安排情况，指导编制好“三区三州”脱贫攻坚方案，确保资金落到具体项目，避免资金闲置。政策配套方面，总结评估财政扶贫政策效果并及时调整完善，确保目标更加清晰、靶向更加精准、导向更加明确。聚焦深度贫困地区“短板”，支持实施贫困村提升工程、培育贫困村集体经济、加强生态扶贫工作、缓解因病致贫返贫。

（二）强化绩效理念，实施扶贫项目资金全面绩效管理

习近平总书记对资金保障提出明确要求，强调“做到投入实、资金实、到位实，精打细算，用好用活，用在关键，用出效益”。财政部贯彻落实习近平总书记重要指示精神，按照党的十

九大关于全面实施绩效管理的改革要求，在脱贫攻坚工作中率先开展全面绩效管理。绩效管理理念上，彻底改变扶贫项目资金“事后评价通报为主”的传统思维，要求各级政府及相关部门建立扶贫项目资金“花钱必问效、无效必问责”的绩效理念。绩效管理流程上，对扶贫项目资金管理各环节实施全流程跟踪，做到预算“编制有目标、执行有监控、事后有评价、结果有应用”。绩效管理实施上，明确了不同层级、不同部门的职责分工。中央层面重在顶层设计，研究制定了《扶贫项目资金绩效管理办法》；省级层面，重在上传下达和跟踪指导，结合情况制定本省规范，指导推动市县的绩效工作；市县层面，重在抓好落实。部门职责方面，财政、扶贫、发展改革部门牵头负责，按照“谁支出、谁填报、谁负责”的原则，由资金具体使用部门和单位承担绩效主体责任。

（三）践行“阳光扶贫”，建立扶贫资金动态监控机制

习近平总书记指出：“扶贫资金量大、面广、点多、线长，监管难度大，社会各方面关注度高。要强化监管，做到阳光扶贫、廉洁扶贫。”财政部坚持将加强财政扶贫资金管理作为重点工作，积极推动建立扶贫资金动态监控机制。监管范围上，建立扶贫资金总台账，将用于脱贫攻坚的各级各类财政资金全部纳入台账，实行精细化管理。监管方式上，依托信息技术手段，开发建设扶贫资金动态监控平台，对逐级监管为主、终端监管薄弱的传统模式全面升级，解决扶贫资金监控到项目、到人、到企业的“最后一公里”问题。监管要求上，全面了解资金安排、拨付、支付进度，跟踪项目实施情况和绩效目标实现情况，并通过建立预警机制、合理设置预警指标，及时发现资金使用管理中存在的问题，跟踪督促做好问题整改。扶贫资金动态监控机制的建立，

将有力推动解决扶贫资金量大、面广、点多、线长带来的监管挑战，也为解决财政资金在其他领域中的监管难题提供了经验。

（四）坚持“疏堵结合”，积极防范化解脱贫攻坚领域债务风险

习近平总书记强调，要“更加自觉地防范各种风险，坚决战胜一切在政治、经济、文化、社会等领域和自然界出现的困难和挑战”。财政部强化风险意识，坚守不因脱贫攻坚导致地方政府债务违约的“底线”，坚持疏堵结合，积极防范化解脱贫攻坚领域债务风险。“疏”的方面，支持各地依法合规开展扶贫融资。针对易地扶贫搬迁工作中出现的新情况、新问题，及时研究调整规范易地扶贫搬迁融资方式，将贷款等融资统一调整规范为发行地方政府债券融资，分年度落实各地搬迁所需债务资金规模，确保易地扶贫搬迁资金来源无忧，确保中央财政的支持力度不减。“堵”的方面，督促地方不得过度融资。严格坚守现行脱贫攻坚目标标准，立足财政职能，发挥财政预算的约束和导向作用，避免超越发展阶段盲目提标，形成福利陷阱和加剧政策“悬崖效应”，加大筹资压力和虚增融资需求。

（五）坚持真抓实干，深入推进财政扶贫领域作风建设

财政部贯彻落实习近平总书记“将2018年作为脱贫攻坚作风建设年”的重要指示精神，把作风建设作为提升财政扶贫干部队伍“作战能力”的重要抓手。按照国务院扶贫开发领导小组的部署，及时制定印发《开展扶贫领域作风问题专项治理实施方案》，推动各级财政积极研究解决脱贫攻坚面临的新情况新问题，主动承担应尽之责，用作风建设的成果促进财政脱贫攻坚各项政策措施的落实。把深入开展好定点扶贫工作作为扶贫领域作风建

设重点，创建四级财政部门纵向联动机制，按照尽锐出战的要求配强工作力量，针对定点县的实际需求出台有针对性的具体帮扶措施。同时，把定点扶贫县作为转变作风、调查研究的基地，解剖麻雀，总结经验，完善财政扶贫政策，推动提升财政扶贫工作水平。

财政部要更加紧密地团结在以习近平同志为核心的党中央周围，坚持以习近平新时代中国特色社会主义思想为指导，深入学习贯彻习近平总书记扶贫重要论述，充分发挥财政职能作用，不折不扣落实好党中央关于打赢脱贫攻坚战三年行动的决策部署，全力以赴支持夺取脱贫攻坚决战的胜利。

（原文汇编于原国务院扶贫办组织编写的《〈习近平扶贫论述摘编〉学习体会》）

进一步强化政治担当
高质量完成好脱贫攻坚决战任务

财政部党组书记、部长　刘昆

2019 年 3 月 20 日

党的十八大以来，习近平总书记把扶贫工作摆到治国理政的重要位置，以前所未有的力度推进脱贫攻坚工作，取得了明显成效。我国农村贫困人口从 2012 年底的 9 899 万人减少到 2018 年底的 1 660 万人，累计减少 8 239 万人，贫困发生率从 10.2% 下降至 1.7%，累计下降 8.5 个百分点。各级财政部门深入学习领会习近平总书记关于扶贫工作的重要论述，认真贯彻落实党中央、国务院关于脱贫攻坚的决策部署，积极发挥财政职能作用，为脱贫攻坚取得决定性进展作出了积极贡献。

一、落实党中央重大决策部署扎实有力，2018 年财政脱贫攻坚工作取得新进展

党的十八大以来，各级财政部门深入学习领会习近平总书记关于扶贫工作的重要论述，认真贯彻落实中央决策部署，强化投入保障，完善支持政策，加强资金管理，为脱贫攻坚取得决定性

进展作出了积极贡献。特别是2018年，各级财政部门认真落实中央关于打赢脱贫攻坚战三年行动的部署要求，工作措施有力有效。

（一）组织领导和工作落实机制不断健全

组织领导不断强化。财政部成立了脱贫攻坚领导小组，统筹研究和协调推进财政扶贫重点工作，进一步明确成员单位职责，充实财政扶贫工作力量。28个有扶贫开发任务的省份财政厅（局）都建立了脱贫攻坚领导小组或工作协调机制，有的省还成立了扶贫工作专班。

工作部署不断深化。财政部及时制定印发贯彻落实打赢脱贫攻坚战三年行动实施方案，实化细化了17个方面的具体措施，对财政系统履行脱贫攻坚职责提出明确要求。举办财政扶贫政策培训班和座谈会，加强对地方工作的跟踪指导，督促推动重点工作落实。

作风建设持续强化。积极配合、接受中央脱贫攻坚专项巡视“政治体检”，发现问题立行立改，举一反三完善制度。认真开展扶贫领域作风问题专项治理，对照查摆问题，强化责任担当，切实转变作风。

（二）各级财政扶贫投入不断加大

投入总量不断增加。中央财政继续加大对贫困地区的一般性转移支付力度，引导有助于脱贫的农业、教育、医疗、交通、生态等转移支付向贫困地区、贫困人口倾斜。中央财政专项扶贫资金规模、用于脱贫攻坚的地方政府新增债务限额，均首次突破1 000亿元。地方各级财政也切实加大扶贫投入力度，省市县各级专项扶贫资金总规模达到近2 000亿元。

投入重点更加突出。贯彻落实习近平总书记“三个新增”的重要指示，财政部研究制定2018—2020年支持“三区三州”等深度贫困地区脱贫攻坚的增量资金方案，在及时下达资金的同时，督促省级财政相应调整支出结构，进一步向深度贫困地区倾斜，支持攻克深度贫困堡垒。

“大扶贫”格局逐渐形成。运用税收优惠、财政补贴、贷款贴息等政策工具，调动企业、社会参与脱贫攻坚积极性。系统梳理支持脱贫攻坚的税收优惠政策，进一步完善和明确企业、个人用于扶贫等公益性捐赠的所得税优惠政策。东西扶贫协作力度不断加大，东部9省市全年投入财政帮扶资金177亿元，是上年的1.3倍。

（三）财政扶贫政策措施不断完善

贫困县涉农资金整合持续深化。推进扶贫领域“放管服”改革，在832个贫困县开展涉农资金统筹整合试点，整合力度逐步加大，管理使用逐步规范，整合成效逐步凸显，三年整合各类涉农资金超过9 000亿元。

易地扶贫搬迁融资方式得到规范。切实防范扶贫领域融资风险，按规定调整规范易地扶贫搬迁融资方式，按照渠道调整、标准不变、力度不减的原则，有序落实支持易地扶贫搬迁的债务限额和贴息资金，推动顺利完成280万建档立卡贫困人口搬迁任务。

行业扶贫和定点扶贫工作有序推进。积极落实相关支持政策，推动产业扶贫、教育扶贫、健康扶贫、就业扶贫、生态扶贫、光伏扶贫等工作，支持做好贫困群众兜底保障工作，改善贫困地区基础设施条件。强化财政扶贫干部培训，落实扶贫干部关爱激励政策。履行定点帮扶责任，深化定点扶贫四级财政联动机制，平江县顺利实现脱贫摘帽，永胜县贫困人口大幅减少。

（四）扶贫资金管理水平不断提升

探索建立财政扶贫资金动态监控机制。以预算编制为源头，以绩效目标为依据，以支付环节为依托，整合信息系统资源，初步建立了扶贫资金动态监控平台。28 个省份均已完成监控平台部署，330 多个地市、2 900 多个县（区）已上线操作使用。

实施扶贫项目资金全面绩效管理，推行扶贫项目资金绩效管理，建立扶贫资金“花钱必问效、无效必问责”的管理机制。截至 2018 年底，全国 28 个省份共完成约 11 万个扶贫项目的绩效目标填报工作，涉及扶贫资金约 8 200 亿元。

强化扶贫资金监督管理。认真落实扶贫资金项目公告公示制度，组织专员办开展财政支持脱贫攻坚政策落实情况专项核查，督促各地认真抓好脱贫攻坚成效考核发现问题的整改，积极配合全国人大、民主党派、纪检监察、审计巡视等方面对扶贫资金政策的监督。通过多措并举，扶贫资金使用安全性、规范性明显提升，审计查处问题资金占比逐年下降。

上述成绩的取得，是以习近平同志为核心的党中央坚强领导的结果，是习近平总书记关于扶贫工作的重要论述科学指引的结果，是各级财政部门齐心协力履职尽责的结果。同时，我们也要看到，财政扶贫工作还存在一些薄弱环节。我们要坚持问题导向，切实采取有效措施，尽快弥补短板。

二、扎实做好今明两年财政脱贫攻坚工作，全力支持脱贫攻坚决战决胜

2019 年是新中国成立 70 周年，是脱贫攻坚战决战决胜的关

键一年。习近平总书记在中央经济工作会议、中央政治局常委会会议、全国“两会”上，多次就脱贫攻坚工作作出重要指示。我们要深入学习贯彻习近平总书记关于扶贫工作的重要论述，认真落实近期党中央、国务院脱贫攻坚有关重要会议精神，进一步强化政治担当，立足职能职责，高质量地完成好脱贫攻坚决战任务。今明两年，要抓好抓实以下重点工作。

（一）切实抓好三年行动实施方案的贯彻落实

一要进一步细化实化政策举措。属于制度建设的，要抓紧研究制定或修订相关制度；属于投入保障的，要根据年度预算安排分年落实，并及时安排拨付资金，便于市县加快项目准备和实施。属于项目、行动、工程和政策实施的，要列出时间表、路线图，实行台账管理和定期调度，切实加快工作进度；属于原则要求的，要认真做好调查研究，并将有关要求落实到日常工作中。

二要坚守脱贫攻坚现行目标标准。聚焦“两不愁、三保障”，既不脱离实际、拔高标准、吊高胃口，也不搞虚假脱贫、降低标准、影响成色。对吊高胃口、搭车扶贫等偏离现行脱贫攻坚目标标准的行为，各级财政部门要敢于发声、及时纠偏。强化预算约束和导向作用，通过优化支出安排和实施扶贫项目资金全面绩效管理，真正把扶贫资金花在“刀刃”上，防止扶贫项目内容泛化，避免虚增筹资压力和融资需求。合理确定脱贫时序，因地制宜实施扶贫项目，既不搞层层加码赶进度，也不拖延耽误，影响如期完成攻坚目标。

三要强化对落实情况的跟踪督促。脱贫攻坚是场硬仗，容不得半路歇脚、半程甩包袱，必须持之以恒抓实抓细。部内各单位要按照职责分工，加强对地方的跟踪指导、信息调度，经常开展调查研究，耐心回应各方关切。各地在抓好政策落地的同时，要认真总结经验，并及时反馈工作进展情况和问题。要逐级抓好财政扶贫政策培训，提升各级财政干部政策水平和抓落实的工作能力。

（二）切实抓好脱贫攻坚投入保障

一要按打攻坚战的要求切实保障投入。进一步健全投入保障机制，统筹考虑公共财政、地方政府债务资金、社会投入等渠道，多渠道加大扶贫开发投入。同时，各地要用好贫困县涉农资金整合政策，列明“负面清单”，提高实质整合比例，坚决放权到位，破除干扰限制整合的各项规定，进一步提高贫困县统筹安排扶贫资金的能力。

二要重点向深度贫困地区倾斜。将深度贫困地区作为扶贫投入保障的重中之重。要足额落实支持深度贫困地区脱贫攻坚增量资金安排方案，中央财政在分配下达时明确用于“三区三州”的具体规模，省级财政也要相应加大投入力度，避免形成“挤出效应”。同时，中央和省级财政要统筹加大对“三区三州”外贫困人口多、贫困发生率高、脱贫难度大的其他深度贫困地区的支持力度。

三要重点保障好“3+1”资金需求。义务教育、基本医疗、住房安全和饮水安全（“3+1”）问题是当前脱贫攻坚面临的突出短板，中央已经作了明确部署。各级财政部门要把这项工作摆在优先位置，配合行业部门，抓紧拿出具体方案，积极筹措资金，瞄准贫困地区和贫困人口，精准安排资金，杜绝“搭车”扶贫。

（三）切实抓好各级各类扶贫资金管理

一要严格落实资金监管主体责任。按照阳光扶贫、廉洁扶贫的要求，严格落实各项扶贫资金管理制度，做好扶贫政策和资金项目公开公示工作，接受群众和社会监督。持续开展财政支持脱贫攻坚政策落实情况专项核查，严肃查处扶贫资金管理中的违法违规问题，始终保持扶贫资金监管的高压态势。组织开展惠民惠农财政补贴资金“一卡通”专项治理，坚决斩断伸向惠民惠农尤其是扶贫资金的“黑手”。地方各级财政要切实落实扶贫资金监管主体责任。专员办要充分发挥就地就近监管优势，加强扶贫资金日常监管。

二要加快建立财政扶贫资金动态监控机制。广泛听取意见建议，进一步完善监控平台功能。优化监控平台操作流程，提高平台的稳定性、易用性和可视性。加快制定监控工作规程，明确监控具体要求。加强指导培训，强化技术保障。落实“省负总责”，认真做好业务管理规范、数据对接、指标和支付信息系统优化等工作。

三要全面落实扶贫项目资金绩效管理要求。从 2019 年开始，各地要对扶贫项目资金实施全过程绩效管理，将所有扶贫项目绩效目标随同预算资金同步下达，并录入平台实施在线监控和评价，推动扶贫资金管理从“重投入”向“重结果”转变。各地专员办要对所在省份 2018 年度扶贫项目资金绩效自评结果进行抽查复核，并对 2019 年扶贫项目资金绩效目标填报情况进行监督。

（四）切实抓好脱贫攻坚组织保障

习近平总书记强调，“脱贫攻坚任务能否完成，关键在人，关键在干部队伍作风”。各级财政部门要把扶贫干部队伍建设摆在更加重要的位置，按照“尽锐出战”的要求，进一步加强脱贫攻坚工作力量。既要严格管理，也要关心爱护，既要解决“不想干”“不愿干”的问题，又要解决“不会干”“干不好”的问题，防止麻痹思想、松懈情绪和厌战心理，激励干部担当作为，保持决战决胜的良好精神状态。要进一步健全党组主要负责同志负总责的脱贫攻坚领导机制和工作机制，理顺内部职责分工，加强部门协调联动，压实工作责任，凝聚工作合力。

目前，财政部及相关省份财政部门正在有序推进巡视整改工作。我们要认真对照问题清单、任务清单和责任清单，找准问题，补齐短板。涉及责任共担的问题，要建立沟通协作机制，以上率下，以下看上，上下联动。要切实用好巡视成果，以巡视整改为契机推动工作，全面提高财政扶贫工作水平。坚决扛起脱贫攻坚政治责任，务求工作实效，力戒官僚主义、形式主义。坚决落实脱贫攻坚精准要义，不断完善财政政策的操作性、针对性，杜绝平均主义和“大水漫灌”。坚决转变工作作风，深入开展调查研究，加强对已出台政策的跟踪指导和督促落实，以作风建设的新成效促进各项政策措施的落实。

（本文摘自刘昆同志2019年3月20日在全国财政系统脱贫攻坚工作视频会上的讲话）

准确把握定点扶贫新形势新任务新要求 坚决做好财政部定点扶贫工作

财政部党组书记、部长　刘昆

2019 年 7 月 19 日

定点扶贫是打赢脱贫攻坚战的重大举措，是党中央交给各单位的重大政治任务。习近平总书记多次就中央单位定点扶贫工作作出重要指示，强调“要深化东西部扶贫协作和党政机关定点扶贫，调动社会各界参与脱贫攻坚积极性，实现政府、市场、社会互动和行业扶贫、专项扶贫、社会扶贫联动”。财政部认真学习贯彻习近平总书记关于扶贫工作的重要论述，深刻认识“开展定点扶贫是中国特色扶贫开发事业的重要组成部分，也是我国政治优势和制度优势的重要体现”的重要定位，不折不扣贯彻落实党中央、国务院关于定点扶贫工作的决策部署，把旗帜鲜明讲政治的要求贯彻落实到支持帮助定点扶贫县打赢脱贫攻坚战各项工作。

一、充分肯定定点扶贫工作取得的阶段性成效

近年来，财政部深入贯彻落实习近平总书记关于定点扶贫工作的重要指示精神，紧密结合财政自身特点和定点扶贫县实际，

不断加大工作力度，推动定点扶贫持续深入，成效日益显现。

一是组织领导更加完善。部党组坚持将定点扶贫工作摆上重要议事日程，今年以来先后4次专题研究定点扶贫。我代表财政部向国务院扶贫开发领导小组签署了《中央单位定点扶贫责任书(2019年度)》，就做好2019年度财政部定点帮扶工作作出承诺。驻部纪检监察组专门召开座谈会，听取定点扶贫工作专题汇报。机构改革后，及时对我部定点扶贫工作领导小组进行调整，进一步充实工作力量、明确帮扶责任，更好发挥领导小组作用。结合财政工作职能，研究制定《财政部2019年定点扶贫工作要点》《财政部定点扶贫信息报送办法》等，不断健全定点扶贫工作机制。

二是督促指导更加到位。为进一步了解定点县脱贫攻坚情况，及时推动研究解决问题，部党组将定点县扶贫调研作为一项重点工作内容。今年5月，我前往云南省永胜县开展扶贫调研，实地考察了解脱贫攻坚有关情况，督促县委县政府落实好脱贫攻坚主体责任；程丽华、余蔚平同志分别于年初到定点县调研指导脱贫攻坚工作。今年初，程丽华、邹加怡同志邀请平江、永胜两县县委政府负责同志、扶贫干部到部内开展座谈，研究推进帮扶工作。赵惠令、许宏才等同志也与两县负责同志进行了沟通交流。今年以来，部内30家单位赴定点县开展调研，实地考察对接帮扶措施，查找扶贫工作中存在的问题和不足，有力推动党中央、国务院重大政策落地落实。

三是驻县帮扶更加有力。按照“尽锐出战”的要求配强工作力量，为两县分别增派2名选调生，加强对定点扶贫县的人才支持。加强对一线扶贫干部的关怀、关爱，对于表现优秀的，根据工作需要和脱贫攻坚任务完成情况，适时提拔使用或重用。扶贫工作队的同志们扎根基层，不辞辛苦，结合当地实际，统筹各方面资源开展帮扶，发挥了财政部联系定点县的桥梁纽带作用，取得了较好成效，相关事迹被人民日报、经济日报、湖南日报、云南日报等多家媒体报道宣传。

四是帮扶措施更加精准。主动请定点县提出需要帮助解决的困难，在此基础上结合各单位工作职责，统筹形成定点帮扶分工清单并加强跟踪督办，增强定点县对帮扶工作的获得感和满意度。从近期督办结果来看，部内各单位都能够结合定点县需求和自身工作实际，采取务实有效的举措开展帮扶，包括协调项目支持、吸引社会资源、开展扶贫培训、进行结对帮扶等在内的 84 项具体帮扶措施有序推进。今年以来，我部在落实资金帮扶的同时，培训两县扶贫干部 1 043 人次，培训专业技术人员和贫困群众 1 164 人次，为推进 2019 年度定点扶贫工作任务全面完成奠定了坚实基础。

五是扶贫氛围更加浓厚。用好《财政部定点扶贫简报》和部属新闻媒体平台，及时宣传我部定点扶贫的工作动态和成效。广泛发动部内各单位和党员干部通过捐款捐物、消费扶贫等方式，开展向定点县、贫困群众献爱心活动。今年以来，部内各单位及干部职工向平江、永胜两县捐款超过 10 万元，直接消费定点县农副产品 240 万元，动员社会各界力量帮助销售 1 130 万元。

经过各方面的共同努力，两县贫困面貌得到明显改善，贫困群众生活水平不断提高，今年 3 月，湖南省人民政府批复同意平江县脱贫摘帽，平江县摘掉戴了 22 年的国家级贫困县帽子；云南省公布了 2018 年省级扶贫开发成效评估考核结果，永胜县被评定为“好”。我部定点扶贫的相关做法和帮扶成效也得到了国务院扶贫办、中央和国家机关工委的肯定。2018 年，国务院扶贫开发领导小组组织实施了中央单位定点扶贫首次考核，财政部定点扶贫工作成效考核被评为“好”，我部相关做法被国务院扶贫办《扶贫信息》专题刊发。这些成绩的取得，来之不易，凝聚着湖南、云南省，岳阳、丽江市，平江、永胜县各级党委政府和广大人民群众，以及财政部门广大干部的心血和汗水，也凝聚着财政部机关广大干部，尤其是扶贫队干部的智慧与心血。在此，我代表部党组，对同志们的扎实工作和辛勤付出表示衷心感谢！

二、清醒认识定点扶贫工作面临的新形势新任务新要求

习近平总书记强调，脱贫攻坚进入决胜的关键阶段，务必一鼓作气、顽强作战，不获全胜决不收兵。财政部定点扶贫工作，既要聚焦当前的定点扶贫任务，落实好各项扶贫措施，开展实实在在的具体帮扶行动，又要根据新形势新任务新要求，针对帮扶工作中的问题和不足，加力推动整改，进一步提高定点扶贫工作水平，助力定点县坚决打赢脱贫攻坚战。

一是要把握定点扶贫工作的新任务新要求。今年 3 月，习近平总书记在参加十三届全国人大二次会议部分省代表团审议时指出，今后两年脱贫攻坚任务仍然艰巨繁重，剩下的都是贫中之贫、困中之困，都是难啃的硬骨头。4 月，习近平总书记在重庆主持召开解决“两不愁三保障”突出问题座谈会时强调，各行业部门要围绕脱贫攻坚目标任务，按照尽锐出战要求，切实履职尽责，合力攻坚。6 月，国务院扶贫开发领导小组印发《关于解决“两不愁三保障”突出问题的指导意见》，明确要求引导中央单位定点扶贫等帮扶资金用于解决“两不愁三保障”突出问题，加大对帮扶地区教育和医疗人才等援助力度。各单位要认真学习贯彻习近平总书记关于扶贫工作重要论述，落实党中央、国务院对定点扶贫工作的决策部署，找准本单位在定点扶贫中的工作定位，聚焦重点开展帮扶，切实精准扶贫、精准脱贫。

二是要看到定点扶贫县脱贫攻坚依然有不少难点。目前，平

江、永胜两县的脱贫攻坚任务仍十分艰巨。平江县虽然已经摘帽，但仍有9 000多贫困人口；永胜还有一万多贫困人口，贫困发生率高于全国平均水平（1.7%）。这些剩余未脱贫人口中，残疾人、孤寡老人、长期患病者及缺乏技能等“无业可扶、无力脱贫”群众所占比例较大，都是攻坚战中难啃的“硬骨头”。从部领导和部内各单位多次到两个定点县调研的情况看，定点县的扶贫工作仍存在基础设施供给不足、农产品抗市场风险能力较差、易地扶贫搬迁任务较重等问题。这些问题关系到贫困群众能否持续稳定脱贫，若不及时解决，将直接影响脱贫攻坚成效。

三是要认清定点帮扶工作中的问题和不足。去年，中央第十巡视组对财政部党组开展了脱贫攻坚专项巡视，巡视反馈意见指出了定点扶贫工作中存在的一些不足，对改进我部定点帮扶工作提出了意见建议。今年5月，中央和国家机关工委反馈了2018年定点扶贫考核意见，也对我部改进提升定点扶贫工作提出了要求。这些说明，我部定点扶贫工作虽然取得了一些成绩，但绝不能有“歇歇脚、松口气”的想法，要一鼓作气，攻坚克难，帮助两县高质量脱贫摘帽并巩固好脱贫成效。

习近平总书记指出，发现问题就要认真解决，解决问题更要防止形式主义、官僚主义。解决方法就是钉钉子，逐一明码结账了事，不得马虎。我们要按照习近平总书记的指示要求，实打实、硬碰硬，坚持问题导向，梳理存在的问题，制定有效管用的措施，应对和战胜各种困难和挑战，解决问题要丁是丁、卯是卯，解决一件是一件，决不能掉以轻心，影响脱贫目标实现。

三、强化使命担当意识，进一步做好2019年定点扶贫工作

2019年是全面建成小康社会的关键一年，也是打赢脱贫攻坚

战攻坚克难的关键一年。当前，全党正深入开展“不忘初心、牢记使命”主题教育，脱贫攻坚是社会主义的本质要求，是实现党的第一个百年目标的底线任务和标志性指标，最能体现党的初心和使命。部内各级党组织和广大党员干部要将定点扶贫工作融入我部主题教育学习教育、调查研究、检视剖析、整改落实全过程，自觉用习近平总书记关于扶贫工作的重要论述武装头脑、指导实践、推动工作，聚焦重点，突破难点，完善机制，落实责任，扎实推进定点扶贫工作。

（一）提高政治站位，落实定点帮扶责任

开展定点扶贫是我们党推进中国特色扶贫开发事业的重要组成部分，必须坚持从政治上认识和推进定点扶贫工作，把抓好定点扶贫工作作为必须履行的重大政治责任和坚决完成的光荣政治任务，作为牢固树立“四个意识”、带头落实“两个维护”的具体实践，以强有力的意志和措施扎实推进。按照国务院扶贫开发领导小组统一部署，我代表财政部签订了 2019 年定点扶贫责任书，就组织领导、调研督导、投入资金、开展培训、消费扶贫等方方面面的帮扶工作立下了军令状。部内各单位和广大党员干部要心往一处想、劲往一处使，确保各项帮扶任务落实到位。各单位要在上半年工作的基础上，按照本单位对定点县的帮扶计划，不折不扣地逐项继续抓好落实。部定点扶贫办要发挥“指挥所”作用，细化分解具体任务，明确职责和要求，做好服务和协调，强化跟踪督导。

（二）聚焦目标标准，确保精准扶贫精准脱贫

脱贫攻坚的标准，就是稳定实现贫困人口“两不愁、三保障”，不愁吃不愁穿，义务教育、基本医疗、住房安全有保障。4

月16日，习近平总书记在重庆召开解决“两不愁三保障”突出问题座谈会时明确指出了“三保障”和饮水安全的具体薄弱环节，并要求在解决相关突出问题时，坚持现行脱贫标准，既不拔高，也不降低。对明显超出标准的，坚决予以纠正；对没有明显超标的，保持政策稳定性、连续性。平江、永胜的脱贫攻坚工作，必须严格按照这个脱贫标准来开展，既不能脱离实际、拔高标准、吊高胃口，也不能虚假脱贫、降低标准、影响成色。在绝对贫困问题尚未解决的前提下，不能把精力和资源放在解决相对贫困问题上。部内有关司局要在做好全国面上工作的同时，加大对平江、永胜两县的培训指导，确保两县准确把握和严格落实相关标准，聚力解决绝对贫困问题。

（三）突出财政特色，运用好四级联动工作机制

中央和省、市、县四级财政部门联动工作机制已经取得一定成效，特别是省、市财政部门在加大政策支持、强化资金监管、发动社会力量等方面，给予了两县大力支持。下一步，要继续坚持这一行之有效的做法，发挥财政部门四级联动优势，在政策宣传培训、项目协调、扶贫资金监管、工作指导等方面进一步加大力度，帮助定点县用足用活用好各项扶贫政策。要指导定点县深入推进涉农资金统筹整合，做好扶贫资金绩效管理和财政资金动态监控等工作，提高财政资金使用管理水平，并通过解剖麻雀，完善财政扶贫资金管理政策。要发掘财政培训资源，帮助提升扶贫干部工作能力和贫困群众综合素质，激发脱贫内生动力。

（四）坚持问题导向，以巡视整改为契机推进定点扶贫

巡视整改工作是财政部当前和今后一个时期的重要政治任务，这其中包括定点扶贫工作。部党组制定的巡视整改方案，明

确了包括定点扶贫工作在内的一系列整改工作，党组成员多次专门就巡视整改和定点扶贫工作作出批示，并带头推动有关问题整改。近日，财政部党组又安排对包括脱贫攻坚专项巡视在内的各项巡视反馈问题整改情况进行了检查督导。各单位要对标中央以及部党组要求，以“钉钉子”精神抓好整改任务落实，防止出现反弹。部定点扶贫办要承担起定点扶贫问题整改牵头责任，督促各单位抓好巡视整改各项任务，确保条条整改、件件落实，推动定点帮扶工作再上新台阶。

（五）增强帮扶合力，持续营造定点扶贫浓厚氛围

驻定点县工作队作为财政部在平江、永胜定点扶贫的专门力量，要继续尽心尽力、用心用情，支持和配合县委县政府做好扶贫工作。要加强对挂职扶贫干部的培训、管理、考核、监督，给予更多关心关爱，积极鼓励他们集中精力搞好脱贫攻坚。部内各单位要积极推动“以购代捐”消费扶贫，用好“公益财政”扶贫平台，发动各工会组织、食堂和广大干部职工通过采购贫困户产品奉献扶贫爱心，营造“人人皆愿为、人人皆可为、人人皆能为”的扶贫浓厚氛围。

平江、永胜脱贫攻坚正处于紧要时期。两县党委政府和部内各单位要深刻认识如期完成脱贫攻坚任务的艰巨性、重要性、紧迫性，进一步加强工作对接，发扬连续作战作风，狠下一番“绣花”功夫，通过更加集中的支持、更加有效的举措、更加有力的工作，决战决胜脱贫攻坚。

定点扶贫工作使命光荣，责任重大。我们要更加紧密地团结在以习近平同志为核心的党中央周围，坚持以习近平新时代中国特色社会主义思想为指导，深入学习贯彻习近平总书记关于扶贫工作的重要论述，不忘初心、牢记使命，坚决把党中央、国务院

决策部署落实到定点扶贫的生动实践中，全力以赴帮助定点扶贫县夺取脱贫攻坚全面胜利！

（此文摘自2019年7月19日刘昆同志在财政部定点扶贫工作交流推进会上的讲话）

以习近平总书记重要论述为指引
全力支持做好新时代“三农”工作

财政部党组书记、部长 刘昆

2019 年 12 月 16 日

2019 年 4 月，《习近平关于“三农”工作论述摘编》正式出版，这是新时代“三农”工作的一件大事。习近平总书记关于“三农”工作重要论述，是我们党“三农”工作理论创新的重要成果，是做好新时代“三农”工作的根本遵循和行动指南。财政部门要深入学习贯彻习近平总书记关于“三农”工作重要论述，充分发挥财政职能作用，以更大的决心、更明确的目标、更有力的举措支持做好新时代“三农”工作。

一、学深悟透习近平总书记关于“三农”工作重要论述，增强做好新时代“三农”工作的责任感使命感

习近平总书记关于“三农”工作重要论述，以宏大深远的战略眼光分析和把握农业农村发展大势，对农业农村发展重大理论和实践问题进行深刻阐述，科学回答了新时代如何看“三农”、谋“三农”、兴“三农”的重大问题，具有极强的思想性、理论

性、创新性、指导性，对推进农业农村发展，书写好中华民族伟大复兴的“三农”新篇章，具有十分重要的指导意义。我们要深入学习领会蕴含其中的马克思主义立场观点方法，深刻认识“三农”在全面建成小康社会、实现现代化进程中的重要地位，切实把思想和行动统一到习近平总书记重要指示精神和党中央决策部署上来，不断增强做好农业农村发展工作的思想自觉和行动自觉。

（一）必须深刻认识到，学深悟透习近平总书记关于“三农”工作重要论述，是贯彻落实习近平新时代中国特色社会主义思想的应有之义

习近平总书记在长期亲力亲为抓“三农”工作实践中，深刻把握农业农村发展规律，始终从政治、战略高度认识“三农”问题、谋划“三农”发展。党的十八大以来，习近平总书记坚持把解决好“三农”问题作为全党工作的重中之重，提出一系列新的重要思想、重要论述、重大判断和重大举措，形成新时代党的“三农”工作理论体系，成为习近平新时代中国特色社会主义思想的重要组成部分。我们学习贯彻习近平新时代中国特色社会主义思想，深入推进农业农村发展，就必须深刻领会、准确把握习近平总书记关于“三农”工作重要论述的精神实质、核心要义和科学内涵，进一步提高政治站位，强化责任意识和使命担当，增强“四个意识”，坚定“四个自信”，做到“两个维护”，把学习成果更好转化为做好新时代“三农”工作、推动农业农村发展的生动实践和实际成效。

（二）必须深刻认识到，深入推进农业农村发展，是践行党的初心和使命的必然要求

为中国人民谋幸福，为中华民族谋复兴是中国共产党人的初

心和使命。在90多年波澜壮阔的历史进程中，我们党紧紧依靠人民，跨过一道又一道沟坎，取得一个又一个胜利，实现了中国人民从站起来到富起来、强起来的伟大飞跃。农业农村发生了翻天覆地的巨变，亿万农民得到了实实在在的实惠。当前，我国社会主要矛盾已经转化为人民日益增长的美好生活需要和不平衡不充分的发展之间的矛盾。站在新的历史起点上，我们践行初心和使命的目标更坚定，基础更牢固。但也要清醒地认识到，我国发展最大的不平衡是城乡发展不平衡，最大的不充分是农村发展不充分，突出表现在同快速推进的工业化、城镇化相比，我国农业农村发展步伐还跟不上，农业基础还比较薄弱，农民年龄知识结构、农村社会建设和乡村治理方面存在的问题还比较突出。我们不忘初心、牢记使命，很重要的一个方面，就是要顺应人民群众对美好生活的向往，坚持以人民为中心的发展思想，把发展农业、造福农村、富裕农民摆在更加突出的位置，加大强农惠农富农政策力度，充分发挥投入对农业农村发展的支撑作用，夯实农业基础，建设美丽和谐乡村，让农民有更多获得感、幸福感、安全感。

（三）必须深刻认识到，做好新时代“三农”工作，是实现“两个一百年”奋斗目标的客观需要

习近平总书记指出，如期实现第一个百年奋斗目标并向第二个百年奋斗目标迈进，最艰巨最繁重的任务在农村，最广泛最深厚的基础在农村，最大的潜力和后劲也在农村。到2020年全面建成小康社会，最突出的短板在“三农”，必须打赢脱贫攻坚战、加快农业农村发展。到2035年基本实现社会主义现代化，大头重头在“三农”，必须向农村全面发展进步聚焦发力，推动农业农村农民与国家同步基本实现现代化。到2050年把我国建成富

强民主文明和谐美丽的社会主义现代化强国，基础在“三农”，必须让亿万农民在共同富裕的道路上赶上来，让美丽乡村成为现代化强国的标志、美丽中国的底色。对实现“两个一百年”奋斗目标，我们充满必胜的信心，也具备良好的基础条件。但也要清醒地认识到，事业越发展、改革越深入，新情况新问题就会越多，面临的风险和挑战就会越多，面对不可预料的事情就会越多。特别是，西方国家工业化、城镇化、农业现代化、信息化经历的时间比较长，阶段划分比较明显。我国工业化、信息化、城镇化、农业现代化同步发展、同步推进，农业农村领域短板更明显，农业基础比较薄弱，农村公共资源配置不足，发展任务更艰巨。要实现“两个一百年”奋斗目标，就必须把握客观发展规律和长期大势，在统筹推进“五位一体”总体布局、协调推进“四个全面”战略布局中，抓住主要矛盾和薄弱环节，坚持农业农村优先发展，加快补齐“三农”短板，确保亿万农民与全国人民同步进入小康社会，如期实现全面建成社会主义现代化国家宏伟目标。

（四）必须深刻认识到，坚持和加强党对农村工作的全面领导，是我们做好新时代“三农”工作的根本保证

习近平总书记多次强调，党管农村工作是我们的传统。在革命、建设、改革各个历史时期，我们党都把解决好“三农”问题作为关系党和国家事业全局的根本性问题，始终牢牢掌握党对农村工作的领导权。改革开放以来，我们党先后提出“统筹城乡经济社会发展”“工业反哺农业、城市支持农村”“促进城乡经济社会发展一体化”等一系列重大论断，坚持不懈对科学处理工农城乡关系进行理论创新和实践探索。特别是党的十八大以来，以习近平同志为核心的党中央把解决好“三农”问题的重要性提升

到新的历史高度，每年召开中央农村工作会议、出台中央一号文件，及时研究农村重大政策、重要改革、重点任务，响鼓重锤、狠抓落实，党对农村工作的领导不断强化，推动农业农村发展取得历史性成就、发生历史性变革。2018 年我国农村居民人均可支配收入达到 14 617 元，粮食总产量连续 4 年稳定在 1.3 万亿斤以上，农业物质技术装备水平不断提高，农村基础设施、公共服务、社会保障等全面改善。实践证明，党管农村工作，是我们最大的政治优势，是做好农村工作的一条根本经验，也是实施乡村振兴战略的根本保证。2019 年 8 月施行的《中国共产党农村工作条例》，总结提炼了党管农村工作的历史经验，对坚持和加强党对农村工作的全面领导作出了系统规定，是新时代党管农村工作的总依据。我们做好新时代“三农”工作就必须发挥好这个优势，用好这个法宝，把坚持和加强党的全面领导贯彻落实到财政支农各个领域，确保党在农村工作中始终总揽全局、协调各方，为推动农业农村优先发展、实施乡村振兴战略提供坚强的政治和组织保障。

二、准确把握“三农”工作科学方法论，不断提高做好财政支持“三农”工作的能力和水平

习近平总书记关于“三农”工作重要论述立意高远、思想深刻、内涵丰富，不仅回答了新时代“三农”怎么看的认识论问题，而且提供了“三农”怎么干的方法论指导，为做好新时代“三农”工作指明了方向、明确了路径。我们要深刻体悟习近平总书记观大势、谋全局的政治智慧，学懂弄通习近平总书记关于“三农”工作重要论述精神要求，熟练掌握蕴含其中的新理念新思想新战略，努力站高一步、看远一些、想深一层，提高做好农

业农村发展工作的政策理论水平和实践能力。

（一）坚持从全局高度重视和谋划好“三农”工作

习近平总书记指出，农业农村农民问题是关系国计民生的根本性问题。农业丰则基础强，农村稳则全局安，农民富则国家富。我们要深刻认识到，我国是农业大国，重农固本是安民之基、治国之要，“三农”工作不仅是全局工作的重要组成部分，更是全局工作的基础和支撑。把解决好“三农”问题作为全党工作重中之重，是我们党执政兴国的重要经验，必须长期坚持、毫不动摇。我们要增强全局观念，着眼于确保如期全面建成小康社会和基本实现现代化、实现国家长治久安，自觉把“三农”放到改革发展稳定全局中考量和谋划，财税政策设计、制度安排和经费保障都要体现大局、服从大局、服务大局，在要素配置上优先满足，在资源条件上优先保障，在公共服务上优先安排，全力支持做好新时代“三农”工作。

（二）坚持底线思维和战略思维守好“三农”这个战略后院

习近平总书记指出，农业基础稳固、农村和谐稳定、农民安居乐业，整个大局就有保障，各项工作都会比较主动。只要粮食不出大问题，中国的事就稳得住。当今世界正经历百年未有之大变局，外部环境更趋复杂严峻，我国发展进入各种风险挑战不断积累甚至集中显露的时期。守好“三农”这个战略后院，牢牢稳住经济社会全局的“压舱石”，这是我们抓住和用好重要战略机遇期、应对各种风险挑战、促进经济社会持续健康发展的十足底气。我们要增强底线思维，从最坏处着眼，做最充分的准备，朝好的方向努力，争取最好的结果，增强战略思维，保持战略定力，集中精力办好自己的事情。主动适应内外环境变化对做好

“三农”工作提出的新要求，统筹资金和政策，着力提高粮食生产能力，确保需要时能产得出、供得上，做到谷物基本自给、口粮绝对安全；加快补齐农村基础设施和公共服务短板，推动农民消费梯次升级，释放国内需求潜力，推动中国经济行稳致远；大力支持乡村规划建设和环境整治，不断提升乡村治理水平，维护农村社会稳定。

（三）坚持以改革创新精神深入推动新时代农业农村发展

习近平总书记指出，改革开放是决定当代中国命运的关键一招，也是乡村振兴的重要法宝。要坚定不移深化农村改革，坚定不移加快农村发展，坚定不移维护农村社会和谐稳定。新中国成立之初，我们在广大农村实行土地改革，极大地调动了恢复和发展农业生产的积极性，为国民经济全面恢复、社会主义工业化的推进奠定了坚实基础。40 年前，我们摆脱思想束缚，在农村率先拉开改革大幕，实行家庭联产承包责任制。此后，从乡镇企业异军突起、取消农业税到农村承包地“三权”分置、打赢脱贫攻坚战、实施乡村振兴战略，我们通过大胆地试、勇敢地改，推动农业农村领域改革取得一次又一次突破、“三农”事业发展取得一个又一个胜利。新时期解决农业农村发展面临的各种矛盾和问题，根本还是要靠深化改革。习近平总书记的重要论述，为深化农业农村改革指明了方向，提供了方法论、勾画了路线图。我们要认真落实党中央部署的改革任务，深入分析、全面摸清农业投入保障、涉农资金监管等方面存在的问题，增强革新意识，强化责任担当，通过深化改革，不断完善财政支持“三农”工作体制机制，着力解决脱贫攻坚、农民增收、农村民生保障和人居环境改善等“三农”领域的重点难点堵点问题，以钉钉子精神做实做细做好农村改革各项工作。

（四）坚持走群众路线着力解决农民最关心最直接最现实的利益问题

习近平总书记指出，要把实现好、维护好、发展好广大农民群众的根本利益作为做好“三农”工作的出发点和落脚点。要把那些农民最关心最直接最现实的利益问题，一件一件找出来、解决好，不开空头支票，让农民的获得感、幸福感、安全感更加充实、更有保障、更可持续。字里行间饱含着习近平总书记对农民群众的深厚感情，体现了习近平总书记重农、爱农、为农、兴农的价值导向和理念，是我们党坚持人民立场在“三农”工作上的具体体现。我们党干革命、搞建设、抓改革，都是为人民谋利益，让人民过上好日子。我们要从思想上认同，在实践中践行，自觉站稳人民立场这个根本政治立场，把人民拥护不拥护、赞成不赞成、高兴不高兴、答应不答应作为衡量一切工作得失的根本标准，保持同人民群众的血肉联系，把群众观点、群众路线深深植根于思想中、具体落实到行动上，着力支持改善和提高广大农民群众生活水平，加大对农村公共服务和社会事业的投入力度，支持做好教育、文化、医疗卫生、社会保障、社会治安、人居环境等民生工作，把习近平总书记的深情关怀和殷切希望变成农民群众幸福生活的美好现实。

三、坚持以习近平总书记重要论述为指引，更好发挥财政在支持做好新时代“三农”工作中的职能作用

财政是国家治理的基础和重要支柱，财政部门在贯彻落实习近平总书记重要指示精神和党中央决策部署、推动农业农村发展中肩负重要职责。我们要坚持以习近平总书记关于“三农”工作

重要论述为指引，认真贯彻党的十九届四中全会精神，落实《中国共产党农村工作条例》有关规定要求，着力构建完善财政支持实施乡村振兴战略的政策体系和体制机制，增强工作实效，推动“三农”工作迈上新台阶、开创新局面。

（一）坚持农业农村优先发展，持续加大财政投入力度

要始终坚持农业农村优先发展的总方针，尽力而为、量力而行，进一步健全投入保障制度，创新投融资机制，拓宽资金筹措渠道，推动形成财政优先保障、金融重点倾斜、社会积极参与的多元投入格局。一是继续加大“三农”投入力度。对脱贫攻坚给予强有力的财政保障，将乡村振兴作为各级财政预算安排的重要因素，落实涉农税费减免政策，政府投资继续向农业农村领域倾斜。推进涉农领域财政事权和支出责任划分改革，明确和强化各级政府“三农”投入责任，层层传导压力，推动责任落实。二是拓宽“三农”投入渠道。调整完善土地出让收入使用范围，提高用于农业农村投入比例。落实高标准农田建设等新增耕地指标和城乡建设用地增减挂钩节余指标跨省域调剂政策，调剂收益全部用于巩固脱贫攻坚成果和支持乡村振兴。积极发挥国家融资担保基金作用，健全农业信贷担保体系，着力解决农业新型经营主体融资难、融资贵的问题。因地制宜推行一事一议、以奖代补、先建后补、贷款贴息等政策，探索在农业农村领域有稳定收益的公益性项目推广 PPP 模式的实施路径和机制。三是加快构建涉农资金统筹整合长效机制。完善“大专项 + 任务清单”管理机制，与资金同步下达任务清单，合理划分约束性任务和指导性任务，推动建立省级以下任务清单落实机制。

（二）坚持立足国内、保证自给的方针，支持农业高质量发展

要积极发挥财政职能作用，继续把保障国家粮食安全作为头

等大事，强化对重点农产品、畜牧产品生产的支持，推动提高我国农业综合效益和竞争力，实现由农业大国向农业强国转变。一是巩固提升农业综合生产能力。加快推进高标准农田建设，加强耕地保护和地力提升，大力推动种业创新发展，支持提高科技为农服务水平。加快补齐水利薄弱环节和突出短板，支持中小河流治理、小型病险水库除险加固、农村基层防汛预报预警体系建设以及山洪灾害防治等。二是支持深化农业供给侧结构性改革。统筹考虑区域生产力布局和市场化导向，推动构建粮经饲统筹、种养加一体、农牧渔结合的现代农业结构。稳步推进国家现代农业产业园创建，打造质量兴农的引领示范平台。支持实施产业兴村强县行动，促进农村一、二、三产业融合发展。加快推进粮食、棉花收储制度改革，深入实施优质粮食工程。三是完善农业支持保护制度。落实和完善农业补贴制度，巩固农业“三项补贴”改革成果。大力支持发展农业生产全程社会化服务，促进小农户和现代农业发展有机衔接。健全粮食主产区利益补偿机制，继续实施玉米和大豆生产者补贴政策，完善棉花目标价格补贴政策。创新和完善农业保险保费补贴政策，强化农业风险防范和保障体系。

（三）坚持生态优先、绿色发展导向，支持推动乡村生态振兴

要自觉践行绿色发展理念，加强农业农村污染治理和生态环境保护，让良好生态成为乡村振兴支撑点。一是支持开展农业绿色发展行动。推动建立以绿色生态为导向的农业补贴制度体系，大力推进绿色循环优质高效农业发展，有序扩大耕地轮作休耕制度试点，建立长江流域重点水域禁捕补偿机制，加大力度支持畜禽粪污资源化利用，开展秸秆综合利用试点。二是促进农业节水。加快发展高效节水灌溉等农业节水工程，加大农业水价综合

改革工作力度，建立农业用水精准补贴机制。支持推行河长制、湖长制以及最严格水资源管理制度，支持扩大地下水超采区综合治理范围，加快水土流失综合治理，开展水土保持工程建设以奖代补试点，实施江河湖库水系连通。三是支持加强林业和草原生态建设。安排资金支持启动大规模国土绿化行动，大力支持实施天然林保护、新一轮退耕还林还草等林业生态保护修复重大工程，强化湿地保护和恢复，继续实施新一轮草原生态保护补助奖励政策。四是推动改善农村人居环境。支持实施农村人居环境整治三年行动，扎实开展农村“厕所革命”整村推进财政奖补，进一步推动生态宜居美丽乡村建设提档升级，积极稳妥开展田园综合体建设试点示范，促进加快构建生态循环的田园生产体系。五是加强重点生态功能区建设。落实重点生态功能区转移支付政策，引导地方加强生态环境保护，推进生态文明建设，提高重点生态功能区等所在地政府的基本公共服务保障能力。

（四）坚持保障和改善农村民生，大力支持城乡基本公共服务均等化

要继续把支持城乡基本公共服务均等化作为财政政策的重要着力点，持续加大财政投入力度，为促进城乡融合发展提供坚实保障。一是加强农村基础设施建设。强化对农村公路、供水、供气、环保、电网、物流、信息、广播电视、邮政等基础设施建设的资金保障，推动城乡基础设施互联互通。二是优先发展农村教育事业。巩固完善城乡义务教育经费保障机制，大力支持职业教育改革发展，坚持公办、民办并举发展农村学前教育，继续支持特殊教育发展，实施高中阶段教育普及攻坚计划。三是支持农村社会保障体系建设。进一步完善城乡居民基本养老保险待遇确定机制。整合城乡居民基本医疗保险制度，合理确定政府补助标

准，落实城乡医疗救助政策。完善农村低保制度、危房改造、残疾人保障等社会救助和福利政策。四是支持大中型水库移民后期扶持工作。落实移民补助政策，支持库区和移民安置区基础设施建设和经济社会发展。

（五）坚持走乡村善治之路，推动建立健全现代乡村社会治理体系

要大力支持做好乡村社会治理各项工作，推动乡村治理创新，让农村既充满活力又和谐有序。一是深入推进农村综合改革。结合落实乡村振兴战略，探索推进农村综合改革试点示范。发展农村集体经济。完善农村公益事业财政奖补政策。二是推动农垦改革、集体林权制度和国有林场林区改革，配合推进农村土地制度改革、农村集体产权制度改革、经济发达镇改革等相关改革工作。三是支持推动乡村人才振兴。因地制宜扶持种粮大户、家庭农场、农民合作社、农业企业等新型经营主体，实施新型职业农民培育工程，支持农村科技人才培养，培育各类专业化市场化服务组织。四是健全以财政投入为主的稳定的村级组织运转经费保障制度，确保村级组织有人办事、有钱办事。

（六）坚持精准扶贫精准脱贫基本方略，全力支持打赢脱贫攻坚战

要全面落实好《中共中央 国务院关于打赢脱贫攻坚战三年行动的指导意见》，确保2020年如期打赢脱贫攻坚战，并加强脱贫攻坚任务完成后与乡村振兴战略的衔接。一是健全与脱贫攻坚任务相适应的投入保障机制。加大对贫困地区的专项扶贫资金和有关转移支付支持力度，并切实向“三区三州”等深度贫困地区倾斜，规范开展扶贫领域融资，支持贫困地区尽快补齐脱贫攻坚

短板。二是规范和深入推进贫困县涉农资金整合试点。将整合范围内的资金项目审批权限切实下放到贫困县，督促指导贫困县按照规定的范围开展整合，按党中央的要求调整使用范围，安排支出，管好用好整合资金。三是完善并落实资金管理政策。严守脱贫攻坚目标标准，既不盲目提高目标，也不随意降低标准。加强对资金分配、使用等环节的监督管理，督促指导贫困地区强化预算约束和导向作用，不断提升扶贫资金使用的精准性，确保把钱花在“刀刃”上。四是科学谋划巩固拓展脱贫攻坚成果、与乡村振兴战略衔接相关工作。加快推进政策研究储备，总结提炼先进做法和成功模式，提出财政支持巩固拓展脱贫攻坚成果、贯彻乡村振兴战略的政策措施并抓好落实，建立解决相对贫困的长效机制。

（原文刊载于《中国财政》2019 年第 24 期）

二、中央财政脱贫攻坚综合报告

坚决扛起脱贫攻坚政治责任
在全面小康征程中展现财政担当

——财政脱贫攻坚综合报告

党的十八大以来，以习近平同志为核心的党中央把脱贫攻坚作为全面建成小康社会的底线任务和标志性工程，纳入“五位一体”总体布局和“四个全面”战略布局，摆到治国理政突出位置。财政是国家治理的基础和重要支柱，在打赢脱贫攻坚战中肩负着特殊的重要职责，承担着脱贫攻坚投入保障、扶贫资金监管、财税政策供给、统筹协调、定点扶贫等重要任务。各级财政部门始终以习近平总书记扶贫工作重要论述为指引，认真贯彻落实党中央、国务院关于脱贫攻坚的决策部署，坚持把脱贫攻坚摆到财政工作突出重要位置，切实履行好脱贫攻坚政治责任，履职尽责，真抓实干，为如期高质量打赢脱贫攻坚战作出了积极贡献，展现了各级财政部门和广大财政干部的责任担当。

党中央、国务院领导同志多次对财政脱贫攻坚工作给予肯定，特别是在2021年2月25日召开的全国脱贫攻坚总结表彰大会上，习近平总书记对财政脱贫攻坚工作给予充分肯定。习近平总书记指出：“我们发挥政府投入的主体和主导作用，宁肯少上几个大项目，也优先保障脱贫攻坚资金投入。8年来，中央、省、市县财政专项扶贫资金累计投入近1.6万亿元，其中中央财政累计投入6 601亿元。”“统筹整合使用财政涉农资金，强化扶贫资金监管，确保把钱用到刀刃上。真金白银的投入，为打赢脱贫攻坚战提供了强大资金保障。”

财政脱贫攻坚工作取得的突出成绩，多次获得党中央、国务院和有关部门的表彰激励。2021 年 2 月，农业农村司被中共中央、国务院授予全国脱贫攻坚先进集体，3 名同志被授予全国脱贫攻坚先进个人（含 1 名机关干部、2 名定点扶贫干部）；2020 年 10 月，贫困县涉农资金整合（农业农村司）、光伏扶贫（经建司）、扶贫小额信贷（金融司）3 项政策被国务院扶贫开发领导小组授予全国脱贫攻坚奖组织创新奖（单独获奖或与其他单位共同获奖）；2018 年 10 月，农业农村司被中央和国家机关工委授予脱贫攻坚先进集体。

一、深入学习贯彻习近平总书记关于扶贫工作的重要论述，认真履行好财政脱贫攻坚政治责任

党的十八大以来，习近平总书记亲自谋划、亲自部署、亲自督战脱贫攻坚工作，走遍全国集中连片特困地区，连续召开 7 次跨省区座谈会，作出一系列新决策、新部署，提出了一系列新思想、新观点，为打赢脱贫攻坚战提供了根本遵循和科学指引。各级财政部门深入学习领会习近平总书记关于扶贫工作的重要论述，不断提高政治站位，坚持以重要论述为指引推动财政脱贫攻坚各项工作。

（一）认真学习领会习近平总书记关于扶贫工作的重要论述，提升抓好财政脱贫攻坚工作的政治自觉

一是及时跟进学习。财政部通过部党组会议、部脱贫攻坚领导小组会议、部领导专题会议，及时传达学习习近平总书记关于

扶贫工作的重要论述和重要指示批示精神，先后开展5次部党组理论学习中心组集体学习研讨，深入领会其精神实质和丰富内涵，推动各级财政干部职工统一思想，充分认识到打赢脱贫攻坚战的重要性、艰巨性和紧迫性。二是研究部署落实。财政部党组坚持学思践悟，着力抓好习近平总书记重要指示批示精神贯彻落实工作。对于习近平总书记在脱贫攻坚座谈会上的重要讲话精神和中央印发的脱贫攻坚纲领性文件，及时召开部党组会议或部脱贫攻坚领导小组会议传达学习和部署落实，结合财政职能制定落实方案，细化财政支持措施和部内任务分工。部内各单位和地方各级财政部门结合实际制定具体工作措施并推动抓好落实。三是注重跟踪督促。财政部建立贯彻落实习近平总书记重要指示批示精神工作台账，加强跟踪督办和通报反馈，督促部内各单位切实把思想和行动统一到党中央的决策部署上来，跟踪各单位落实部党组会议、部脱贫攻坚领导小组会议有关事项进展情况，不定期开展财政脱贫攻坚重要政策落实情况核查、专项督查等，督促地方各级财政抓好财政脱贫攻坚政策落实。

（二）健全财政扶贫工作机制，为贯彻落实中央脱贫攻坚决策部署提供组织保障

一是成立各级财政脱贫攻坚领导小组及办公室。党的十八大以来，根据部党组的部署，原农业司积极发挥牵头作用（2012年11月至2018年6月），会同部内各单位推进财政脱贫攻坚各项工作。为更好地履行脱贫攻坚政治责任，凝聚工作合力，2018年6月，部党组决定成立部脱贫攻坚领导小组，刘昆部长担任组长，程丽华、刘伟、余蔚平、邹加怡、许宏才、欧文汉等同志先后担任副组长。领导小组多次召开会议，传达学习中央关于脱贫攻坚重大部署和会议精神，研究部署财政脱贫攻坚重点工作。领

导小组下设办公室承担日常工作，由农业农村司司长吴奇修同志任主任，办公厅、预算司、农业农村司、人事教育司、机关党委各1名负责同志任副主任，24个成员单位负责同志为成员。在部党组和领导小组的正确领导及各成员单位、相关监管局、地方财政部门的支持配合下，在驻部纪检监察组的监督指导下，部脱贫办认真履职尽责，主动担当作为，充分发挥统筹协调督促作用，扎实推进财政脱贫攻坚各项工作。同时，脱贫攻坚任务较重的22个中西部省份，均成立了省级财政脱贫攻坚领导小组及办公室。二是建立健全脱贫攻坚工作机制。建立中共中央、国务院关于打赢脱贫攻坚战的《决定》和《三年行动指导意见》财政部牵头事项落实情况双月调度制度、财政脱贫攻坚重点工作双月会商机制、财政系统脱贫攻坚挂牌督战机制等，统筹推进相关工作。脱贫攻坚专项巡视及“回头看”整改期间，建立并实行巡视整改进展情况定期报告制度和整改任务销号制度，开展整改成果抽查，层层传导整改压力，确保专项巡视及“回头看”整改措施按期完成。三是尽锐出战配齐配强工作力量。从农业农村司、办公厅、预算司、经建司、科教文司、社保司抽调精干力量成立工作专班，统筹推进巡视整改和脱贫攻坚重点工作，抓好跟踪督办，深入开展政策调研，发挥统筹协调和运转中枢作用，推动财政脱贫攻坚工作成效明显提高。江西、云南、新疆等省级财政部门，也通过组建工作专班、单设扶贫处室等方式，强化财政脱贫攻坚工作力量。同时，持续抓好典型宣传，深入挖掘和宣传全国财政系统优秀扶贫干部先进事迹，加大扶贫干部评选表彰力度，在名额推选和表彰上倾斜侧重，促进扶贫干部担当作为。

（三）高标准严要求推进各项业务工作，展现贯彻落实中央脱贫攻坚决策部署的坚定决心

一是加强脱贫攻坚重大政策研究。部党组高度重视脱贫攻坚

重大政策研究，连续多年把脱贫攻坚作为部党组年度调研重点课题，先后组织完成财政支持保障性扶贫政策、支持巩固拓展脱贫攻坚成果同乡村振兴有效衔接、挂牌督战地区脱贫攻坚补短板政策等重点课题，形成一批务实管用的研究成果。及时分析研判脱贫攻坚政策落实情况，提出优化政策顶层设计方案建议，通过专题报告、财呈件、上报信息等多种形式，呈报中央领导同志决策参考。财政部研究提出的贫困县涉农资金整合、资产收益扶贫、倾斜支持深度贫困地区等一批政策建议，被吸收写入中央相关文件，成为精准扶贫重要举措。二是强化财政脱贫攻坚调研指导。党组成员带头，经常深入贫困地区开展实地调研，详细了解基层情况，推动工作开展。部内各单位根据职能职责加强对贫困地区的调研指导，切实帮助解决基层实际问题。如，农业农村司建立“三区三州”深度贫困地区基层联系点制度，先后就农村饮水安全工程运维、产业扶贫、整合试点、项目资金管理等，协助地方查找问题症结，研究提出针对性解决措施。三是组织开展脱贫攻坚专题培训。干部教育中心和相关司局将脱贫攻坚政策和业务培训作为重点内容列入教育培训计划，脱贫攻坚期内共举办 21 期财政扶贫培训班，累计培训财政部各地监管局、地方财政厅（局）、贫困县财政扶贫干部等共计 3 187 人次，涵盖全国 832 个贫困县。部内各司局在培训中，坚持将有关脱贫攻坚政策作为培训重点。地方各级财政落实分级培训要求，重点加强了习近平总书记关于扶贫工作重要论述和贫困县涉农资金整合、扶贫项目资金绩效管理、成效考核与绩效评价等政策培训工作。四是抓好财政脱贫政策宣传。在财政部门户网站和政务微信设置专栏，及时发布财政扶贫政策资金信息，积极组织答记者问，回应舆论关注的财政脱贫攻坚热点问题。印发财政脱贫攻坚工作简报，编发《财政脱贫攻坚 ABC》知识手册，提升财政干部脱贫攻坚政策水平。脱贫攻坚收官之年，全面总结财政脱贫攻坚典型经验、鲜活案例、丰富成效，组织新闻媒体深入贫困地区采访调研，召开新闻吹风会、发布会，出版财政脱贫攻坚系列书籍，拍摄财政脱贫攻坚纪录片和建立数据资料库，取得良好的宣传效果。

二、构建多渠道投入机制，夯实财政脱贫攻坚投入保障体系

“十三五”期间，全国财政收支形势严峻，但各级财政部门不折不扣贯彻落实习近平总书记关于“扶贫开发投入力度，要同打赢脱贫攻坚战的要求相匹配”的重要指示精神，坚持将脱贫攻坚放到财政投入优先保障位置，建立健全与脱贫攻坚任务相适应的投入保障机制，以“真金白银”保障好脱贫攻坚“粮草军需”。

（一）加大一般公共预算对脱贫攻坚的投入力度

一是调整优化一般性转移支付结构。加大均衡性转移支付、县级基本财力保障机制奖补资金等投入，并向贫困地区、革命老区、民族地区等重点地区倾斜，提高地方可统筹安排的财力水平，增强其脱贫攻坚财力保障能力。二是发挥财政专项扶贫资金的主渠道作用。中央财政专项扶贫资金从2012年的326亿元增长到2020年的1 461亿元，年均增长20.6%。其中，2016—2020年，连续5年每年新增200亿元。三是行业扶贫资金积极向贫困地区、贫困人口倾斜。农业、生态、教育、医疗卫生、住房保障、基础设施等行业扶贫投入，通过增加分配因素权重、提高补助标准、优先安排项目等方式，对贫困地区、贫困人口，特别是深度贫困地区倾斜支持。四是盘活结转结余资金支持脱贫攻坚补

短板。2020 年收官之年，中央财政在已安排 1 461 亿元财政专项扶贫资金基础上，又一次性安排支持脱贫攻坚补短板的综合财力补助资金 300 亿元，支持贫困地区克服疫情影响补齐脱贫攻坚弱项短板。

同时，地方各级财政积极加大扶贫投入力度。以财政专项扶贫资金为例，2013—2020 年，省级投入约 4 594 亿元，市县两级投入约 4 840 亿元。

（二）积极拓宽财政扶贫投入渠道

在通过一般公共预算加大脱贫攻坚投入的同时，中央财政积极拓宽其他投入渠道，并引导金融、社会资本凝聚脱贫攻坚合力。一是政府性基金方面，“十三五”期间，累计安排中央专项彩票公益金 100 亿元，较“十二五”增长近一倍，实现对 397 个贫困革命老区县的全覆盖，支持贫困革命老区与全国同步建成小康社会。通过可再生能源电价附加收入支持光伏扶贫，优先兑付补贴资金 206.86 亿元，惠及 279 万贫困户。二是土地收入方面，落实城乡建设用地增减挂钩节余指标跨省域调剂政策。截至 2020 年，为深度贫困地区筹集资金 1 896 亿元，用于支持脱贫攻坚和乡村振兴，覆盖全国 397 个深度贫困县、1 100 多万建档立卡贫困人口。同时，允许 832 个贫困县和省级贫困县开展省内调剂。截至 2020 年 6 月 30 日，22 个有易地扶贫搬迁任务的省份通过省内调剂筹集资金 1 394 亿元。三是地方政府债券方面，下达分地区新增地方政府债务限额时，明确要求重点用于支持党中央、国务院明确的脱贫攻坚、易地扶贫搬迁等重大战略。同时，“十三五”期间，累计专门安排支持脱贫攻坚的地方政府债务限额 3 849亿元，重点用于支持易地扶贫搬迁、贫困村提升工程等项目。四是东西扶贫协作投入方面。财政部督促东部地区建立稳定的资金投入和增长机制，推动东部 14 省市实际投入东西部扶贫协作的财政资金从 2016 年的 23 亿元增长到 2020 年的 258 亿元，累计达 739 亿元。按帮扶的 475 个贫困县平均计算，县均投入规模由 2016 年的 485 万元增加到 2020 年的 5 431 万元。五是引导社会投入方面，中央财政出资 8 亿元，中国烟草、国投集团分别出资 10 亿元共同成立贫困地区产业发展基金，支持贫困地区特色优势产业发展。截至 2020 年，累计完成投资项目 44 个，涉及 10 个连片特困地区，带动社会投入约 200 亿元，累计扶持带动贫困人口 9.4 万人，帮助他们就业增收 2.2 亿元。同时，积极配合国资委成立中央企业贫困地区产业投资基金，三期累计募集资金 314 亿元，用于支持贫困地区产业发展、资源开发和带动就业。“十三五”期间，共安排财政贴息资金 496.3 亿元，通过贷款贴息等措施，引导金融机构投放扶贫小额信贷 6 000 多亿元，发放贷款 1 548 万户（笔）。在保持国家原有支持三农税费优惠力度不变的基础上，2018 年以来，进一步出台多项税费优惠政策，支持易地扶贫搬迁，鼓励社会力量踊跃捐赠，促进贫困群众创业就业。据统计，截至 2020 年底，新出台政策共减免相关税费约 246 亿元。

（三）不断优化财政扶贫资金投向

一是向中西部省份倾斜。脱贫攻坚期，中央财政不断完善扶贫资金分配机制，不少资金通过贫困规模、贫困发生率、人均收入、人均财力等与贫困高度相关的指标，使扶贫资金更多地向贫困问题突出的省份倾斜。如，“十三五”期间，中央财政补助地方专项扶贫资金分配给中西部 22 省的规模为 5 152.43 亿元，占比为 97.13%，年均增长为 21.46%。二是向深度贫困地区倾斜。2017 年 6 月山西太原深度贫困地区脱贫攻坚座谈会后，财政部贯彻落实习近平总书记“三个新增”的重要指示，第一时间研究提出对深度贫困地区扶贫资金增量倾斜支持方案。2018—2020 年，中央财政在保持原有扶贫投入不减的基础上，以 2017 年为基数，计划新增安排“三区三州”等深度贫困地区脱贫攻坚增量资金 2 140亿元，其中“三区三州”1 050 亿元。实际落实到深度贫困地区 2 800 多亿元。三是向“两不愁三保障”突出问题聚焦。2019 年 4 月重庆“两不愁三保障”突出问题座谈会后，中央财政进一步加大教育、医疗卫生、住房安全、饮水安全方面的投入力度，并向贫困地区倾斜，支持集中资源解决“三保障”和饮水安全突出问题。四是集中力量支持挂牌督战补齐短板。收官之年，中央财政在收支形势严峻的背景下，针对挂牌督战地区安排用于支持脱贫攻坚的资金 417 亿元，其中，财政专项扶贫资金 225 亿元，脱贫攻坚补短板补助资金 192 亿元，支持解决影响脱贫攻坚战顺利收官的突出问题。农业农村司建立补短板资金使用情况双周调度分析机制，督促各地加快资金支出进度和提高资金使用效益。截至 2020 年底，补短板资金支出进度达到 99%。

三、完善财税支持政策供给，不断提升财政脱贫攻坚政策的精准性和有效性

打好精准脱贫攻坚战，贵在精准，重在精准，成败之举在于精准。各级财政部门深刻领会精准要义，在切实加大投入保障力度的同时，积极创新、完善相关财税支持政策，不断提升政策的精准性、针对性、实效性。

（一）深入实施贫困县涉农资金整合试点

财政部坚决贯彻落实习近平总书记“加大扶贫资金整合力

度”的重要指示精神，创造性提出“盘活存量资金，推动放权改革，支持开展贫困县涉农资金整合试点”的思路。牵头起草《关于支持贫困县开展统筹整合使用财政涉农资金试点的意见》（国办发〔2016〕22号），于2016年4月报请以国务院办公厅名义印发。整合试点改革财政扶贫资金供给机制，将中央13个部门管理的20大类涉农资金配置使用权完全下放到处于脱贫攻坚一线的贫困县，由贫困县根据当地脱贫攻坚需求统筹安排资金，聚焦短板弱项精准发力。

为确保整合试点成效，财政部会同相关部门连续5年印发指导性文件，明确政策要求，加强培训座谈、调研督导，推动试点工作落实。一是推动充分放权。中央和省级坚决推进涉农资金放权改革，对于纳入整合范围的资金，允许贫困县“用打酱油的钱买醋”，因地制宜自主安排资金、确定项目。二是确保增幅保障。在中央财政加大投入力度的同时，省级将纳入整合范围的各项资金进一步向贫困县倾斜。原则上，用于贫困地区、贫困人口的资金增幅不低于该项资金的平均增幅，彻底打消基层关于整合的顾虑。三是严格开展考核。把整合资金使用成效情况纳入绩效考评范围，评价结果作为省级党委政府脱贫攻坚成效考核的组成部分，相应建立奖优罚劣机制，确保各项举措落实到位。

整合试点2016年一启动，就得到地方党委政府的普遍欢迎，当年纳入试点范围的贫困县达700多个，2017年进一步扩大到了全部832个贫困县。整合试点支持贫困县将“零钱”化为“整钱”，将“小钱”集成“大钱”，形成了“多个龙头放水、一个龙头出水”的扶贫投入新格局。2016—2020年，全国832个贫困县累计整合资金1.55万亿元，每个贫困县年均整合资金规模3.74亿元。这项政策的实施，得到了基层干部的普遍欢迎，有效解决了“基层最知道自己哪儿疼，却没法开方抓药”的顽疾，为打赢脱贫攻坚战提供了充足的“粮草军需”和政策支撑。

（二）探索开展资产收益扶贫

为贯彻落实党的十八届三中全会精神，赋予农民更多财产权利，帮助贫困人口更多地从财政资金受益，财政部在深入总结各地实践探索的基础上，提炼各地资产收益扶贫做法，建议在具备条件的地区因地制宜推广资产收益扶贫模式，得到国务院领导充分肯定，并被采纳写入《中共中央 国务院关于打赢脱贫攻坚战的决定》，作为精准扶贫的一项重要举措。

为推动资产收益扶贫规范健康有序开展，2017 年 5 月，财政部会同相关部门专门印发《关于做好财政支农资金支持资产收益扶贫工作的通知》（财农〔2017〕52 号），对产业遴选、收益分配、风险防控、贫困户权益保障等提出明确要求。指导文件印发后，通过调研培训、跟踪指导，督促各地立足当地优势产业选好项目，严格标准选择好实施主体，注重形成物化资产，加强风险防控，实施差异化扶持政策并注重动态调整，切实保障贫困户收益，增强贫困群众获得感。同时，充分发挥典型示范带动作用，2018 年和 2019 年，财政部先后两次印发典型案例，供各地交流学习和推进工作。

脱贫攻坚期，各地资产收益扶贫工作取得显著成效。一是提升了资金使用效益。实施资产收益扶贫，财政涉农资金由无偿补助变成有偿投入，主要受益对象从特定范围扩大到更多群众，多了“阳光普照”。企业、合作社等作为项目实施主体，参与到当地特色优势产业发展，财政资金与产业发展技术、经营能力更好地结合。二是强化了产业辐射带动作用。资产收益扶贫将收益权配置到户并动态调整，实现了精准扶持到户到人的目标。除直接分享红利外，贫困群众还可以土地入股获得地租，有劳动能力的可以就近务工获得劳务收入，无劳动能力或弱劳动能力的贫困人口优先分享红利。三是发展壮大了贫困村集体经济。各地在推进资产收益扶贫工作时，以村集体经济组织、合作社为纽带，将部分资产收益权配置给村集体，拓宽了村内公益事业发展的资金渠道。此外，各地还通过资产收益扶贫培育了一批特色优势产业，为全面推进乡村产业振兴奠定了良好基础。

（三）支持易地扶贫搬迁及后续扶持

为贯彻落实习近平总书记“易地搬迁脱贫一批”的重要指示精神，从根本上解决居住生活在“一方水土养不起一方人”地区贫困人口的脱贫发展问题，“十三五”期间，财政部门创新支持方式，提供有力资金保障，推动顺利完成约960万贫困人口的搬迁脱贫任务。

一是提出多元筹资思路。2015年底，在经济运行进入新常态、财政收支形势严峻的情况下，中央财政拓宽筹资思路，提出多途径筹集易地扶贫搬迁资金。约6 000亿元的总投资，包括安排1 000亿元地方政府债务、500亿元专项建设基金作为项目资本金；增加中央基建投资和群众自筹筹集1 000亿元；剩余资金缺口通过申请长期贷款解决，中央财政给予贴息支持。二是及时调整规范融资方式。为贯彻落实第五次全国金融工作会议精神，报经国务院同意，2018年，财政部会同国家发展和改革委、国务院扶贫办、中国人民银行等部门，先后联合印发《关于调整规范易地扶贫搬迁融资方式的通知》（财农〔2018〕46号）和《关于进一步做好调整规范易地扶贫搬迁融资方式有关工作的通知》（财农〔2018〕95号），明确以2017年7月14日为时间节点，将贷款等融资方式统一调整规范为发行地方政府债券。调整规范融资方式后，2018—2020年，中央财政分年累计安排支持易地扶贫搬迁的地方政府债券规模 2 450 亿元，在足额保障各地易地扶贫融资需求的同时，防止各地借搬迁名义违法违规举债增加地方政府债务风险。三是积极落实易地扶贫搬迁贴息和补助资金。自 2016 年起，中央财政通过专项扶贫资金安排易地扶贫搬迁贷款贴息，具体按照 4% 的利率测算，给予 90% 的补助。调整规范易地扶贫搬迁融资方式后，按照“支持力度不减”的原则继续给予补助。2016—2020 年，累计安排用于支持易地扶贫搬迁的贷款贴息和补助资金 456. 37 亿元。四是积极支持易地扶贫搬迁后续扶持。搬迁工程建设任务基本完成后，及时将工作重心转到支持易地扶贫搬迁后续扶持上来，积极加大投入力度，出台针对性支持政策。2020 年测算分配财政专项扶贫资金时，统筹考虑易地扶贫搬迁后续扶持工作，专门安排 47. 83 亿元，支持集中安置区后续产业发展；安排支持脱贫攻坚补短板综合财力补助资金时，专门安排 79. 39 亿元，支持集中安置区配套设施建设、发展产业和带动就业等。同时，各级财政还通过现代农业生产发展资金等其他涉农资金、贫困县涉农资金整合等政策，支持搬迁群众后续产业发展和促进就业。此外，会同相关部门及时出台易地扶贫搬迁后续扶持政策，全力推进产业培育、就业帮扶等各项工作，确保搬得出、稳得住、逐步能致富。

在各级财政部门的支持下，“十三五”期间，22 个省份累计筹集易地扶贫搬迁资金约 5 800 亿元，支持建成易地扶贫搬迁集中安置区约 3. 5 万个，安置住房 266 万余套，配套新建和改扩建一批中小学、幼儿园、医院、社区卫生服务中心、养老服务设施和文化活动场所，顺利完成约 960 万贫困人口的搬迁脱贫任务。搬迁贫困户人均收入从 2016 年的 4 221 元提高到 2019 年的9 313 元，年均增幅 30. 2%，帮助他们实现“挪穷窝”“换穷业”“拔穷根”。

（四）出台城乡建设用地增减挂钩配套政策

为推动城乡建设用地增减挂钩政策落实，并更好地发挥其筹集脱贫攻坚投入的作用，财政部立足职能职责，积极完善配套政策，抓好资金收支管理工作。

一是出台配套的收费减免政策。2016 年 9 月，印发《财政部关于城乡建设用地增减挂钩支持易地扶贫搬迁有关财政政策问题的通知》（财综〔2016〕36 号），明确连片特困地区、国家扶贫开发工作重点县和贫困老区利用增减挂钩政策开展易地扶贫搬迁，符合政策规定的，可以不缴纳新增建设用地土地有偿使用费、耕地开垦费。上述地区通过增减挂钩政策开展易地扶贫搬迁的，可通过这一政策节省用地指标成本每亩约 2 万元，有力地减轻了易地扶贫搬迁负担。

二是制定资金收支管理办法，落实收支预算及资金管理。贯彻党中央、国务院决策部署，2018 年，自然资源部、财政部建立了城乡建设用地增减挂钩节余指标跨省域调剂机制，筹集资金全部用于巩固脱贫攻坚成果和支持实施乡村振兴战略。2018 年 7 月，财政部印发《城乡建设用地增减挂钩节余指标跨省域调剂资金收支管理办法》（财综〔2018〕40 号），明确调剂资金的收取、下达、结算和使用方式等管理程序和要求，按照“取之于农、用之于农”的要求，明确优先和重点保障产生节余指标深度贫困地区的安置补偿、拆旧复垦、基础设施和公共服务设施建设、生态修复、耕地保护、高标准农田建设、农业农村发展建设以及易地扶贫搬迁等。增减挂钩节余指标跨省域调剂政策计划筹集资金约 1 200 亿元，经国务院批准，已落实筹集任务 1 896 亿元，有效拓宽了中西部地区脱贫攻坚和乡村振兴的资金渠道。

（五）利用政府采购政策支持脱贫攻坚

政府采购是财政支出的重要方式，为更好地发挥财政资金在促进贫困地区产业发展、助推脱贫攻坚方面的作用，财政部会同国务院扶贫办、供销总社出台实施了政府采购支持脱贫攻坚政策，搭建贫困地区农副产品网络销售平台，要求各预算单位预留一定比例采购份额采购贫困地区农副产品。

政府采购支持脱贫攻坚政策主要从三方面发挥作用：一是助推贫困地区农副产品销售。政府采购支持脱贫攻坚政策聚焦832个国家级贫困县注册企业、合作社等生产的农副产品，并由扶贫部门严格审核产品的产地来源。采购人通过贫困地区农副产品网络销售平台采购，助推贫困地区农副产品销售，确保政策红利精准滴灌到贫困地区和贫困人口。截至2020年底，已有1.7万家贫困地区供应商入驻平台，上架商品超9万款，覆盖全部832个国家级贫困县，交易额近百亿元，惠及上百万贫困农户。二是引导扶贫产业发展。针对贫困地区农副产品标准化、组织化程度较低问题，财政部会同国务院扶贫办、供销总社发挥政府采购的引导作用，重点加强贫困地区农副产品产地认定、质量标准、仓储物流、品牌塑造等工作。同时，指导平台加强高校、科研院所等大额采购单位的需求数据分析，收集提炼采购人需求信息反馈贫困地区，逆向推动产销精准对接，引导贫困地区产业根据市场需求升级转型。三是支持统筹做好疫情防控和脱贫攻坚工作。新冠肺炎疫情期间，充分发挥平台优势，上线了“保供给、防滞销”等专区，将湖北9个省级贫困县纳入支持范围，鼓励各级预算单位优先采购湖北等疫情严重地区滞销的农副产品。针对北京突发疫情，紧急在平台开辟“产地直达，保供北京”专区，对接在京预算单位和环京贫困地区供应商。2020年底，累计助销滞销米面粮油1亿斤，果蔬生鲜800万斤，实现交易额8亿多元。

（六）引导撬动金融资本支持脱贫攻坚

围绕构建大扶贫格局，财政部积极发挥财政资金的引导作用，通过贷贴息、保费补贴、担保等多种机制，撬动金融资本支持贫困地区产业发展和帮助贫困群众创业就业。

一是贴息引导金融机构发放扶贫小额信贷。2014年，国务院扶贫办、财政部、中国人民银行、原中国银监会、原中国保监会启动实施扶贫小额信贷工作。为规范完善扶贫小额信贷管理，相关部门于2017年、2019年两次印发指导性文件，要求各地严格按规定落实扶贫小额信贷政策，坚持“5万元以下、3年期以内、免担保免抵押、基准利率放贷”，坚持户借、户用、户还，精准用于贫困户发展生产，不能用于非生产性支出，更不能集中用于政府融资平台、生产经营企业等。中央财政通过专项扶贫资金开展贷款贴息，推动扶贫小额信贷成为攻坚期扶贫贷款的主要发放形式。

二是通过特色农业保险支持贫困地区特色农业产业发展。2019年6月，印发《关于开展中央财政对地方优势特色农产品保险奖补试点的通知》（财金〔2019〕55号），通过奖补政策支持10省份发展地方优势特色农产品保险，2020年试点省份增加到20个（含兵团），试点品种增加到3个。奖补政策明确对贫困地区优先支持，原则上对国家扶贫开发工作重点县和集中连片特困地区县，县级财政承担的保费补贴比例不超过5%，进一步减轻贫困地区基层财政压力。2019—2020年，中央财政累计拨付农业保险保费补贴资金550亿元，其中2019年拨付地方优势特色农产品保险奖补资金5.77亿元，2020年拨付13.12亿元，有力地支持了地方特别是贫困地区优势特色农业发展，助力农民增收。

三是创业担保贷款贴息政策向贫困地区倾斜。中央财政通过普惠金融发展专项资金，加大对创业担保贷款贴息支持力度，明确贴息支持的个人和小微企业创业担保贷款最高额度由 10 万元、200 万元分别提高至 20 万元、300 万元，同时继续加大对贫困地区的政策倾斜，允许贫困地区个人创业担保贷款利率上浮不超过 2.5 个百分点，高于其他地区 1—2 个百分点。2013—2020 年，中央财政累计拨付普惠金融发展专项资金 940 亿元，累计支持了超过 3 万家（次）金融机构，惠及数十万家（次）小微企业和超过 2 200 万人（次）就业人员。

（七）财政支持行业扶贫政策

除党中央、国务院明确规定实行统一标准的普惠资金外，相关行业扶贫资金制定了对贫困地区、贫困人口的倾斜支持措施（支持“两不愁三保障”的情况见“四、聚焦短板弱项，解决“两不愁三保障”突出问题”）。

1. 产业扶贫方面。一是支持特色优势产业方面，通过农业产业发展相关资金、贫困县涉农资金整合及保费补贴等政策，支持贫困地区特色优势产业发展。“十三五”期间，就全国而言，中央财政专项扶贫资金最终投向产业发展的规模约 2 591 亿元，占比 48.84%；就 832 个贫困县而言，用于支持产业发展的整合资金约 5 565 亿元，占实际支出的整合资金的比例从 2016 年的 30.84% 提高到 2020 年的 48.77%。党的十八大以来，产业帮扶政策覆盖的建档立卡贫困户比例达 98%，扶贫企业、合作社、家庭农场等新型经营主体带动比例达 70%，起到了很好的辐射带动效果。二是支持光伏扶贫。中央财政建立光伏扶贫“绿色通道”机制，可再生能源发电补贴优先发放光伏扶贫补贴，单独设立光伏扶贫补贴目录。2018 年以来，财政部会同有关部门先后公布三批光伏扶贫补贴目录，涉及光伏扶贫项目规模 2 203 万千瓦，覆盖贫困户 279 万人。2020 年，新冠肺炎疫情给贫困群众就业带来冲击，2 月，财政部会同国务院扶贫办及时印发通知，调整光伏扶贫收益使用政策，要求发电收益的 80% 用于公益岗位工资和村级公益事业建设劳务费。在这一政策支持下，光伏扶贫涉及的 27 个省（区、市）通过设置公益岗位吸纳贫困人口就业 134 万人，实现就地就近就业，有力缓解了疫情对贫困人口外出就业的影响。三是助力旅游扶贫。支持有脱贫任务的省份加强旅游景区公共服务设施建设，释放旅游扶贫富民效能。通过旅游发展基金支持贫困地区旅游景区公共服务体系建设，支持旅游"厕所革命"、全域旅游示范区创建等，推动旅游业转型升级融合发展，释放扶贫富民效能。

2. 就业扶贫方面。一是支持企业吸纳贫困劳动力就业。对吸纳贫困劳动力就业的企业，符合条件的按规定给予以工代训职业培训补贴、一次性吸纳就业补贴。进一步加大对"三区三州"等深度贫困地区、52 个未摘帽贫困县就业扶贫支持力度，对相关地区参加失业保险且不裁员少裁员的企业，稳岗返还标准由缴纳失业保险费总额的 60% 最高提至 100%。二是支持贫困劳动力求职创业。对通过有组织劳务输出到户籍所在县以外就业的贫困劳动力，按规定给予一次性求职创业补贴，对疫情防控期间外出务工的贫困劳动力按规定给予交通费补助。对首次创办小微企业或从事个体经营的贫困劳动力，符合规定的给予一次性创业补贴。对有创业意愿并有一定创业条件的贫困劳动力，及时开展创业培训，落实税费减免、资金补贴、场地安排、创业担保贷款及贴息等政策。三是加大职业技能培训支持力度。聚焦贫困地区特别是"三区三州"等深度贫困地区，鼓励通过项目制购买服务等方式为贫困劳动力提供免费职业技能培训，培训期间按规定通过就业补助资金给予生活费（含交通费）补贴，不断提高参训贫困人员占贫困劳动力比重。四是支持通过公益岗位托底安置。对通过市场渠道确实难以就业的就业困难人员，符合条件的通过公益性岗位政策托底安置，并给予一定的岗位补贴和社会保险补贴。2013—2020 年，中央财政累计下达就业补助资金 3 766 亿元，支持各地落实各项就业创业扶持政策，并向贫困地区倾斜。根据 2019 年政府工作报告要求，财政部会同人力资源和社会保障部指导地方从失业保险基金结余中提取超过 1 000 亿元资金，支持开展职业技能培训。此外，2020 年，为应对疫情冲击，还及时调整优化财政专项扶贫资金政策，对贫困劳动力给予稳岗就业支持。

3. 生态扶贫方面。一是支持贫困人口担任生态护林员。从 2016 年起，中央财政开始安排资金支持 22 个中西部省份选聘建档立卡贫困人口，参加森林、草原、湿地、沙地等资源管护，帮助贫困群众增加就业收入。二是扩大贫困地区退耕还林还草规模。积极配合发展改革委等部门下达退耕还林还草任务，新一轮退耕还林还草任务重点向贫困地区倾斜，资金分配也相应向贫困地区倾斜。三是优先支持贫困地区加强森林资源管护。中央财政安排森林资源管护支出，对包括 22 个中西部省份在内的集体和个人所属森林资源进行管护。2019 年起，中央财政将管护补助标准由每年每亩 15 元提高到 16 元，并要求地方优先将贫困地区天然商品林纳入停伐管护补助范围，2020 年新增管护任务向“三区三州”所在省份倾斜。据统计，中西部 22 个省份在中央财政资金和地方同步筹措资金共同支持下，共选聘 110 万名建档立卡贫困人口生态护林员，带动 300 多万名贫困人口脱贫和增收。四是支持贫困地区人居环境整治。2013—2020 年，中央财政累计安排农村环境整治资金 419 亿元，支持包括贫困地区在内的各地开展农村生活污水、垃圾治理，村庄分散畜禽养殖污染防治，饮用水源环境保护等工作内容，持续推进改善农村人居环境。

4. 交通扶贫方面。“十三五”时期，财政部、交通部制定的车购税资金补助标准，较“十二五”时期明显提高，并有针对性地向集中连片特困地区等“老少边穷”地区倾斜。据匡算，“十三五”时期，国家高速公路中央投资补助占项目总投资的比例由“十二五”时期的平均15%提高到约30%；普通国道补助标准由“十二五”时期的平均30%提高到约50%；乡镇、建制村通硬化路补助标准提高到平均工程造价的70%以上。此外，2019年，将抵边自然村通硬化路建设纳入车购税补助范围。为落实上述政策，2013—2020年，中央财政累计投入1.36万亿元车购税资金支持贫困地区交通项目建设。

5. 社会保障方面。一是完善困难群众救助制度。财政部积极配合有关部门印发《关于做好农村最低生活保障制度与扶贫开发政策有效衔接指导意见的通知》（国办发〔2016〕70号）、《关于在脱贫攻坚三年行动中切实做好社会救助兜底保障工作的实施意见》（民发〔2018〕90号）、《关于进一步做好困难群众基本生活保障工作的通知》（民发〔2020〕69号）等，指导地方完善工作机制，发挥低保等救助制度的兜底保障作用。新冠肺炎疫情期间，配合民政部等部门印发《关于进一步做好疫情防控期间困难群众兜底保障工作的通知》（国发明电〔2020〕9号），明确将受疫情影响基本生活出现困难的群众按规定纳入低保、特困人员救助供养、临时救助等政策范围。2013—2020年，中央财政累计下达困难群众救助补助资金10 719.06亿元，支持各地统筹开展低保、特困人员救助供养、临时救助、流浪乞讨人员救助、孤儿基本生活保障等工作，切实保障困难群众基本生活。资金分配向工作任务重、财政困难、工作绩效好的省份及深度贫困地区倾斜。据民政部统计，全国农村低保平均标准由2012年底的2 068

元/人·年提高到2020年底的5 962元/人·年，年均增长14.2%。二是建立城乡居民基本养老保险扶贫长效机制。配合人力资源和社会保障部等部门印发了《关于切实做好社会保险扶贫工作的意见》（人社部发〔2017〕59号）、《关于进一步做好贫困人员基本养老保险应保尽保工作的通知》（人社厅发〔2020〕61号）等，完善城乡居民养老保险费代缴政策。2012—2020年，中央财政累计下达城乡居民基本养老保险补助资金9 860亿元，确保城乡老年居民按时足额领取养老金。基础养老金最低标准由2009年制度建立之初的每人每月55元逐步提高到2020年的每人每月93元，中央财政对中西部地区按中央确定的基础养老金标准给予全额补助，对东部地区补助50%。

6. 文化扶贫方面。脱贫攻坚期，中央财政在安排公共文化服务体系建设相关资金时，对贫困地区予以倾斜，统筹支持改善贫困地区公共文化体育设施条件和文化人才队伍建设。2016—2020年，中央财政通过中央支持地方公共文化服务体系建设补助资金（中央部门部分重点项目）专门安排65.87亿元，支持实施贫困地区戏曲进乡村、村综合文化服务中心和县级应急广播体系设备购置等项目。截至2020年底，累计为贫困地区约11.3万个村文化活动室购置基本公共文化服务设备，为约3.2万个村综合文化服务中心购置广播器材，为农村乡镇配送文艺演出约39万场，为442个县建设应急广播体系。

（八）实施多项脱贫攻坚税费优惠政策

在通过财政支出政策加大脱贫攻坚支持力度的同时，财政部还在收入政策方面，出台了支持脱贫攻坚的一系列税费优惠政策，特别是2018年以来，聚焦支持易地扶贫搬迁、引导社会力量参与扶贫捐赠和促进贫困人口创业就业三个方面，出台了多项减税降费政策措施。

一是支持易地扶贫搬迁。2018—2019 年，财政部会同相关部门先后出台了 2 项支持易地扶贫搬迁的税费优惠政策，对易地扶贫搬迁贫困人口和安置住房建设运营分别给予个人所得税、契税、印花税、城镇土地使用税优惠；对易地扶贫搬迁项目免征城市基础设施配套费、不动产登记费等。政策的实施，切实减轻了易地扶贫搬迁贫困人口和项目实施主体的税费负担。

二是鼓励扶贫捐赠。2019 年，在现有公益捐赠优惠政策的基础上，财政部会同相关部门密集出台了多项进一步鼓励扶贫捐赠的税收支持政策，对单位或者个体工商户通过公益性社会组织、县级及以上人民政府及其组成部门和直属机构，或直接无偿捐赠给目标脱贫地区货物，免征增值税；对企业通过上述单位用于目标脱贫地区的扶贫捐赠支出，准予在所得税前据实扣除，并允许追溯 4 年扣除。对于广泛引导社会力量参与扶贫捐赠、提高资金使用效率起到了积极的政策引导作用。

三是促进重点群体创业就业。2019 年，财政部会同相关部门采取“提标 + 扩围”的方式，对现行支持创业就业的政策进行调整和完善，将建档立卡贫困人口纳入优惠范围，将重点群体从事个体经营扣减标准由每户每年 8 000 元提高到 12 000 元/每户每年，将企业招用重点群体人员扣减标准由每人每年 4 000 元提高到每人每年 6 000 元，并维持上浮比例不变。

（九）利用多双边开发机构资金资源推动国际减贫合作

一是利用多/双边开发机构资金与智力资源支持贫困地区发展。积极推动多/双边开发机构贷款项目向中西部地区、贫困地区倾斜，积极协调做好扶贫相关的多/双边贷款项目规划、谈判与执行工作，涉及贷款项目共计 14 个，计划及已签约贷款额共计约13.12亿美元。利用多/双边开发机构的资金与智力资源支持贫困地区经济社会发展，有效地推动了当地基础设施建设、乡村振兴、农业发展等领域发展。

二是利用国际机构平台宣传我国脱贫攻坚成效，推动分享中国减贫经验，讲好中国扶贫故事。宣传介绍习近平总书记关于扶贫开发的重要论述以及近年来我国脱贫攻坚工作取得的巨大成就，加强减贫领域的经验交流。2018年11月1日，联合中宣部、世界银行、国务院扶贫办在北京主办“改革开放与中国扶贫”国际论坛，宣传习近平总书记关于扶贫开发的重要论述和中国扶贫重要成就，推动习近平总书记扶贫理念转化为国际共识。世界银行行长马尔帕斯、前行长金墉等国际机构负责人高度肯定和评价了中国减贫成效，表示将向其他国家分享中国的减贫经验。

四、聚焦短板弱项，解决“两不愁三保障”突出问题

脱贫攻坚战打响以来，各级财政部门贯彻落实中央决策部署，对标对表现行脱贫攻坚目标标准，积极推动解决“两不愁三保障”突出问题。

（一）义务教育方面

一是完善义务教育政策体系。贯彻落实教育领域中央与地方财政事权和支出责任划分改革部署，加大中央财政支出责任，进一步巩固完善城乡义务教育经费保障机制，统一全国义务教育学校生均公用经费基准定额，将家庭经济困难非寄宿学生纳入生活补助范围，提高农村学校校舍安全保障长效机制资金中央分担比例，加大农村学生营养改善计划地方试点奖补力度，支持地方实施义务教育薄弱环节改善与能力提升工作，扩大“特岗教师”招

聘规模，落实乡村教师生活补助政策，加强乡村教师队伍建设。同时，积极会同教育部、国务院扶贫办督促指导地方纠正贫困地区特别是“三区三州”等深度贫困地区义务教育盲目提标扩面问题，以保障义务教育为核心，全面落实好教育扶贫政策。

二是加大对深度贫困地区的倾斜支持力度。分配教育领域相关扶贫资金时，除继续考虑“贫困人口数”“贫困发生率”等因素外，新增“深度贫困县数”“深度贫困村数”等因素，加大向深度贫困地区倾斜的力度，并在预算发文中明确要求各地落实资金安排时向“三区三州”等深度贫困地区倾斜。

（二）基本医疗方面

1. 规范完善健康扶贫政策措施。一是配合卫生健康委等部门印发《关于印发解决贫困人口基本医疗有保障突出问题工作方案的通知》（国卫扶贫发〔2019〕45号），明确基本医疗有保障的标准和要求，提出三大主攻方向，指导各地全面解决基本医疗有保障突出问题。二是配合医保局等部门印发《医疗保障扶贫三年行动实施方案（2018—2020年）》（医保发〔2018〕18号）、《关于坚决完成医疗保障脱贫攻坚硬任务的指导意见》（医保发〔2019〕57号）、《关于高质量打赢医疗保障脱贫攻坚战的通知》（医保办发〔2020〕19号）等文件，明确贫困人口医疗保障政策，规范地方医疗保障扶贫做法，巩固基本医保、大病保险、医疗救助三重制度综合保障，妥善治理过度保障。三是2019年4月，贯彻落实习近平总书记在解决“两不愁三保障”突出问题座谈会上的重要讲话精神，配合医保局印发《关于做好2019年城乡医疗保障工作的通知》（医保发〔2019〕30号），明确加大大病保险对贫困人口的支付倾斜力度。

2. 支持做好医疗救助工作。2013—2020年，中央财政累计下达医疗救助补助资金（含中央专项彩票公益金）1 639.88 亿元，支持各地切实做好城乡医疗救助工作，资助符合条件的困难群众参加基本医疗保险，对其难以负担的基本医疗自付费用给予补助，开展疾病应急救助等。其中，2018—2020 年，中央财政每年通过医疗救助渠道安排 40 亿元，专门用于支持“三区三州”等深度贫困地区提高农村贫困人口医疗保障水平，实现医疗保障托底。

3. 加大卫生健康投入力度。一是 2013—2020 年，中央财政累计投入基本公共卫生服务经费 3 068 亿元，将人均财政补助标准从 30 元提高到 74 元，支持包括贫困地区在内的全体城乡居民开展健康教育、健康管理、医养结合、卫生应急、孕前检查等基本公共卫生服务。二是 2013—2020 年，中央财政共下达基本药物制度补助资金 727 亿元，支持包括贫困地区在内的各地基层医疗卫生机构和村卫生室实施基本药物制度、推进体制机制综合改革。资金分配时向深度贫困地区和挂牌督战县倾斜，下达 2019 年转移支付资金时，将绩效扣减的 4 802 万元全部用于“三区三州”深度贫困地区；下达 2020 年转移支付资金时，将因未全覆盖实施零差率销售基本药物的村卫生室扣除的 619 万元补助资金全部用于 52 个脱贫攻坚挂牌督战县。三是中央财政医疗服务与保障能力提升补助资金对贫困地区适当倾斜。2018 年，中央财政下达 23.28 亿元，支持提升 832 个贫困县县级公立医院临床服务能力建设和基层医疗卫生机构临床诊疗能力。2019 年，中央财政下达 25.76 亿元，支持 368 个深度贫困县开展“县医院综合能力提升”和“乡村两级临床服务能力提升”项目，补足深度贫困地区医疗技术短板；下达 1.99 亿元，专项支持“三区三州”的 199 个贫困县分别建立远程继续医学教育中心，提升其基层医疗服务水平。2020 年，中央财政下达 19.89 亿元，支持 832 个国家级贫困县县级公立医院和基层医疗卫生机构提高临床诊疗能力，并对尚未脱贫的贫困县予以适当倾斜。

(三) 住房安全方面

一是明确农村危房改造工作要求。会同或配合住房城乡建设部等部门印发《住房城乡建设部 财政部 国务院扶贫办关于加强建档立卡贫困户等重点对象危房改造工作的指导意见》(建村〔2016〕251 号)、《住房城乡建设部 财政部关于印发农村危房改造脱贫攻坚三年行动方案的通知》(建村〔2018〕115 号)、《财政部 住房城乡建设部关于加强农村危房改造资金使用管理 助力全面完成脱贫攻坚任务的通知》(财社〔2019〕53 号)等文件，明确提出规范对象认定、减轻贫困户负担、加强工作和资金管理等要求，指导各地切实落实好保障责任。

二是做好农村危房改造资金保障工作。2017 年起，中央财政补助资金集中用于支持建档立卡贫困户等 4 类重点对象的危房改造，并大幅提高户均补助标准至约 1.4 万元。同时，中央财政在分配下达补助资金时，不断加大对“三区三州”等深度贫困地区的倾斜支持力度。2013—2020 年，中央财政累计下达农村危房改造补助资金 2 110.8 亿元，支持建档立卡贫困户等 4 类重点对象危房改造任务，同时支持地震高烈度设防地区开展农房抗震改造试点。2013—2019 年，累计支持实施危房改造任务 1 794.09 万户，将截至 2019 年底的 4 类重点对象存量危房改造任务全部安排；2020 年，继续对“回头看”排查等发现及当年动态新增的 4 类重点对象危房改造任务给予支持，按期完成了农村贫困群众住房安全有保障任务。

（四）饮水安全方面

一是支持农村饮水安全工程建设。2012 年以来，中央财政通过中央基建投资累计安排资金 1 292.5 亿元，支持地方农村饮水安全巩固提升工程建设，推动农村饮水保障水平显著提升。2005 年至今，已累计解决约 6 亿农村居民和 4 700 多万农村学校师生饮水安全问题。截至 2020 年底，按照现行标准全面解决农村饮水困难人口的饮水安全问题，基本解决饮水型氟超标问题，全国农村集中供水率达到 87% 以上，农村自来水普及率达到 83% 以上。

二是支持农村饮水工程维修养护。2019 年起，中央财政水利发展资金将农村饮水工程维修养护纳入支持范围，安排 39.6 亿元补助中西部贫困地区、东部原中央苏区等地约 9 万处农村饮水工程的维修养护，覆盖约 1.8 亿人。

三是集中资金支持解决“苦咸水”问题。2020 年，从脱贫攻坚补短板资金中安排 16.06 亿元，支持甘肃、宁夏等省（区）解决苦咸水问题。为确保管好用好资金，财政部会同水利部等召开视频会议进行部署，督促相关省份将资金切实落实到县，科学制定解决方案，加强资金使用管理和工程质量管理，验收一处，销号一处，并强化跟踪调度。中央领导同志对财政部支持解决“苦咸水”工作取得的成绩充分肯定。

五、强化监管，确保财政扶贫资金使用安全高效

习近平总书记强调：“扶贫资金是贫困群众的‘救命钱’，一分一厘不能乱花，更容不得动手脚、玩猫腻。”贯彻落实习近平总书记的重要指示精神，落实阳光扶贫、廉洁扶贫的要求，各

级财政在坚决加大扶贫投入力度的同时，将强化资金监管作为重点工作推进，不断完善扶贫资金管理制度建设，从严管理财政扶贫资金，做好扶贫资金监督，确保财政扶贫投入发挥效益，贫困群众真正受益。

（一）完善扶贫资金管理制度和监督机制

一是健全扶贫资金管理机制。部党组书记、部长刘昆同志召开专题会议研究加强扶贫资金管理工作，财政部制定印发《关于全面加强脱贫攻坚期内各级各类扶贫资金管理的意见》（财办〔2018〕24 号），围绕全面加强各级各类扶贫资金管理，建立“1+4”的管理机制，健全各级各类扶贫资金管理体系。二是修订各项扶贫资金具体管理制度。及时修订《中央财政专项扶贫资金管理办法》等一批资金管理制度，不断规范并加强扶贫资金管理。三是完善财政脱贫攻坚监督工作要求。制定《财政部关于加强和规范财政支持脱贫攻坚政策落实情况监督工作的意见》（财办监〔2016〕6 号）、《财政部关于进一步加强扶贫资金监督检查促进精准扶贫政策落实的意见》（财监〔2019〕12 号）等，部署各级财政部门聚焦重点区域、重点资金、重点政策等，加大监督检查力度。制定印发《财政部关于进一步加强财政扶贫资金监管工作的指导意见》（财监〔2020〕9 号），要求各级财政部门加强统筹协调、突出监管重点，增强监管合力，形成扶贫资金监管工作“一盘棋”。制定印发《财政部门财政扶贫资金违规管理责任追究办法》（财监〔2019〕21 号），明确追责情形和追责形式，提高追责问责可操作性，依法依规追责问责。

（二）加强扶贫项目资金全过程绩效管理

一是完善扶贫项目资金绩效管理制度体系。财政部会同有关部门报请国务院办公厅转发《扶贫项目资金绩效管理办法》，及时印发《财政部关于贯彻落实〈扶贫项目资金绩效管理办法〉的通知》《财政部关于进一步加强扶贫项目资金绩效管理工作的通知》《财政专项扶贫资金绩效管理操作指南（试行）》等，明确扶贫项目资金绩效管理流程、职责分工、工作重点、监管要求等，为在扶贫领域树立“花钱必问效、无效必问责”的理念夯实制度基础。以中央财政专项扶贫资金试点示范，制定绩效管理操作指南，多次赴试点县调研指导，帮助基层解决绩效管理中的问题，根据反馈意见完善绩效指标设计。二是组织开展扶贫项目资金绩效自评。落实上述绩效管理制度，组织部署全国28个有脱贫攻坚任务的省份全面开展扶贫项目资金绩效目标填报和绩效自评，实现绩效自评100%全覆盖，建立了扶贫项目资金全过程绩效管理链条。三是组织开展扶贫项目资金绩效目标审核和自评质量抽审。2019年和2020年，连续两年组织财政部各地监管局对相关省份扶贫项目资金绩效自评结果进行抽查审核，对发现的问题督促及时整改，压实预算单位的绩效主体责任，切实提高扶贫项目资金绩效管理水平。四是开展财政扶贫资金重点绩效评价。2019年和2020年，组织财政部有关监管局对纳入扶贫资金总台账的旅游发展基金、林业改革发展资金、公共卫生服务补助资金等7项对地方转移支付资金开展重点绩效评价，全面深入评估政策效果和财政资金使用效益，加强绩效评价结果应用。中央专项扶贫资金每年开展绩效评价，评价结果纳入省级党委政府脱贫攻坚成效考核，作为专项扶贫资金分配因素。对绩效评价等各类监督检查发现的问题，及时反馈地方、督促整改。整改情况作为脱贫攻坚督查巡查、检查核查关注重点，一追到底，推动保持扶贫资金监管的高压态势。

（三）建立扶贫资金动态监控机制

一是建立和完善监控工作机制。财政部和28个省（区、市）均制定了监控工作实施方案和操作规程，建立动态监控情况报送制度，推动监控工作常态化、规范化。财政部及时通报地方工作进度，通过发布《关注函》等措施督促各地加大工作落实力度，提请关注资金使用疑点信息，及时进行纠正，促进扶贫资金管理使用的安全性、规范性不断提高。二是建设财政扶贫资金动态监控平台。监控平台建设自2018年4月启动，克服各类困难，不断升级完善，最终实现在中央本级和有脱贫攻坚任务的28个省（区、市）、300多个地市、3 000多个县（地市县均含开发区、实验区）上下贯通、稳定运行。三是实现监控到项目到人到企业的目标。对预算分配下达、资金支付、绩效目标执行、到人到户补助发放等情况进行监控。同时，依托监控平台进一步完善扶贫资金总台账，将中央层面涉及的40余项资金和地方有关扶贫资金纳入总台账管理，反映扶贫资金预算安排总量和构成、分配下达、资金支出以及绩效目标执行等信息。

（四）强化财政扶贫领域监督检查

一是充分发挥财政部各地监管局就近就地监管优势和作用。印发《财政部各地监管局工作职能细化规定》，明确监管局工作职责，为其开展监管工作提供依据。各地监管局把扶贫资金使用管理情况作为日常监管的重点工作，做好相关扶贫资金预算申请的审核，提出审核意见；开展财政专项扶贫资金和贫困县涉农资金整合政策落实情况实地核查；充分利用财政扶贫资金动态监控平台，做好本区域扶贫项目绩效目标审核。二是聚焦深度贫困地区、重点资金和政策开展监督检查。财政部组织各地监管局持续开展财政扶贫政策落实情况监督和涉农财政资金专项检查，严肃查处扶贫资金管理使用中的违法违规问题，推动财政脱贫攻坚政策落实落地。2015—2019 年，先后组织开展中央统筹农田水利建设资金专项核查、涉农资金专项整治行动重点抽查、全科医生特设岗位计划试点项目补助资金检查、惠民惠农财政补贴“一卡通”专项核查等。2017—2019 年，连续三年组织开展了财政扶贫资金和财政支持脱贫攻坚政策落实情况专项检查核查，对财政扶贫资金管理使用情况、财政支持脱贫攻坚政策落实情况、财政支持深度贫困地区脱贫攻坚政策落实情况进行核查，依法依规严肃处理违法违规问题，坚决斩断伸向扶贫资金的“黑手”。

（五）建立健全扶贫资金项目公示公开制度

财政部在门户网站开设专栏，全面公开有关财政扶贫政策、制度、办法和中央财政各项扶贫资金的分配结果，接受社会各界监督。同时，督促地方各级财政部门按照扶贫资金项目公告公示制度、落实“两个一律”公开的要求，做到中央、省、市、县财政专项扶贫资金分配结果一律公开，乡村两级扶贫项目安排和资金使用情况一律公告公示，主动接受各方监督。

（六）用好内控制度和外部监督推动提升监管实效

一是充分发挥内控机制的监督作用。财政部建立内控审核常态化工作机制，将巡视整改、专项审计、部内巡视、各类监督检查反映的内控问题及整改情况纳入内控考评指标体系，不断完善内控制度，督促各单位整改各类监督检查发现问题。二是加强与其他部门的监管协同，用好外部监督成果。对各类监督检查发现的问题认真分析研判、查明原因、督促抓好整改。如，配合国务院扶贫办就审计反馈扶贫资金问题督促地方整改；配合教育部建立“三区三州”教育脱贫攻坚项目管理和服务系统，实施中央教育扶贫资金项目定期通报制度；与人力资源和社会保障部共同加强就业相关资金监督管理，对于发现的问题在年度促进就业工作先进地区评选中减分；会同国务院扶贫办约谈财政专项扶贫资金绩效评价中问题严重的省；与水利部、农业农村部建立信息共享机制，对于发现的扶贫资金使用管理问题实行信息共享、齐抓共管。此外，积极配合全国人大、民主党派、纪检监察、审计巡视等方面对扶贫资金政策的监督。

通过多措并举，扶贫资金使用的安全性、规范性明显提升。2021 年 2 月 25 日，习近平总书记在全国脱贫攻坚总结表彰大会上发表重要讲话，充分肯定了财政扶贫资金监管工作取得的明显成效，确保把钱用到刀刃上。

六、切实履行帮扶责任，扎实推进定点扶贫工作

财政部高度重视定点扶贫工作，立足财政职能，积极履行定点扶贫职责，不断健全完善工作机制，增强帮扶工作力量，创新帮扶工作举措，帮助定点帮扶的湖南平江、云南永胜如期实现脱贫攻坚目标。

（一）加强组织领导，不断提高政治站位

财政部党组深刻认识“开展定点扶贫是中国特色扶贫开发事业的重要组成部分，也是我国政治优势和制度优势的重要体现”的政治定位，将定点扶贫工作摆上重要议事日程，不断强化定点扶贫政治责任。一是成立财政部定点扶贫工作领导小组，明确由部党组书记、部长担任领导小组组长，分管扶贫和党建的副部长担任副组长，扶贫工作相关的 15 个单位为成员单位。机构改革

后，及时调整领导小组成员单位，保持帮扶持续性和稳定性。人事教育司、原农业司和机关党委、农业农村司先后作为定点扶贫共同牵头单位，强化定点帮扶工作的统筹协调。二是部党组书记多次主持召开专题会议，了解定点扶贫工作情况，研究部署帮扶工作。其他党组成员多次通过会议、座谈等形式，指导开展定点帮扶工作。三是建立中央、省、市、县四级财政联动等定点扶贫七项机制，构建了较为完备的工作体系。四是每年根据定点扶贫县提出的问题和困难，研究制定定点扶贫工作要点，明确定点扶贫具体工作任务，并定期督促部内相关单位落实。五是及时向驻部纪检监察组报告定点扶贫县脱贫攻坚情况、财政部各项帮扶任务进展情况，接受对定点扶贫工作的监督。

（二）增强帮扶力量，选优配强扶贫干部

一是按照“尽锐出战”要求，选派业务骨干到平江、永胜两县挂职扶贫，收官阶段驻两县扶贫干部达到 17 人，在两县分别组建了定点扶贫工作队，形成了一线帮扶的强有力力量。二是加强干部日常管理，按照部党组要求，驻部纪检监察组、机关纪委定期对财政部定点扶贫工作挂职党员干部进行谈话提醒，推动增强廉洁自律意识，加强作风建设，督促其更好履职尽责。三是坚持正确用人导向，加大对扶贫干部的政治关爱，对表现突出的挂职干部在提任时优先考虑。关心关爱干部，落实好相关关怀政策。

（三）强化督促指导，压实脱贫主体责任

一是部党组成员带头赴定点扶贫县实地调研。党组书记带头先后赴平江县、永胜县调研考察，督促当地党委政府落实主体责任。其他部党组成员结合业务分别开展督导调研，指导做好脱贫

工作。二是部党组多次召开会议研究部署定点扶贫工作。特别是2020年新冠肺炎疫情暴发后，专门要求加大对定点扶贫县的督促指导力度，帮助定点县努力克服疫情影响，增强定点县可持续发展能力。相关单位组成调研组深入平江、永胜两县农村、企业和建档立卡户家中，走访相关部门、产业园区、村委，实地了解疫情影响，对接推进两县发挥好政策“试验田”平台作用。部内各单位立足自身职能加强对定点扶贫县相关部门的业务指导，帮助对接扶贫项目资金。三是与省市相关部门加强联动督导。湖南省、云南省有关领导多次赴定点扶贫县调研，并对财政部工作作风和帮扶成效作出高度评价，督促两县抓好扶贫工作。云南省政府专门邀请财政部参加云南省定点扶贫工作推进会，并介绍经验做法。

（四）聚焦“两不愁三保障”，增强支持力度

在符合国家政策规定的前提下，部内单位发挥四级财政部门联动作用，加大政策支持力度，帮助平江、永胜两县解决实际困难。一是部内相关单位立足自身职能，结合定点扶贫县提出的帮扶需求，在交通运输、农田水利、农业保险、民族教育、国际合作等方面加大支持力度。二是积极支持永胜县抗灾救灾。2019年7月，永胜县发生4.9级地震。受部党组书记、部长委托，财政部脱贫办主任率调研组第一时间深入震中实地查看灾情并慰问受灾群众，帮助解决灾后恢复生产面临的困难。三是协调发动帮扶力量。广泛动员部内各单位通过捐款捐物等方式奉献爱心。深入发掘社会资源，努力争取金融机构、医院、基金会等各类社会组织向两县进行捐赠。

（五）坚持扶贫扶智，提升脱贫内生动力

将扶贫培训作为定点扶贫重点内容，纳入财政部干部教育培训计划，持续强化定点扶贫县干部群众能力素质。一是利用好财政培训资源，在湖南长沙、云南昆明、江苏镇江及财政部干部教育在线平台举办财政扶贫工作培训班，提升平江、永胜两县扶贫干部工作能力。二是联系全国妇联、湖南农业大学等社会资源开展就业和务工人员培训，帮助提升群众自身能力素质。2020 年疫情期间，协调企业通过在线培训方式开展职业技能培训，缓解群众就业压力。三是帮助永胜县建设新民族中学并继续开设以傈僳族为主的民族班，加大对"直过民族"教育扶贫力度，阻断贫困代际传递。

（六）拓展市场渠道，深入开展消费扶贫

一是将平江、永胜两县作为政府采购贫困地区农副产品首批试点县，会同部门指导两县开展货源组织相关工作。二是部机关食堂持续采购两县农副产品。鼓励财政干部职工购买两县产品。三是帮助两县深化与阿里巴巴、农行商城、本来生活、公益中国等电商平台的合作关系，拓展产品销售渠道。四是将短视频、直播模式作为消费扶贫重要手段，大力推介两县产品。如永胜县石榴产区直播当天，160 余吨石榴被"秒杀"，极大提升了永胜石榴的知名度。五是部属新闻媒体积极参与定点扶贫工作，专题报道两县脱贫进展情况，免费刊登当地特色产品广告。六是协调加强宣传推广力度。2020 年春节期间，中央电视台以"东南西北过大年——永胜篇""小蘑菇撑起致富伞""蜂蜜酿出了好日子"为主题，先后播出 3 期专题纪录片推介永胜县相关产品。

（七）广泛发动社会力量，汇聚脱贫攻坚合力

发挥财政部门联系广泛的优势，动员社会力量参与定点帮扶。一是帮助平江、永胜两县协调开展“星光行动”，大幅提升两县知名度与社会影响力。二是协调“快乐儿童家园”公益项目落户两县，优化留守儿童成长环境。三是联系企业通过投资落户、上线产品、开展培训、吸收就业等形式支持两县扶贫。四是促成香港各界扶贫促进会赴永胜县调研，与香港企业家代表就产业投资、产品销售、社会公益等达成初步合作帮扶意向。

在财政部的定点帮扶和两县干部群众的积极努力下，湖南平江、云南永胜分别于 2019 年 3 月、2020 年 5 月实现脱贫摘帽，高质量地打赢了脱贫攻坚战。期间，国务院扶贫办《扶贫信息》《人民日报》《经济日报》《湖南日报》《云南日报》及湖南、云南新闻联播等媒体对财政部的定点扶贫工作情况进行了专题报道并给予了高度评价。财政部定点扶贫工作在 2018 年度、2019 年度的考核中连续被考评为“好”。

七、注重巩固拓展脱贫攻坚成果，推动高质量打赢脱贫攻坚战

习近平总书记多次强调，要多措并举巩固脱贫攻坚成果，确保高质量完成脱贫攻坚目标任务。为贯彻落实习近平总书记的重要指示精神，确保脱贫攻坚成果质量经得起检验，财政部高度重视和积极支持巩固拓展脱贫攻坚成果各项工作。

（一）统筹做好集中攻坚和巩固脱贫攻坚成果工作，确保脱贫攻坚质量

一是落实“四个不摘”的要求，持续加大财政扶贫投入力

度。中央财政认真贯彻落实习近平总书记关于扶贫工作的重要论述，不断强化财政扶贫投入保障力度，支持攻坚的同时注重巩固成果。在贫困人口从2012年底的9 899万人减到2019年底的551万人、连续7年每年减贫1 000万人以上的情况下，中央财政扶贫资金不降反增。其中，中央财政专项扶贫资金从2012年的326亿元增长到2020年的1 461亿元，年均增长20.6%。特别是脱贫攻坚战打响以来，连续5年每年新增200亿元。同时，教育、医疗、卫生、基础设施建设、产业发展等方面的扶贫投入也继续加大支持力度。中央财政的持续投入，不仅对各地集中资源攻坚剩余的“硬骨头”提供了有力支持，也为各地统筹巩固脱贫攻坚成果提供了坚实的资金保障。

二是根据减贫进展与时俱进调整完善财政扶贫政策。中央财政根据脱贫攻坚形势发展变化，不断调整完善财政扶贫资金管理使用政策。从2016年起，将脱贫攻坚成效单独作为中央财政专项扶贫资金测算因素，引导支持各地巩固脱贫攻坚成果。调整完善贫困县涉农资金整合试点政策，从2018年起，要求已脱贫摘帽县的整合资金使用要与巩固脱贫攻坚成果紧密挂钩。2019年，首次将农村饮水工程维修养护纳入中央财政水利发展资金支持范围，巩固饮水安全保障取得的成果。2020年，联合国务院扶贫办印发《关于做好2020年财政专项扶贫资金管理、贫困县涉农资金整合试点及资产收益扶贫等工作的通知》，要求各地落实“四个不摘”的要求，在保持政策总体稳定的同时，将支持贫困地区农业特色产业发展作为巩固脱贫成果的重点，进一步提高用于产业发展的财政专项扶贫资金和其他整合资金的占比。

（二）主动谋划衔接政策，推动巩固拓展脱贫攻坚成果同乡村振兴有效衔接

一是提前研究谋划财政支持脱贫攻坚与乡村振兴有机衔接。

2019 年，财政部党组将“财政支持脱贫攻坚与乡村振兴有效衔接”作为重点调研课题，组织联合课题组，深入十多个省份实地调研，系统梳理财政脱贫攻坚政策及成效，评估提出下一步调整完善思路，形成了财政支持脱贫攻坚与乡村振兴衔接的初步考虑。

二是不断深化脱贫攻坚与乡村振兴政策研究。2020 年以来，在部党组重点调研课题基础上继续深化研究，就建立解决相对贫困长效机制若干重点问题提出建议。梳理了 34 条财政脱贫攻坚政策，逐项评估提出调整完善意见，形成《财政部关于 2020 年后财政扶贫政策初步考虑的报告》，为参与中央有关巩固拓展脱贫攻坚与乡村振兴更有效衔接政策顶层设计，夯实了政策储备研究。

三是全程参与巩固拓展脱贫攻坚成果同乡村振兴有机衔接顶层制度设计。根据中央有关部署，财政部积极推进相关政策研究工作，立足财政职能，提出建设性意见建议，派专人参与中央农办牵头的《关于实现巩固拓展脱贫攻坚成果同乡村振兴有效衔接的意见》起草工作，在衔接制度的顶层设计中发挥了积极作用。

四是积极主动开展巩固拓展脱贫攻坚成果同乡村振兴有效衔接配套政策研究。中央有关衔接工作思路明确后，财政部贯彻落实国务院领导同志指示精神，抓紧开展配套政策研究，具体牵头“财政支持政策”研究，配合其他 14 项专题政策研究。部领导对这项工作高度重视，带领脱贫办、农业农村司等，提前谋划、积极研究、反复论证，就财政部牵头的财政专项扶贫资金、贫困县涉农资金整合、倾斜支持“三区三州”等深度贫困地区、脱贫攻坚税费优惠政策提出调整优化方案。特别是《关于实现巩固拓展脱贫攻坚成果同乡村振兴有效衔接的意见》印发后，财政部及时抓紧细化实化具体配套政策，起草《中央财政衔接推进乡村振兴资金管理办法》；研究明确延续贫困县涉农资金整合试点的具体安排；延续执行脱贫攻坚有关税费优惠政策。同时，在研究编制2021年预算时，贯彻落实习近平总书记“扶上马、送一程”的重要指示，保持财政支持政策总体稳定，统筹考虑巩固脱贫攻坚成果、衔接推进实施乡村振兴战略的要求，继续加大投入力度，确保落实好中央有关衔接工作的决策部署。

脱贫摘帽不是终点，而是新生活、新奋斗的起点。各级财政部门将贯彻落实党中央、国务院关于巩固拓展脱贫攻坚成果同乡村振兴有效衔接的决策部署，一如既往积极发挥财政职能作用，强化投入保障，优化政策供给，加强资金监管，全力支持巩固拓展脱贫攻坚成果，做好乡村振兴这篇大文章，推动脱贫地区持续改善发展水平，帮助脱贫群众过上更加美好的生活。

三、地方财政脱贫攻坚工作情况

北京市财政脱贫攻坚工作情况

“十三五”时期，在北京市委、市政府坚强领导下，在财政部有力指导推动下，北京市财政局深入学习贯彻习近平总书记关于扶贫工作的重要论述，坚决落实中央决策部署，把扶贫协作作为光荣的政治任务、义不容辞的责任和分内之事，树牢首要意识，坚持首善标准，发扬首创精神，发挥首都优势，争创首位效益，用心用情用力全方位助推帮扶地区脱贫攻坚。“十三五”期间，北京市先后向受援省区选派6 341名干部人才，投入市区财政资金293.36亿元，安排项目6 247个，培训33.42万余人次，消费扶贫金额538亿元。经过援受双方共同努力，北京帮扶的纳入中央考核的73个贫困旗县全部摘帽，200.6万贫困人口全部脱贫，助推受援地区全面打赢脱贫攻坚战。

一、深入学习贯彻习近平总书记关于扶贫工作的重要论述，全面提高思想政治站位

全市各级财政部门时刻牢记“看北京首先从政治上看”的要求，不断增强政治自觉、思想自觉和行动自觉，坚决助力受援地区打赢脱贫攻坚战。

（一）深入学习贯彻习近平总书记关于扶贫工作的重要论述

局党组每年开展理论中心组学习，局主要领导亲自带领干部

原原本本学习习近平总书记关于扶贫工作的一系列重要指示批示精神，学习习近平总书记关于扶贫工作重要论述的形成过程、科学内涵及历史贡献。深刻领会和准确把握蕴含其中的精神实质、丰富内涵、思想方法、实践要求等，教育引导干部深刻认识打好精准脱贫攻坚战的重大意义，切实增强责任感使命感，坚定信心，明确方向，自觉用习近平总书记扶贫工作主要论述武装头脑、指导实践、推动工作。局主要领导和分管局领导以上率下，每年亲自到受援省区进行对接，看望援派干部并深入贫困村调研，走访慰问建档立卡贫困群众，研究推进重点任务。

（二）强化组织领导，统筹推进责任落实

市财政局严格按照《北京市扶贫协作和支援合作工作领导小组工作规则》有关要求落实工作职责，一方面做好扶贫协作和支援合作资金筹集工作，及时拨付援助资金；另一方面指导受援地和相关单位做好扶贫协作和支援合作资金绩效管理工作。市财政局成立了以局主要领导为组长、相关处室为成员单位的扶贫支援领导小组，研究部署财政各项工作，统筹推进工作落实，切实将扶贫支援工作纳入局党组重要议事议程，形成统筹有力、上下联动、前后互动扶贫支援工作体系。此外，建立市区财政部门协同推进的工作机制，定期研究部署扶贫支援财政工作，定期调度东西部扶贫协作资金落实情况，进一步强化各区财政部门责任意识，督促各区落实保障任务。

（三）狠抓作风建设，强化使命担当

深入开展“不忘初心、牢记使命”主题教育，不断强化使命担当。在全局范围内开展“自查”，看各级党组织和党员领导干部对扶贫攻坚工作是否真重视；选派的对口援建干部是否尽心尽

力；帮扶政策和资金是否科学合理，符合基层实际；党员干部在扶贫攻坚工作中是否存在推诿扯皮，不作为、慢作为、乱作为等问题。通过自查，进一步提升了脱贫攻坚财政工作质量，全局上下以实际行动践行“两个维护”，开创了扶贫支援工作生动实践。

二、认真履行财政职责，扎实推进扶贫支援财政各项工作落实

全市各级财政部门坚定不移对标对表中央指示精神，聚焦“两不愁三保障”，聚焦贫困旗县需求，不断加强财源建设，持续加大投入力度，建立完善政策体系，切实抓好智力支援，积极运用政府采购消费扶贫，高质量推进财政各项工作落实。

（一）加大财政资金投入力度

“十三五”期间，北京市累计投入市区财政资金293.36亿元（每年于第一季度全部拨付到位）。其中，市级资金270.55亿元（含市区筹集机制），区级资金22.81亿元，安排扶贫协作项目6 247个，助力新疆、西藏、青海、河北、内蒙古、湖北、河南7个省（区）90个县打赢脱贫攻坚战。此外，对口宁夏开展医疗帮扶，对口安徽金寨开展农业帮扶。资金第一时间全部拨付至受援地财政厅（局），进一步减少资金拨付环节，提高资金使用效益。2020年，市区两级财政共安排帮扶资金56.26亿元。其中，东西部扶贫协作资金32.88亿元，同比增长21.3%。2020年共实施1 972个扶贫支援项目的实施，当年开工率达100%。

（二）严格落实增长机制

对口支援新疆和田、西藏拉萨、青海玉树，按上年地方一般

公共预算收入的一定比例增长：收入增长率高于8%的，对口援助资金按8%递增；低于8%的，按实际增长率递增；负增长的，除发生特大自然灾害外，按上年对口援助资金量安排。对口帮扶河北、内蒙古，按上年地方一般公共预算收入的一定比例增长，收入增长率高于或等于6.5%时按6.5%增长，低于6.5%时按实际比率增长。对口协作湖北、河南、宁夏、安徽采取定额补助，南水北调涉及的湖北和河南每年分别安排2.5亿元，宁夏医疗帮扶每年1 000万元，安徽农业帮扶每年300万元。对口湖北巴东参照新疆、西藏、青海的增长机制。此外，为落实市委、市政府主要领导指示，在全国范围内率先大幅提升县均帮扶水平，支持青海玉树和湖北巴东灾后重建等工作。5年来市级财政在规定增长机制的基础上，新增帮扶资金32.79亿元，确保北京市扶贫支援资金规模每年走在全国前列。

（三）资金投入聚焦精准

北京市扶贫支援资金聚集精准扶贫、聚焦深度贫困、聚焦特困群体、聚焦解决“两不愁、三保障”和安全饮水等突出问题，重点围绕产业扶贫、消费扶贫、劳务协作、健康扶贫、教育扶贫、住房保障、扶贫干部能力提升及基本公共服务类建设等方面，完善益贫带贫机制，提高贫困户参与度、收益度，突出扶贫协作成效，80%以上资金用于与建档立卡贫困户利益紧密联系的项目上。

（四）加强政策体系建设

一是不断加强扶贫支援资金使用管理，印发《北京市扶贫协作和支援合作财政资金管理办法》《关于加强扶贫支援项目资金绩效管理的通知》，及时转发财政部《扶贫项目资金绩效管理办法》，在职责分工、预算管理、绩效管理、监督管理等方面提出要求，督促指导各前方指挥部、挂职干部团队和各区财政局进一步强化主体责任落实，加强绩效自评工作管理，加大工作核查力度，促进扶贫支援资金精准高效使用。二是持续强化完善项目管理，制定并印发了《北京市扶贫协作和支援合作项目管理办法》《京蒙扶贫协作资金和项目管理办法》等。三是加强沟通协调，督促指导前方指挥部建立扶贫资金管理制度，与受援地建立有效沟通渠道，配合受援地严格落实资金监管主体责任，强化绩效管理，完善信息公开公示制度，建立动态监控机制，确保财政资金聚焦扶贫，规范合理、高效使用。

（五）认真做好援建干部选派工作

局党组坚持学习贯彻落实习近平总书记关于新时代干部人才援派工作的重要指示精神，自觉从发挥政治功能、发扬首善精神的高度来认识援建干部选派工作。在援建干部选派方面突出政治标准，严格选派程序，严把人选资格条件，注重干部人才与受援地区需求的对接匹配，大力选派政治坚定、素质优良、能力突出、作风过硬的干部，有组织、有计划地把干部放到扶贫一线、重大斗争一线去成长锻炼。“十三五”期间，财政局累计选派 13 名干部参与援建，其中 6 名至西藏拉萨，3 名至新疆和田，2 名至青海玉树，1 名至湖北巴东，1 名至河北唐山挂职锻炼。援建干部坚决贯彻落实工作单位党组（委）领导部署，充分发挥财政工作经验和专业优势，严于律己、担当作为，在加强单位财务管理、资金拨付、政府采购、预算评审及绩效管理等方面开展了大量工作，获得了受援地区干部群众的普遍好评。

此外，落实好关心关爱干部的各项措施。局领导定期到受援单位走访慰问，指导推动援派工作。组织人事部门按规定落实好援建干部工资福利待遇，加强跟踪了解，严格考察考核。强化考察考核结果运用，对实绩突出、贡献较大的干部及时予以表彰表扬，按政策落实好干部职务职级待遇。做好宣传发动和教育引导，在财政系统内刊发援建工作信息，积极宣传援建干部在扶贫攻坚一线的风采和动人事迹，鼓励引导干部在援建地积极作为、奉献担当，为打赢脱贫攻坚战做出新的更大贡献。

（六）抓好智力扶持，推动学干相长

扶贫先扶智，为助力受援地区加强干部队伍建设，提升人才工作质量，“十三五”期间市财政局先后7次通过“送教上门”与“请进来”相结合的方式组织教育培训和人才交流。围绕推动预算公开和实施全面预算绩效管理等前沿改革，两次选派领导干部和业务骨干赴西藏拉萨组织教育培训、交流业务经验。邀请拉萨财政系统、四川什邡财政局干部来京参加新录用干部岗前培训，与业务处室深入座谈交流，进一步帮助受援地干部拓展思路、开阔眼界。依托首都教育资源优势，两次组织湖北十堰财政系统干部进高校培训，通过深入与专家学者学习交流，进一步强化受援地区干部能力素质，助力提升受援地财政科学化精细化管理水平。

（七）发挥财政政策优势，助力受援地产业发展

市财政局认真贯彻落实财库〔2019〕27号、财库〔2019〕41号文件要求，充分利用政府采购等财政政策手段，助力受援地产业发展，增强受援地经济韧性。截至2020年12月14日，全市4 000多家预算单位通过“扶贫832”平台完成交易额5.2亿元，预留份额任务完成率103.58%，通过北京市双创中心等线下渠道完成交易额1.38亿元，政府采购执行进度始终保持全国前列。

一是强化政策指导。联合印发《北京市2020年消费扶贫行动方案》，指导各单位制定合理的采购计划，统筹各单位线上线下购买方式，扎实推进政府采购消费扶贫，确保各单位农副产品采购资金预留比例不低于30%。与其他省份相比，北京市预留份额全国排名第三位，预留比例全国排名第二位。二是加大培训力度。对市级所属200余家预算单位及18个区级财政部门先后组织了2次集中培训、3次视频政策答疑。下发《832平台采购交易流程》《采购人使用手册》等资料，确保采购活动顺利展开。三是大力推进采购活动。加强与各预算单位沟通，对预留份额较大的单位重点实地跟进，做到扎实推进、压实任务、做实采购；并通过文件反馈、集中研讨及实地调研等形式，深入预算单位一线；通过系统提醒、电话催办、文件督办等多种形式，2020年先后6次通报各单位具体进展情况，表扬先进、督促后进，不断推动各级预算单位积极开展贫困地区农副产品采购活动。四是不断创新采购新模式。上线北京市政府采购管理服务平台"电商扶贫板块"，为各级预算单位定期推出贫困地区农副产品团购清单和10余种扶贫产品优惠套餐，切实提高了预算单位资金使用效益，拓宽了贫困地区农副产品销售渠道，有效促进了政策落实。大力推进"集采联销"模式，发挥北京市各级扶贫消费双创中心售后服务及时周到的优势，通过双创中心统一在"扶贫832"平台下单，双创中心统一组织配送的方式，进一步优化预算单位采购体验。统筹线上线下采购相结合，依托"扶贫832"平台、北京市扶贫消费双创中心，组织多场展销会、对接会，引入湖北、内蒙古、河北等多地农副产品，通过批量采购、预售等模式，扩大贫困地区扶贫产品销售渠道。组织开展一线采买活动。2020年组织各级预算单位1 000余人参与"扶贫832"平台线下集中展销会，达成采购意向2 000多万元。五是相关经验做法受到有关媒体肯定，《中国政府采购报》先后发表了《北京市财政局三举措精心答好“政采扶贫卷”》《北京市财政局政采扶贫工作纪实》两篇文章宣传北京市典型做法。

（八）认真做好城乡建设用地增减挂钩节余指标跨省域调剂工作

根据国务院办公厅和财政部有关要求，认真落实城乡建设用地增减挂钩节余指标 7 100 亩，及时上解市级资金 49. 7 亿元。

三、善作善成，脱贫攻坚取得显著成效

收官之年遭遇新冠肺炎疫情影响，北京作为首都，在脱贫攻坚的冲刺阶段，以更加有为的担当、更加饱满的热情，坚决完成中央交给的扶贫支援任务，脱贫攻坚取得显著成效。

（一）发挥首都优势，构建大扶贫格局

一是深入开展携手奔小康行动。按照“五到位”“八抓好”要求，推动区县结对提质增效，与受援地区 660 个贫困乡镇、1 373个贫困村结对，实现对区县、贫困乡镇、深度贫困村结对帮扶全覆盖。二是广泛动员社会力量参与。完善多层级、全领域的动员体系和机制，积极搭建社会参与平台，建成社会动员中心、消费扶贫双创中心、交流交往中心、教育培训中心、健康扶贫中心、研究中心等“六个中心”，广泛宣传运用社会扶贫网，动员全社会力量参与扶贫协作。动员 1 500 余家企业参与产业扶贫，中青旅、农发行、美团、北投等行业龙头企业和字节跳动等独角兽企业深度参与扶贫支援，1. 3 万家社会组织和 35 万余名爱心人士参与精准帮扶。截至 2020 年 12 月 10 日，组织抗疫捐助、

"大爱北京"助扶贫募捐活动等，动员社会各界向受援地区捐赠款物7.07亿元。三是深入开展"万企帮万村"行动。近千家企业参与"万企帮万村"行动，受帮扶贫困村达到1 023个，针对贫困残疾人特殊群体，实施"五个一批"帮扶行动，增进了首都与受援地区人民的友好情谊，促进了民族团结。四是加大正面宣传力度。强化扶贫协作新闻矩阵建设，多媒体、多渠道宣传扶贫协作。北京日报组织专门采访团队分赴扶贫支援五省区，持续推出"北京扶贫报告"特刊。各类媒体刊发相关报道1万余篇，视听作品播放量580万次，在全社会营造了良好舆论氛围。

（二）发扬首创精神，形成北京特色扶贫模式

整合教育、医疗、科技、市场等优势资源，形成了具有北京特点的扶贫协作模式。一是创新推动产业扶贫新模式。积极引导北京企业到受援地区开展产业扶贫，支持优势特色产业发展，帮助建设科技园、产业园，组织企业参加支洽会、青洽会、藏博会、西部旅游国际论坛等活动，培育一批有效带动贫困群众增收的市场主体。精准对接受援地区资源禀赋，形成"共建产业园""山区林区经济""坝上草原经济""公司+合作社+贫困户""企业+协会+基地"等一批成熟的产业扶贫模式。"十三五"期间推动首农、首旅、德青源等3 000多家企业到贫困地区开展产业扶贫，投资超过2 000亿元，带动受援地区产业发展。举办300多场招聘会，提供岗位28万个，带动就近就地就业20余万人，通过各类渠道促进就业50多万人次。二是创新推广"组团式"扶贫模式。深化推广"成建制"教育扶贫模式，提升受援地教育水平，2020年拉萨北京中学、北京实验中学高考上线率均超过99%，同时被评为首批西藏自治区示范性高中；招募8 000余名大学生赴和田支教，通过教育扶贫阻断贫困代际传递。持续

开展“组团式”健康扶贫，通过组团式援建、结对帮扶等方式，帮助拉萨市人民医院成功创建“三甲”，玉树州人民医院顺利晋升“三级”医院，和田市医疗水平整体提升。实施精准医疗扶贫项目，推动北京医疗专家救助万名贫困患者大病诊治健康脱贫示范工程，防止因病致贫、因病返贫。三是创新开展全民参与的消费扶贫模式。北京市率先开展消费扶贫行动，率先建成消费扶贫双创中心，率先发布《消费扶贫产品名录》，率先发行全国首张消费扶贫爱心信用卡，率先建成消费扶贫党建教育基地。2019—2020 年两年销售受援地区特色产品 538 亿元，有效带动贫困群众增收脱贫。北京市消费扶贫荣获 2020 年“全国消费扶贫典型案例奖”“全国消费扶贫示范单位”，北京新发地荣获 2019 年全国脱贫攻坚“组织创新奖”。四是创新打造全链条科技扶贫模式。坚持以首都创新优势带动受援地园区发展，推进中关村科技成果和亦庄开发区优势产业到河北、内蒙古、新疆、西藏、青海等帮扶地区建设科技园区，助推受援地区产业转型升级。深入实施“互联网 + 精准扶贫”，首都互联网协会携手新浪、网易、凤凰网、百度等 104 家会员成立互联网公益联盟，为受援地区建造信息扶贫“高速路”，为脱贫攻坚赋能增效。组织“专家行”“院士行”活动，打造一支带不走的扶贫干部人才队伍，引导首都高校、科研院所、科技专家提供先进实用技术援助，“十三五”期间累计输出科学种植、养殖等 419 项技术，提高贫困地区生产效率和社会效益。五是创新实施多样化金融扶贫模式。与国开行、建行、工行、农发行等国有金融企业和度小满等民营金融企业合作，为脱贫攻坚提供坚强有力的金融支持。推动建行善融平台、工商银行融易购电商平台、京东金融等对接受援地区，帮助销售扶贫产品。与北京人寿启动“保险 + 健康扶贫”行动，为受援地区 8 875 名 16 岁以下贫困儿童完成全覆盖公益大病医疗保险，防止因病返贫。六是创新“抓党建促援建”工作模式。探索基层党建引领产业联合体、“斗军湾村扶贫协作党员驿站”“农民智慧书屋”“扶贫工作室”等基层党建扶贫模式，帮助提高基层组织贫困治理能力。

（三）争创首位效益，推动北京扶贫支援工作持续走在全国前列

京冀、京蒙东西部扶贫协作2018年、2019年连续两年在全国脱贫攻坚成效综合考核中走在全国前列。对口支援西藏、青海、新疆工作持续位于全国首位。北京的帮扶给受援地区经济社会发展带来巨大变化：一是解决了区域性整体贫困。助力6个省区73个贫困县摘帽，200.6万名建档立卡贫困人口脱贫，北京携手受援地区共奔小康，当地干部群众称赞北京真情实意、真金白银、真抓实干、真帮实扶、真功实效。二是贫困群众收入大幅度提高。坚持产业就业帮扶为主，激发贫困群众内生动力，贫困群众收入水平大幅度提高，稳步提高自我脱贫能力。三是公共服务明显改善。“十三五”期间，投入资金实施硬化道路1 300余公里，建设富民安居房15.4万套，改建厕所近9 000座，建立卫生室1 046个，援建学校344所，“三保障”问题基本解决。四是经济社会加快发展。北京的产业、资本、科技、金融、人才等要素与河北、内蒙古当地资源禀赋充分融合，补齐了发展短板，培育了特色产业，为当地经济社会发展按下了快进键。五是贫困治理能力显著提升。通过以党建促援建，贫困地区基层组织得到加强，巩固了党在农村的执政基础。干部群众观念、能力显著提升，受援地区各级各类干部、人才和贫困群众思路更加开阔、能力日益提升、动力更加强劲。六是为乡村振兴打下坚实基础。通过扶贫支援工作，建立了区域协作发展、协同发展、共同发展体

制机制，为助力乡村振兴和区域平衡发展打下了牢固的基础，同时拓展了北京的产业发展空间，延伸了创新链、产业链、供应链，保障了首都市场供应，巩固了首都人民与兄弟省区各族人民的深情厚谊，更加坚定了立足伟大时代做好首都工作的信心和决心。

四、财政脱贫攻坚工作经验和启示

财政在推进扶贫支援工作中，探索积累了宝贵的经验，即打赢打好脱贫攻坚战，习近平总书记扶贫工作重要论述是行动指南和根本遵循，各级书记一起抓是坚强的政治和组织保证，精准扶贫脱贫是决胜的根本之策，协同高效的扶贫支援机制是重要基础，高素质、勇担当、肯奉献的干部人才是决胜关键，广泛动员全社会参与是不竭之源，求真务实埋头苦干是克难之法，扶志扶智激发内生动力是长效之举。

天津市财政脱贫攻坚工作情况

党的十八大以来，天津市财政局坚持以习近平新时代中国特色社会主义思想为指引，各级党组织切实将脱贫攻坚作为最大的政治责任、最大的民生工程、最大的发展机遇，讲政治、顾大局、勇担当，在决战决胜脱贫攻坚工作中体现了财政之为，贡献了财政之力。天津市财政局专门成立领导小组，第一时间传达学习贯彻习近平总书记关于脱贫攻坚的一系列重要讲话精神和市委工作要求，统筹研究、协调推进和督促落实各项工作，不断提升财政扶贫工作水平。

一、大力支持东西部扶贫协作和支援合作

天津市财政局深入学习贯彻落实习近平总书记关于脱贫攻坚工作的重要指示批示和重要讲话精神，深刻理解“脱贫攻坚，资金投入是保障”的重要要求，按照市委市政府“多层全覆盖、有限无限相结合”工作思路，升级加力，用好有限财政资金，以无限感情投入扶贫工作。“十三五”期间，虽然天津市处在战略性调整阵痛期、财政运行存在较大压力和挑战，但全市财政部门不降标准、不打折扣，将帮扶资金作为首要保障项目，优先超额安排各类帮扶资金 126.2 亿元，是“十二五”时期 38.17 亿元的 3.3 倍。自 2018 年起，在东西部扶贫协作甘肃省、河北承德方

面，天津市扶贫协作资金占一般公共预算收入的比重稳定在0.8%左右，连续3年在东部九省市中位居前列。在对口支援新疆和田、西藏昌都、青海黄南及重庆万州方面，按照财政部规定和协议安排，一般预算收入增幅低于8%的，对口支援资金按实际增幅安排，负增长的按上年资金量安排；为支持受援地区完成脱贫攻坚任务，市财政一直按照8%的最高增幅比例统筹安排对口支援资金43.94亿元，比规定38.69亿元多安排5.25亿元，超出13.6%。

（一）加快拨付速度，早日发挥资金效益

天津市财政局深刻认识到脱贫攻坚任务慢不得、等不得，帮扶资金早一天到位，就能早一天发挥效益。在严格按照国家发展改革委、财政部规定时限内及时拨付的基础上，自2019年起，市财政局在资金拨付速度上进一步“升级提速”，把在人代会预算草案审议通过后立即拨付资金作为一项工作原则，拨付速度在全国位居前列。同时，市财政局积极协调各区财政局，在自行安排帮扶资金拨付上急事急办、特事特办，简化工作流程，提升拨付效率，该拨的钱痛痛快快马上拨，资金到位时间大幅提前。

（二）加大监管力度，管好用好宝贵资金

帮扶资金只有管好、用好，才能真正让受援地区享好处、得实惠。市财政局在加强监督管理方面进行了一系列探索，对帮扶资金进行全流程监管，促进财政资金发挥出应有成效。一是推进统筹整合。在项目统筹上，市财政局专门明确帮扶资金优先支持产业帮扶项目，尽快帮助受援地区增强“造血机能”。在财政资金的引导带动下，培育了一批符合受援地发展实际的特色林果、畜牧养殖等产业，广大贫困人口实实在在增加了收入。在产业帮

扶上，2019—2020年，市财政设立了总额4 000万元的产业帮扶专项扶持资金，安排6 000万元专项资金支持食品集团开展西藏昌都阿旺绵羊繁育基地建设等减贫效益突出的产业项目。在聚焦民生上，除助力建档立卡贫困人口尽快脱贫致富外，市财政还积极支持教育、医疗等民生领域的扶贫工作，安排2亿元支持河北承德应用技术职业学院，安排8 500万元支持青海黄南科技馆建设，安排2 000万元支持承德隆化县妇幼保健院综合服务楼项目建设，均取得了较好的成效。二是完善管理制度。市财政局制定了《东西部扶贫协作和支援合作工作实施方案》《资金支持专项工作组工作方案》及《财政资金监督管理方案》，明确财政脱贫攻坚工作重点及具体要求；结合受援地区的不同地理、环境及人员配置等因素，修订了《项目及资金管理办法》《前指经费管理办法》，提高了制度针对性和精准性，解决了各前指相关政策执行把握不准、执行不到位的问题。三是进行实地监督。为确保帮扶资金安全、合规使用，市财政局组织由局级领导带队的专项工作组前往受援地区开展监督管理工作，2019—2020年，累计组织70余人次，对青海黄南州科技馆、新疆和田职业技术学院、西藏昌都阿旺绵羊胚胎中心等120余个项目开展了实地调研，与相关部门及前指座谈11次，完成了7个受援地区监督管理全覆盖。特别是2020年，市财政局积极克服新冠肺炎疫情影响，充分发挥主观能动性，实时关注疫情发展动态，及时更新监管时间表与路线图，在疫情稳定窗口期内完成了资金监管、结对帮扶挂牌督战村工作。在监督管理过程中，市财政局积极督促各前方指挥机构全面落实好巡视、审计等具体要求，认真完成好整改工作；针对合作交流领域拓展不深入、部分项目资金绩效管理工作开展不充分等问题，提出了加强多领域交流合作、加强扶贫项目资金绩效管理等合理建议。

（三）密切联系各方，形成有效攻坚合力

只有凝聚成强大合力，才能确保脱贫攻坚任务如期完成。市财政局密切联系有关部门，共同做好财政脱贫攻坚工作。一是加强与受援地财政等部门的合作。每年年初预算安排确定后，市财政局立即就资金安排规模、拨付时间等情况与各地进行了沟通，确保资金信息顺畅流转。在实地监督管理及日常沟通中，共同就建立绩效成果与资金安排使用挂钩机制等问题进行了研究，加强了援助资金管理，有效提高了资金使用效益。二是建立市区两级财政部门联动机制。2019—2020 年，市财政局每季度组织召开一次市区两级财政部门扶贫支援座谈会，研究问题、交流情况，确保市区两级财政部门步调一致。为确保在 2020 年脱贫攻坚决战决胜中绷紧弦、不松劲，2020 年 3 月 20 日，积极协调各区财政部门，组织全系统近百人以视频会形式召开了天津市财政系统决战决胜脱贫攻坚动员部署会，对资金安排、拨付、使用及监督管理等作出了具体部署，取得了良好工作成效。

（四）保障工作经费，服务前指运转需要

为给天津市援派干部创造良好的工作及生活条件，“十三五”期间，市财政局足额安排工作经费，有力地保障了 6 个前方指挥机构正常运转。同时，对前方指挥机构工作经费使用中存在的范围不明、程序不当等各方面问题，市财政局积极进行解答、提供帮助。此外，市财政局还配合市委组织部印发了有关文件，进一步规范了全市援派干部人才的有关待遇，确保天津市各类援派人才待遇得到合理保障。

二、大力支持本市新一轮结对帮扶困难村

天津市新一轮结对帮扶困难村工作是市委市政府深入贯彻落实习近平总书记关于精准扶贫、精准脱贫重要指示的重要举措。天津市财政局积极支持全市结对帮扶困难村工作，努力克服经济下行压力和新冠肺炎疫情的影响，坚决扛起脱贫攻坚的政治责任，坚持把结对帮扶作为财政支农工作“重中之重”，积极优化财政支出结构，全力以赴做好结对帮扶资金保障工作。市财政局通过安排一般预算、争取地方债券、盘活资金存量和统筹整合资金等多措并举，将新一轮结对帮扶困难村产业带动帮扶和基础设施帮扶市财政补助资金全部拨付到位。三年市财政拨付资金共计25.3亿元，其中，2018年8.3亿元，2019年4.5亿元，2020年12.5亿元。同时，为进一步管好用好宝贵财政资金，2018—2020年，财政部门会同各部门研究制定《新一轮结对帮扶困难村发展市级补助资金管理办法》《新一轮结对帮扶困难村发展市级补助资金监督管理三年工作方案》《天津市结对帮扶困难村发展财政补助资金绩效评价管理办法》等制度文件，从资金管理、政策监管和绩效评价等环节加强资金使用管理工作，形成帮扶资金闭环监管链条，有效提高财政资金使用效益，有力支持了新一轮结对帮扶工作圆满完成，为“三农”在“六稳”“六保”中发挥“压舱石”作用提供有力支撑。

（一）加强资金监督管理

天津市财政局切实抓好帮扶资金监督管理。2019年，积极组织开展扶贫助困资金监督管理工作，发现个别区存在资金结存金额较大等问题，督促各部门及时整改。2020年5月，市财政局

《关于开展结对帮扶困难村市级补助资金监督工作的通知》，启动2019年度新一轮结对帮扶困难村产业带动帮扶和基础设施帮扶项目补助资金监督工作，采取区自评与市督导相结合的方式，在各涉农区全面开展自评基础上，选取4个区进行抽查监督，重点监督预算支出进度、资金实际使用、财务核算等情况。同时，对项目完成进度、预期效益、管理制度执行等情况进行检查中，也发现个别区存在专项资金未及时拨付等资金管理问题，以及项目未按计划开工日期实施、项目整体实施进度与实施方案不符等项目建设问题。目前，市财政局已印发整改通知督促各涉农区加快问题整改，确保资金安全规范管理。

（二）加强资金绩效评价

2019年1月，天津市财政局会同有关部门印发《关于报送2018年度新一轮结对帮扶困难村发展财政补助资金绩效自评报告的通知》（津财农〔2019〕13号），组织各涉农区对2018年度新一轮结对帮扶困难村基础设施帮扶项目和产业带动帮扶项目开展绩效自评。2020年6月，市财政局印发《关于认真做好2019年度结对帮扶困难村发展财政补助资金绩效评价等工作的通知》（津财农〔2020〕30号），要求市农业农村委和各涉农区开展2019年度结对帮扶困难村财政资金绩效评价工作，进一步强化绩效考评结果运用，确保财政资金使用在帮扶项目的“刀刃上”，并取得实实在在的工作成效。同时，市财政局将2018—2020年新一轮结对帮扶困难村市财政补助资金纳入年度重点绩效评价范围，委托第三方中介机构对政策实施情况进行全面评估，不断提高扶贫资金使用效益。

（三）加强产业帮扶调研

2020 年 7 月，市财政局印发《关于开展新一轮结对帮扶困难村产业带动帮扶资金使用情况调研的函》，要求各涉农区开展产业带动帮扶资金调研工作，同时会同市农业农村委集中 3 天时间，围绕产业帮扶资金规范使用、构建内生动力的长效帮扶机制，深入蓟州、宝坻、武清、静海四个涉农区，通过察看现场、座谈讨论、走访谈话等形式开展实地调研，形成了《天津市新一轮结对帮扶困难村产业带动帮扶调研报告》，全面了解各涉农区产业帮扶项目情况，有力地推动天津市困难村产业帮扶深入开展，为不断增强村集体经济“造血”功能和可持续发展能力创造积极条件。

（四）加强宣传报道工作

为充分保障广大农民群众对结对帮扶财政扶持政策知情权，增强帮扶资金政策透明度，形成帮扶资金社会监督、群众监督工作合力，市财政局及时向新闻媒体、基层部门公开公布市财政补助新一轮结对帮扶困难村资金分配、拨付情况。2018—2020 年，发布各类财政信息、新闻报道 20 余篇，有力地宣传了财政扶持工作，为实现“阳光帮扶、廉洁帮扶、务实帮扶”营造了良好的氛围。

河北省财政脱贫攻坚工作情况

一、坚持政治站位，坚决履行脱贫攻坚重大政治责任

（一）认真学习贯彻，坚持以习近平总书记脱贫攻坚重要论述为指引

河北省财政厅把财政脱贫攻坚工作作为学习贯彻习近平总书记脱贫攻坚重要论述和对河北重要指示批示精神的具体行动，作为一项政治任务、民生工程，主要负责同志亲自研究谋划、亲自部署推动，对工作进度直接过问、具体环节直接协调、重点问题直接督办，2016 年以来厅党组共计 51 次会议 66 项议题研究财政扶贫工作，进行传达学习，统一思想认识，统一目标任务，统一工作步调，确保财政支持脱贫攻坚工作沿着正确方向推进。

（二）严格履职尽责，切实加强财政脱贫攻坚工作组织领导

成立厅脱贫攻坚领导小组，一把手任组长，分管厅长任副组长，农业处、预算局、监督局等 23 个处室主要负责同志为成员，覆盖脱贫攻坚工作涉及的全部职能处室，明确责任分工，压实工作责任，形成一级抓一级、层层抓落实的工作格局。对标对表国家要求，明确工作标准和支持政策，安排部署重点工作，先后制

定《关于贯彻落实全国脱贫攻坚专项巡视整改工作会议精神全力支持打赢脱贫攻坚战三年行动的实施意见》《扶贫领域腐败和作风问题专项治理工作方案》《财政扶贫资金投入和使用管理治理行动方案》和年度财政脱贫攻坚工作方案等文件，确保高质量完成财政扶贫任务。高度重视财政脱贫攻坚工作的组织领导和力量配备，坚持把精兵强将放到脱贫攻坚关键岗位上，3 名干部得到提拔或晋升，树立了鲜明选人用人导向。加强基层财政扶贫干部政策业务培训，连续 3 年举办扶贫资金政策和业务培训班，累计培训干部 1 300 余人次。

（三）强化顶层设计，逐步健全财政支持政策框架体系

深入研究、精心谋划，制定出台了一系列政策措施，为财政脱贫攻坚工作开展提供了有力保障。制定出台河北省支持贫困县开展统筹整合使用财政涉农资金试点政策，允许贫困县依据本县脱贫攻坚规划，改变涉农资金的用途，优先保障脱贫攻坚。制定推进深度贫困地区脱贫攻坚 10 项财政支持政策，涉及财力性转移支付、重点生态功能区转移支付、重大公共卫生项目资金等倾斜投入，对贫困人口参加城乡基本医疗保险个人缴费标准部分由省财政全额资助。深度贫困县每年分别单独安排省级财政专项扶贫资金 1 亿元的政策。制定出台推进财政支农资金支持资产收益扶贫实施意见，全面规范河北省财政支农资金资产收益扶贫工作。河北省威县“金鸡帮扶项目”、涞水县“旅游扶贫”、滦平县“一地生四金”等资产收益扶贫典型模式取得积极成效。制定河北省扶贫资金监督管理追责办法、资金绩效管理实施办法、财政扶贫资金支付监控暂行办法、财政扶贫资金经常性监督检查工作机制等一系列制度办法，织密资金使用管理制度笼子。

（四）用心用情用力，精心推动包联责任落实

始终坚持把包联工作摆上重要议事日程，主要领导亲自抓，明确分管领导和责任处室。2020 年，厅党组召开 4 次会议研究“五包一”和驻村帮扶工作情况。厅主要领导 2 次赴康保县开展调研，关于康保县脱贫攻坚巩固提升调研报告得到省委领导的充分肯定。每季度认真组织“五包一”帮扶单位和康保县召开联席会议，通报脱贫攻坚进展，研究解决存在的问题，推动帮扶任务落实。认真梳理总结“五包一”帮扶工作进展情况，形成专题报告，每季度报送省扶贫脱贫领导小组办公室。通过 4 年倾力帮扶，康保县脱贫攻坚多项工作得到国务院扶贫办领导和省委省政府领导的肯定，并于 2020 年顺利实现脱贫摘帽。精心选派 9 名驻村干部驻村帮扶，选派 136 名干部对 3 个村 600 户建档立卡贫困户开展结对帮扶，倾力支持帮扶工作。驻民太堡村工作队被评为“全省扶贫脱贫先进驻村工作队”，陈国际同志被评为“全省扶贫脱贫优秀驻村第一书记”，修宗睿和王宏两位同志被评为“全省扶贫脱贫优秀驻村工作队员”。2019 年，帮扶的 3 个深度贫困村实现脱贫出列。

二、强化资金保障，持续加大财政支持脱贫攻坚资金投入

省财政厅党组高度重视财政脱贫攻坚投入，认真落实财政支持政策，持续加大资金投入力度，确保资金投入与脱贫攻坚相适应。

（一）专项扶贫资金投入高位增长

对标对表国家扶贫考核投入要求，优先安排、足额保障省级

财政专项扶贫投入。2016—2020年，全省共计投入财政专项扶贫资金503.1亿元，连续多年保持高投入水平。其中：2016年为55.2亿元，2017—2020年分别为77.9亿元、99亿元、124.6亿元、146.5亿元，分别增长了41.2%、27.2%、25.9%、17.5%。其中：省级、市级和县级分别投入财政专项扶贫资金221.97亿元、38.28亿元和94.53亿元，年均增长率分别为33.9%、45.6%和36.5%。

（二）整合涉农资金试点投入持续加大

2016—2020年，按照“因需而整、应整尽整”的原则，在农业生产发展和农村基础设施范围内，加大中央和省级涉农资金统筹安排使用，优先保障脱贫攻坚。全省纳入贫困县统筹整合使用财政涉农资金共计850.46亿元，其中：2016年为143.71亿元，2017—2020年分别为151.16亿元、157.92亿元、193.97亿元、203.7亿元，分别增长5.2%、4.5%、22.8%、5%。其中：中央资金494.8亿元，省级资金268.6亿元，市级资金33.1亿元，县级资金53.9亿元。贫困县实际整合使用563.1亿元投入脱贫攻坚。

（三）深度贫困县投入稳定保障

加大财政专项扶贫资金投入。5年安排深度贫困县省以上财政专项扶贫资金130.95亿元，年均增长66.8%。落实深度贫困县10项财政支持政策。2018年以来，下达省以上资金共计414.3亿元。加大政府债券资金支持，5年共计下达深度贫困县地方政府一般债券资金123.4亿元，年均增长28.3%。支持深度贫困村基础设施和基本公共服务提升工程，2018—2020年，积极协调发改、水利、住建、交通、教育等职能部门，调整优化部门专项资金结构和使用方向，足额保障“双基”提升工程需要，共落实资金50.71亿元。

（四）创新扶贫资金使用方式

支持疫情防控期间脱贫攻坚，出台6项具体措施，包括：调高扶贫项目工程预付款比例（由30%提高到50%），给予扶贫企业一次性生产补贴，设立临时性就业岗位，给予贫困群众稳岗补贴等，支持扶贫企业复工复产，解决贫困群众务工难。据统计，各地通过财政专项扶贫资金，安排一次性生产补贴1.04亿元，支持803家扶贫企业复工复产；安排贴息补助资金1 438万元，支持197家企业融资贷款；安排临时公益岗资金7 145万元，设立临时公益岗位3.9万个，解决4.7万贫困人口就业问题；安排稳岗补贴资金7 605万元，支持贫困人口2.9万人实现稳定就业。

（五）全力推进东西部扶贫协作工作扎实有序开展

安排落实对口帮扶省级配套资金。按照推进落实京津两市对口帮扶张承保相关地区工作实施方案要求，2020年，省级预算安排京津对口帮扶省级配套资金2.8亿元，每县1 000万元。5年来，累计安排配套资金12.6亿元。其中：2016—2017年，21个县每县每年安排1 000万元；2018—2020年，28个县每县每年安排1 000万元。及时拨付北京市协作资金。2020年，按照省扶贫办提出的北京市扶贫协作资金分配意见，将北京市扶贫协作资金11.09亿元拨付张家口、承德、保定三市所辖23个受援县。5年来，累计拨付相关市县北京市扶贫协作资金40亿元，其中：2016—2017年为11.39亿元，2018年为8.49亿元，2019年为9.03亿元，2020年为11.09亿元。

三、突出精准施策，不断提升财政支持脱贫攻坚质量绩效

（一）积极推进整合试点，精准使用整合政策

坚持多措并举，严格要求，保障贫困县涉农资金整得好、用到位。按照“因需而整、应整尽整”的要求，依据年度脱贫攻坚目标任务，贫困县根据项目谋划情况和整合资金规模，组织编制年度财政涉农资金统筹整合使用实施方案。每年 2 次由省财政、扶贫部门会同相关部门对报备方案进行联合审核，先后反馈修改意见近3 000条，确保方案编制质量，整合资金精准使用。2016—2020 年，全省实际整合使用涉农资金 563.1 亿元，保障扶贫重点工程项目和薄弱环节建设。

（二）推进资金绩效管理，不断提升绩效水平

制定扶贫项目资金绩效管理实施办法，强化扶贫项目资金绩效目标指标质量审核，提高绩效信息填报质量。积极开展扶贫项目资金绩效目标设定情况“回头看”。2020 年全省扶贫资金绩效目标填报项目总数为 4 940 个，指标金额 221.9 亿元，绩效目标填报比例为 99.63%，位于全国前列。全面掌握投入产业项目的财政扶贫资金情况、项目现状、预期效益、实际收益、带贫情况。从 2018 年开始，围绕财政扶贫资金绩效管理，连续 3 年开展了财政扶贫资金重点绩效评价工作。2020 年，采取贫困县自评和省级重点评价相结合的办法，对 62 个贫困县 2019 年财政专项扶贫资金和整合涉农资金情况开展绩效评价。

（三）做好资产收益扶贫，完善保障财政资金安全

制定《关于推进财政支农资金支持资产收益扶贫健康发展的实施意见》，明确作为资产运营方的实施主体对财政支农资金形成资产负有保值增值责任，享有依法经营的自主权，承担项目经营风险；制定出台《关于扎实做好2020年财政专项扶贫资金管理、贫困县涉农资金整合试点及资产收益扶贫等工作的通知》，明确进一步加强项目管理，建立好项目管理台账和收益分配台账，夯实实施主体对财政支农资金形成资产的保值增值责任，不断增强贫困地区和贫困人口的造血功能。

（四）足额筹集搬迁资金，全面保障利息兑付

把易地扶贫搬迁作为脱贫攻坚"头号工程"，统筹财政预算资金、专项建设基金、政策性银行贷款、地方政府债券资金、群众自筹等资金渠道，足额筹集工程建设资金和贴息资金，保障顺利完成30.25万人搬迁任务。5年来，共计筹措落实易地扶贫搬迁工程资金201.97亿元，除按人均6万元投入政策全额落实项目建设资金181.5亿元外，还通过地方政府债券落实资金20.47亿元，进一步支持安置区配套基础设施建设。积极落实财政贴息资金，确保年度付息工作顺利开展。会同相关部门认真测算年度中央和省级财政贴息资金需求，做好省级财政预算编制，确保易地扶贫搬迁工程贷款年度付息工作顺利开展。2020年，安排易地扶贫搬迁贴息资金2.38亿元。其中：支持省易地扶贫搬迁公司贷款贴息1.64亿元，支持各县易地扶贫搬迁政府债券利息补助0.74亿元。5年来，累计安排易地扶贫搬迁贷款利息补助资金11.63亿元。

（五）创新资金监管方式，全面提升管理水平

制定扶贫资金监督管理追责办法，划定五类责任主体60项追责情形，全程落实各级各主管部门扶贫资金管理和监督责任，架起了河北省扶贫资金管理使用的“高压线”。建立县、乡、村、贫困群众四级联签资金拨付机制，将四级联签资金拨付机制嵌入扶贫资金监控系统，督促市县加强“四联签”制度落实。实施财政扶贫资金动态监控，对各级各类财政扶贫资金进行逐环节全流程监控。落实好财政扶贫资金“两个一律”公开要求，把扶贫资金信息公开作为全年政务公开工作的重点内容。围绕财政扶贫资金分配、管理、使用，连续4年组织开展全省财政扶贫资金专项检查。组织市县开展2016—2018年整合涉农资金未支付到最终实施主体情况进行排查，全省2018年及以前年度闲置财政专项扶贫资金和整合涉农资金实现全部清零。

（六）做好扶贫信贷贴息，强化风险补偿管理

会同省扶贫办制定《河北省扶贫贷款贴息资金管理办法（试行）》《河北省扶贫小额信贷风险补偿金管理办法（试行）》，明确政策要求。会同相关部门制发《关于进一步促进扶贫小额信贷增量提升的六条措施》，要求各地根据当年扶贫小额信贷实际发生情况，足额安排财政贴息资金，严格财政贴息资金的申报、审核管理，及时拨付到位，落实好财政贴息政策，全力支持做好2020年扶贫小额信贷工作。

（七）对标对表国家要求，积极落实税收优惠

积极贯彻落实国家政策扶贫税收优惠政策，把落实减税降费政策作为重要政治任务，全力抓好抓实抓到位。按照国家进一步

支持和促进重点群体创业就业有关税收政策要求，对相关人员依次扣减其当年实际应缴纳的增值税、城市维护建设税等税费。对企业招用建档立卡贫困人口，给予税收优惠。充分利用广播、电视、互联网站、办税服务厅等各类载体进行宣传，引导社会力量积极参与脱贫攻坚，加大对重点群体创业就业的支持。

（八）发挥政府采购作用，引导采购贫困地区产品

制定政府采购支持脱贫攻坚政策，建立政府采购预留份额采购贫困地区农副产品制度，开通“扶贫 832”平台农副产品网络销售平台，要求各级党政机关、事业单位、社会团体上网采购贫困地区农副产品。截至 2020 年 11 月 15 日，已有 45 个贫困县的 839 家供应商入驻“扶贫 832”平台，入驻平台的供应商涵盖“米面粮油”“农副加工”“禽畜肉蛋”“时令鲜蔬”“新鲜水果”“中药材”六类产品，上架商品数 4 631 个，销售额达 48 337.41 万元。全省行政事业单位从“扶贫 832”平台采购贫困地区农副产品采购金额达 18 100 万元，完成预留份额进度 123%。

（九）实施教育脱贫行动，保障学生学有所教

分四批实施营养改善计划，累计受益学生 400 万人，实现了农村小学和贫困地区小学初中营养改善计划全覆盖。切实加强精准资助，2016—2019 年全省累计安排各类资助资金 252.7 亿元，资助家庭经济困难学生 860 万人次。2020 年拨付各类学生资助资金 61 亿元，春季学期共资助家庭经济困难学生 210.5 万人。聚焦贫困地区扶贫项目落实，“山区教育扶贫工程”案例荣获了第三届全国教育改革创新优秀奖。

（十）实施健康扶贫工程，提升医疗保障水平

在基础设施建设方面，2018—2019 年投入村卫生室建设经费 1 095.1 万元，对 10 个深度贫困县的 206 个深度贫困村卫生室进行扶持和建设。安排补助资金 3 000 万元，在 10 个深度贫困县选取 60 个乡镇、村卫生室进行维修改造。在诊疗能力提升方面，安排资金 1 亿元，支持贫困县开展县级公立医院和基层医疗卫生机构应对突发、新发传染病能力建设，提高贫困地区基层疾病预防控制能力。在基本公共卫生服务补助资金方面，2016—2020 年累计投入基本公共卫生服务补助资金 219.75 亿元，用于预防接种、儿童保健、健康管理、传染病及突发公共卫生事件报告和处理等基本公共卫生支出。

（十一）加大农村危房改造，保障群众住有所居

2016 年以来，省以上财政共安排下达农村危房改造资金 46.3 亿元（中央 23.9 亿元，省级 22.4 亿元），全省累计改造农村危房 29.5 万户（建档立卡贫困户 9.8 万户），加大对深度贫困地区倾斜支持力度，帮助建档立卡贫困户、低保户、分散供养特困人员、贫困残疾人家庭以及其他低收入农户解决最基本的安全住房。全省全面完成了脱贫攻坚农村危房改造任务，实现了到 2020 年全省农村贫困人口住房安全有保障的目标。

（十二）强化医疗兜底力度，实现基本医疗有保障

始终将医疗保障扶贫工作作为重要政治任务，对农村建档立卡贫困人口实施“基本医保 + 大病保险 + 医疗救助”三重保障制度，确保贫困人口 100% 参保、“一站式”报销结算、医保合规费用县域内报销比例达到 90% 等重要目标全部实现。2020 年全

省 229.67 万贫困人全部参保，实现了贫困人口 100% 参保；全省 52.92 万符合“18+4”门诊慢性病条件的贫困人口，全部认定纳入保障范围；实现了省域内“一站式”报销结算，贫困人口住院 51.06 万人次，“一站式”报销费用 26.52 亿元，政策范围报销比例达到 93%，有效解决了贫困人口因病致贫、因病返贫问题，为提高贫困人口医疗保障救助水平工作顺利实施，提供了有力保障。

（十三）加强困难群众基本生活救助，编牢贫困对象兜底救助网

建立农村低保动态调整机制，提高孤儿基本生活保障标准，建立困难残疾人生活补贴、重度残疾人护理补贴制度。“十三五”以来，省以上财政共投入困难群众基本生活救助补助资金 392 亿元，其中中央财政 310.7 亿元，省级财政 81.3 亿元。截至 2020 年 9 月，全省城市低保 19.7 万人，农村低保 161.1 万人，农村特困供养人员 30.4 万人，城市特困供养人员 5 853 人，孤儿人数和事实无人抚养儿童 15 522 人，领取困难残疾人生活补贴的有 55.8 万人，领取重度残疾人护理补贴的 71.3 万人。

（十四）完善就业扶贫机制，促进贫困劳动力就业创业

发挥财政参与制定就业扶贫政策的主动性，配合人事部门出台了促进贫困劳动力就业创业的十三条措施，进一步扩大政策实施范围和补贴力度。2016—2020 年全省各级财政部门就业扶贫投入 59 644.8 万元，主要用于建档立卡贫困劳动力等就业困难人员社会保险补贴、岗位补贴、求职补贴，扶持力度更大，贫困劳动力就业创业可享受的补贴项目更多，补贴标准更高。

（十五）大力发展产业扶贫，精准实现贫困户产业覆盖

坚持精准扶贫精准脱贫方略，把发展产业作为实现贫困人口稳定脱贫的主要途径和长久之策，强化规划引领、政策支撑、主体带动、科技服务、产销衔接、风险防范和机制创新，因地制宜实施特色种养、林果、光伏、旅游、电商、家庭手工业等六大特色产业扶贫项目5.3万个，实现特色产业、主体带动、科技服务贫困村全覆盖以及贫困户产业扶贫项目全覆盖，形成村村有扶贫产业、户户有增收项目、人人有脱贫门路的产业扶贫格局。5年来，累计投入贫困县省级以上财政支农资金324.82亿元，全省扶贫小额信贷累计发放384.4亿元，支持产业发展用地20.2万亩。建立了覆盖99.5万建档立卡贫困户的产业扶贫数据统计系统，实现贫困户产业全覆盖。

（十六）加大交通扶贫力度，助力乡村脱贫致富

主动克服省级交通建设可用资金供需矛盾，加大对贫困县特别是深度贫困县的扶持力度，农村公路建设贫困县省级补助在全省标准的基础上提高30%，深度贫困县提高50%。2018—2020年，集中安排省级资金41亿元，专项用于贫困地区农村公路及206个深度贫困村村内道路建设，聚力扶贫攻坚。2016—2020年，争取中央车辆购置税收入补助地方资金用于农村公路建设部分共计60.1亿元，将其中58.9亿元投向了贫困地区，占该项资金的98.0%，为贫苦地区农村公路建设提供了坚强的财力保障。探索拓宽筹资渠道，深度贫困地区创新实施“户出工、村组织、乡协调、县监督、市督办、省补料”的到户路建设模式，既降低了工程造价，又有效调动了群众建路、护路、爱路的积极性和主动性。截至2020年三季度末，全省贫困地区改造建设农村公路

1.94 万公里，完成目标任务 1.67 万公里的 116%，其中旅游路、资源路、产业路 1 581 公里，完成目标任务 1 500 公里的 105%。完成深度贫困村的村道连乡连户和通自然村硬化路建设，实现每个深度贫困村通 1 条连村硬化路并连接到户，有条件的自然村通 1 条硬化路。

（十七）大力实施水利扶贫，补足农村水利短板

5 年来，共安排全省 62 个贫困县各类水利资金 162 亿元，实施了以农村饮水安全巩固提升为重点的一批水利项目，巩固提升贫困村 346.9 万群众饮水安全水平，其中建档立卡贫困人口 79.6 万，全省贫困人口饮水安全全部得到保障；完成了贫困地区 35 座小型水库除险加固；治理了水土流失面积 549 平方公里等，为全省打赢脱贫攻坚战提供了有力水利保障。在南水北调受水区实施农村生活水源江水置换工程，提升黑龙港地区广大群众饮水安全水平，压减地下水开采，改善水生态条件。建立村级饮水安全“三个责任人”制度，实现了所有村级饮水工程有人管，保障工程良性运行，河北的经验得到水利部认可，在全国推广。

山西省财政脱贫攻坚工作情况

一、坚决履行脱贫攻坚政治责任

（一）自觉加强理论学习

山西省财政厅党组高度重视脱贫攻坚工作，将其作为重大政治责任扛在肩上，及时传达学习习近平总书记关于扶贫工作的重要指示批示和视察山西重要讲话重要指示精神，全面部署和认真抓好加强习近平总书记关于扶贫工作的重要论述学习。发挥厅党组理论学习中心组学习龙头作用和领导干部领学促学作用，抓紧抓实党支部学习，将学习教育覆盖至全厅全体党员干部。2016—2020年，厅党组理论学习中心组召开会议集中学习70次。拓展学习教育方式，举办党员干部“读书月”活动，增强学习实效。强化学习效果，坚持学以致用、知行合一，将习近平总书记关于扶贫工作重要论述和视察山西重要讲话重要指示作为打赢脱贫攻坚战的根本遵循和行动指南，把“两个维护”落实到推动脱贫攻坚各项工作任务上来。

（二）切实强化组织领导

2016年，省财政厅扶贫攻坚领导小组成立，党组书记、厅长任组长，统筹研究、协调推进和督促落实财政扶贫重点工作，领导小组下设办公室负责具体推动工作。2018年，对领导小组成员进行了充实调整。认真抓好中央、省委关于脱贫攻坚各项决策部署的贯彻落实工作，明确任务分工，层层压实责任。坚持把脱贫攻坚摆在财政工作的优先位置，脱贫攻坚工作和厅内重大工作同安排、同部署，厅长办公会套开脱贫攻坚领导组专题会议。2016—2020年，累计召开了33次厅脱贫攻坚领导小组会议研究部署脱贫攻坚工作。

（三）扎实开展专项巡视整改

落实全国财政系统脱贫攻坚专项巡视整改工作推进会议精神，对标巡视发现问题，积极配合抓好整改措施的落实落地。主动接受并积极配合省委第五巡视组对财政厅党组开展的脱贫攻坚专项巡视和“回头看”，自觉将配合开展专项巡视作为提升“两个维护”能力、更好落实脱贫攻坚政治责任的有力督促和推动，认真学习贯彻专项巡视整改工作要求，压紧压实专项巡视整改工作责任，全面部署推进专项巡视整改工作。将专项巡视和“回头看”反馈的86项整改任务，细化为228条具体整改措施，对照“三清单”扎实开展整改，所有问题均已完成整改到位。通过整改，省财政厅党组的政治站位进一步提高，主体责任进一步落实，财政支持脱贫攻坚政策体系进一步完善。

（四）倾力开展驻村帮扶

省财政厅把驻村帮扶工作作为各项工作的重中之重，助力定点帮扶县和顺县打赢脱贫攻坚战。厅党组书记、厅长高度重视驻村帮扶工作，既挂帅又出征，亲自督促指导扶贫项目的实施。厅党组每年明确1名厅领导分工负责驻村帮扶工作，特别是2019

年明确由厅脱贫攻坚领导小组副组长、分管扶贫资金管理工作的副厅长分管驻村帮扶工作，并兼任驻县大队长、县委副书记。各处室（单位）每季度自行组织至少1次帮扶责任人下乡，积极开展送戏、送教、送医、送技术等“八送”活动。完善工作机制，厅党组专题研究制定了《关于建立“两包三到”精准帮扶联动机制实施方案》等制度办法，明确了各级干部在驻村帮扶工作中的职责和工作机制。配强攻坚力量，2016—2020年，选派驻村工作队队长、队员、农村第一书记48人，23名奋战在脱贫攻坚一线干部得到了提拔使用，营造了良好的用人导向。通过帮扶县干部群众的共同努力，和顺县于2019年正式脱贫摘帽，目前各项巩固脱贫成效工作正在有序开展。

二、切实强化脱贫攻坚投入保障

（一）加大财政扶贫投入力度

认真领会习近平总书记的重要指示精神，不断加大财政扶贫投入力度，确保政府扶贫投入力度与脱贫攻坚任务相适应。一是加大对贫困地区的转移支付力度。新增“贫困人口”的分配因素，从2017年开始按贫困人口每人每年2 000元的标准新增贫困县脱贫攻坚支出需求；2018年将市级扶贫支出测算标准提高1倍，提高至4 000元，为脱贫攻坚提供了坚实的资金保障。二是持续大幅增加财政专项扶贫资金规模。“十三五”期间，中央、省、市、县四级财政专项扶贫资金连续5年保持增长，四级共投入专项扶贫资金542亿元，比“十二五”时期增长3.5倍，年均增长28.4%。其中，中央、省、市和县级资金分别为168.75亿元、184.73亿元、69.44亿元和119.08亿元，比“十二五”分别增长 1.66 倍、4.15 倍、7.26 倍和 8.62 倍，年均增长分别为 16.2%、27.3%、27.2%和 65.6%。三是克服新冠肺炎疫情影响，省级在财力特别紧张的情况下安排资金 1.2 亿元，用于解决影响脱贫攻坚顺利收官的“两不愁三保障”突出问题，支持易地扶贫搬迁后续扶持、克服疫情影响发展产业、带动贫困劳动力就业和产销对接。四是安排地方政府一般债务新增限额时，加大对脱贫攻坚的支持力度，累计安排债务资金 141.47 亿元用于支持脱贫攻坚。五是利用土地政策筹集资金，“十三五”期间，将城乡建设用地增减挂钩节余指标跨省域调剂资金 25.95 亿元，全部用于支持脱贫攻坚和乡村振兴。

（二）倾斜支持深度贫困地区

按照习近平总书记关于“各级财政要加大对深度贫困地区的转移支付规模”的重要指示精神，落实省委、省政府《关于聚焦深度贫困集中量攻坚的若干意见》要求，从 2017 年起，中央、省级专项扶贫资金进一步向深度贫困县倾斜。“十三五”期间，共投入 10 个深度贫困县财政专项扶贫资金 106.81 亿元，占四级投入到县资金的 24.4%。其中，中央、省级投入 77.51 亿元，占中央、省级到县资金的 30%。省级扶贫周转金 20%以上用于深度贫困县。2018 年 1 月 1 日起，脱贫攻坚期内深度贫困县土地出让金缴省、市部分全部留县，为深度贫困地区打赢脱贫攻坚战提供了充足的资金保障。

（三）深入推进贫困县涉农资金整合试点

一是落实省负总责，抓好制度建设。成立了山西省统筹财政资金工作领导小组，办公室设在财政厅，推进统筹整合财政资金各项工作。省政府印发《关于统筹整合使用财政资金实施精准扶贫的意见》，在全省36个国家扶贫开发工作重点县和22个省级扶贫开发工作重点县开展整合，比中央要求提前一年覆盖全部贫困县。在中央20项资金的基础上，将所有能倾斜用于贫困县的省级6类56项（原9类83项）涉农资金全部纳入整合范围，全方位推进涉农资金整合工作。二是加强政策指导，抓好示范宣传。会同省扶贫办做好对县级统筹整合实施方案的报备审核，提请省脱贫攻坚领导小组逐县印发审核批复意见。每年开展不少于两次大调研，撰写调研报告报省政府，省领导多次作出批示指示。每年举办不少于两次财政支持脱贫攻坚专题业务培训班，讲解贫困县涉农资金统筹整合政策。举行新闻发布会，进行信息发布和政策解读。连续5年组织山西日报、山西经济日报等省级主要媒体，进行专题报道，形成了有力的宣传攻势。及时上报工作信息，五次获得财政部转发采用。三是强化跟踪督促，取得积极成效。贫困县涉农资金整合政策的实施，有效解决了资金安排“碎片化”的问题，形成了“多个渠道引水、一个龙头放水”的扶贫投入新格局；整合试点将相关财政涉农资金的配置权、使用权完全下放到试点贫困县，极大地赋予了贫困县自主权限，激发了地方政府内生动力；贫困县利用整合资金“集中力量办大事”，实施了一批原有资金管理模式下难以实施的好项目、大项目，有力地促进了当地农业产业发展，改善了农村基础设施条件，培育了一批农业优势特色产业项目，带动了贫困户脱贫致富。整合试点的实施确保资金投向了最重要的方向、最关键的环节、最准确的对象。资金支出进度进一步加快，推动了扶贫资金精准使用。5年来，全省58个贫困县累计整合涉农资金约622亿元，平均每县约10.7亿元，为高质量打赢脱贫攻坚战提供了充足的“粮草军需”。

三、积极支持做好行业扶贫相关工作

（一）支持推进特色产业扶贫工作

用于产业发展的统筹整合涉农资金比例逐年提高，重点支持做强特色农业主导产业、做优乡村旅游新产业、做精电子商务新业态，做大光伏扶贫产业、做好生态林产业。探索建立财政涉农资金资产收益扶贫机制，鼓励有条件的贫困县将财政涉农资金形成的资产折股量化，与贫困户建立利益联结机制，增加贫困户财产性收入，稳定实现脱贫致富。据统计，58 个贫困县建档立卡贫困人口主要靠特色产业带动脱贫 127.69 万人。

（二）支持推进教育扶贫工作

大力支持贫困地区教育条件全面改善，防范“因学致贫、因学返贫”问题。建立贫困学生资助体系，资助总额 109.61 亿元，实现了所有学段、所有公办民办学校、所有家庭经济困难学生的全覆盖，累计资助学生超过 648.92 万人次。全面实施改善贫困地区义务教育薄弱学校基本办学条件工程、义务教育薄弱环节改善与能力提升工程和普通高中办学条件，累计投入资金 65.69 亿元。推动优质教师资源向贫困地区流动，累计选派 2 000 余名优秀教师到贫困县支教，超过 1.3 万名特岗教师到乡村学校或教学点任教，有效解决山西省贫困县义务教育阶段教师严重不足问题。

（三）支持推进健康扶贫工作

全面落实“三保险三救助”“双签约”“一站式结算”政策，5 年累计 185.67 万人次获得医疗救助，贫困人口住院综合报销比例 90% 以上，城乡居民基本医疗保险财政补助标准由 2016 年的每人每年 420 元，提高到每人每年 550 元，全省财政 5 年安排城乡居民医疗保险财政补助资金 599.74 亿元，安排 26.07 亿元为 263.7 万建档立卡贫困人口提供补充医疗保险和参保资助。

（四）支持强化贫困群众社会保障

农村低保保障标准由 2016 年的 3 242 元提高到 2020 年的 5 319元。联合省民政厅印发《关于扎实做好困难群众基本生活保障工作的通知》，适度扩大最低生活保障覆盖范围、临时救助范围，全面落实特困人员救助供养政策。“十三五”期间，省财政共下达省级困难群众基本生活救助资金 55.34 亿元，统筹用于城乡低保、特困人员助供养、临时救助、流浪乞讨人员救助、孤儿基本生活保障支出、经济困难老年人两项补贴等。

（五）支持推进就业扶贫工作

一是加大资金倾斜支持力度。将培训就业扶贫作为分配因素，5 年来，从中央资金中倾斜分配贫困地区 28 817 万元，从省级资金中倾斜分配 1 647.1 万元。二是积极支持贫困劳动力素质技能提升。2017 年，专项安排了 1.8 亿元资金实施建档立卡贫困劳动力免费培训，完成培训 7.4 万人。将建档立卡贫困劳动力纳入全民技能提升工程的重点群体，共支出培训补贴及生活费补贴 1 亿余元，惠及近 8 万贫困劳动力。三是助推贫困劳动力转移就业。开展省级劳务品牌及劳务协作基地评选，支出基地补助 674.06 万元。5 年来，贫困劳动力外出务工交通补助、求职创业补贴等支出 849 万元，惠及 1.1 万余人。

（六）支持开展易地扶贫搬迁

“十三五”期间，省财政创新投融资方式，多方积极筹措资金，累计投入易地扶贫搬迁资金 207.91 亿元，其中用于建档立卡贫困人口搬迁资金 194.71 亿元，占比 93.7%。在全省 83 个县建设集中安置区 1 122 个，全省 36.2 万建档立卡搬迁人口、11 万同步搬迁人口全部实现入住，3 039 个整体搬迁自然村已全部拆除复垦，整村搬迁拆除完成率 100%、复垦复绿完成率 100%。易地扶贫搬迁工作于 2017 年和 2019 年两次获得国务院办公厅通报表彰。

（七）支持推进金融扶贫工作

配合省金融办等部门出台《关于进一步完善扶贫小额信贷政策防范化解风险的通知》，延长扶贫小额信贷政策期限，将边缘贫困人口纳入支持范围，足额落实小额贷款贴息资金，累计发放扶贫小额信贷 243.76 亿元。支持县级开展苹果、梨、红枣、核桃和每县一种特色农产品农业保险险种奖补。2016—2019 年，省财政共拨付奖补资金 9 204 万元，其中奖补贫困县 6 650 万元。2020 年奖补资金正在申报中。

（八）支持开展消费扶贫工作

深入贯彻《关于深入开展消费扶贫助力打赢脱贫攻坚战的指导意见》精神，把政府采购贫困地区农副产品作为脱贫攻坚的重要政治任务，主动联系省级一级预算单位，与农副产品采购需求大的重点单位座谈，鼓励引导国有企业、采购代理机构、供应商等市场主体参与消费扶贫。根据“832 平台”数据，山西省共有 8 855 家采购单位累计采购贫困地区农副产品 1.62 亿元。

（九）支持开展交通扶贫工作

加大对贫困地区交通建设支持力度，支持全省贫困地区完成新改建“四好农村路”4.28万公里，“十三五”期间累计完成投资353亿元，其中中央车购税补助约52亿元，省级资金补助约51亿元。具备条件的建制村100%通硬化路、100%通客车，贫困地区“外通内联、通村畅乡、客车到村、安全便捷”的交通运输网络基本建成。

（十）支持开展危房改造工作

“十三五”期间，省财政下达农村危房改造资金49.07亿元，其中中央补助资金36.07亿元，省级补助资金13亿元，共完成33.33万户农户危房改造任务，重点保障农村困难家庭中“四类重点”对象基本住房安全和一般贫困户的农村危房改造问题。

（十一）支持实施农村饮水安全工程

支持实施农村饮水安全巩固提升工程建设。截至目前，累计向58个贫困县投入资金37.97亿元，新建或改造工程1.4万余处，巩固提升了756.2万人饮水安全条件，涉及贫困人口150.9万人，贫困县农村集中供水率达到96.1%，自来水普及率达到90.2%。提前超额完成“十三五”农村饮水安全规划和“十三五”水利扶贫规划农村饮水安全目标任务。支持推进饮水型氟超标改水工作，提前一年完成改水任务。

四、全面加强各级各类扶贫资金管理

（一）探索建立财政扶贫资金动态监控机制

按照财政部的统一部署，各级财政部门依托财政扶贫资金动态监控系统，建立日常监控与重点监控相结合的工作机制，充分发挥了财政对山西省扶贫资金的监管职能。建章立制、明确目标，坚持目标导向，印发《山西省财政扶贫资金动态监控工作实施方案》《山西省财政厅财政扶贫资金动态监控工作规程》，明确了财政扶贫资金动态监控总体要求、职责分工、主要任务和保障措施。加强督导、加快进度，积极运用监控平台加强财政扶贫资金监管，通过建立定期通报和报告制度，督促加快财政扶贫资金的预算下达、支出、绩效填报等工作进度。综合分析、立行立改，通过对监控平台各类数据的科学分析，及时发现和纠正了一批财政扶贫资金预算下达不及时、不按预算用途使用财政扶贫资金等问题，促进财政扶贫资金安全运行和使用效益稳步提升。加强培训、提高效率，组织了多次培训，对财政扶贫资金动态监控平台业务操作、基本设置以及扶贫项目资金绩效目标管理等知识和内容进行培训，大大提高了山西省财政扶贫资金动态监控工作的效率。

（二）实施扶贫项目资金全面绩效管理

提请山西省政府印发《扶贫项目资金绩效管理实施办法》，明确了各级各部门在扶贫项目资金绩效管理中的职责和任务，规范了工作流程和工作要求。2018—2020 年，举办了 3 次全省预算绩效管理培训班，邀请财政部有关专家进行业务讲解，对扶贫资金绩效目标设定、审核进行了专题培训。在财政部制定的 25 大类绩效目标模板的基础上，研究制作了 18 套扶贫项目资金绩效目标模板，印发各市县参考。强化工作考核，促进责任落实。对扶贫项目资金绩效管理工作先进市级财政部门进行通报表扬，激励先进，鞭策后进，推动扶贫项目资金绩效管理工作有效开展。

（三）做好扶贫资金日常监管和专项核查

加强对各级各类扶贫资金的日常监管，依法处理检查发现的各类违规违法问题。2016—2018 年，先后组织开展了财政专项扶贫资金事中跟踪监督检查、财政专项扶贫资金专项检查、统筹整合使用财政资金督查、易地扶贫搬迁资金专项检查和闲置扶贫资金专项清理等多项检查。2019 年以来，每年开展财政支持脱贫攻坚政策落实情况专项核查。按季度对贫困县统筹整合财政涉农资金情况进行跟踪监督，将统筹整合财政资金工作纳入日常监督。持续督促做好发现问题的整改工作，各类监督检查、巡视、审计等发现涉及财政问题目前均已整改到位。通过监督检查，推动扶贫资金使用的安全性、规范性进一步增强，违规违纪问题发生率呈逐年下降趋势。

（四）落实扶贫资金项目公开公示制度

落实“两个一律”公开要求，省、市、县扶贫资金分配结果一律公开。省财政厅外网网站开设“扶贫资金”专栏，公开有关扶贫的政策、制度、办法和中央、省级各项扶贫资金的分配结果。督促市县财政部门在网站及时公开各项财政扶贫资金安排分配情况和制度办法，督促乡、村两级扶贫资金使用情况一律公告公示，接受群众和社会监督。

五、财政脱贫攻坚经验和启示

省财政厅坚决扛起支持打赢脱贫攻坚战的主体责任，切实加大财政资金投入力度，积极参与脱贫攻坚政策设计，不断强化资金使用管理，强力支撑了脱贫攻坚工作，积累了不少好的经验和做法，为接续推进乡村振兴提供了有益探索。

（一）坚持党对财政工作的领导

打赢脱贫攻坚战，是以习近平同志为核心的党中央作出的庄严承诺，是全面建成小康社会最艰巨的任务，财政部门在打赢脱贫攻坚战中肩负重要职责。省财政厅始终坚持党对财政工作的领导，坚持财政部门的政治属性，坚持“财”服务于“政”，把推进脱贫攻坚作为重大政治任务、重大政治责任、重大民生工程，提高政治站位，树牢“四个意识”，坚定“四个自信”，坚决做到“两个维护”，认真贯彻落实党中央脱贫攻坚方针政策，紧扣省委确定的“六大机制”“八大工程二十项行动”、三年行动实施意见和攻坚深度贫困的任务分工，在全面履行财政职责过程中体现政治方向。

（二）发挥财政投入的主体作用

省财政厅坚决落实投入政策要求，注重加大投入力度，建立与脱贫攻坚需求相适应的财政投入增长机制。一是建立财政专项扶贫资金稳定增长机制，中央、省、市、县四级财政专项扶贫资金连续5年保持增长。二是建立对贫困县投入的长效机制，省对贫困县财力性转移支付增幅高于省对县级平均增幅，地方政府债券优先安排贫困县。三是着力减轻贫困县配套负担，除按规定由省、市、县共同承担支出责任的事项外一般不再要求贫困县承担配套任务，安排国定贫困县的公益性建设项目不要求县级安排配套资金。四是完善扶贫资金因素法分配机制，确保资金投入向脱贫攻坚主战场聚焦。分配因素包括贫困状况、政策任务和脱贫成效三类，分配因素及权重每年根据扶贫开发工作重点适当调整。五是创新资金投入方式。省、市、县财政按比例出资，建立了山西省扶贫周转金，与省农信社、农发行等7家银行合作，共向全省269家扶贫龙头企业、专项合作社发放扶贫周转金46.64亿元，其中财政资金13.32亿元，撬动银行贷款33.32亿元，撬动系数为2.5，有力支持了贫困地区产业扶贫企业带动贫困人口增收。

（三）坚持财政政策精准施策

切实履行省脱贫攻坚领导小组成员单位职责，在脱贫攻坚政策设计中，主动出击，提前谋划，积极参与制定脱贫攻坚各项支持政策，及时纠正健康扶贫提高标准造成不可持续、部门搭扶贫“便车”出台政策等现象，防止出现“悬崖效应”和“福利陷阱”。政策执行中，在精准施策上出实招，在精准推进上下实功，在精准落地上见实效，聚集资源、资金，支持市县按照当地脱贫攻坚规划，结合当地实际，因地制宜实施项目，补齐“两不愁三保障”短板，支持打赢脱贫攻坚战。

（四）强化财政资金监督管理

一是加强日常监管。在原有按工作要求安排开展财政专项扶贫资金检查、督查的基础上，将统筹整合财政资金工作纳入厅驻各市财政监察处日常监督工作，按季度开展检查。二是凝聚监管合力。落实资金使用管理绩效评价制度、公开公示制度，明确脱贫攻坚监管责任，积极配合审计、纪检监察、巡视等各类监督管理，扎实开展发现问题整改，防止资金损失浪费、贪污挪用，确保资金使用的安全性、合规性和有效性。三是提高监管效率。完善财政扶贫资金动态监控机制，建立易地扶贫搬迁资金“大数据平台＋银行专业录入”模式，构建起“及时录入、实时更新、精准查询”统计体系。借助信息化手段提高工作效率，随时掌握了解扶贫资金管理使用情况，切实提高监管效率。

内蒙古自治区财政脱贫攻坚工作情况

一、坚定正确政治方向，严格履行政治责任

（一）学习贯彻习近平总书记扶贫工作重要论述精神

认真学习贯彻习近平总书记关于扶贫工作的重要论述精神，坚持读原著、学原文、悟原理，深刻理解其中蕴含的思想精髓和核心要义，学习运用马克思主义的立场观点方法做好脱贫攻坚工作，将精准扶贫、精准脱贫作为基本方略贯穿工作始终，切实提高政治站位，增强“四个意识”，坚定“四个自信”，做到“两个维护”，始终与党中央保持高度一致，不折不扣把脱贫攻坚决策部署落到实处。

（二）抓紧压实脱贫攻坚责任

加强组织领导，压实工作责任，构建财政脱贫攻坚上下联动、左右协同的工作格局，成立以党组书记、厅长为组长、分管副厅长为副组长、相关处室主要负责人为成员的脱贫攻坚领导小组，认真履行自治区脱贫攻坚资金监管保障和中央脱贫攻坚专项巡视及“回头看”、国家扶贫开发成效考核反馈问题整改领导职责，并建立《自治区财政厅脱贫攻坚领导小组持续开展扶贫资金

督促检查和双月会商机制》（内财农〔2020〕544号），为脱贫攻坚工作提供组织和制度保障。全区财政系统整合力量、尽锐出战，厅党组书记、厅长坚决履行第一责任人责任，厅领导班子成员主动承担分管责任，各部门负责人认真落实具体责任，深入开展调查研究，厅领导调研必问扶贫资金支出情况，相关处室人员调研坚持摸透实情、找准症结、解决问题的原则，切实把实现“两不愁三保障”和饮水安全等各项脱贫攻坚目标任务落实到位。

（三）健全完善脱贫攻坚制度

制度具有管基础、管根本、管长远的重要作用。内蒙古自治区财政厅立足实际、履职尽责、主动作为，不断健全完善财政脱贫攻坚制度体系，确保扶贫工作有规可依、有章可循。一是制定财政专项扶贫资金管理办法。为加强中央、自治区财政专项扶贫资金使用与管理，联合自治区扶贫办等六部门制定《内蒙古自治区财政专项扶贫资金管理办法》（内财农规〔2017〕11号）。二是发布贫困旗县涉农资金统筹整合规定。提请印发《内蒙古自治区人民政府办公厅关于贫困旗县统筹整合使用财政涉农涉牧资金试点工作的实施意见》（内政办发〔2016〕101号），赋予贫困旗县统筹整合使用财政涉农涉牧资金自主权，支持贫困旗县集中资源打赢脱贫攻坚战。三是全面制定规范财政扶贫资金管理意见。起草并提请自治区政府印发《关于进一步加强自治区扶贫资金使用管理的意见》（内政发〔2018〕21号），要求全区各级财政部门严格执行财政扶贫资金预算下达时限，将《中华人民共和国预算法》关于省级收到中央财政专项扶贫资金后30日内下达到旗县、自治区人大批复预算后本级财政专项扶贫资金60日内下达到旗县的规定进行细化；同时，对旗县财政部门在收到上级财政专项扶贫资金后分解下达到项目实施部门（单位）的时限进行明确，进一步优化、简化扶贫工程项目审批流程，加快资金支出进度。四是完善扶贫小额信贷有关办法。牵头起草并印发《内蒙古自治区扶贫小额信贷财政贴息和风险补偿资金使用管理办法（试行）》（内财农规〔2018〕13 号），会同自治区扶贫办、地方金融监管局印发《关于进一步做好扶贫小额信贷风险补偿资金使用工作的通知》（内扶办发〔2019〕121 号）、《关于全面落实扶贫小额信贷财政贴息和风险补偿政策的通知》（内财农〔2020〕579 号）。五是及时调整专项扶贫资金使用政策。会同自治区扶贫办起草、提请印发《关于财政扶贫资金支持有贫困人口的非贫困嘎查村小型公益性生产生活设施建设的意见》（内扶组发〔2019〕22 号），及时调整完善扶贫资金使用方向，将过去集中用于贫困旗县、贫困嘎查村贫困人口方面的资金，进行了适当扩展，允许中央和自治区财政专项扶贫资金用在非贫困旗县、非贫困嘎查村的贫困人口脱贫方面。六是制定《内蒙古自治区财政厅财政扶贫资金动态监控工作规程》，规范了财政扶贫资金动态监控工作的内容、职责分工、预警信息处理、系统使用与数据管理等业务活动。七是落实国家关于建立防止返贫监测和帮扶机制的指导意见。允许对符合条件的边缘户安排财政专项扶贫资金给予扶贫小额信贷财政贴息，支持其参加与生产相关的经营技能培训、劳动技能培训。

（四）扎实开展定点扶贫工作

自治区财政厅高度重视扎赉特旗西胡尔勒嘎查定点帮扶工作，多次召开专题会议研究部署，主动与区直有关部门、市旗两级协调配合，严格落实精准扶贫工作要求，不断强化帮扶措施，创新帮扶机制，增强帮扶效果，2016—2020 年累计投入帮扶资金 1 578 万元。

二、加大资金投入力度，提高资金使用效益

（一）财政专项扶贫资金投入情况

2016—2020年，中央和自治区本级累计投入财政专项资金310.82亿元，资金投入总量呈逐年递增态势。5年来，自治区本级累计投入财政专项扶贫资金191.94亿元，2016—2020年分别投入18.75亿元、37.37亿元、39.45亿元、44.87亿元、51.5亿元，同比增长分别为48.2%、99.3%、5.6%、13.7%、14.8%。

（二）贫困旗县涉农资金统筹整合情况

2016—2020年52个贫困旗县（其中包括31个国家级贫困旗县）实际整合规模分别为44.5亿元、49.3亿元、55.8亿元、71.8亿元、74.06亿元。

（三）京蒙扶贫协作投入情况

2016—2020年，京蒙两地深入开展扶贫协作，北京市累计投入自治区扶贫资金39.43亿元，内蒙古自治区本级安排配套资金7.9亿元，资金主要用于贫困地区扶贫产业、光伏扶贫、消费扶贫、社会事业、人才培训等方面。

（四）支持深度贫困地区投入情况

2018—2020年，自治区财政厅加大对15个深度贫困旗县的支持力度，在统一分配均衡性转移支付基础上增加补助18亿元，在统一分配县级基本财力保障机制奖补资金基础上增加安排补助9.93亿元，在统一分配重点生态功能区转移支付的基础上增加补

助3.86亿元。3年来，共安排财力性转移支付31.79亿元。

三、抓好脱贫政策落实，确保政策实施效果

5年来，内蒙古自治区财政厅始终以落实脱贫攻坚政策为依托深入开展扶贫工作，确保各相关政策落地生根、开花结果。

（一）抓好脱贫攻坚政策落实

1. 推进贫困旗县涉农涉牧资金统筹整合。从三个层级促进工作取得实效：一是自治区层面，印发《关于进一步加强贫困旗县统筹整合使用财政涉农涉牧资金的通知》（内政办发〔2018〕63号），要求相关部门认真落实政策，明确资金整合范围和金额，取消影响和限制资金整合的管理规定，不干预贫困旗县按规定调整资金用途的具体安排；二是自治区财政厅层面，印发《贫困旗县涉农涉牧资金统筹整合使用实施方案》，要求对纳入整合范围的中央和自治区涉农涉牧资金内部处室分配给贫困旗县时，一律采取因素法分配方式“切块下达”，不得指定具体项目或提出与脱贫攻坚无关的任务要求；三是盟市层面，要求贫困旗县进一步加大实质整合力度，凡自治区纳入统筹整合范围并切块下达的资金，盟市、贫困旗县也应纳入统筹整合范围，没有进行统筹整合的，需向自治区扶贫开发领导小组逐项说明。

2. 最大限度降低新冠肺炎疫情对脱贫攻坚的不利影响。会同自治区扶贫办印发《积极应对新冠肺炎疫情影响 调整和优化财政专项扶贫资金使用 确保全面如期完成脱贫攻坚目标任务的通知》，疫情期间调整优化扶贫资金使用方向，重点向产业项目倾斜，围绕区域优势特色产业，加大对资源优势明显、具有发展潜力、覆盖带动贫困人口可持续增收项目的扶持力度；对贫困户因

地制宜开展生产自救项目，给予财政扶贫资金奖补支持；对吸纳贫困劳动力就业的企业和合作组织等主体给予财政奖补，努力稳定贫困群众生产发展和就业收入。

3. 全面加强扶贫资金监督管理。牢固树立“花钱必问效、无效必问责”的工作理念，健全绩效管理体系，督促资金使用部门切实承担起绩效主体责任，做到预算编制有目标、执行有监控、事后有评价、结果有应用。加强扶贫资金动态监控，以财政扶贫资金总台账为基础，以动态监控平台为支撑，对各级各类财政扶贫资金预算分配下达、资金支付、绩效目标执行等情况进行动态监控，及时发现问题、纠正偏差、反映情况、督促工作，加强资金管理，提高使用效益。认真落实扶贫项目资金公告公示制度，在财政厅门户网站设立“扶贫资金公开”专栏，用于公开中央和自治区财政扶贫资金分配结果和有关制度办法，提高资金安排、拨付、使用和管理透明度，主动接受群众监督。认真做好扶贫资金日常监管和专项督查工作，依法处理各类违法违规和滞留、闲置问题，促进扶贫资金规范管理、高效使用。

4. 坚决完成中央巡视等反馈问题整改。认真整改中央脱贫攻坚专项巡视及“回头看”、历年国家扶贫开发成效考核、中纪委实地踏查调研等扶贫巡视检查考核反馈涉及财政扶贫方面的问题，紧抓扶贫资金支出进度这一关键，重点采取以下措施加以整改：紧盯问题不放，坚持立行立改，分管厅领导牵头督促整改；举一反三、驰而不息抓整改，定期对全区 57 个贫困旗县的扶贫资金下达拨付、统筹整合、规范使用等方面开展专项督查；坚持领导带头开展重点督导，主要领导、纪检书记、分管领导和其他厅领导多次带队深入扶贫资金支出进度较慢的旗县进行督导；压实主体责任，及时对相关旗县主要负责同志、扶贫办主任和财政局长进行约谈提醒、推动改进；适时印发关于加快扶贫资金支出的通知或通报；定期开展财政专项扶贫资金绩效评价工作，落实扶贫项目资金一律公开的制度要求。

5. 加强扶贫项目资金绩效管理。从制度建设、业务培训、绩效目标填报、绩效自评等方面扎实推进全区扶贫项目资金绩效管理工作，围绕项目基础信息、绩效自评总结、实际完成情况、未完成原因及整改措施等内容，通过日常监控和重点监管等方式，对部分填报比例和审核比例较低的盟市进行实时跟踪监控。编制四版《扶贫资金绩效自评工作说明》《扶贫项目资金绩效自评工作档案要求》，从财政部门和预算部门工作职责、绩效评价工作程序、评价方法、评价内容、评价标准、档案管理等方面统一了规范和标准，指导各级财政部门、预算部门对标对表及时整改，做好绩效自评工作。通过反复核查整改的方式确保问题整改到位，2018—2019 年度扶贫项目资金绩效目标填报和自评工作，填报比例和审核比例均达到 100%。

（二）做实做细行业扶贫工作

1. 做好教育扶贫保障工作。2016—2020 年，自治区财政厅下达义务教育补助经费 172.4 亿元，其中，中央资金 121.3 亿元，自治区资金 51.1 亿元，对普通高校城乡低保家庭子女、建档立卡贫困家庭子女、孤儿实施资助。上述对象中录取到普通高校本科类的学生从录取当年开始资助，每学年资助 1 万元，累计不超过 4 万元；录取到普通高校专科或高职高专类的学生从录取当年开始资助，每学年资助 1 万元，累计不超过 3 万元。资助资金分年发放，5 年来共计安排资金 24.5 亿元。

2. 做好健康扶贫保障工作。落实基本医疗保险政策范围内“两提高、两降低”政策，建档立卡贫困人口在定点医疗机构住院就医，基本医疗保险及大病保险起付线均降低 50%，年内再次在同级别医疗机构住院的，基本医疗保险取消起付线；基本医疗保险及大病保险报销比例提高5%。落实医疗救助兜底保障，将建档立卡贫困人口全部纳入重特大疾病医疗救助范围。实行县域内农村牧区贫困人口先诊疗后付费，“一站式”信息对接和即时结算。建立健康扶贫保障衔接机制，实行有序联动报销，加强综合保障，切实提高农村牧区贫困人口受益水平。

3. 做好交通扶贫保障工作。以66个贫困旗县为攻坚重点，全力推动贫困地区交通基础设施建设，倾斜安排资金237.6亿元用于贫困地区农村公路建设，占国家和自治区农村公路补助资金的81%；贫困地区完成交通固定资产投资1 937.5亿元，占全区交通固定资产投资的66%。统筹脱贫攻坚与乡村振兴有机衔接，截至2020年10月底，新改建农村牧区公路6.5万公里、总里程达16.5万公里，建成农村客运站37个、农村公路客运候车亭251个。推动“四好农村路”高质量发展，创建自治区级示范旗县15个、国家级示范旗县8个。

4. 做好水利扶贫保障工作。2016—2020年，累计下达农村牧区饮水安全巩固提升和饮水型氟超标改水工程建设资金36亿元，其中自治区本级资金13.6亿元，盟市资金11.8亿元，重点用于支持地方完成“十三五”规划和2020年脱贫攻坚饮水安全保障排查需求。农村牧区饮水工程专项用于扶贫资金及饮水型氟、砷、碘超标地方病防治饮水安全巩固提升工程及饮水安全续建工程。

5. 做好生态扶贫保障工作。2016—2020年下达生态护林员补助资金共计5.8亿元，对选聘的生态护林员每人每年按1万元标准给予补助。生态护林员全部为建档立卡贫困人员，并且重点对集中连片特困地区、少民族地区给予适当倾斜。下达国有贫困林场扶贫资金1.4亿元，帮助国有贫困林场尽快脱贫。2018—

2019 年自治区城乡建设用地增减挂钩结余指标跨省域调剂任务 7 200亩，共争取中央土地指标跨省域调剂收入安排的支出预算 19. 15 亿元。

6. 做好特殊群体兜底保障工作。全区城乡居民养老保险基本实现动态清零，财政补助标准达到每人每月 133 元，对符合条件困难群体的代缴率和发放率均为 100%。目前，内蒙古自治区城市低保保障标准为月人均 732 元，农村牧区低保保障标准为年人均 6 307 元，全区所有旗县的农村牧区低保保障标准，均已超过现行扶贫标准。城市特困人员基本生活供养标准为月人均 1 246 元，农村牧区特困人员基本生活供养标准为年人均10 043元。以上保障标准均居全国前十位。

7. 做好派驻脱贫攻坚工作总队经费保障工作。按照内蒙古自治区关于贫困旗县脱贫攻坚工作队选派以及驻村人员经费补助的规定，2018—2020 年自治区财政厅每年从自治区本级安排 57 个工作总队车辆补助经费 771 万元。

8. 做好农村危房改造保障工作。2016—2020 年共计完成农村危房改造任务 32. 35 万户，总投资金 60 亿元，其中争取中央农村危房改造补助资金 39 亿元，自治区本级配套资金 20 亿元。

四、工作经验和启示

（一）决胜脱贫攻坚须坚持党的领导

坚持党的领导是一切工作的前提。决胜脱贫攻坚就必须把习近平总书记关于扶贫工作重要论述作为根本遵循，紧紧依靠党中央、国务院和自治区党委、政府的坚强领导，认真抓好各项工作部署，唯有此才能做到坚定正确政治方向、确保实现国家战略意图、如期全面建成小康社会。

（二）决胜脱贫攻坚需压实主体责任

宏伟的蓝图、既定的目标、正确的决策最终都需要党员干部去落实，而责任是确保党的各项工作取得实效的必要载体。自治区、盟市、旗县各自要担负起脱贫攻坚主体责任，坚决实行中央统筹、省负总责、市县抓落实的工作机制，认真落实“五级书记”抓扶贫的要求，形成攻坚克难地强大合力，稳步推进各阶段目标任务的顺利完成。

（三）决胜脱贫攻坚需强化财力支持

扶贫资金是打赢脱贫攻坚战的重要保障。财政部门要坚定不移以习近平总书记扶贫开发重要战略思想统领扶贫资金使用管理工作，提高财政扶贫资金管理水平，提升财政扶贫资金使用的精准度，充分发挥扶贫资金使用效益，为取得经得起历史和实践检验的脱贫成绩提供坚实财力保障。

辽宁省财政脱贫攻坚工作情况

近年来，辽宁省财政厅认真贯彻落实党中央、国务院关于全面打赢打好脱贫攻坚战的决策部署，始终坚持以习近平总书记关于扶贫工作的重要论述为指导，紧紧围绕省委、省政府确定的脱贫攻坚目标任务和工作要求，认真履行脱贫攻坚政治责任，贯彻落实“精准扶贫、精准脱贫”基本方略，按照“六个精准”“五个一批”的总体要求，始终将支持打赢脱贫攻坚战作为重大政治任务，摆在财政工作突出位置，凝聚财政支持脱贫攻坚的工作合力，在财政部的大力支持下，加大资金投入力度，为全省打赢脱贫攻坚战提供了有力财政支持和保障。截至 2020 年底，全省建档立卡贫困人口全部脱贫，1 791 个贫困村全部退出，15 个省级贫困县全部摘帽，如期完成了脱贫攻坚任务。

一、支持打赢脱贫攻坚战工作情况

（一）健全组织协调机制，履行脱贫攻坚政治责任

辽宁省财政厅坚持“一盘棋”思想，加强组织领导，强化理论学习，以作风建设新成效助力决战决胜脱贫攻坚。一是加强组织领导。成立了以厅党组书记、厅长为组长，其他厅领导为副组长，厅内相关处室和单位为成员的厅脱贫攻坚领导小组，统筹研

究、协调推进和督促落实财政扶贫重点工作，明确责任分工，分解落实任务，细化工作措施，形成主要领导亲自抓、分管领导具体抓、成员单位主动抓、层层抓落实的脱贫攻坚领导体系和工作机制。二是强化理论学习。厅脱贫攻坚领导小组始终把习近平总书记关于扶贫工作的重要论述作为学习的重点内容，及时组织学习传达习近平总书记关于脱贫攻坚的重要讲话和重要指示批示精神，以及党中央、国务院和省委、省政府脱贫攻坚决策部署，深入领会内涵实质，聚焦重点，抓住关键，用硬要求落实硬任务，用硬措施实现硬目标，做到认识统一、责任压实、工作加力、措施跟进，增强财政支持脱贫攻坚工作的系统性、整体性和协同性。三是加强作风建设。印发了《辽宁省财政系统脱贫攻坚作风建设年活动实施方案》《省财政厅脱贫攻坚作风建设年活动整改方案》，组织厅内各单位和各市财政部门强化责任担当，构建财政扶贫领域作风建设长效机制，推动财政职能作用有效发挥。深入基层认真开展调查研究，及时解决实际问题，促进脱贫攻坚各项财政政策措施落地见效。四是认真做好定点扶贫和单位帮扶工作。深入新宾县开展定点扶贫和帮扶，认真梳理需要帮助解决问题，积极为新宾县脱贫攻坚建言献策。结合新宾县永陵镇的帮扶需求，在党建、资金、政策等方面予以支持，助推当地经济社会发展。科学制定永陵镇陡岭村年度帮扶计划，明确具体帮扶措施。由厅领导带队，先后 22 次赴新宾县调研走访帮扶企业，慰问贫困户，帮助解决生产生活中的困难和问题。

（二）健全财政投入机制，保障脱贫攻坚粮草军需

始终坚持把脱贫攻坚摆在财政支出优先位置，不断优化支出结构，调存量扩增量，持续加大扶贫资金投入，着力支持解决“三保障”和农村饮水安全方面的短板弱项，构建与脱贫攻坚任

务相适应的资金投入保障机制。一是全力保障财政专项扶贫资金投入。2016—2020年筹措财政专项扶贫资金107.4亿元，其中：中央财政资金41.5亿元，省财政资金38亿元，市县财政资金24.5亿元，社会帮扶等资金3.4亿元，支持贫困地区因地制宜发展扶贫产业，全力保障完成脱贫攻坚任务。二是完善教育扶贫政策。2016—2020年筹措资金48.7亿元，其中，中央财政资金15.6亿元，省财政资金26.1亿元，市县财政资金4.1亿元，社会帮扶等资金2.9亿元，支持实施农村义务教育薄弱学校改造项目，对义务教育阶段家庭经济困难学生进行资助，扶持15个省级扶贫开发工作重点县实施农村义务教育学生营养改善计划，促进贫困地区基本公共教育服务水平与质量提升。三是完善医疗、社保和就业扶贫政策。2016—2020年筹措基本医疗保险、医疗救助、困难群众救助相关补助资金158.2亿元，其中，中央财政资金104.1亿元，省财政资金25.1亿元，市县财政资金28.9亿元，社会帮扶等资金0.1亿元，积极配合有关部门完善低保标准动态调整机制，为丧失劳动能力且无法依靠产业就业帮扶脱贫的贫困人口提供兜底保障。2018—2020年筹措建档立卡贫困人口医疗补充保险省财政补助资金2.6亿元，有效减轻了建档立卡贫困人口医疗费支出负担。四是扎实推进农村危房改造和农村饮水安全工程。2016—2020年筹措农村危房改造补助资金20.3亿元，其中，中央财政资金17亿元，市县财政资金3.3亿元，支持建档立卡贫困人口危房改造；2016—2020年筹措农村饮水安全补助资金21.1亿元，其中，省财政资金14.2亿元，市县财政资金6.8亿元，社会帮扶等资金0.1亿元，支持解决农村贫困人口饮水安全问题，有效改善农村饮水水质。五是支持交通扶贫。2016—2020年筹措交通扶贫相关补助资金161.6亿元，其中，中央财政资金73.8亿元，省财政资金12.8亿元，市县财政资金70.4亿元，社会帮扶等资金 4.6 亿元，支持 15 个省级扶贫开发工作重点县开展农村公路和一事一议村内道路建设。六是支持生态扶贫。2016—2020 年筹措生态扶贫等相关补助资金 124.2 亿元，其中，中央财政资金 95.9 亿元，省财政资金 26.7 亿元，市县财政资金 1.6 亿元，支持 15 个省级扶贫开发工作重点县开展森林资源培育、管护以及草原生态建设等项目实施。七是支持做好消费扶贫。积极组织预算单位在采购农副产品时向贫困地区倾斜，预留一定比例采购份额，定向采购 832 个国家级贫困县生产的农副产品。2020 年全年完成贫困地区农副产品采购份额 9 010 万元（其中采购对口帮扶的贵州省六盘水市农副产品约 230 万元），超额完成国家下达的采购份额。

（三）健全政策供给机制，确保脱贫攻坚取得实效

突出问题导向，优化政策供给，构建适合辽宁省实际的脱贫攻坚财政政策体系。一是着力构建财政扶贫政策体系。结合辽宁省脱贫攻坚实际，省财政厅先后制定了《关于财政支持深入实施乡村振兴战略的意见》《省财政厅贯彻落实打赢脱贫攻坚战三年行动实施意见的行动方案》《关于在应对新冠肺炎疫情影响期间加强财政专项扶贫资金项目管理工作的通知》，创新管理机制，完善政策措施，积极应对新冠肺炎疫情对脱贫攻坚的影响，构建适合辽宁省实际的脱贫攻坚财政政策体系，增强财政支持脱贫攻坚政策的系统性、协同性和指向性。二是转移支付重点向贫困地区倾斜。为支持深度贫困地区提高基本公共服务水平，省财政在测算分配均衡性转移支付时，对 10 个深度贫困县在原转移支付补助系数的基础上额外提高 5 个百分点，加大对财政收支缺口较大地区的补助力度。三是加大资金统筹整合力度。制定了《关于统筹整合资金支持打好脱贫攻坚战的意见》，赋予县级更充分的

自主权，支持县级以扶贫规划为引领，以重点扶贫项目为载体，统筹整合脱贫攻坚相关资金，努力构建“多个渠道引水、一个龙头放水”扶贫投入新格局，握指成拳，突出重点，集中投入，形成合力，着力攻坚克难。

（四）健全资金管理机制，着力规范扶贫资金监管

秉持管理永远在路上的理念，强化扶贫资金管理各项措施，始终保持监管高压态势，推进阳光扶贫、廉洁扶贫。一是建立健全资金管理制度体系。印发了《辽宁省财政专项扶贫发展资金管理办法》《辽宁省扶贫开发项目及财政专项扶贫发展资金监督管理办法》等制度性文件，明确了财政专项扶贫资金分配、使用管理与监督等有关要求，科学界定部门职责分工，再造工作流程，着力构建财政专项扶贫资金管理制度体系，为加强财政专项扶贫资金管理提供制度保障。二是加大财政监督检查力度。印发了《辽宁省财政厅落实财政部进一步加强财政扶贫资金监管工作指导意见的实施方案》《关于开展省以上财政扶贫资金管理使用情况监督检查的通知》，建立职责清晰、分工明确、上下联动、信息共享、协同高效的扶贫资金监管工作机制，充分发挥财政监督职能作用。三是建立资金动态监控制度。印发了《辽宁省财政扶贫资金动态监控工作实施方案》《辽宁省财政扶贫资金动态监控工作规程》，完善扶贫资金动态监控机制，明确厅内脱贫攻坚领导小组成员单位和市县财政部门工作职责，确定了各级财政纳入动态监控范围的资金清单，积极推进财政扶贫资金动态监控平台建设。通过动态监控，及时发现并解决问题，实现扶贫资金使用过程监管全覆盖。四是建立资金公告公示制度。印发了《关于全面推行扶贫资金项目公告公示制度的实施意见》，落实“两个一律”公告公示要求，指导市县全面开展扶贫资金项目公告公示工

作。在省财政厅门户网站开设了“省财政扶贫资金工作”专栏，公开财政扶贫资金分配情况和管理办法，主动接受群众和社会监督。

（五）健全激励约束机制，切实提高资金使用效益

加强财政扶贫资金管理体制机制创新，突出结果导向，提升扶贫资金管理效能。一是健全激励机制。按照放管服改革要求，制定了《关于进一步改革财政专项扶贫资金管理机制的意见》，全面推进财政专项扶贫资金管理责任、权力、任务、资金“四到县”，将扶贫资金按脱贫攻坚任务采取“因素法”切块下达到县，项目审批权限下放到县，将脱贫攻坚任务责任落实到县，由县级政府结合本地区扶贫规划和年度脱贫目标任务统筹安排使用，充分赋予县级政府资金使用和项目安排的自主权，调动市县和基层积极性、主动性和创造性。二是实施绩效奖励。印发了《关于印发辽宁省省级预算绩效管理实施细则（试行）的通知》《辽宁省财政专项扶贫资金绩效评价办法》，落实全面绩效管理要求，建立年初目标控制、中期绩效评估、年末绩效评价制度，实行全链条全过程绩效管理。做好绩效评价结果应用，每年在省财政专项扶贫资金中安排奖励资金，根据脱贫攻坚成效综合考核结果实施以奖代补，建立以结果为导向的奖励机制。三是加强统计调度。印发了《关于建立财政支农专项资金支出进度统计报告制度的通知》，建立包括财政专项扶贫资金在内的财政支农资金预算执行进度统计报告制度，实行定期调度通报，督促各地加快资金支出进度，清理结转结余资金，提高资金使用效益。

二、支持巩固脱贫攻坚成果工作情况

（一）突出监测帮扶，切实防范化解返贫致贫风险

围绕“两不愁三保障”主要指标，辽宁省财政厅与省扶贫办联合印发了《辽宁省防止返贫监测和帮扶机制实施办法》，坚持事前预防与事后帮扶相结合、分级预警与分类帮扶相结合、政府主导与社会参与相结合，对全省存在返贫致贫风险的农村户籍常住人口开展防止返贫监测，明确了监测对象、监测范围、监测程序和帮扶措施，依托精准扶贫精准脱贫现有成果，建立和完善监测、预警、帮扶、保障“四位一体”的防贫工作机制，巩固脱贫攻坚成果。

（二）突出建章立制，构建资金资产管理长效机制

为规范扶贫资金资产管理，辽宁省财政厅会同省扶贫办、省农业农村厅印发了《关于加强扶贫资金资产管理建立扶贫长效机制的实施意见》，明确了资产管理范围、资产类别、产权归属、登记信息、运营管护主体、收益分配、清查处置等方面管理要求，为基层开展扶贫资金投入形成资产的后续管理，构建资产家底清晰、产权权属明晰、类型界定科学、管护主体职责明确、运行管理规范的扶贫资产管理制度提供指导和遵循，防范扶贫资金资产流失、闲置和浪费，充分发挥扶贫资金资产使用效益。

（三）突出“九个不变”，巩固脱贫成果推进接续减贫

为贯彻落实习近平总书记“摘帽不摘责任、摘帽不摘政策、摘帽不摘帮扶、摘帽不摘监管”的重要指示精神，辽宁省财政厅

与省直相关部门密切配合，代省脱贫攻坚领导小组起草并印发了《关于巩固脱贫成果推进接续减贫的意见》，明确了坚持各级扶贫开发领导小组不变、坚持五级书记抓扶贫不变、坚持驻村工作队帮扶机制不变、坚持各级帮扶力量和帮扶关系不变、坚持各级扶贫投入力度不变等九个不变，按照“巩固、提升、预防”的工作方针，坚持完善脱贫攻坚中行之有效的责任、政策、投入、监督、考核等工作体系，接续推进巩固拓展脱贫攻坚成果与乡村振兴有效衔接。

三、财政脱贫攻坚工作经验启示

财政作为国家治理的基础和重要支柱，在打赢脱贫攻坚战中承担着重要职责。“十三五”时期，辽宁省财政厅通过健全“五项机制”全力保障了全面完成脱贫攻坚任务目标，突出“三个环节”积极探索巩固拓展脱贫攻坚成果。“十四五”时期，辽宁省财政厅将由支持消除绝对贫困向防止返贫转变，继续加大对经济薄弱地区的支持力度，重点围绕发展农业产业、引导农民就地就近创业就业等关键领域，补齐区域发展短板，更加注重发挥市场在资源配置中的决定性作用，撬动金融、社会资本投向农业农村，引导社会力量共同解决相对贫困问题，并参与乡村建设，推动乡村振兴，使低收入群体共享经济社会发展成果。

（一）财政资金持续投入是决战决胜脱贫攻坚的坚实保障

“十三五”期间，辽宁省财政厅认真贯彻落实习近平总书记关于“扶贫开发投入力度，要同打赢脱贫攻坚战的要求相匹配”的重要指示精神，将落实好脱贫攻坚投入保障摆到财政工作突出位置，不断健全与脱贫攻坚任务相适应的投入保障机制。2016—

2020年在用好中央补助资金的同时，共计安排省财政专项扶贫资金38亿元，资金额度从2016年的4亿元，逐年增长到2020年的12亿元，年均增长30%，为全省打赢脱贫攻坚战提供了有力的财政支持和保障。“十四五”期间的脱贫攻坚过渡期内，辽宁省财政厅将统筹考虑推进实施乡村振兴战略、财力状况等因素，在保持资金规模总体稳定的前提下，支持巩固脱贫攻坚成果推进接续减贫。

（二）发展农业产业是实现长期稳定脱贫的根本之策

产业基础相对薄弱、产业支撑乏力是经济薄弱地区难以致富奔小康的功能性障碍，不解决造血问题，单纯输血无法实现可持续发展。“十四五”期间要继续加大富民产业培育力度，立足比较优势，因地制宜，全力保障资金投入，逐步构建农业产业发展根植于乡村、兴盛于乡村、服务于乡村的财政扶持政策体系，培育区域特色强、竞争能力强、科技含量高、附加值高、成长空间大、带动作用大的农业特色产业，逐步形成“一村一品”“一乡一业”“一县一园”，建立稳定增加农民收入的利益联结机制，带动农民分享二、三产业增值收益。

（三）提升农民致富本领是巩固脱贫攻坚成果的关键因素

劳动力素质偏低、劳动力技能水平落后是农民就业创业、有效提高收入水平的先天不足。“十四五”期间要积极支持培育高素质农民，促进劳动力素质提升，实现低收入家庭、中青年农业劳动力和自由创业者技能培训全覆盖。实施创业致富带头人计划，吸纳优秀返乡人员充实到基层组织，构建县乡村联动的返乡创业服务体系，多部门配合协调，简化市场准入，提供“一站式”创业服务保障，从政策咨询、办理证照、用地用电、担保贷款等多方面给予政策扶持和引导，促进培训与就业创业有效衔接，提升农民致富本领，助力百姓在家门口致富。

（四）完善金融政策体系是撬动社会资本投入巩固脱贫攻坚成果的有效途径

农村金融是金融体系相对薄弱的环节，农村金融有效供给不足在一定程度上制约了农村经济发展。“十四五”期间要进一步完善普惠金融政策体系和监管体系，在适度财政补贴的政策引导下，充分发挥财政资金“四两拨千斤”的作用，遵循市场原则，不断创新农村普惠金融产品和服务，做到财务上可持续、政策上可推广、经验上可复制。进一步做好信用体系建设，在给予农民基础授信的前提下，以信贷立信用、以信用促信贷，逐渐把医疗、教育、纳税记录等信息纳入信用信息库，逐步构建完善的信用体系，改善农村融资环境，吸引更多社会资本投入农业农村，巩固拓展脱贫攻坚成果。

下一步，辽宁省财政厅将贯彻落实习近平总书记关于巩固拓展脱贫攻坚成果同乡村振兴有效衔接的重要指示精神，统筹考虑推进实施乡村振兴战略、财力状况等因素，确保资金投入规模与巩固提升脱贫成果、推进接续减贫工作需求相适应，继续做好巩固拓展脱贫攻坚成果，衔接推进乡村振兴工作。

吉林省财政脱贫攻坚工作情况

党的十八大以来，以习近平同志为核心的党中央把脱贫攻坚作为治国理政的重要内容，确定了2020年我国现行标准下农村贫困人口实现脱贫、贫困县全部摘帽、解决区域性整体贫困的总体目标。围绕国家和省委省政府的决策部署，吉林省财政始终强化政治责任担当，不断健全与脱贫攻坚任务相适应的投入保障机制，不断完善支持政策，为全省脱贫攻坚取得全面胜利提供了坚强有力的财政保障。

一、财政部门履行脱贫攻坚政治责任情况

脱贫攻坚以来，吉林省财政厅党组始终把脱贫攻坚摆在首要位置，坚决贯彻落实中共中央国务院和省委省政府的决策部署，坚决做到责任、政策、工作“三落实”。通过理论学习中心组、财政大讲堂、习近平总书记讲话精神学习手册、“脱贫攻坚”学习专栏等多种方式，组织全厅上下认真学习贯彻习近平总书记关于扶贫工作的重要论述，切实武装干部头脑、指导实践，为做好财政扶贫工作提供精神动力和智力支持。厅党组书记作为第一责任人，始终把脱贫攻坚责任扛在肩上、握在手上，脱贫攻坚会议亲自主持，主要政策亲自研究，重点问题亲自协调。按照尽锐出战要求，组建脱贫攻坚工作组，设有专职工作人员8人，负责统

筹协调全厅脱贫攻坚工作，督促全省财政系统落实脱贫攻坚政策。结合不同时期财政扶贫工作重点，对贫困县涉农资金统筹整合、资产收益扶贫、脱贫后财政扶贫政策进行跟踪调研，深入扶贫一线调查了解情况、听取意见建议，不断解决实践中出现的新问题，使政策更加完善，为脱贫后财政扶贫政策调整提供了实践经验和理论参考。经过全省财政系统广大干部的共同努力，在国家组织的资金绩效评价中多次获得优秀等次。

二、财政支持脱贫攻坚资金投入情况

习近平总书记在2018年打好精准脱贫攻坚战座谈会上的讲话中强调：脱贫攻坚，资金投入是保障，必须坚持发挥政府投入主体和主导作用。脱贫攻坚以来，中央、省、市、县四级财政部门高度重视脱贫攻坚工作，在财政收支矛盾比较突出的情况下，一直把财政扶贫资金投入摆在优先位置予以保障。“十三五”时期，累计投入吉林省各类财政扶贫资金952亿元。从投入年度看，2016年度投入资金165亿元，2017年度投入资金190亿元，2018年度投入资金223亿元，2019年度投入资金185亿元，2020年度投入资金189亿元，实现了资金投入与脱贫攻坚任务相适应。从投入结构看，共投入专门用于扶贫方面的资金（包括专项扶贫资金、脱贫攻坚补短板综合财力补助资金等）182亿元，其他纳入贫困县统筹整合使用范围的资金196亿元，社会事业方面资金452.4亿元，其他方面资金75亿元，投入政府债券资金46.4亿元，呈现出以专项扶贫资金为主、社会事业资金兜保、债券资金补充、其他资金外辅的特点。

（一）财政专项扶贫资金投入情况

在省级财政预算安排上，专项扶贫资金投入坚决做到“两个高于”，即：省级投入占中央支持的资金比例高于40%，增幅高于中央支持资金增幅。“十三五”期间，共筹措拨付各级财政专项扶贫资金153.9亿元。其中：中央财政专项扶贫资金74.3亿元，是“十二五”时期的2.3倍；筹措安排省级财政专项扶贫资金45.1亿元，占中央投入我省资金的61%，年均增幅达到52%；市县投入财政专项扶贫资金34.5亿元，占中央和省级投入的29%。

（二）相关行业扶贫投入情况

“十三五”期间，累计投入交通、水利、教育、健康等行业扶贫资金723亿元。其中，2016年投入资金129亿元，2017年投入资金149亿元，2018年投入资金178亿元，2019年投入资金136亿元，2020年投入资金131亿元，充分发挥了行业扶贫资金的“兜保”作用。

（三）社会帮扶资金投入情况

“十三五”时期，社会组织投入脱贫攻坚帮扶资金累计86.7亿元。其中，省直部门购买帮销贫困地区扶贫产品0.35亿元，万企帮万村累计投入7.76万元，中央定点帮扶单位直接投入22亿元、引入资金39.17亿元，驻吉央企投入帮扶资金17.43亿元，积极发挥了社会帮扶在脱贫攻坚中的助推作用。

（四）贫困县整合涉农资金投入情况

按照国家要求，吉林省全力支持整合试点工作，2016年将8个国家贫困县全部纳入整合试点县范围，2017年将试点县范围扩大到7个省级贫困县，自主统筹整合省、市、县三级资金，在贫困县形成了“多个渠道引水，一个龙头放水”的扶贫投入新格局。“十三五”期间，共统筹整合各类财政涉农资金 194.7 亿元（含专项扶贫资金 82.9 亿元），每个贫困县可支配的财政扶贫资金从试点前的 0.5 亿元提高到了 4.4 亿元，有效地缓解了脱贫攻坚资金不足问题。

（五）拓宽扶贫投入渠道情况

“十三五”时期，吉林省财政累计安排用于脱贫攻坚方面的政府债券资金 46.4 亿元，重点支持易地扶贫搬迁、贫困村提升工程等基础设施项目建设，对扶贫资金筹集起到了重要的补充作用。

（六）创新扶贫资金分配使用机制情况

将财政专项扶贫资金和整合资金项目审批权限下放到市县，由市县人民政府根据脱贫攻坚规划、资金管理办法和年度重点工作任务自主确定具体项目，并组织实施，极大地调动了市县的积极性，使市县有权力、有能力“哪痛就医哪”。同时，通过建设扶贫资金动态监控平台、进行监督检查和年度绩效评价等措施，督促市县管理用好扶贫资金。

（七）支持深度贫困地区投入情况

2018—2020 年，每年从省级财政专项扶贫资金中单独安排 2.5 亿元，定向投入深度贫困县和深度贫困村脱贫攻坚。2018—2020 年在县级基本财力保障机制奖补资金中单独拨付 1.6 亿元，2019—2020 年拨付城乡建设用地增减挂钩节余指标跨省域调剂资金 7 亿元，全部用于支持通榆和汪清两个深度县巩固脱贫攻坚成果和实施乡村振兴战略。

（八）东西部扶贫协作投入情况

东西部扶贫协作是国家实现先富带动后富、最终实现共同富裕目标的重要部署。2016—2020年，浙江省宁波市共投入吉林省延边州东西部扶贫协作资金8.55亿元（资金和项目向深度贫困地区倾斜，其中：国家贫困县受援资金占比达78%），援建项目244个，带贫3.56万人，接收宁波市社会帮扶资金物资1.95亿元，有力地推动了延边州脱贫攻坚事业发展，“两不愁三保障”问题得到有效解决，扶贫产业基础初步建立，农村基础设施大为改善。

三、财政支持脱贫攻坚主要政策和实施效果

（一）贫困县涉农资金统筹整合方面

打赢脱贫攻坚战是全面建成小康社会最艰巨的任务，需要大量的扶贫资金保障。尽管财政专项扶贫资金投入不断增加，但与扶贫需求相比还有差距，尤其是贫困县显得更为突出。为此，国家统一出台了财政涉农资金统筹整合政策，在贫困县范围内形成了“多个渠道引水，一个龙头放水”的扶贫投入新格局。这是涉农资金供给机制的重大创新，吉林省不折不扣地落实政策，实现了“拼盘整合”向“实质整合”的新突破。在具体整合过程中，吉林省实现了“四个统一”。一是“统一号令”，不折不扣地落实整合政策。以省政府办公厅名义出台省级整合试点文件，并比照财政部做法，每年出台一个指导性文件，不断细化整合政策。在整合资金指标下达时，明确要求分配给贫困县的涉农资金明示“整合”属性，增幅高于平均增幅，“切块下达”，不带项目，不

带与脱贫攻坚无关的任务；项目审批权限完全下放到县（市）政府。二是“统一行动”，因地制宜地扩大试点范围。在国家要求2016年试点县不少于贫困县总数1/3的背景下，吉林省加大力度，2016年就将8个国家贫困县全部纳入整合试点范围。三是“统一靶向”，牵头做好整合方案合规性审核。明确贫困县整合方案编制报备、省级部门审核重点和责任分工，由省财政厅牵头，各省直相关部门参加，对贫困县整合方案进行联合会审，并以省脱贫攻坚领导小组名义下达审核意见，督促修改完善。四是“统一指导”，不断完善涉农资金整合政策。指导贫困县制定本区域整合资金管理办法；不定期开展贫困县涉农资金整合调研，跟踪政策的执行情况、存在的主要问题，并提出有针对性的措施；及时组织贫困县、省直部门培训，讲清楚政策，辅导到位，给贫困县“打酱油的钱不能买醋”的思想松绑，有效避免干扰整合现象的发生。

（二）扶贫项目资金绩效管理方面

国家扶贫项目资金绩效管理办法印发后，吉林省高度重视，认为这是切实提高扶贫项目资金使用效益、落实资金监管责任的重要手段。吉林省出台了相应的工作通知，采取各种形式做了大量卓有成效的培训工作，并将扶贫项目资金绩效管理纳入省对市县财政专项扶贫资金绩效评价范围。指定专人负责，通过财政扶贫资金动态监控平台加强对市县扶贫项目资金全过程绩效管理的动态监控，督促市县及时录入扶贫项目资金绩效目标和绩效自评结果，对绩效信息填报不准确、不合理、绩效目标简单等问题，督促有关市县限期整改，并做好执行监控工作。为了进一步压实绩效管理责任，全面提高绩效工作质量，2020年，省财政厅等省直六部门联合下发了《关于进一步加强财政扶贫项目资金绩效管理有关工作的通知》，明确了财政专项扶贫资金和整合资金绩效管理的时间表和路线图。执行中，省财政牵头对扶贫资金绩效目标进行联合会审，把问题尽量清除在萌芽状态，从源头上提高了项目资金管理水平。

（三）易地扶贫搬迁筹资方面

“十三五”期间，吉林省对1.4万生活在“一方水土养不起一方人”地方的群众进行了易地扶贫搬迁。为了减轻市县负担，易地扶贫搬迁投融资主体采用“统贷、统采、统还”的运作模式，还款资金及利息除中央贴息外全部由省级财政负担。2016—2019年，共筹措拨付资金9.3亿元，用于易地扶贫搬迁建设。彻底规范易地扶贫搬迁融资方式。2017年7月14日前，已承贷、承接的银行贷款、专项建设基金全部偿还两行，所需资金完全由预算等资金全额予以保障。2020年筹措拨付资金3.3亿元，用于易地扶贫搬迁后续扶持，通过“挪穷窝、换穷业”，实现了“拔穷根”。

（四）扶贫资金监管方面

习近平总书记指出，扶贫资金是贫困群众的“救命钱”，一分一厘都不能乱花，更容不得动手脚、玩猫腻。脱贫攻坚期内，省财政厅探索推行了“三先行四并行”的扶贫资金监管模式，全面加强财政扶贫资金管理，为脱贫攻坚取得决定性进展作出了积极贡献。一是加强资金管理，规章制度先行。围绕国家出台的各项扶贫政策，结合吉林省工作实际，推动以省政府名义支持贫困县开展统筹整合使用财政涉农资金试点的实施意见，制定了吉林省财政专项扶贫资金管理实施办法、绩效评价办法、易地扶贫搬迁资金管理办法、脱贫攻坚补短板综合财力补助资金管理规定等制度办法，明确了资金使用范围、方向和监管要求；制定《关于进一步加强基层财政扶贫资金监管确保打赢脱贫攻坚战的指导意见》，规定了扶贫资金末级支付的必备要件和负面清单，极大地提升了吉林省扶贫资金“最后一公里”监管标准化水平。二是推动部门工作，资金告知先行。为督促省直有关部门尽快确定资金分配意见，提高扶贫资金拨付进度，省财政厅实行资金指标先行告知制度，每收到一笔中央指标或省级预算安排确定后，都要迅速向主管部门发送“告知函”，要求主管部门按照《预算法》和资金管理办法，在规定时限内提出资金分配意见并及时送达财政部门，切实提高省级扶贫资金下达进度。三是加大整合力度，财政规范先行。在统筹整合 20 项中央财政涉农资金基础上，将 25 项省级财政涉农资金纳入统筹整合范围。为有效促进统筹整合工作，省财政厅首先在财政指标下达方面提出了规范要求，制定了“一明一增两不带”政策，并由脱贫攻坚工作组督促执行。四是加快支出进度，通报约谈并行。为督促市县加快财政扶贫资金支出进度，通过财政扶贫资金管理信息系统对市县财政专项扶贫资金和整合资金县级支出和实际支出实行“双调度、双通报”，通报抄报省委、省政府主要领导。对支出进度较慢的市县适时进行约谈，以高压态势加快项目建设和资金支出进度。五是强化省级指导，调研培训并行。对重大政策落实情况进行跟踪调研，及时了解基层情况，针对存在的问题提出合理化的意见和建议；针对财政支持脱贫攻坚政策中的重点、难点问题，对全省农财系统进行专项业务培训，不断提高基层干部的业务能力；建立问题询问反馈机制和立体沟通平台；及时总结经验，推广典型做法，供全省交流学习。六是实行阳光扶贫，公开公示并行。在省财政厅门户网站设立扶贫资金总台账专栏，对各类财政扶贫资金相关政策、制度办法、资金分配、进度信息等进行公开，便于市县及时对账，也利于调动群众关注扶贫的积极性和主动性；通过网上巡查、专项核验等方式，督促市县完整规范公告公示专项扶贫资金分配结果，主动接受社会监督。七是提高资金效益，监督评价并行。建立财政扶贫资金动态监控平台，将中央层面 42 项资金、省级层面 35 项资金以及市县层面相对应的资金全部纳入监控范围，已实现省及市县平台与预算指标系统和国库集中支付系统的自动对接。

（五）贷款贴息方面

“十三五”时期，吉林省累计发放扶贫小额信贷 16.4 亿元，2020 年末贷款余额为 7.8 亿元，财政累计贴息 0.4 亿元，共支持建档立卡贫困户 4 万户。

（六）税费优惠方面

一是配合税务部门落实扶贫捐赠相关税收政策，对企业扶贫捐赠所得进行企业所得税税前扣除，对扶贫货物捐赠免征增值税；同时，按照国家授权浮动限额标准上限，扣减吉林省符合条件贫困人口等重点群体当年实际应缴纳相关税费。二是贯彻落实易地扶贫搬迁项目免征相关契税、印花税、城镇土地使用税，以及城市基础设施配套费、不动产登记费等税费优惠政策，对易地扶贫搬迁贫困人口免征个人所得税，免征取得安置住房契税。三是与税务等部门联合开展问效、问需、问计，送政策、送服务、送建议即“三问三送”调研走访、减税降费主题服务日、发放减税降费政策宣传手册等活动，宣传解读国家和省的减税降费政策措施，帮助企业享受政策红利。四是开展落实减税降费政策帮扶企业渡过难关的检查评估、易地扶贫搬迁项目免征收费基金政策调研工作，跟踪督促各地各相关部门，将各项税费支持政策落到实处。

（七）土地支持方面

“十三五”时期，城乡建设用地增减挂钩结余指标调剂收益用于脱贫攻坚方面支出共14.2亿元，其中，使用跨省调剂资金规模4.9亿元，使用省内调剂资金规模9.3亿元。

（八）政府采购方面

引导各级预算单位通过国家建设的“贫困地区农副产品网络销售平台”开展采购活动。积极组织各级预算单位参加政府采购贫困地区农副产品网络培训，解决各级预算单位在采购活动中遇到的实际问题。建立定期通报机制，对各地区、各预算单位在“贫困地区农副产品网络销售平台”预留采购比例、采购执行进度等情况进行定期通报，督促各级预算单位进一步提高政治站位，组织好采购贫困地区农副产品各项工作。2020年，吉林省各级预算单位通过“贫困地区农副产品网络销售平台”采购各类贫困地区农副产品8 242.1万元，超额完成预留采购任务。

（九）行业扶贫方面

一是支持教育扶贫。“十三五”时期，累计筹措拨付教育扶贫资金343亿元，积极落实“两免一补”政策、支持改善办学条件、实施农村义务教育中小学生营养改善计划和加强教师队伍建设等方面工作，极大改善了贫困地区教学条件，以及贫困学生上学难的问题，实现了全省2.3万名贫困家庭适龄儿童全部接受义务教育。二是支持健康扶贫。“十三五”时期，累计筹措拨付健康扶贫资金49.7亿元，在落实好基本医疗保险、大病保险和医疗救助政策的基础上，进一步提高财政兜底保障能力，将贫困人口县域内住院报销比例提高到90%，慢病门诊报销比例提高到

80%，实现了农村贫困人口基本医疗有保障。三是支持兜底保障。2020年全省农村低保标准达到年人均4 372元，高于全省脱贫标准，动态实现了低保标准与扶贫标准的“两线合一”。贫困人口全部参加基本养老保险，实现了“应保尽保”，并对建档立卡未标注脱贫的贫困人口，参加城乡居民基本养老保险的，地方人民政府为其代缴不低于最低标准（100元）养老保险费，并在提高最低缴费档次时，对其保留现行最低缴费档次；困难残疾人生活补贴和重度残疾人护理补贴实现了“应补尽补”，标准均为每人每月80元；支持实施贫困残疾人家庭无障碍改造，补助标准为每户3 500元左右。四是支持农村危房改造。“十三五”时期，累计筹措拨付农村危房改造方面资金43.9亿元，支持四类重点人群以及其他贫困户进行危房改造。五是支持产业扶贫。将中央和省级用于支持产业发展和基础设施建设方面资金全面纳入统筹整合范围，并将资金项目审批权限下放到贫困县。“十三五”期间，共利用整合资金62.8亿元，支持贫困县因地制宜发展特色产业，带动建档立卡贫困人口增收致富。脱贫攻坚期内，允许各市县在不改变用途的前提下，利用财政专项扶贫资金和其他涉农资金投入设施农业、养殖、光伏、乡村旅游等项目形成的资产，具备条件的可用于资产收益扶贫。六是支持就业扶贫。“十三五”时期，利用就业补助资金0.4亿元，支持落实就地就近就业、自主创业、劳务输出、公益岗位安置、灵活就业、职业培训等就业支持政策。七是支持生态扶贫。2017—2020年，累计安排资金1.8亿元，用于贫困县生态护林员补助；2019—2020年，通过重点生态功能区转移支付中重点生态县域补助资金对深度贫困县补助4 000万元，加大生态扶贫投入。八是支持金融扶贫。推出“6+N+1扶贫产业收入保险”模式，将玉米、水稻、大豆、花生、葵花籽、马铃薯6种主要农作物以及区域优势明显、各具特色并形成一定规模的农作物或畜禽动物由“成本”保险升级为“收入”保险，建档立卡贫困户保费由省财政全额承担，进一步增强了贫困人口抵御风险的能力，有效防止自然和市场给农业生产带来的双重风险，兜牢贫困户收入的底线。九是支持交通扶贫。省级交通发展补助资金实施差异化补助政策，重点向贫困县各类道路补助给予倾斜。十是支持水利扶贫。“十三五”期间，省财政厅累计筹措拨付资金28.7亿元，支持全省620万农村居民饮水安全有保障，全面完成了建档立卡贫困人口饮水安全问题动态清零任务，农村供水保障工程体系基本建立。十一是支持光伏扶贫。2017—2020年，累计投入可再生能源电价附加补助资金10.1亿元（其中，省财政拨付0.5亿元，省电力公司拨付9.6亿元）支持光伏扶贫项目。

四、财政脱贫攻坚工作经验和启示

吉林财政助力脱贫攻坚取得较好的成效，主要是得益于始终不移地学习贯彻习近平总书记讲话精神，得益于财政部的大力支持，得益于吉林省委省政府的正确领导，得益于全省各级财政部门以及财政扶贫干部的艰苦努力和辛勤工作，能够把思想和行动统一到习近平总书记重要讲话精神上来，从自身职能出发，全面履职尽责。坚决履行财政保障责任，保障脱贫攻坚资金需求；坚决履行财政服务职责，提高资金使用效益；坚决履行财政监管责任，确保资金安全规范。具体体现为以下几个方面：

一是坚持党的领导，强化组织保证。脱贫攻坚，加强领导是根本。必须坚持发挥各级党委统揽全局、协调各方的作用，落实脱贫攻坚一把手责任制，省市县乡村五级书记一起抓，为脱贫攻坚提供了坚强的政治保证。在财政系统内部，党组书记是第一责任人，“身先士卒”亲自抓；成立专门机构，抽调专业人才，“尽锐出战”具体抓。

二是坚持精准方略，提高脱贫实效。脱贫攻坚，精准是要义。必须坚持精准扶贫、精准脱贫，坚持扶持对象精准、项目安排精准、资金使用精准、措施到户精准、因村派人（第一书记）精准、脱贫成效精准等“六个精准”，不搞大水漫灌，坚持因村因户因人施策，对症下药、精准滴灌、靶向治疗，把扶贫资金用在刀刃上。

三是坚持政府投入为主，多渠道筹集资金。脱贫攻坚，资金投入是保障。必须坚持发挥政府投入主体和主导作用，努力吸引和带动金融资金对脱贫攻坚的投放，发挥资本市场支持贫困地区发展作用，吸引社会资金广泛参与脱贫攻坚，形成脱贫攻坚资金多渠道、多样化投入。

四是坚持社会动员，凝聚各方力量。脱贫攻坚，各方参与是合力。必须坚持充分发挥政府和社会两方面力量作用，构建专项扶贫、行业扶贫、社会扶贫互为补充的大扶贫格局，要充分调动各方面积极性，引导市场、社会协同发力，形成全社会广泛参与脱贫攻坚的格局。

五是坚持从严要求，促进真抓实干。脱贫攻坚，从严从实是要领。必须坚持把从严治党要求贯彻于脱贫攻坚工作全过程和各环节，实施经常性的督查巡查和最严格的考核评估，确保脱贫过程扎实、脱贫结果真实，使脱贫攻坚成效经得起实践和历史检验。

黑龙江省财政脱贫攻坚工作情况

打赢脱贫攻坚战，是党中央、国务院作出的重大决策部署，也是实现全面建成小康社会的重要标志。脱贫攻坚战启动以来，黑龙江省各级财政部门认真贯彻落实党中央、国务院和省委、省政府脱贫攻坚决策部署，提高政治站位，积极担当作为，增投入、建机制、强管理、补短板，为全省脱贫攻坚工作顺利开展提供财力和工作支撑。

一、主要做法

“十三五”时期，黑龙江省各级财政部门紧紧围绕年度脱贫攻坚任务目标，以责任落实作为工作主线，认真履行财政部门职责，通过各项责任的有效落实，推动财政扶贫各项工作取得实效。

（一）提高站位，积极履行政治责任

一是集中学习领会。全省财政系统把学习贯彻习近平总书记关于扶贫工作重要论述作为首要的政治任务，集中学习、深入领会、讨论交流。多年来，厅党组坚持每月集中学习、专题研究财政扶贫相关事宜，第一时间组织学习传达交流重要讲话精神。2020 年疫情期间，厅党组克服疫情影响，全年共组织召开 6 次专

题党组会议。特别是对于 2020 年 3 月 6 日习近平总书记在决战决胜脱贫攻坚座谈会上的讲话精神以及 3 月 11 日省委贯彻落实意见，第一时间召开党组会议进行学习传达，并召开全省视频会议进行具体部署和推进。二是加强组织领导。自中央部署打赢脱贫攻坚战以来，为加强对财政扶贫工作的组织领导，财政厅于第一时间成立财政扶贫工作领导机构，由厅长担任组长，分管副厅长和部分业务处室为副组长和成员单位，协调推进全省财政扶贫工作，领导小组办公室设在农业处。随着脱贫攻坚工作的不断深入，2019 年黑龙江省财政厅调整原来工作机构，进一步充实脱贫攻坚力量，增加 6 位厅级领导为副组长，增加 5 个处室为成员单位，同时从全厅范围内选调 17 名骨干力量，脱离原来工作岗位，成立领导小组办公室，专职从事财政扶贫工作。三是深入调查研究。为深入了解财政扶贫工作开展情况，掌握第一手资料，从而为各级领导科学决策提供参考，多年来，各级财政部门坚持问计于基层、求策于一线，结合财政工作职能，重点围绕财政扶贫资金使用管理、贫困县统筹整合政策实施、资产收益扶贫项目管理等方面开展调研，多次深入贫困县和项目单位，通过听取汇报、座谈讨论、现场踏查等多种方式，了解情况，交换意见，最终形成多篇调研报告，其中部分建议内容还转化为领导决策，形成规范性文件予以落实。四是积极开展驻村扶贫和单位帮扶。先后选派 5 名优秀青年干部组建二期驻村工作队，对口帮扶兰西县林盛村脱贫攻坚工作。经过各方努力，该驻点村已于 2018 年脱贫出列，全村 31 户贫困户于 2019 年全部稳定脱贫。与此同时，厅属金控集团所属企业积极履行帮扶职责，通过帮助设立产业发展基金、贷款担保、解决项目融资等多种方式，加大企业对口帮扶力度，进一步巩固脱贫攻坚成效。

（二）加大投入，积极履行投入责任

一是建立与脱贫攻坚任务相匹配的投入机制。打赢脱贫攻坚战，资金保障是关键。“十三五”时期，全省各级财政部门在财政收支压力较大的情况下，通过优化支出结构、加强资金统筹，着力保障财政扶贫资金投入。2016—2020年，全省财政系统共计投入各类财政扶贫资金474.4亿元，与脱贫攻坚任务需求相匹配。二是努力拓宽财政扶贫资金来源渠道。在资金保障环节，单靠财政专项扶贫资金难以“包打天下”，黑龙江省先后利用国家贫困县统筹整合政策、统筹政府债券以及其他行业部门管理的资金“上山下乡”，促进扶贫资金多元投入格局加快形成，实现多措并举、共同发力。从扶贫资金投入结构上看，“十三五”时期全省全口径投入474.4亿元中，财政专项扶贫资金216.6亿元（占资金总投入的45.7%），贫困县统筹整合资金投入98.2亿元（不含财政专项扶贫资金部分，占比20.7%），地方政府新增债券资金105.7亿元（占比22.3%），统筹其他行业部门资金53.9亿元（占比11.3%）。三是积极创新扶贫资金分配使用机制。为进一步完善财政专项扶贫资金分配机制，省委办公厅和省政府办公厅部署出台了《建立财政专项扶贫资金安全运行机制》，明确扶贫资金具体分配因素并赋予相应权重，在执行中严格按照既定的因素分配资金，避免人为因素的干扰，确保资金分配安全规范高效。2018年至2020年，为加大对深度贫困地区和深度贫困村的倾斜，省级在正常分配财政专项扶贫资金的基础上，对深度贫困县每年再安排资金2 000万元，深度贫困村每年单独安排资金100万元。

（三）突出重点，积极履行管理责任

财政扶贫资金管理工作点多线长面广，为规范财政扶贫资金

使用管理，全省各级财政部门坚持问题导向，突出工作重点，强基础、补短板、固弱项，不断提升财政扶贫资金使用管理水平。一是在公开公示上下功夫。严格落实“两个一律”要求，采取远程在线与现场审查相结合的方式，对全省各级财政部门扶贫资金管理使用公开公示情况进行专项检查，对发现的公开公示范围不全、内容不完整等问题，进行全省通报并限期整改。同时，组织人员对省级公开平台进行完善，设立公开模板，规范公开规程，并据此督促各级财政部门对照整改，确保公开公示内容“不缺要素、不漏专项、不超时限”。二是在预算执行上下功夫。严格落实《预算法》要求，通过电话催办、发函督促等多种方式，加快各级各类财政扶贫资金拨付进度。专题向省扶贫开发领导小组报告资金支出进度情况，从更高层次推动资金支出进度。坚持“周提醒、月通报”，对财政扶贫资金支出进度长期低于全省平均进度，特别是垫底的市县，集中开展约谈。通过上述工作的有效开展，财政扶贫资金支出进度较以往有了较大提高，提升了资金使用效益。三是在绩效管理上下功夫。牢固树立“花钱必问效、无效必问责”的绩效理念，结合财政工作职能，对扶贫资金使用的全环节和全过程进行跟踪。为指导各地准确规范编报和审核绩效信息，多次组织开展专题培训，对财政扶贫资金绩效目标设定、审核、批复、监控、评价和结果应用等全过程进行了明确和规范。对于绩效目标和绩效自评监管发现的问题、平台预警反馈的问题，第一时间通过电话、微信、报表等形式了解情况，通报进展，并督促市县进行整改。强化绩效评价结果运用，探索建立以绩效评价结果为导向的财政扶贫资金分配机制。四是在资产收益扶贫上下功夫。会同省扶贫办出台文件，对资产收益扶贫工作从细化落实的角度进行了规范，针对资产收益扶贫工作中暴露出来的问题，有针对性地出台了十条具体举措，从资产收益扶贫项目选择、投入规模、收益分配、利益联结、承接主体、建后监管、制度建设等全链条、全环节、全过程进行规范，确保财政扶贫资金投入安全和扶贫资产持续发挥作用。

（四）上下联动，积极履行监督责任

一是深化问题整改。各地针对各类监督检查发现的问题，制定整改方案，建立问题台账，明确责任分工，限期抓好落实。在此基础上，厅脱贫办组织核查小组，通过查阅资料、核对账目、现场踏查等方式，对各地整改情况进行“回头看”。2016 年以来，各级反馈的涉及财政部门的问题已全部整改落实到位。二是创新监管手段。从 2018 年 8 月起，黑龙江省按照要求在各级财政部门部署了统一的扶贫资金动态监控系统，运用财政部动态监控规则开展扶贫资金监控。在此基础上，结合省情实际，启动了扶贫资金监控平台功能升级“三步走”改造计划，实现了从生产系统处室指标节点直接导入数据，数据接入的人工工作量大幅下降，数据对接的准确性和及时性大大提高，为后续开展动态监控平台预警、到人到户信息查询奠定基础。三是线上线下联动。线上，主要通过植入的 51 条“个性化”预警规则，对纳入财政扶贫资金动态监控平台管理的各级各类财政扶贫资金进行实时监控，并根据平台提示的预警信息，会同各地财政部门进行整改。同时，开发了全省扶贫资金公开平台，还采取手机 APP、微信小程序、网站等多种形式，发布“到人到户”项目分类信息，提供网络便民服务功能，广泛接受社会监督。线下，重点针对 20 个国家贫困县和有扶贫任务的其他县（市、区），采取工作组包县的方式，每年分主题、分阶段组织开展多次专项核查。针对核查发现的问题，分别下达整改通知，并开展“回头看”对整改情况进行督导。

二、主要政策及实施成效

（一）财政投入机制日益完善

一是投入对象更加聚焦。坚持以国家贫困县为重点，在国家明确的贫困县统筹整合政策框架内，积极落实贫困县资金增长政策，不断提升贫困县统筹资金用于脱贫攻坚的能力。从黑龙江省国家贫困县实际统筹整合资金额度上看，2016 年至 2020 年，20 个国家贫困县每年县均实际统筹整合资金 2.1 亿元。在脱贫攻坚任务最重的 2019 年，20 个国家贫困县年均实际统筹整合资金达到 2.7 亿元。特别是三个深度贫困县，2020 年实际统筹整合资金分别达到 5.8 亿元、4.5 亿元、4.5 亿元，县均达到 4.9 亿元。贫困县可统筹整合资金能力的不断提升，有效缓解了贫困县脱贫攻坚资金投入的瓶颈问题，推动了一批重大扶贫项目的顺利实施，为圆满完成脱贫攻坚任务提供了财力支撑。二是投入方向更加精准。各级财政部门紧紧围绕年度脱贫攻坚任务目标，积极优化财政扶贫资金投入重点，确保脱贫攻坚各项任务目标如期实现。攻坚战期间，围绕解决“两不愁三保障”突出问题，通过集中投入全力攻坚，扶贫公路建设、贫困户泥草（危）房改造、饮水安全等基础设施方面的问题，全省 20 个国家贫困县按计划如期脱贫摘帽，提前一年解决区域性整体贫困。巩固期内，黑龙江省坚持以产业扶贫为重点，统筹资金加大支持力度，通过发展优势特色产业帮助贫困群众持续增收，进一步巩固脱贫成效。三是投入机制更加多元。在融资方面，创新了脱贫攻坚融资模式，通过发行地方政府债券筹集资金用于脱贫攻坚项目，强化了脱贫攻坚的资金保障；在引导撬动方面，探索采取了贷款贴息、股权投资、社会化服务、资产收益等多种措施，财政扶贫资金杠杆作用得以更有效发挥。

（二）基础设施条件显著改善

一是实现饮水安全有保障。2016—2020 年，全省累计完成农村饮水安全投资 62.66 亿元。累计巩固提升 15 023 个村屯、822 万农村居民饮水安全保障水平，其中贫困人口 26.6 万人。2018 年，全部解决建档立卡贫困人口饮水安全问题。2020 年，全省排查出农村集中供水工程水毁较为严重问题 19 处，及时抢修或启用备用水源井，涉及村民饮水未受影响。二是实现住房安全有保障。2017 年、2018 年开展两年建档立卡贫困户危房改造歼灭战；2019 年以来开展查缺补漏；2020 年开展“70 天决战”行动，对连续遭受台风和洪涝灾害损毁的住房 1 472 户于 10 月 20 日前全部完成重修重建。2016—2020 年，全省累计投入贫困户住房改造资金 71.63 亿元，修缮、新建、购买置换等改造住房 14.3 万户，长期租赁、建设农村公租房等落实 4.1 万户，实现建档立卡贫困户住房安全保障全覆盖。2018 年、2019 年连续两年被住房城乡建设部、财政部确定为“农村危房改造积极主动、成效明显的省（区、市）”。三是实现农村扶贫公路设施显著改善。为补齐黑龙江省贫困地区、民族地区、边疆地区公路建设短板，为农村贫困地区经济发展提供交通运输保障，2016—2020 年，省级财政共筹集下达资金 17.85 亿元，支持全省 610 个常住人口 300 人以上的自然村（屯）通硬化路建设 1 626 公里，支持建设省道二级公路 329 公里、撤并建制村通硬化路 4 526 公里、窄路面加宽 6 688 公里、乡镇客运站 12 个。

（三）基本公共服务更加均衡

一是教育扶贫方面。2016—2020 年，累计下达资金 114 亿元，实施全面改善义务教育薄弱环节、义务教育薄弱环节改善和能力提升工程，保障贫困地区农村孩子有学上、上好学。建立全学段全过程全覆盖的资助体系，全面落实控辍保学、“两免一补”、营养改善计划和各类学生资助政策。2020 年，为 7.8 万名义务教育阶段贫困家庭学生提供免费流量服务，做到停课不停学、教育扶贫不间断。全省建档立卡贫困家庭义务教育阶段适龄儿童少年除身体原因外无一人失学辍学。二是医疗扶贫方面。实施建档立卡贫困人口基本医疗保险、大病保险、医疗救助“三重保障线”全覆盖，基本医保人均财政补助标准逐年提高；落实县域内定点医院住院“先诊疗后付费”“一站式服务、一窗口办理、一单制结算”；村有卫生室、有医生，符合条件的贫困人口慢病签约服务全覆盖，确保患病贫困人口及时医治。三是文化扶贫方面。2016—2020 年，省级财政统筹资金 1.9 亿元，支持贫困地区 1 400 个村加强综合文化服务中心建设，满足贫困地区群众精神文化需求，助力脱贫攻坚。2016—2020 年，累计安排地方公共文化服务体系建设资金 5 370 万元，支持贫困县县级应急广播体系建设，对黑龙江省 20 个国家贫困县所辖的 230 个乡镇每年配送 6 场戏曲演出，为国贫县 987 个村文化活动室配备基本文化服务设备。

三、基本经验

经过打赢脱贫攻坚战 5 年来的积极探索和深入实践，黑龙江省实现了财政扶贫资金由“省直各部门多头负责”向“贫困县集中统筹使用”转变，财政扶贫资金安排由“零敲碎打”向“集中打捆办大事”转变，财政扶贫项目由“各自为战”向“科学配套发挥综合效益”转变。

（一）必须加强组织领导、高位部署推进

脱贫攻坚无小事，加强领导是关键。自国家部署打赢脱贫攻坚战以来，黑龙江省财政扶贫工作之所以能够取得阶段性成效，最根本的原因在于坚持加强组织领导。多年来，厅党组一班人坚持以上率下，率先垂范。厅主要领导多次主持召开党组会议、专题会议、厅脱贫办小组会等会议，研究部署推动脱贫攻坚工作。厅各位分管领导经常深入一线调研指导，帮助基层解决实际难题，推进脱贫攻坚重点任务有效落实。特别对于脱贫攻坚重点任务，坚持一周一统计、一月一调度，强力推动问题整改和工作落实。正是得益于坚强的组织领导和高位推进，全省财政扶贫工作推进有序、成效明显，为助力全省如期打赢脱贫攻坚战贡献了财政力量。

（二）必须坚持深化改革、下放审批权限

改革是破解发展难题的法宝，也是推动持续发展的动力。脱贫攻坚面临的新旧矛盾相互交织，各种问题错综复杂，更加需要用改革创新的办法解决发展中的矛盾和问题，通过改革完善财政扶贫资金管理机制，有效激发财政扶贫政策潜力。脱贫攻坚期，黑龙江省始终坚持把改革摆在突出位置，坚持问题导向，积极主动作为，深入推进贫困县涉农资金整合，积极下放扶贫项目审批权限，赋予贫困县资金使用自主权，有效激发了贫困县工作积极性和创造性，取得了阶段性成就，释放了改革红利，激发了制度潜力。

（三）必须突出支持重点，持续加大投入

发展优势特色产业是帮助贫困群众持续增收、进一步巩固脱

贫攻坚成效的重要抓手。同时，产业振兴也是乡村振兴的五大任务之一，更是乡村振兴的关键所在。一方面，脱贫攻坚期内，大量财政资金投向农村贫困地区，重点用于支持特色优势产业发展，改善生产生活性基础设施建设，使贫困地区的产业发展环境和发展条件大大改观，为乡村产业振兴奠定了较好的基础。另一方面，贫困地区的产业大多刚刚起步，虽然硬件条件明显改善，但市场发育程度依然不高，生产经营组织水平依然较低，产业价值依然处在产业链的初级环节，抗风险能力较弱，要实现带动贫困群众稳定脱贫的目标，还要继续发展壮大。必须统筹考虑巩固脱贫攻坚成效和乡村振兴需要，将产业振兴作为重点支持内容，着力推动产业提质增效，同时建立密切的利益联结机制，提升贫困群众自我造血能力。

（四）必须创新监管手段、规范资金使用

财政扶贫资金点多线长面广，除基础设施和产业项目外，还涉及文化教育、医疗卫生、社会保障等诸多民生领域，资金额度大、涉及政策复杂，如果仍然沿用以往传统的监督检查方式，难以实现对财政扶贫资金监管的全覆盖。因此，必须充分发挥财政扶贫资金动态监控平台“大数据”的功能，通过设置个性化的预警规划，使平台自动从日常工作数据流中发现问题并进行预警。上述通过技术手段自动获取数据，可减少人为干扰和人员工作量，既保证数据准确性，又提高监督检查工作的针对性和精准性。

上海市财政脱贫攻坚工作情况

“十三五”以来，按照党中央和上海市委、市政府决策部署，上海市财政积极配合相关部门，不断创新财政扶持机制，加大对村级集体经济的投入和农业综合帮扶工作等脱贫攻坚力度，加强财政政策研究和专项资金管理，取得了大城市财政脱贫攻坚工作的实际成效。现将有关情况总结报告如下。

一、履行脱贫攻坚政治责任情况

2020 年是决胜全面建成小康社会的收官之年，打赢脱贫攻坚战是实现全面建设小康社会目标的重大任务。抓重点、补短板、强弱项、过难关，精准扶贫成为党和各级政府必须面对的巨大挑战。

早在 2013 年 7 月，为深入贯彻落实党的十八大精神以及中央扶贫相关工作要求，上海市委、市政府提出要以更大的力度、更开阔的思路、更因地制宜的举措，加快破解郊区经济薄弱地区发展难题，进一步提高困难群众的生活水平。及时研究出台了《关于上海市加强农村综合帮扶工作的若干意见》，成立了市级农村帮扶工作领导小组和工作推进小组，建立帮扶双方联席会议制度，领导小组主抓顶层设计，工作小组负责推进落实。同时，各受援区也都成立了综合帮扶工作领导小组。按照“规划引领、整体发展，区县为主、统筹推进，聚焦发展、重点帮扶，遵循规律、提高水平，以人为本、民生优先”的原则，将低收入农户、经济薄弱村、经济相对薄弱地区纳入帮扶对象，落实了市发展改革委、市规划国土资源局、市委农办（市农委）、市财政局、市民政局等三十多个市级部门和各区县的工作职责。同时，明确对口帮扶结对关系，将5个经济社会发展较好的中心城区、5个综合实力较强的开发区、28个有实力的企业集团确定为帮扶方，将薄弱村超过本区县行政村50%的崇明县、奉贤区和金山区确定为受援方，并将薄弱村超过50%的乡镇明确为帮扶重点乡镇。

为深化农村综合帮扶工作，在总结第一轮综合帮扶成效的基础上，2018年11月，上海市委、市政府研究出台《关于深化农村综合帮扶工作的指导意见》，明确了2018—2022年的工作任务，继续以增强“造血”功能为重要抓手，聚焦农村经济相对薄弱地区生活困难农户，全面提高生活困难农户的收入水平和生活质量，实现更高标准、更高水平的小康生活。

为加快推进农村改革发展，巩固农村管理基础，针对基层建设问题，2014年12月，市委、市政府出台《关于完善村级治理体系加强基层建设的实施意见》，完善村级自我积累与公共财政补助相结合的保障制度，对村级组织基本运转经费不足部分，落实由区县和乡镇财政承担主体托底保障责任，对财政相对困难的区县和地区，市级财政明确了村级经费市级保障标准，并加大转移支付力度。

为更好地促进农村改革发展工作，市级财政设立“农村改革与发展”专项资金，通过考核奖励方式推进基层探索开展包括农村土地制度改革、集体经济产权制度改革等在内的各项农村制度改革，不断完善现代农业经营体系。农村集体产权制度改革创新了集体经济组织治理结构和集体资产管理制度，促进了集体资产保值增值和集体经济可持续发展。建立了新型农村集体经济治理机制，农民按份拥有集体资产、参与经济管理并分享收益。

二、财政资金投入情况

2016—2020 年，上海市财政安排用于脱贫攻坚（包括村级集体建设投入）资金共计近 124 亿元，其中市级投入约 24 亿元，区级投入约 100 亿元（如表 1）。

表 1 **上海财政资金投入脱贫攻坚情况** （单位：万元）

年度	财政投入数
2016 年	286 372
2017 年	186 721
2018 年	160 469
2019 年	320 171
2020 年	282 654
合计	1 236 387

（一）农村综合帮扶资金

目前，上海市已先后开展两轮农村综合帮扶工作，通过设立市级农村综合帮扶专项资金，加快构建“造血”机制，扶持建设能够带来长期稳定收益的农村综合帮扶项目。

第一轮：2013—2017 年，市级财政安排资金 10 亿元，市、区财政按照 1∶1 的比例共同投入，加上社会帮扶方捐赠，帮扶资金规模达到 34 亿元，支持帮扶项目 21 个（其中 2016—2017 年市级财政安排资金 5.52 亿元，支持帮扶项目 11 个）。

第二轮：2018—2022 年，按照“帮扶力量不减弱，帮扶资金不减少”的原则，市级财政安排资金 20 亿元，市、区仍按照 1∶1的比例共同投入用于建设“造血”项目，加上帮扶方捐赠收入，帮扶资金总量近53亿元。截至2020年11月，市级已下达第二轮帮扶资金8.5亿元，落实帮扶项目15个。

（二）村级集体运行保障资金

经梳理，上海市虽不存在按照国家扶贫标准线测算的扶贫重点县和绝对意义上的贫困村，但仍然存在着一定数量的集体经济相对薄弱村（约占全市行政村的32%）。为进一步推进农村集体经济产权制度改革，夯实农村基层组织脱贫攻坚政治基础，按照市委、市政府的文件要求，市财政会同相关部门制定了《本市经济相对薄弱村村级组织运转经费补助办法》，从2013—2017年起，市级财政按每年每村40万元的标准对本市395个经济薄弱村村级组织运转经费进行补助，5年共下达市级转移支付资金7.9亿元。

（三）促进农村集体经济改革发展资金

为推动基层探索开展包括农村土地制度改革、集体经济产权制度改革在内的各项农村改革，创新现代农业经营体系，2015年8月，市财政会同市农委制定了《上海市农村改革发展奖补资金管理办法》，市级财政每年安排农村改革与发展专项资金2 000万元，通过考核奖励方式，鼓励和推进农村集体产权制度改革、创新集体经济结构治理、加强集体资产管理和农民增收增效等工作，取得一定成效。2016—2020年，市级财政共安排此项资金近1亿元。

三、主要政策和实施效果

（一）主要政策

上海市在脱贫攻坚工作实践中，坚持问题导向，陆续设计出台了一系列与上海“三农”情况相适应的制度规范，引领脱贫攻坚不断向纵深发展。

在政策体系方面，第一轮帮扶过程中，市委、市政府出台了《关于上海市加强农村综合帮扶工作的若干意见》，制定了4个实施办法和6个配套政策，形成了“1+4+6”帮扶政策体系；第二轮帮扶，市委、市政府出台了《关于深化农村综合帮扶工作的指导意见》，不断完善福利性“输血”向开发型“造血”转变的帮扶机制，通过制度改革保障帮扶工作的发展成果。与此同时，市相关职能部门制定了资金管理办法、选派优秀干部支持薄弱村等配套政策，各涉农区也出台了本区农村综合帮扶政策文件，形成本市农村帮扶方面含金量高、针对性强的政策体系。

从财政方面看，《本市经济相对薄弱村村级组织运转经费补助办法》的制定出台，有力保障了村级基层组织管理工作的正常运转，夯实了基层工作基础，为打赢脱贫攻坚提供组织保障；市委、市政府《关于上海市加强农村综合帮扶工作的若干意见》和《关于深化农村综合帮扶工作的指导意见》的制定出台，整合做大市、区财政和社会帮扶资金，集中聚焦用于农村综合帮扶项目建设，各区纷纷组建帮扶项目投资平台，依托城市发展的高效领域和一些造血项目，带动帮扶项目取得长期有效的收益来源，使帮扶项目向纵深推进；制定《上海市农村改革发展奖补资金管理办法》，以市级考核为抓手，通过年度市对区考核奖励方式，建立新型农村集体经济治理机制，鼓励农村集体产权制度改革和农民增收增效等各项工作的创新推进，促进集体资产保值增值和集体经济可持续发展，确保农村改革、综合帮扶等各项工作再上新水平。

（二）实施效果

经过十余年的努力，上海市探索出一条制度规范、产权清晰、分工合作、专业运营，由福利型“输血”转向开发型“造血”的综合帮扶新路子，积累了一批能带来长期稳定收益的优质资产，培养锻炼了一支基层人才队伍，促进了农村集体经济发展和转型升级，带动了经济薄弱地区民生改善和就业增收，脱贫攻坚工作取得了阶段性成果。

1. 构建了帮扶工作机制。上海市农村综合帮扶工作从2013年正式启动，第一轮重点聚焦经济相对薄弱村（2012年村集体经济组织可支配收入低于人均400元的428个村，主要涉及奉贤、金山、崇明、浦东、青浦和松江等6个区），着力提升经济相对薄弱村的自主发展能力，开展系统性、综合性的农村帮扶工作。第二轮在聚焦经济相对薄弱村（村集体经济组织可支配收入低于人均800元，且经营性资产低于人均1万元的559个村）的同时，进一步聚焦农村生活困难农户（主要包括农村各项社会救助政策未覆盖到的生活困难户，以及享受社会救助政策后，仍然因家庭收入低、支出负担重，村民公认的生活困难农户，实际操作中各涉农区确定的标准为可支配收入在上海市低保水平1.5—2倍之下的农户），努力使低收入农户生产生活条件得到切实改善，全面提高生活困难农户的收入水平和生活质量。同时，加快补齐农村发展短板，不断缩小城乡发展差距，开启城乡融合发展的现代化新局面。

2. 拓宽了帮扶内涵。动员上海中心城区以及开发区、国有企业与松江、青浦、奉贤、金山、崇明等区签署对口帮扶框架协议，在进行帮扶资金捐赠的基础上，开展资金、产业、人才等多方面的对口帮扶。中心城区整合城区优势，在教育、卫生、文化、就业等领域加大对口帮扶的力度，有力提升了受援区的基础公共服务水平。各开发区发挥品牌和管理优势，有效提高了受援地区的产业发展、园区发展和区域开发能级。国有企业除了每年帮助受援区形成一批具有长效稳定收益项目以外，还充分发挥产业和金融的优势，开展个性化的结对帮扶。如奉贤区青村镇吴房村抓住乡村振兴示范村建设的有利契机，与对口帮扶奉贤区的国盛集团，通过“基金 + 平台”的运作模式，共同开发建设吴房村。现在吴房村每年净收益 100 万元，村土地流转费收入 250 万元，下阶段吴房村将采取“租金 + 股金 + 就业收入”的村民收益模式，预计实现区域内村民户均每年增收 10 万元。

3. 建设了一批“造血”项目。市级、各受援区和帮扶捐赠方共同筹措建立农村综合帮扶专项资金，由各受援区建设一批长期稳定收益的帮扶“造血”项目，不断提升农村集体经济的“造血”能力。通过第一轮综合帮扶，崇明、金山、奉贤等受援区共申报建设了 21 个“造血”项目，相当于薄弱村村均资产增加 830 万元，超过了之前几十年的积累。如奉贤区于 2013—2018 年分别成立上海百村实业有限公司、上海百村科技股份有限公司、上海百村富民经济发展有限公司，打响了“百村”系列品牌，提升农村集体经济“造血”功能，2018 年村均实现收益分红约 90 万元。第二轮综合帮扶工作中，奉贤、松江、金山、青浦、崇明区等区已确定的 15 个“造血”项目建设，目前正在稳步推进实施中。

4. 锻炼了帮扶干部人才。上海市委组织部出台《关于在实施乡村振兴战略中选派优秀干部支持本市经济相对薄弱村发展工作的通知》（沪委组〔2019〕发字 32 号）和《市选派驻村指导员管理工作办法》《关于进一步加强驻村指导员工作保障有关事项的通知》等政策文件，选派了首批 200 名驻村指导员到经济薄弱村开展工作。驻村工作开展以来，驻村指导员在镇党委领导下，勇于担当，重点围绕抓好党建引领、破解农产品销售难题、为村民办实事等方面为经济相对薄弱村谋发展，创效益。他们扎根农村基层，锻炼增长才干，获得所在村和村民的广泛好评。

5. 取得了集中帮困成效。各涉农区制定了生活困难农户政策或口径，在村负责人员主动排摸的基础上，经申请、评议、核查、公示等程序，完成生活困难农户的认定和建档立卡工作。目前全市约有生活困难农户共6万户、10万个，待“造血”项目建成并取得收益后，各区将从就业、就医、助老、助学等方面对其进行帮扶。在推进生活困难户的识别过程中，对口帮扶金山区的太保集团子公司安信农保积极探索保险帮扶方式，开发生活困难农户数据库平台；奉贤区通过第三方机构——上海奉民爱心服务社具体开展农户识别；松江区试点“社会救助顾问”机制，建立“区、镇、村、组”四级救助顾问队伍，补齐帮困基础工作短板。

6. 突破了农村改革创新工作。上海市农村集体经济组织产权制度改革不断深化，走在全国前列。一是积极开展将农村集体经营性资产确权到户量化到人，全市村级集体经济组织基本完成了产权制度改革，全面理顺村经关系，推进村经分离，实施分账管理；二是稳定完善农村土地承包关系，已基本完成确权登记颁证工作；三是规范了土地流转工作，推进农村土地流转交易公开市场建设，促进农业适度规模经营。紧紧围绕中央改革部署的总体要求，本市农村集体经济组织产权制度改革不断深化，走在全国前列。全市已有1 621个村级集体经济组织完成了产权制度改革，占全市总村数的96.7%。闵行区农村集体资产股份权能完善工作的试点获得新突破，相关做法得到中央的充分肯定。稳定完善农村土地承包关系，全市已有99.2%村基本完成确权登记颁证工作。进一步规范土地流转工作，推进农村土地流转交易公开市场建设，农村土地流转率达75%，有效促进了农业适度规模经营和产业发展。

四、脱贫攻坚工作启示

上海市近十年来农村综合帮扶等脱贫工作实践，无论从政策设计、工作机制，还是从资金安排、落实推进等方面都给我们带来深刻的启示和思考，主要有以下几点：

（一）要更加坚持政策引领

阶段性的脱贫攻坚成果告诉我们，在今后的政府托底政策研究中，应更加注重学深悟透并贯彻落实中央有关精神，围绕本市乡村振兴战略总体部署，沉下心来认真摸清市情、农情、民情，加强规划研究，因地制宜精准研究出台相关扶持政策，不断完善工作机制，更好明确并压实各方的工作责任，形成工作合力，确保政府各项扶持政策有针对性和可操作性，一茬接着一茬干，确保取得应有的政策绩效。

（二）要更加注重聚焦投入

要按照农村综合帮扶的规划要求，以农村综合改革为契机，把握支农政策切入点，充分发挥财政资金“引子钱”作用，做大做强资金“蛋糕”，积极聚焦相关领域的投入，狠抓财政资金项目管理和措施落实，提高农村“造血”机制的内生动力，确保项目建设一批成功一批，积极扶持和夯实农村集体经济基础，使有限的财政资金在国家的转型发展中发挥更大的作用。

（三）要不断完善工作机制

要有针对性地拓宽帮扶对接需求，不断完善帮扶形式和“造血”机制。继续推进造血项目建设，重点指导相关区进一步遴选安全可靠、收益稳健的项目，注重把符合产业导向的现代绿色农业项目纳入“造血”扶持项目，促进农业产业发展，继续以增强“造血”功能为重要抓手，聚焦农村经济相对薄弱地区和生活困难农户，全面提高生活困难农户的收入水平和生活质量。做好针对不同地区、不同经济状况生活困难农户的基础摸底工作，通过产业帮扶、就业帮扶、社会事业帮扶、养老助老帮扶、就学助学帮扶等多种措施，建立精准、稳定而长效的帮扶机制，促进农村转型发展和农民生活水平稳步再上新台阶。

江苏省财政脱贫攻坚工作情况

党的十八大以来，江苏省各级财政部门深入学习贯彻习近平总书记关于脱贫攻坚重要论述精神，认真贯彻落实党中央、国务院和江苏省委、省政府关于打赢脱贫攻坚战的决策部署，主动担当脱贫攻坚政治责任，在财政部的指导支持下，健全完善与脱贫攻坚任务相适应的投入保障机制，持续加大政策和资金支持力度，不断强化扶贫资金监管，为打赢打好脱贫攻坚战、高水平全面建成小康社会提供了坚实有力的财政支撑。“十三五”期间，全省累计投入各级各类帮扶资金 1 615. 62 亿元。其中，中央资金 112. 80 亿元，省级资金 443. 63 亿元，省以下资金 1 059. 19 亿元。分年度看，2016 年为 219. 31 亿元，2017 年为 277. 75 亿元，2018 年为 318. 61 亿元，2019 年为 392. 13 亿元，2020 年为 407. 81 亿元。分行业看，财政专项扶贫资金为 210. 55 亿元，教育扶贫为 81. 93 亿元，健康扶贫为 230. 62 亿元，兜底保障为 411. 35 亿元，危房改造为 129. 02 亿元，就业扶贫为 49. 78 亿元，生态扶贫为 15. 43 亿元，金融扶贫为 30. 99 亿元，交通扶贫为 128. 76 亿元，水利扶贫为 38. 93 亿元，光伏扶贫为 1. 72 亿元，其他行业扶贫为 22. 43 亿元。5 年来，全省累计投入社会帮扶资金 25. 79 亿元。截至目前，江苏省 254. 9 万低收入人口如期实现脱贫，821 个省定经济薄弱村全部达标，12 个省定重点帮扶县（区）全部摘帽退出，脱贫致富奔小康目标任务全面完成。

一、主动提升政治站位，切实履行政治责任

全省各级财政部门始终坚持把习近平总书记关于扶贫工作的重要论述精神作为打赢脱贫攻坚战的根本指引，在深入学习领会中凝聚共识，财政扶贫工作的责任感、使命感不断增强。

（一）深入学习贯彻习近平总书记关于扶贫工作重要论述精神

党的十八大以来，全省各级财政部门深入学习习近平总书记关于脱贫攻坚的重要论述精神，准确把握精神实质、核心要义，指导财政扶贫实践。省财政厅党组第一时间学习并及时传达习近平总书记在延安、贵阳、银川、太原、成都、重庆召开的脱贫攻坚有关座谈会和在北京召开的决战决胜脱贫攻坚座谈会等专题座谈会议精神，在全省财政系统组织开展学习《习近平扶贫论述摘编》活动，把重要论述精神传达给每一位财政干部，不断提高脱贫攻坚政治理论水平。厅领导班子积极发挥“关键少数”垂范作用，扎实推进常态化、制度化学习，带头学习《习近平在宁德》《摆脱贫困》等著作，坚持把重要论述精神落实到财政扶贫的每项具体工作举措中，推动中央和省委、省政府各项决策落实、落细，全力支持夺取脱贫攻坚全面胜利。

（二）强化组织保障，不断健全财政扶贫工作体系

江苏省财政厅切实履行省扶贫开发领导小组成员单位职责，研究制定财政扶贫政策，积极协调各部门形成支持脱贫攻坚合力，严格按要求带队开展全省扶贫政策落实情况、省委一号文件落实情况等督查，积极筹集、分配和管理好扶贫资金，统筹协调各项财税政策支持脱贫攻坚。一是积极参与全省《关于实施脱贫

致富奔小康工程的意见》《江苏省"十三五"农村扶贫开发规划》《中共江苏省委 江苏省人民政府关于打赢打好脱贫攻坚三年行动的实施意见》等重要文件、规划的研究制定工作，把公共财政的理念和要求融入脱贫攻坚相关政策设计中。二是不断健全组织领导和工作落实机制，成立由厅党组书记、厅长任组长，分管农业厅领导担任副组长，农业农村处等10个处室（单位）为成员的脱贫攻坚领导小组。厅领导小组办公室设在农业农村处，统筹研究和协调推进财政扶贫重点工作。全省有省定帮扶任务的市县财政部门均建立了脱贫攻坚领导小组。三是持续提高财政扶贫干部业务水平，组织参与举办10余场财政扶贫政策培训班，通过全省财政工作会议、农财会议等向全省财政干部解读、宣讲扶贫政策，推动重点工作落实。

（三）深入开展调研，推动财政扶贫政策创新

党的十八大以来，全省各级财政部门用心做好调查研究，围绕财政支持实施乡村振兴战略、脱贫攻坚和现代农业高质量发展等方面，先后形成了《财政支持农业供给侧结构性改革政策研究》《财政支持现代农业高质量发展研究报告》《财政厅关于"推动现代农业建设迈上新台阶"专题调研的报告》《脱贫攻坚与乡村振兴政策衔接研究》和《关于"三农"政策落实情况大调查的报告》等研究报告，部分研究成果已被吸收形成相应的政策措施。组织开展"三农"政策落实情况大调查。根据一线实地调研情况，省财政及时调整优化支持政策，提出省定重点帮扶县统筹整合涉农资金支持脱贫攻坚、进一步完善扶贫小额信贷、统筹资金支持苏北地区农民住房条件改善、调整资金用于低收入人口参保和大病医疗补助等政策，受到低收入群众普遍认可。

（四）落实帮扶任务，深刻践行东部地区财政部门工作责任

一是大力支持做好东西部扶贫协作。“十三五”期间，根据中央新一轮东西部扶贫协作工作部署，江苏省累计筹集帮扶资金102.48亿元，切实助力陕西、青海和贵州75个贫困县（区）全面打赢脱贫攻坚战，有效促进当地经济社会事业发展。二是全力支持做好对口支援工作。“十三五”期间，江苏省累计安排对口支援新疆、西藏、青海藏区和三峡库区资金158.4亿元。对口帮扶支援资金坚持向基层倾斜、向保障和改善民生倾斜、向困难人口倾斜，全力帮助受援地实现脱贫摘帽。三是不折不扣完成定点帮扶任务。党的十八大以来，省财政厅选派出五批业务骨干，先后赴滨海、响水、泗阳等地开展定点帮扶工作，各市县财政部门认真做好结对帮扶，局领导挂钩帮扶经济薄弱村并担任第一书记，党员干部结对帮扶低收入群众。

二、建立健全投入机制，持续加大投入力度

党的十八大以来，全省各级财政部门坚持把脱贫攻坚作为财政保障的重中之重，持续加大支持力度，积极发挥财政资金引导撬动作用，多渠道增加扶贫资金投入，为江苏省决胜高水平全面建成小康社会、决战脱贫攻坚提供了强有力的财政支撑。

（一）持续加大专项扶贫资金投入

全省财政部门围绕省委、省政府确定的“十三五”脱贫攻坚任务目标，因地制宜制定对低收入人口、经济薄弱村和重点片区等重点帮扶对象支持政策，提前测算并安排5年专项扶贫资金预算61.2亿元，较“十二五”增长31%。5年来，在经济下行压

力加大、财政收入增速放缓带来的财政收支矛盾凸显的形势下，省级扶贫投入依然保持逐年连续增长，5 年实际投入省以上专项扶贫资金 79.6 亿元，是“十二五”时期的 1.7 倍。各市县财政部门严格落实投入保障责任，扶贫资金要逐年保持增长，明确 12 个省定重点帮扶县每年新增财力的 10%要用于扶贫开发。

（二）统筹整合涉农资金支持脱贫攻坚

2018 年起，省级统筹整合 15 项涉农专项资金用于支持苏北地区农民群众住房条件改善。“十三五”期间，统筹省级现代农业产业资金 8.22 亿元，支持省定重点帮扶县产业富民项目和南北挂钩产业园建设。省财政厅牵头研究制定 12 个省定重点帮扶县统筹涉农资金支持脱贫攻坚试点和探索建立涉农资金统筹整合长效机制政策，鼓励引导市县以脱贫攻坚为平台，集中财力投入，推动形成“多个渠道引水，一个龙头放水”的扶贫投入新格局。

（三）引导金融资本支持脱贫攻坚

全省各级财政部门通过对有劳动能力、有增收项目、有贷款意愿和一定还款能力的建档立卡低收入农户进行金融扶持，有效放大财政扶贫资金成效。2017 年，省级进一步调整完善扶贫小额贷款政策，将贷款额度从 2 万元提高到 5 万元，贷款期限从 1 年延长至 3 年，实行基本利率放贷、财政全额贴息。2016 年以来，省财政累计下达扶贫小额信贷贴息补助资金 7.87 亿元，支持一般低收入农户获得扶贫小额信贷 327 万笔，累计贷款金额达 133 亿元。市县财政部门积极创新金融帮扶措施。如沭阳县开发扶贫小额信贷管理服务平台，利用信息化手段对扶贫小额信贷业务实施精细化管理，强化对贷款发放风险控制。

三、聚焦重点任务和关键环节，支持实施精准扶贫精准脱贫

江苏省财政部门深入贯彻落实精准方略，坚持问题导向、立足实际研究制定精准支持政策，政策资金持续向低收入人口、重点经济薄弱地区和经济薄弱村倾斜。

（一）支持低收入人口精准帮扶

“十三五”期间，省财政累计下达省以上精准帮扶资金25.7亿元，以苏北地区年人均收入低于6 000元、有劳动能力的建档立卡低收入人口为帮扶对象，支持各地围绕培育和壮大特色产业，完善低收入人口利益联结和收入分配机制，实施“点穴”式帮扶，扶持低收入农户依靠就业、创业、发展特色产业等实现脱贫增收。

（二）支持重点片区和黄茅老区加快发展

2015年，省委、省政府决定将低收入人口相对集中、脱贫任务较重的丰县湖西片区、涟沭结合部、泗洪西南岗地区、成子湖周边地区、连云港石梁河库区、灌溉总渠以北地区等六个地区列为省定重点帮扶片区，集中帮扶资源、政策和力量，实施整体帮扶、连片开发。“十三五”时期，省财政累计下达省以上资金9.3亿元，支持重点片区组织实施基础设施、产业发展和民生事业等关键工程项目建设，增强片区整体发展能力。支持黄桥茅山革命老区实施两轮三年行动计划，累计下达省级专项扶贫资金1.8亿元，支持老区内的14个县（市）、63个乡镇、1 144个行政村实施带动村集体和低收入农户增收项目。此外，省财政5年累计下达1亿元，支持宿迁市国家扶贫改革试验区建设。

（三）支持经济薄弱村发展壮大集体经济

2016—2018年，省财政累计安排资金8.6亿元，支持821个省定经济薄弱村发展壮大村集体经济。2018年，对省定经济薄弱村中基础条件相对较差、发展能力不足、低收入人口相对集中的123个重点村，省财政进一步提高补助标准至每村200万元。2020年，省财政统筹村级集体经济发展和现代农业发展专项资金，按照每村100万元的标准，实施低收入村集体经济发展攻坚行动，计划到年底基本消除村级集体经营性收入低于18万元的562个低收入村。

四、强化底线思维，着力织密织牢脱贫政策体系

“十三五”期间，全省财政部门坚持问题导向，强化底线思维，按照解决“两不愁三保障”的政策目标要求，加快补齐农村低收入人口脱贫致富短板。

（一）坚持把支持产业发展作为脱贫攻坚根本之策

江苏省财政厅深入推进农业产业富民工作，累计下达产业发展资金8.22亿元，支持省定重点帮扶县产业富民项目和南北挂钩产业园建设。各市县坚持把加快发展优势特色产业作为脱贫重要抓手，大力培育特色主导产业体系，打造扶贫产业主“阵地”。盱眙、响水、东台、沭阳等市县围绕龙虾、西兰花、西瓜、苗木等特色主导产业，实施一大批产业帮扶项目，筑牢长效脱贫基础。丰县积极探索果业联合体、菌光互补等6种可复制、易推广的产业发展与农民增收利益联结新模式，“十三五”时期，累计投入7.66亿元，建成各类扶贫项目500多个，对接低收入人口

8.51 万人、省定经济薄弱村 41 个，有效推动低收入农户与现代农业发展有机衔接。

（二）就业创业扶贫支持力度不断加大

“十三五”时期，全省投入就业类扶贫资金 49.78 亿元，全力支持就业创业扶贫。一是支持推进全民创业行动计划，将各项创业扶持政策全面覆盖到有创业意愿的低收入农户劳动力，将创办企业和个人创业享受“富民创业贷”额度分别提高到 300 万元和 50 万元，从事个体经营的可享受为期 3 年、最高每年 14 400 元的税收扣减限额。二是支持实施农民工等人员返乡创业培训五年行动计划，支持各地建设农民工返乡创业园等各类创业载体，引导低收入农户劳动力入园孵化，提高创业成功率。三是提取失业保险基金专项用于支持实施职业技能提升三年行动计划，对低收入农户劳动力及其家庭子女参加专项职业资格培训给予全额补贴。

（三）教育扶贫不断强化

“扶贫先扶智”，“十三五”时期，全省投入教育类扶贫资金 81.93 亿元，支持实施教育助力脱贫致富行动，坚决阻断贫困代际传递。一是支持改善义务教育基本办学条件。全力支持各地实施改善义务教育薄弱学校办学条件。截至 2019 年底，全省累计支出校园校舍建设经费 585.46 亿元，累计竣工学校 4 482 所，室外运动场 1 100 万平方米。完成 5 718 所学校设施设备购置，累计支出 145.19 亿元。二是支持低收入农户学子掌握一技之长。自 2011 年以来，每年为 1 000 名困难家庭大学生提供免费的就业能力提升培训，着力提升核心就业能力，帮助其顺利就业。三是支持加快推进农村教师队伍建设。2016 年起，省财政每年投入

5 000万元，支持实施乡村教师素质提升工程，加强对乡村教师的培训，提升乡村教师队伍能力水平。四是支持做好贫困学生资助保障。支持全面免除在普通高中学习的建档立卡家庭经济困难学生学杂费，按照免学杂费人数生均1 600元/年标准给予补助。2016—2019年，省财政统筹下达省以上建档立卡免学费补助经费1.21亿元，累计资助普通高中建档立卡经济困难学生15.6万人次。

（四）健康医疗稳步提升

支持将建档立卡低收入人口等困难群体全部纳入城乡居民基本医保、大病保险和医疗救助保障范围。2018年起，省财政通过调整扶贫资金支出结构，累计安排3.64亿元对建档立卡低收入人口参加医保个人缴费部分予以全额资助。省财政每年安排5 000万元，支持苏北地区为患大病低收入农户降低起付线、提高报销比例，确保低收入群众大病保险起付线比普通参保患者低50%，各报销段报销比例比普通参保患者提高5—10个百分点，切实减轻低收入群众医疗费用负担。

（五）农民住房条件得到切实改善

一是支持完成全省危房改造任务。“十三五”期间，省财政累计下达省以上补助资金23.88亿元，截至2019年底，全省累计完成22万余户农村危房改造任务，有效帮助困难群众实现“解危安居”。二是全力支持改善苏北农民群众住房条件。按照省委、省政府决策部署，省财政通过统筹整合省级相关涉农资金、省级均衡性转移支付倾斜等渠道，筹集设立省级专项资金，大力支持苏北地区系统谋划、统筹推进农民群众住房条件改善。截至目前，省财政预拨补助资金166亿元，支持改善农房累计超过15万户，建成的新型农村集中居住区，一步到位达到特色田园乡村水准，苏北地区农民群众居住条件显著提升。

（六）兜底保障更加稳固

“十三五”期间，全省各级财政累计投入社会保障类资金411.35亿元，织密兜牢低收入群众基本民生保障底线。省财政对脱贫任务集中的苏北地区农村低保兜底保障能力给予倾斜支持。2016—2020年，省级累计下达城乡低保资金130亿元，其中，苏北五市98.9亿元，占省补资金的76%。加强低保标准和扶贫标准“接轨”衔接。目前，全省农村低保最低保障标准达到每人每月610元，已经超过了人均年收入6 000元的低收入标准线。支持针对困难老人、困境儿童、残疾人等特殊群体分类落实保障措施。对困难老人支持落实特困供养政策；支持强化困境儿童关爱保护，全省散居孤儿和集中供养孤儿平均养育标准达到每人每月1 672元和2 322元，位居全国前列；支持落实残疾人保障政策，向60.7万困难残疾人发放生活补贴，向47.8万重度残疾人发放护理补贴。

（七）消费扶贫稳步发展

大力支持运用政府采购政策支持脱贫攻坚，积极推进东西部消费扶贫协作，及时研究出台预算单位采购贫困地区和江苏省经济薄弱地区农副产品相关政策，明确要求全省各级预算单位全面采购国家贫困县农副产品和江苏省经济薄弱地区农副产品的比例均不得低于上年度本单位食堂农副产品采购总额的10%。要求各级预算单位采购国家贫困县农副产品的，同等条件下优先采购江苏省对口帮扶支援地区。截至2020年9月底，12个重点帮扶县（区）共上架农副产品1 855种，全省各级预算单位网上采购金额达2 620万元。

五、积极构建长效机制，推进巩固拓展脱贫成果与乡村振兴有效衔接

2020年是脱贫攻坚收官之年，在支持完成脱贫攻坚扫尾工作基础上，江苏省各级财政积极围绕脱贫攻坚与乡村振兴相衔接开展探索，推动建立解决相对贫困长效机制。

（一）支持做好受疫情影响低收入群众帮扶工作

2020年初，面对突如其来的新冠肺炎疫情，省财政厅及时研究出台应对政策，调整优化专项扶贫资金使用，对在疫情防控期间，努力克服疫情影响积极吸纳建档立卡低收入人口就业的企业、合作组织等带贫主体给予一次性奖补。加大对建档立卡低收入劳动力就业创业支持力度。落实临时救助等社会救助政策，全力保障受疫情影响低收入群众基本生活，确保将疫情影响降到最低。

（二）支持高质量巩固脱贫攻坚成果

脱贫不返贫才是真脱贫，省财政厅严格落实“四个不摘”要求，在全面完成“十三五”扶贫计划投入的基础上，持续加大扶贫资金投入力度，支持稳定脱贫政策，高质量巩固脱贫成果。2020年，安排防返贫补助资金4.2亿元，支持市县探索建立返贫预警监测机制，及时发现易返贫、易致贫人口，完善动态帮扶机制，对返贫和新发生贫困人口给予及时帮扶。

（三）支持建立解决相对贫困长效机制

省财政厅按照党中央和省委、省政府有关精神，把建立解决

相对贫困长效机制纳入实施乡村振兴战略统筹考虑。2020年，省财政安排4 400万元，支持在宿迁市和沭阳县、淮阴区、仪征市、海安市、高淳区、昆山市等地开展“1+6”解决相对贫困长效机制试点，在财政支持扶贫政策转型方面作出积极探索和创新。

六、强化财政监督和绩效管理，确保扶贫资金安全高效

江苏省财政厅始终坚持把加强扶贫资金管理摆在突出位置，建立健全扶贫资金管理机制，筑牢“防火墙”，切实提高扶贫资金使用效益。

（一）建立扶贫资金动态监管机制

依托动态监控平台，强化扶贫直达资金管理，确保资金安全高效。下达500万元支持在全省开展“阳光扶贫”试点工作，开发建立以资金管理为核心、以“制度化+信息化+公开化”为方法路径、以“三层四库一端”[①] 为主体框架的“阳光扶贫”系统，实现扶贫资金项目全口径全程跟踪监管。

（二）全面加强扶贫资金绩效评价

全面加强扶贫资金绩效管理，完善扶贫项目资金绩效管理办法，科学设定绩效目标，落实绩效运行监控，强化重点绩效评价。加强绩效管理结果运用，明确把绩效评价结果纳入市县党委政府扶贫开发工作成效考核，并作为次年省以上财政专项扶贫资金分配的重要因素。

---

① “三层”，是指“公众层”即面向所有公众开放，“管理层”即工作人员业务操作，“监督层”即纪检财政审计部门实施监督；“四库”分别是扶贫对象、扶贫资金、扶贫项目、扶贫力量数据库；“一端”即“阳光扶贫”APP手机客户端。

（三）强化日常监管和专项核查

聚焦脱贫攻坚任务落实，每年对省以上专项扶贫资金开展财政监督，针对检查中发现的问题提出整改要求，促进扶贫资金安全高效使用。建立全省财政专项扶贫资金定期通报制度，对执行进度慢的市县进行通报约谈，督促各地加快资金使用进度。

七、财政支持脱贫攻坚工作经验和启示

（一）坚持党的领导是前提

党的十八大以来，全省各级财政部门提高政治站位，深入学习领会习近平新时代中国特色社会主义思想、习近平扶贫论述摘编，自觉把思想和行动统一到中央和省委、省政府的决策部署上来，不折不扣地贯彻落实好各项扶贫和强农惠农政策，为打赢打好脱贫攻坚战、加快建设“强富美高”新江苏，提供坚强有力的财政支撑。

（二）加大投入是基础

各项扶贫政策的落实，都离不开资金投入的支持。党的十八大以来，全省各级财政牢固树立优先保障的原则，坚持把脱贫攻坚作为财政保障的重中之重，持续加大财政扶贫资金投入，省级财政专项扶贫资金从 2013 年的 8.9 亿元，逐年稳步增加到 2020 年的 13.6 亿元，增幅达到 52.3 %；“十三五”时期，省财政下达专项扶贫资金 79.6 亿元，总量是“十二五”时期的 1.7 倍；省以下财政专项扶贫资金从 2013 年的 4.8 亿元，逐年稳步增加到 2020 年的 32.2 亿元，增幅达到 571%，为全省打赢打好脱贫

攻坚战提供了有力保障。

（三）精准使用是关键

江苏省财政厅精准聚焦低收入农户、经济薄弱村、集中连片贫困地区三大重点，研究出台并逐步调整完善脱贫致富奔小康财政帮扶、扶贫重点片区关键工程等一系列财政支持政策，逐步建立了系统完整、权责清晰、公开透明、简洁高效、具有江苏特色的财政扶贫政策体系。针对低收入农户贷款难、贷款贵等问题，积极调整完善扶贫小额信贷政策，支持有劳动能力的建档立卡低收入农户发展产业，实施精准“滴灌”“点穴”式帮扶。

（四）强化监管是保障

近年来，省财政厅按照“阳光扶贫、廉洁扶贫”的要求，不断强化扶贫资金管理，确保扶贫资金安全高效。认真开展财政系统脱贫攻坚排查梳理“回头看”，全面梳理“十三五”以来各类监督检查、巡视审计等发现的问题，建立问题台账，逐一抓好整改，做到对账销号，确保整改实效。

浙江省财政脱贫攻坚工作情况

浙江省委、省政府始终把消除贫困，推进共同富裕作为“三农”工作的重中之重，特别是习近平总书记在浙江工作期间，亲自推动了山海协作等扶贫工程，亲自创立了农村工作指导员帮扶制度，创新性提出“不能把贫困村、贫困人口带入全面小康社会”的战略性要求。历届省委、省政府沿着习近平总书记指引的道路，坚持“一张蓝图绘到底，一任接着一任干”。全省各级财政部门认真贯彻党委、政府关于扶贫工作的决策部署，聚焦“重要窗口”新目标新定位，坚决扛起脱贫攻坚政治责任，牢记使命担当，持续加大财政扶贫和对口支援投入力度，完善政策措施，加强资金监管，为各项扶贫政策有效实施提供了坚强保障。

一、强化财政担当，切实履行脱贫攻坚政治责任

浙江财政始终坚持将支持脱贫攻坚作为重大政治任务，站在讲政治、讲大局、讲党性的高度，切实将思想和行动统一到党中央和省委的决策部署上来，进一步增强财政扶贫工作的思想自觉、政治自觉和行动自觉。

（一）加强对习近平总书记扶贫重要论述和重要扶贫政策学习

2018年，印发《关于深入学习〈习近平扶贫论述摘编〉的

通知》，部署全省财政系统深刻学习领会习近平总书记扶贫重要论述。厅党组率先垂范，严格落实《中央和省委重要会议重要部署重要文件精神传达学习制度》，组织多次专题学习习近平总书记关于脱贫攻坚、“三农”和扶贫工作以及东西部扶贫协作和对口支援工作重要论述。相关处室党支部积极跟进，深入学习，进一步强化“四个意识”、坚定“四个自信”、自觉做到“两个维护”，增强做好财政扶贫工作的责任感、使命感，推动各项扶贫措施落到实处。深入开展“不忘初心、牢记使命”主题教育，坚持把主题教育与中心工作紧密结合，组织脱贫攻坚研学小组，多次专题研讨如何高质量落实各项扶贫政策，以抓好主题教育促进财政扶贫工作大提升。

（二）强化财政扶贫工作组织领导

2018 年 7 月，成立省财政厅扶贫资金管理工作领导小组、对口支援和东西部扶贫协作工作领导小组，建立主要领导任组长，分管领导亲自抓，各有关职能处室局职责明确、分工负责、协同推进的财政扶贫工作组织领导机制，牵头对口支援和东西部扶贫协作工作，助力受帮扶地区打赢脱贫攻坚战。2020 年，进一步整合厅内扶贫机构，将厅扶贫工作领导小组和厅对口支援和东西部扶贫协作工作领导小组进行整合，成立厅对口支援和扶贫工作领导小组，凝聚脱贫攻坚合力。厅扶贫办有效发挥牵头作用，每年印发工作要点，布置年度工作任务。组织编发 10 期《财政扶贫工作问与答》，及时解读重点扶贫政策，传达中央和省委、省政府对扶贫工作的重大部署，反馈基层意见，加强对市县财政扶贫工作指导。扎实做好省内扶贫结对帮扶工作，组建帮扶工作组，选派优秀人员常驻乡村，其他成员定期服务，提升帮扶效果。

（三）加强财政扶贫政策研究

2013年以来，围绕实施低收入农户收入倍增计划、低收入农户高水平全面小康计划，全面落实精准扶贫基本方略，先后出台光伏小康、低收入农户医疗补充政策性保险等措施，不断完善财政扶贫政策。2019年，贯彻打赢“精准脱贫”等三大攻坚战和实施富民强省十大行动计划决策部署，积极研究构筑集中财力办大事财政政策体系。全面梳理整合现有政策，对未来几年可用财力进行测算，不断优化方案，提出构建集中财力办大事财政政策规划，得到省委、省政府充分肯定。

（四）坚决扛起东西部扶贫协作政治责任

按照省委、省政府统一部署，选送优秀干部赴结对地区组成前方指挥部参与对口援助工作。强化工作协同，省、市、县分级筹集落实援助资金，全省财政上下一盘棋，健全督办机制，联动监督，确保对口援助工作任务不折不扣落实到位。按照中央加强对口支援和东西部扶贫协作有关工作要求，先后制定完善了《浙江省对口支援新疆阿克苏地区和兵团农一师（阿拉尔市）建设资金管理办法》《浙江省东西部扶贫协作资金管理办法的通知》《浙江省对口支援西藏那曲市和青海海西州资金管理办法》等管理制度，规范援助资金使用管理，提高财政资金使用绩效。加强前方督查调研，财政厅主要领导每年陪同省领导赴结对援助地区开展对口交流工作，每年选择部分地区开展实地调研，三年一轮全覆盖，对接扶贫协作工作。强化对口援助业务财政政策培训，指导前方指挥部和受援地完善制度，加强对口支援和东西部扶贫协作资金管理。

二、加大投入力度，强化脱贫攻坚财政保障

（一）完善向加快发展地区倾斜的财政体制

深化财政专项资金管理改革，完善省对市县的财政转移支付系数。根据地区经济发展水平、财力状况等因素，科学规范设置省对市县转移支付系数。通过设置较高系数，各类实行因素法分配的财政转移支付资金对加快发展地区均给予重点支持。不断优化转移支付结构，加大对加快发展地区一般性转移支付力度，强化地区运转保障，稳步提高县级财力均衡水平。

（二）强化财政扶贫投入保障

1. 建立健全优先保障机制。坚持“三位一体”大扶贫格局，着眼促进扶贫对象的全面发展，加大专项扶贫和行业扶贫资金保障，重点支持解决“两不愁三保障”和低收入农户饮水安全存在的突出问题。2016—2020 年，各级财政累计投入专项扶贫资金 76. 23 亿元（中央、省级和市县占比分别为 20. 82%、53. 30% 和 25. 88%），年均增长近 10%，集中支持加快发展地区实施扶贫开发项目，改善农村低收入农户基本生产生活条件。全省累计投入教育扶贫、健康扶贫、兜底保障扶贫等其他行业扶贫资金 388. 75 亿元，年均增长 13. 45%，多方协同发力，确保扶贫开发投入与打赢脱贫攻坚战需求相匹配。

2. 强化对口支援和东西扶贫协作投入保障。严格落实党中央、国务院和省委、省政府决策部署，按规定比例递增，足额筹集对口援疆援藏援青资金。2018 年，浙江省东西部扶贫协作结对关系再次调整后，东西部帮扶标准大幅提高，财政投入力度大幅

增加，当年筹措东西部扶贫资金总额约为上年的7倍。东西部扶贫标准从2018年国定贫困县县均补助3 000万元提高到2019年的4 000万元、2020年的4 840万元。

2016—2020年，全省累计投入对口支援和东西部扶贫协作财政援助资金231.38亿元，年均增长31.07%，有力地支持了受援地区脱贫攻坚工作。

（三）落实脱贫攻坚税费优惠政策

在国家授权范围内积极研究出台浙江版税费优惠政策，对税费减免事项按照“第一时间+顶格优惠+叠加享受”原则及时予以明确，加力助推打赢脱贫攻坚战。第一时间转发传达财政部关于贯彻落实支持脱贫攻坚税收政策的要求，汇编支持脱贫攻坚的税收政策，利用门户网站、移动客户端等多种平台，广泛宣传扶贫财税政策，努力做到应享尽享，确保各项惠民惠企政策不折不扣落实到位。

对2016年1月1日起实施的扶贫易地搬迁项目，免征城市基础设施配套费、不动产登记费和人防工程易地建设费，已征缴入库的资金按照谁征收、谁退付原则办理退付手续。对符合村集体经济建保障性住房占用林地的，办理使用林地许可时免征森林植被恢复费。最高标准减免重点群体创业就业相关税费，对企业招用建档立卡贫困人员就业及其从事个体经营等自主就业，给予最大幅度支持。2019年，浙江省重点群体就业税收优惠标准提高后，相关重点群体当年享受税收优惠5 000余万元，比上年增加近5倍，其中建档立卡贫困人口占优惠总额70%以上。

（四）加强财政扶贫资金监管

1. 健全扶贫资金和项目管理制度体系。积极参与省扶贫开发领导小组制定出台《关于进一步健全扶贫领域问题发现机制和压实工作责任的方案》，健全扶贫领域问题发现机制，层层压实扶贫工作责任。2017 年以来，省财政厅会同省级有关部门先后制（修）订了《浙江省财政专项扶贫资金管理办法》《浙江省东西部扶贫协作资金管理办法的通知》等 11 个专项扶贫和东西扶贫协作相关管理制度，不断提高扶贫资金和项目管理规范化水平。

2. 强化对扶贫资金使用情况的监督检查。稳步推进财政扶贫信息公开，将财政扶贫资金作为财政监督的重点领域，财政部门每年组织财政扶贫资金专项检查，重点检查资金使用管理的规范性、精准性和有效性，建立问题台账，落实检查问题整改及线索移送等工作。2017 年以来，各级财政累计追缴（停拨）扶贫资金 2 048 万元，处理问责相关责任人员 90 余人。

3. 加强扶贫资金日常监管。扎实推进财政扶贫资金动态监控系统运用，建立动态监控定期报告制度，强化扶贫资金管理风险防控。不定期通报扶贫资金分配、支付、绩效管理等情况，及时核实处理监控预警信息，督促市县关注扶贫资金管理，加快预算执行。

4. 开展决战决胜阶段政策落实再核实。围绕省委、省政府提出“两不愁三保障”突出问题清零、年家庭人均收入 8 000 元以下情况清零、集体经济薄弱村清零，高质量完成低收入农户高水平全面小康攻坚目标。2020 年，省财政下发《关于检查落实低收入农户高水平全面小康财政保障工作的通知》，组织全省财政系统对照检查党中央、国务院和省委、省政府扶贫工作决策部署的落实情况，开展财政扶贫保障再核实和政策效果再巩固，确保脱贫攻坚工作部署到位、资金投入到位、标准执行到位。

三、财政支持脱贫攻坚主要政策

（一）大力实施产业扶贫

把提升特色产业作为发挥资源优势的重点来抓，支持各地采取“菜单式”产业扶贫项目，开展光伏扶贫试点，推动特色种养业、乡村休闲旅游业、来料加工等产业加快发展，支持扶贫对象在产业结构调整、产业化进程中创业就业，把发展茶叶、高山蔬菜、笋竹、中药材、食用菌等特色产业作为增收重要来源。深入实施普惠金融工作，推进金融服务行政村全覆盖，低收入农户爱心卡全覆盖。落实扶贫小额信贷贴息政策，支持低收入农户发展生产经营性项目，对授信额度内小额信贷给予3%财政贴息，有效缓解发展资金难题。

积极探索巩固脱贫攻坚成果与实施乡村振兴有效衔接。2020年开始组织综合扶贫示范试点，通过发展特色种养业及相关加工流通项目、乡村休闲旅游项目、资产收益项目、产业平台类等，探索建立扶贫开发项目与低收入农户、重点帮扶村的利益联结机制，着力构建减缓相对贫困长效机制。

（二）支持实施创业就业扶贫

统筹失业保险基金用于促进就业，落实低保低边人员社保补贴、岗位补贴和培训补贴等就业创业扶持政策，对无法通过市场就业的人员，开发公益性岗位实现兜底帮扶。进一步强化东西部扶贫劳务协作，将贫困人员纳入浙江省就业创业政策扶持范围，同等享受省内就业困难人员各项政策，促进中西部地区建档立卡贫困劳动力在浙江省稳定就业。

深入实施职业技能提升行动、千万农村劳动力素质提升工程，开展农业实用技术、岗位技能、经营技能、转移就业技能培训，推动有劳动能力的扶贫对象增强创业就业能力。支持开展广泛创业，引导农民转变创业方式，鼓励能人创业带动，以政府扶持资金量化、农户产权和资产入股等形式，带动低收入农户参与创业。积极促进充分就业，推行就业政策、失业登记、劳动力市场、就业服务和劳动用工管理“五统一”的城乡统筹就业，促进扶贫对象向城镇二三产业转移就业，低收入农户工资性收入占总收入比重稳定在40%以上。

（三）全面保障低收入农户住房安全

落实扶贫易地搬迁政策，以重点库区、自然村整体搬迁为主要形式，引导低收入农户集聚，改善低收入农户生活条件。持续提高扶贫易地搬迁省补助标准，重点向低收入农户和集体经济薄弱村倾斜，省级扶贫易地搬迁补助标准从2013年的8 400元/人逐步提高到2020年低收入农户人均补助3万元、集体经济薄弱村整村搬迁其他农户人均补助1.5万元。整合宅基地复垦、税费减免等政策，鼓励金融机构提供优惠利率的建房贷款和购房贷款，降低搬迁成本，解决搬迁资金难题。

推动农村困难家庭危房改造，对符合条件的农村低保户、分散供养特困人员、困难残疾户、低保边缘化等4类农村困难家庭危房改造给予及时救助。农村困难家庭危房改造省补助标准从7 500元/人提高到2020年1.5万元/人，基本建立农村困难家庭危房改造即时救助制度，实现对符合条件的农村困难家庭危房改造应保尽保。

（四）筑牢社会保障底线

加强最低生活保障与扶贫开发政策有效衔接，统一低收入农户和低保边缘家庭“两线合一”识别标准，提高困难群众基本生活保障精准度。降低社会保障参保费用支出，对符合条件的低收入农户参加城乡居民基本养老保险和城乡居民基本医疗保险的个人缴费部分，按规定予以补助。

不断健全社会救助体系，建立完善城乡一体最低生活保障制度，全面取消低保对象救助门槛，率先实施县域低保标准城乡同标，2020 年全省所有市县年低保标准达到 8 000 元以上。健全特困人员救助供养制度，将农村无劳动能力、生活困难群众纳入保障体系，农村特困人员基本生活标准按照不低于城镇特困人员 80% 确定。统筹构建全省“1 + 8 + X”大救助体系信息管理平台。建立以低保、特困、受灾、医疗、教育、住房、就业、临时救助等 8 项救助为重点，以多元化社会力量参与为补充的“1 + 8 + X”大救助体系，形成精准施策和全面推进的兜底保障格局。

（五）不断提高基本公共服务水平

大力推进城乡教育均衡化。高标准普及九年制义务教育，乡村小规模学校和乡镇寄宿制学校全部达到基本办学条件。出台学生资助认定办法，统一全教育阶段困难学生认定类型、程序，加强信息共享，简化认定程序。实施大中专定向培养、教育券、培训券政策和雨露计划，对低收入农户子女学前教育和高中阶段教育学费予以减免，实行本省户籍学生就读涉农高等职业教育免学费制度，阻断贫困代际传递。

构建防止因病致贫返贫长效机制。完成农村合作医疗向城乡基本医疗保险制度并轨和设区市制度纵向统一，实现基本医保、大病保险低收入农户全覆盖。不断完善困难人员医疗救助兜底机制和大病保险制度，医疗救助对象大病保险起付线降低 50%，大病保险合规医疗费用报销比例提高到 80% 以上，提升对贫困人群的大病保障精准度。明确救助范围，对范围内医疗费用按照救助对象的困难程度，给予一定救助，年度封顶线均不低于8万元。探索开展医疗政策性补充保险，对建档立卡低收入农户住院费用在经基本医疗保障、大病保险报销和医疗救助后的自负部分进行商业性保险，有效减轻低收入农户医疗负担。

高水平推进农村饮用水达标提标行动。从2018年起，用三年时间完成农村803万人饮用水达标提标建设任务。省级财政对加快发展地区及海岛地区采取“建设期定额补助+以奖代补”的方式进行补助，对其他县（市、区）采取以奖代补的方式进行补助，支持建设形成以城市供水县域网为主、乡镇局域供水网为辅、单村水厂为补充的三级供水网，基本实现城乡居民同质饮水目标。

（六）扶持壮大村级集体经济

首创实施农村工作指导员制度，从全省各级机关和科研所等事业单位选派高素质党员干部下农村，省、市、县、乡四级联动，基本实现每个行政村安排一位农村工作指导员，宣传党的扶贫工作方针政策，帮助加强基层组织建设，参与谋划实施扶贫项目，推动各项扶贫政策措施落实。

完善扶持集体经济薄弱村发展保障机制。2017年，建立扶持集体经济薄弱村转化经费保障机制，省财政每年安排专项资金支持加快发展县（市、区）扶持集体经济薄弱村发展，保障消除集体经济薄弱村行动顺利收官。到2019年，全省全面消除6 920个年收入10万元以下、经营性收入5万元以下的集体经济薄弱村。

（七）大力推进消费扶贫

发挥数字经济先发省份优势，积极探索“互联网+政府采购+脱贫攻坚”的新路子。利用政采云平台建设成果，将政府采购电子商务经验，政采云资源快速复制运用到精准扶贫工作中。在政采云平台搭建农业（扶贫）馆，推介销售省内加快发展地区、对口帮扶地区以及其他贫困地区的农副产品，推动贫困地区产业和服务融入全国大市场，促进农民增收。先后上线吉林、广西、四川农业（扶贫）馆，为中西部省份消费扶贫工作输出浙江经验，贡献浙江智慧。截至2020年11月，浙江农业（扶贫）馆已覆盖对口帮扶124个国家级贫困县和120个援建帮扶区划，累计交易单数达到了1.6万余单，交易额突破3.2亿元，其中2020年新增交易2.3亿元。

对接“扶贫832”平台，合力推进消费扶贫。通过与“扶贫832”平台的技术对接，在政采云农业（扶贫）馆内开设832产品专区，增加馆内扶贫地区农产品的销售渠道，活跃交易，共同推进消费扶贫工作。

四、浙江财政扶贫工作成效与启示

2015年，浙江全面消除家庭人均纯收入4 600元以下的贫困人口，26个欠发达县整体摘帽，率先实现从消灭绝对贫困到缓减相对贫困的迭代跃迁。2019年，全省低收入农户人均可支配收入1.25万元。农民安全饮水达标人口覆盖率达到92.9%，全省平均低保标准814元/月，学生义务教育入学率、巩固率分别达到99.99%和100%。建立了参保农民免费体检制度，所有乡镇都有一所国标的乡镇卫生院，基本实现行政村医疗卫生服务全覆盖。坚持城乡统筹发展，全省“两不愁三保障”和低收入农户饮水安全突出问题较好解决，成为全国区域发展差距最小、全面小康实现度最高的省份之一，走出了一条具有浙江特点的精准扶贫之路。

（一）实施动态调整，实现扶贫对象精准管理

在解决农村普遍贫困到同步高水平全面小康的不同阶段，根据不同时期贫困发生的特点和扶贫重点变化，不断完善扶贫对象识别认定机制，夯实精准扶贫基础。2018 年起，浙江省以县为单位，按照上年最低生活保障标准的 1.5 倍或上年度农民人均可支配收入的 40% 测算扶贫标准，着力解决平均数掩盖最低数问题。2019 年，以“最多跑一次改革”为引领，推动建立以主动申报为主、发现为辅的识别机制，打通相关部门数据壁垒，推进省内低收入农户个人财产信息跨部门、跨行业实时比对，同步建立扶贫对象动态调整机制，扶贫精准程度不断提高。

（二）强化激励导向，激发加快发展内生动力

实行财政收入激励奖补政策，对包括全部加快发展地区在内的 30 个市县实行省级激励补助与第三产业地方税收收入增长率挂钩，奖励与第三产业地方税收收入额挂钩的办法，激励经济发展水平较低地区加快发展。完善对加快发展县的考核奖励机制，建立加快发展县实绩考核结果与省补助挂钩机制，2016—2019 年，省财政累计兑现 26 个加快发展县考核奖励资金 45.61 亿元，形成“干得好的奖、增、加，干不好的罚、减、换”的导向格局。

（三）先富带动后富，打造山海协作升级版

沿着习近平总书记亲自部署的山海协作工程的路子，把发展山海经济定位为“潜力浙江”，定位为新的经济增长点，发挥发达地区带动作用，实行先富带后富，探索绿色发展、生态富民、科学跨越的加快发展路子。

2018年，全面启动打造山海协作工程升级版，大力支持实施"消薄飞地""科创飞地""产业飞地"项目以及山海协作乡村振兴示范点和社会事业等领域合作项目，全面接轨大湾区、大花园、大通道、大都市区建设，助推浙西南山区绿色发展水平和群众增收能力不断提升，加快推进区域协调发展。

（四）实施竞争分配，提高财政资金使用绩效

面向省内生态屏障地区及国家重点生态功能区县，出台"两山（一类）"建设财政专项激励政策，下放项目审批立项权，强化市县主体责任，由各地按照一次建设规划、三年实施完成的要求，对照省定目标，提出具体实施方案，通过竞争性立项，择优确定激励县（市、区）。2017—2019年，省财政每年每县安排1.5亿元激励资金，支持加快发展地区补齐农民增收和公共服务有效供给短板。2020年，进一步调整完善政策目标，实施区域协调财政专项激励政策，拓展绿水青山向金山银山转化通道，加强扶贫开发与实施乡村振兴的有效衔接。通过竞争分配、绩效评价、奖优罚劣，有效提升了财政扶贫资金使用绩效。

（五）展示浙江力度，助力受援地区脱贫攻坚

自国家开展对口支援和东西部扶贫协作考核以来，2019年浙江省对口援疆工作获全国考核综合优秀、对口援藏获单项优秀。2018年、2019年浙江省东西部扶贫协作投入资金总额和县均投入均位于全国前列，总体工作考核均为全国优秀，2018年、2019年浙江省连续两年位居第三。经过多年援受双方共同努力，截至目前，浙江省对口支援和东西部扶贫协作的7个省区19个地（市、州、区）100个县（市、区、行委、兵团）已全部达到摘帽脱贫标准，全面实现决胜脱贫攻坚战目标。

安徽省财政脱贫攻坚工作情况

党的十八大特别是2016年以来，安徽省各级财政部门坚持以习近平新时代中国特色社会主义思想为指引，深入学习党的十八大、十九大和十九届二中、三中、四中、五中全会精神，认真学习领会习近平总书记关于扶贫工作重要论述和视察考察安徽重要讲话指示精神，增强“四个意识”，坚定“四个自信”，做到“两个维护”，全面落实党中央和省委打赢脱贫攻坚战部署，坚持精准扶贫精准脱贫方略，将脱贫攻坚作为重大政治任务和第一民生工程，履行财政扶贫资金投入和监管职责，加大资金投入，完善制度体系，严格资金监管，为全省打赢脱贫攻坚战提供坚强财政保障。

一、履行脱贫攻坚政治责任情况

（一）加强领导，深化思想认识

2016年至今，安徽省财政厅党组先后84次召开会议，传达学习中央和省扶贫开发会议及领导讲话精神，传达中央及省脱贫攻坚部署要求，研究布置推动财政扶贫工作，切实把全厅干部思想和行动统一到中央和省委、省政府脱贫攻坚决策部署上来，时刻保持打赢脱贫攻坚战的政治定力、思想定力、工作定力。成立厅主要负责同志任组长、分管负责同志任副组长、22 个处室（单位）负责人为成员的省财政厅扶贫开发工作领导小组，统筹谋划和直接指挥财政支持脱贫攻坚工作。厅主要负责同志每年率队开展脱贫攻坚专题调研，厅领导班子成员带队，每季度对各市脱贫攻坚工作进行常态化督导。组织对市县财政扶贫干部轮训，部署落实中央和省委、省政府脱贫攻坚重点工作。印发《关于进一步加强财政扶贫领域监督执纪问责工作的通知》《财政扶贫领域腐败和作风问题专项整治工作方案》，压紧压实各级财政部门党组在脱贫攻坚中的主体责任和派驻纪检部门的监督责任。

（二）提升站位，抓好巡视整改

坚决落实中央和安徽省委关于脱贫攻坚专项巡视工作统一部署，扛起政治责任，强化政治担当，以最严肃、最认真的态度，狠抓整改工作组织领导、方案制定、措施细化、协调推进。成立专项巡视整改工作领导小组，制定巡视整改工作方案，细化整改任务清单、措施清单和责任清单。召开全省财政系统专项巡视整改推进会议，两次对有关市县进行约谈，建立主要负责同志、分管负责同志和牵头处室三级联动的调度督导工作机制，定期调度督导整改工作进展情况。逐项落实整改任务，按期高质量完成中央脱贫攻坚专项巡视 4 项牵头任务、专项巡视“回头看”及 2019 年脱贫攻坚成效考核反馈 2 项牵头任务整改，各项任务取得积极成效。

（三）认真履职，开展精准帮扶

2014 年以来，安徽省财政厅认真履行帮扶责任，扎实做好对颍东区和吴寨村定点帮扶工作。厅党组书记及班子成员多次到村走访调研，指导落实精准扶贫，关注解决“两不愁三保障”及饮水安全。先后派出两名处级干部在颍东区挂职，帮助吴寨村制定《2018—2020 年吴寨村发展计划》，选派 1 名副处级干部担任扶贫工作队队长，加强扶贫工作队力量。组织 101 名处级以上干部结对帮扶吴寨村 100 户贫困户。加大资金支持力度，指导吴寨村实施“三变”改革试点，拓宽集体经济增收渠道，通过产业、就业等系列举措，吴寨村集体经济由“空壳村”累计壮大到 2019 年的 208 万元，人均纯收入 2019 年达到 19 908 元。吴寨村贫困户由 284 户 720 人，下降至目前 6 户 11 人，累计减贫 278 户 709 人，贫困发生率由 16. 74% 下降到 0. 25% 。截至目前，吴寨村贫困人口已全部实现脱贫。

（四）严实作风，务求工作实效

把全面从严治党要求贯穿巡视整改全过程，坚持以“三严三实”的作风抓整改，扎实开展“不忘初心、牢记使命”主题教育，厅党组召开脱贫攻坚专项巡视整改专题民主生活会，提升抓好巡视整改和脱贫攻坚的思想自觉、行动自觉和工作自觉。深入开展“三个以案”警示教育，出台《中共安徽省财政厅党组关于集中整治脱贫攻坚中形式主义官僚主义问题的通知》，制定印发《关于坚持“三严三实”加强财政作风建设的通知》（皖财党组〔2019〕19 号），明确 2019 年以省财政厅名义印发的文件比上年减少 1/3 以上，全厅会议数量同比减少 1/3；除上级工作安排要求外，原则上省财政厅每年最多开展 1 次综合性督查检查考核，切实改进文风会风，减轻基层负担，力戒形式主义官僚主义，以优良的作风保障财政脱贫攻坚各项任务顺利推进。

二、财政支持脱贫攻坚资金投入情况

（一）财政专项扶贫资金投入情况

为保障打赢脱贫攻坚战，安徽省创新建立财政专项扶贫资金与地方财政收入增量挂钩增长机制，省本级、31个重点贫困县及其所在市，按照当年地方财政收入增量的20%以上增列财政专项扶贫资金；其他有脱贫任务的市县，按照当年地方财政收入增量的10%以上增列专项扶贫资金。2016—2020年，全省累计投入财政专项扶贫资金578.6亿元，年均增长30.1%，是“十二五”时期的6.5倍（见图1）。

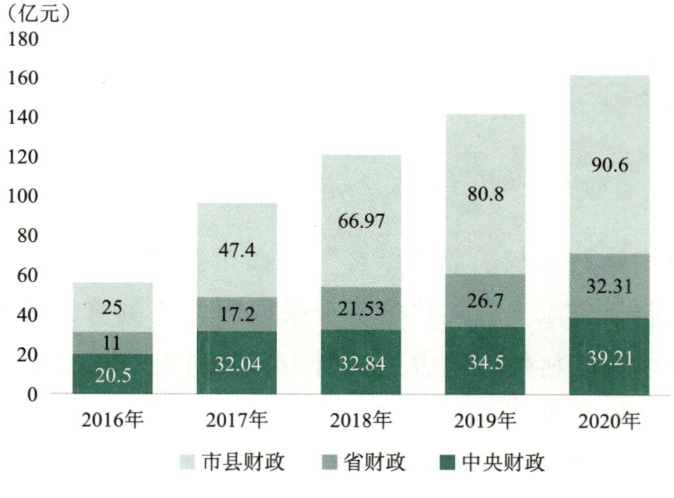

图1　2016—2020年安徽省财政专项扶贫资金投入情况

（二）贫困县涉农资金整合投入情况

从2016年起，在20个国家级贫困县开展涉农资金统筹整合试点，将40余项中央和省级涉农项目资金纳入整合范围，资金和项目审批权下放到贫困县，赋予贫困县统筹整合使用财政涉农资金的自主权。2016—2020年，全省累计整合涉农资金511.7亿元用于脱贫攻坚，有力地促进了贫困地区产业发展和基础设施建设，为贫困县集中资源打赢脱贫攻坚战提供了有力支撑（见表1）。

表1　　贫困县涉农资金整合试点资金表　　（单位：亿元）

年度	合计	2016年	2017年	2018年	2019年	2020年
整合资金	511.7	89	118.6	106.6	97.9	99.6

（三）拓宽扶贫资金投入渠道情况

自2016年起，市县每年从收回的可统筹存量资金中，安排50%以上用于脱贫攻坚，截至目前已累计安排49.3亿元用于支持脱贫攻坚。每年从地方政府债券切块资金支持易地扶贫搬迁和贫困地区基础设施建设，已统筹安排164.1亿元地方政府债券资金投向扶贫。

（四）创新扶贫资金分配使用机制情况

按照“简政放权、放管结合”的改革要求，改革财政扶贫资金分配机制，省以上专项扶贫资金采取因素法测算，主要选取贫困人口数、贫困村数、地方人均财力和农村人口可支配收入等因素，结合绩效评价情况，将资金在规定时限内拨付下达到市县。制定《安徽省财政扶贫资金管理办法》，省以上专项扶贫资金项目审批权限下放到县，由县级在规定范围内，结合本地实际统筹安排用于“十大工程”，保障省委、省政府脱贫攻坚重大部署落实。全面推行“负面清单”管理，严禁列支基本支出、楼堂馆所、奖金补贴等支出，严防资金超范围、超标准使用，杜绝“刷白墙”等形象工程、政绩工程。牢牢扭住项目库建设这个“牛鼻子”，强化项目库约束作用，对未纳入项目库的扶贫项目，一律不予安排扶贫资金。加快资金与项目匹配，会同有关部门制定《安徽省扶贫项目管理暂行办法》，要求县级在扶贫资金到位30日内，将资金落实到具体项目，并拨付到项目责任部门。全省当年年度专项扶贫资金支出进度从2015年底的不足30%提高到2019年底的96.6%，高于国家规定比例4.6个百分点；20个国家级贫困县整合资金支出进度从2016年的61.8%提高到2019年的93%。

（五）支持深度贫困地区情况

坚决贯彻落实习近平总书记关于“三个新增”和革命老区脱贫攻坚的指示要求，省以上财政专项扶贫资金优先投向重点地区、革命老区和深度贫困地区。自2018年起，省级新增财政专项扶贫资金50%以上用于9个省定深度贫困县；自2019年起，省级新增财政专项扶贫资金全部用于23个贫困革命老区县和9个深度贫困县。2016—2020年，省以上财政安排32个国家和省级扶贫开发工作重点县专项扶贫资金217.3亿元，占全省资金总量的81.1%。拨付23个贫困革命老区县省以上财政专项资金108.1亿元，占全省56.8%；拨付9个深度贫困县省以上财政专项扶贫资金87.8亿元，占32.9%。

三、财政支持脱贫攻坚主要政策和实施效果

（一）贫困县涉农资金整合

出台《安徽省人民政府办公厅关于支持贫困县统筹整合使用财政涉农资金的实施意见》，制定《贫困县涉农资金整合试点工

作规程》，明确试点工作的目标任务、实施原则、实施区域、资金范围、工作措施和工作要求等，首创“一方案一办法三清单一台账”（统筹整合方案、资金管理办法、项目任务清单、统筹整合清单、资金绩效清单、整合资金台账）机制，实现“项目——资金——绩效”的闭环管理。建立贫困县涉农资金整合试点协调机制，加强整合资金拨付审核，保障下达贫困县的中央有关涉农资金增幅高于全省平均增幅。四次对贫困县报送的年度涉农资金整合方案进行联合审核，共排查脱离目标标准、使用不精准等问题 201 个，涉及资金 16.9 亿元。规范贫困县涉农资金整合试点备案程序，按规定将整合资金来源去向等情况抄报中央有关部门。2016 年至今，全省 20 个国家级贫困县累计整合资金 511.7 亿元支持农业生产发展和农村基础设施建设，为贫困县集中资源打赢脱贫攻坚战提供了有力支撑。

（二）扶贫项目资金绩效管理

2018 年，以安徽省政府办公厅文件形式出台《安徽省扶贫项目资金绩效管理办法》《财政扶贫资金绩效评价办法》《安徽省财政专项扶贫资金绩效管理操作指南》，督促资金使用部门和单位做好绩效目标编制、绩效执行监控和绩效自评，推动建立“花钱必问效、无效必问责”的绩效管理机制。充分发挥扶贫资金动态监控系统作用，设置预警规则 16 条，对扶贫资金执行情况实行动态监控，核实处理预警信息 7 738 条，督促指导市县及时做好 2018 年度 5 409 个、2019 年度 4 273 个扶贫项目绩效自评工作，完成率 100%；已完成 2020 年 4 018 个扶贫项目绩效目标填报审核工作，占比 99.64%，各项数据指标在全国排名前列。采取“专家评价 + 第三方抽查”方式，每年对有扶贫开发任务的市县开展财政扶贫资金绩效评价，评价结果纳入省对市县党政领导班子和主要负责同志脱贫攻坚成效考核范畴，并与下一年度扶贫资金分配挂钩。

（三）易地扶贫搬迁筹资

2016 年 1 月，安徽省政府研究出台了《关于易地扶贫搬迁工程的实施意见》，设立易安公司为省级投融资主体，作为项目资本金承接主体和信贷资金承贷主体，承接全省“十三五”时期 28 个项目县市原定 8.3 万建档立卡贫困人口易地扶贫搬迁融资保障任务。易安公司负责承接并拨付地方政府债资金、国开基金以及农发重点基金注入的项目资本金以及省国开行、省农发行提供的长期低息贷款。严格落实财政部、国家发改委等五部委联合印发的《关于调整规范易地扶贫搬迁融资方式的通知》精神，2018 年不再新增发放易地扶贫搬迁专项建设基金和长期贷款，项目资金缺口通过发债募集项目资金解决。据统计，全省共拨付省级地方债资金 8.1 亿元、专项建设基金 2.46 亿元、贷款 21.79 亿元、安排贷改债资金 8.7 亿元和中央预算内投资 5.95 亿元支持易地扶贫搬迁工程，2019 年全面完成 8.5 万人易地扶贫搬迁融资任务。

（四）财政扶贫资金监管

2015 年底以来，安徽省财政厅会同纪检监察机关、检察机关和审计、扶贫等部门，先后开展了扶贫资金专项检查、扶贫资金集中检查、扶贫资金领域监督执纪问责、集中整治和加强预防扶贫领域职务犯罪、扶贫资金闲置清理检查、财政扶贫领域腐败和作风问题专项治理、扶贫资金和惠民惠农补贴资金“一卡通”专项整治、产业扶贫补助资金使用管理突出问题集中整治等行动，保持对扶贫资金领域违规违纪违法行为的高压态势。全面深入抓好中央脱贫攻坚专项巡视、国家考核、财政、审计等各类检查发现问题整改，对近年来涉及资金的近500个违规违纪违法问题进行“回头看”，建立整改台账，跟踪整改进展，做到问题整改到位、资金追回到位、责任人员处理到位。在全省范围内对典型性问题予以通报，并印发《扶贫资金常见问题分析》，提醒市县引以为戒、举一反三，遏制类似问题重复发生。建立全省扶贫资金总台账和动态监控系统，纳入扶贫资金总台账管理的资金达到702.2亿元，设定动态监控预警规则16条，对资金管理使用情况进行实时跟踪和预警，发现问题及时纠正。落实“两个一律”公告公示要求，省市县扶贫资金分配结果一律公开，乡村扶贫项目安排和资金使用情况一律公告公示，接受社会和群众监督。

（五）行业扶贫情况

安徽省历年累计发展且目前仍在发挥效益到村到户产业扶贫项目分别为2.42万个、299.39万个。累计开发光伏扶贫、护林、护路、保洁等扶贫公益性岗位27.32万个，吸纳26.78万名贫困劳动力务工就业。明确6个方面、22条易地扶贫搬迁后续扶持政策措施。2020年，共有88.14万人次享受“351”住院兜底保障待遇、483.95万人次享受“180”慢性病门诊补充医疗保障待遇，累计报销比例分别为87.28%、94.2%。2020年春季学期资助建档立卡贫困家庭学生60.6万人、7.3亿元，“雨露计划”春季学期补助8.4万人、1.23亿元。新增生态护林员1 502人，累计22 127人。全省农村平均低保标准7 670元/年，惠及贫困人口107.2万人。2020年，已累计向11.2万户贫困户发放扶贫小额贷款42亿元。农村饮水安全巩固提升工程全部完成；11 559公里农村公路扩面延伸工程全部完工；光纤和4G网络新覆盖1 906个自然村，农村地区宽带接入用户达805万户。

四、经验启示

（一）必须坚持党的领导这一根本保证

习近平总书记强调："脱贫攻坚，加强领导是根本。必须坚持发挥各级党委纵览全局、协调各方的作用，落实脱贫攻坚一把手负责制，省市县乡村五级书记一起抓，为脱贫攻坚提供坚强政治保证。"财政脱贫攻坚工作，必须在党中央和省委领导下，通过建立构建党组（党委）负总责、总负责，主要负责同志亲自抓，分管负责同志具体抓，各单位、系统广泛参与的领导组织体系，迅速响应，闻令而动，凝聚财政支持打赢脱贫攻坚战的强大合力。

（二）必须坚持以人民为中心的发展思想

习近平总书记强调，"消除贫困、改善民生、逐步实现共同富裕，是社会主义的本质要求，是我们党的重要使命"。财政部门作为政治机关，在党的领导下，为国理财、为民服务是执政宗旨。在打赢脱贫攻坚战的过程中，面对艰巨的脱贫任务和尖锐的收支矛盾，必须始终坚持以人民为中心的思想，将脱贫攻坚作为重大政治任务和第一民生工程，作为财政优先保障领域，通过创新建立稳定增长、保障有力的财政投入机制，以实打实的"硬投入"，保障脱贫攻坚战"硬任务"。

（三）必须坚持实事求是的工作方法

习近平总书记强调，"实事求是、因地制宜、分类指导、精准扶贫""扶贫开发贵在精准，重在精准，成败之举在于精准"。

财政扶贫资金的分配和使用，必须遵循实事求是的原则，优化资金配置，提高使用效率，瞄准贫困地区和贫困人口，通过建立区域精准投放、项目精准匹配、资金精准使用机制，将扶贫资金用在最薄弱、最关键、最迫切的地方，确保每一分钱都花在刀刃上。

福建省财政脱贫攻坚工作情况

福建省财政厅高度重视脱贫攻坚工作，始终把脱贫攻坚作为一项重要政治任务和第一民生工程来抓，坚决贯彻落实习近平总书记关于扶贫工作的重要论述，认真落实党中央和省委省政府关于推进精准扶贫打赢脱贫攻坚战的决策部署，在资金投入上突出优先保障，在资金使用上聚焦重点短板，在资金监管上着力打通“最后一公里”，充分发挥财政职能作用，全力支持高质量打赢脱贫攻坚战。目前，福建省现行标准下45.2万农村建档立卡贫困人口全部脱贫，2 201个建档立卡贫困村全部退出，23个省级扶贫开发工作重点县（以下简称“重点县”）全部摘帽。

一、强化责任落实

福建省财政厅党组坚决扛起财政扶贫的政治责任，切实加强组织领导，全力推进落实。成立厅脱贫攻坚领导小组，建立厅长任组长、分管副厅长任副组长，一级抓一级、层层抓落实的工作机制。厅党组每年多次召开党组会、党组理论学习中心组学习和脱贫攻坚专题会等，及时传达学习贯彻习近平总书记重要讲话重要指示批示精神，深入学习《习近平扶贫论述摘编》，切实提高政治站位，把思想和行动统一到党中央打赢脱贫攻坚战的各项决策部署上来。定期研究具体措施，部署推动脱贫攻坚工作，相继印发《省财政厅贯彻落实打赢脱贫攻坚战三年行动的实施方案》《发挥财政职能作用推进脱贫攻坚任务落实工作方案》等政策文件，明确主要任务、具体措施和工作要求，推动脱贫攻坚各项工作落细落实落地。

二、持续加大投入力度

坚持财政优先保障，拓宽资金渠道，充分发挥投入的主体和主导作用。2016 年以来，省财政按上年地方一般公共预算收入的 2‰，从省、市、县三级（含厦门）筹集扶贫资金，每年平均可筹集 5.6 亿元左右，并从一般性转移支付、专项扶贫资金、相关涉农资金、地方政府债券资金等多渠道筹集扶贫资金。2016—2020 年全省累计投入财政扶贫资金 505.86 亿元。其中，中央财政扶贫专项资金 30.27 亿元，年均增长 43.8%；省级财政扶贫资金 377 亿元；市、县两级扶贫资金 98.59 亿元，确保财政投入与脱贫攻坚任务相适应。同时，通过贷款贴息、风险补偿以及社会捐赠、企业帮扶等形式，引导各方面加大扶贫投入，形成脱贫攻坚多元化投入合力。

三、积极应对疫情影响

为克服疫情影响，第一时间下发《关于积极应对新冠肺炎疫情影响切实做好脱贫攻坚工作的通知》，从扶贫资金分配、下达、拨付、使用和监管以及政策宣传落实、关心关爱贫困群众等方面，推动全省各级财政部门做好疫情防控和脱贫攻坚工作。

认真落实福建省出台的《积极应对新冠肺炎疫情影响决战决胜脱贫攻坚 19 条措施》，着力从“增、减、补、保”四个方面推动贫困地区复工复产，保障贫困户生产生活，巩固脱贫攻坚成果。一是增加投入。2020 年下达省级以上财政专项扶贫资金 25.3 亿元，比 2019 年增长 29.5%。同时，资金下达进度比往年提早了 1 个多月，有效保障了疫情防控和脱贫攻坚的“粮草军需”。二是做好减负。对符合条件的农业信贷担保业务减半收取担保费用，将贫困户参加产业扶贫保险的保费承担比例从 10% 降为 5%，延长受疫情影响还款困难的贫困户小额信贷还款期限，所减下来的费用均由省级财政承担。三是加大补助。在产业方面，省级财政在原有产业扶贫资金补助基础上，对每户再给予 1 500元叠加补助；在就业方面，鼓励当地企业、农业新型经营主体和扶贫车间吸纳贫困人口就业，每吸纳一个贫困人口稳定就业的，给予一次性补助 2 000 元，共支持贫困户发展产业扶贫项目 13 万个，帮助 13.67 万个贫困家庭劳动力实现就业。四是保住底线。对有返贫风险的贫困户加强跟踪，及时将符合低保认定条件的纳入低保范围，做到应保尽保；对已纳入低保的贫困户，家庭人均收入超过当地低保标准的，给予 12 个月延保渐退期，帮助其稳定脱贫。

四、突出精准扶贫

（一）加大重点县财力转移支付保障

对 23 个省级扶贫开发工作重点县实行财力转移倾斜政策。2016 年以来，省级财政累计下达相关资金 160 亿元，年均增长 7.6%。一是每年在安排县级基本财力保障补助时，对每县单独增加补助 1 000 万元，统筹用于已出台各项重大民生政策支出。二是安排每县社会事业专项资金 1 000 万元，支持急需解决的卫生、文化、体育等社会事业项目。三是从地方政府债券资金中安排每县 1 亿元，由省级财政全额贴息，支持重点县产业结构调整。四是每年共安排 3 亿元的县域产业发展专项资金，由各部门平均“切块”下达，整合用于具体产业发展项目。

（二）支持开展产业帮扶、就业帮扶

一是推动产业扶贫。2016 年以来，共下达省级以上产业扶贫资金 37.5 亿元，重点扶持有劳动能力的贫困户发展农产品加工、电子商务、“农家乐”、林下经济等特色产业项目，扶持直接带动 10 户以上建档立卡贫困户或带动整个贫困村 60% 以上贫困户脱贫致富的生产性重点扶贫项目，培育贫困村创业致富带头人等。二是提供扶贫小额信贷资金。下达扶贫小额信贷资金 6.63 亿元（风险担保金 4.06 亿元、贴息资金 2.57 亿元），为达到法定贷款年龄、信用良好、有劳动能力、有贷款意愿的全省建档立卡扶贫开发对象、经民政部门核实的农村低保对象，以及每年新增的建档立卡扶贫对象或返贫的家庭，提供每户额度 5 万元以内、年限 3 年以内的无抵押基准利率担保贷款，并给予全额贴息，鼓励发展产业，提高收入。三是支持开展农村贫困户劳动力就业技能培训。省级财政 2016—2017 年每年安排 1 600 万元专项资金，开展“雨露计划”技能培训，每年培训 4 万人次。2018 年起，将“雨露计划”资金补助对象调整为对正在接受中高职等职业教育和技工院校教育的建档立卡贫困家庭子女予以补助，每人每年补助 3 000元。

（三）加大“三保障”支持力度

一是加大医疗扶贫力度。实行医疗保险和医疗救助脱贫，按照每人每年 400 元的筹集标准筹集城乡医疗救助资金，2016 年以

来共下达城乡医疗救助财政补助资金 24.5 亿元，对包括特困供养人员、低保对象、建档立卡贫困人口等在内的医疗救助对象开展多种救助；下达 3.6 亿元，支持各地落实精准扶贫医疗叠加保险政策。二是推进教育脱贫攻坚。每年安排教育扶贫专项资金 9 200万元，支持 23 个省级扶贫开发重点县学前教育、义务教育、高中教育、特殊教育和中职教育项目，努力阻断贫困代际传递。三是支持改善住房条件。2016 年以来，下达造福工程补助资金共 15.72 亿元，对造福工程搬迁农户建房和造福工程集中安置区基础设施建设进行补助。2016—2020 年累计搬迁 30 万人；下达省级以上农村危房改造资金 6.6 亿元，对 69 545 户居住在 C 级、D 级危房中的农村建档立卡贫困户、分散供养五保户、低保户、贫困残疾人家庭和其他贫困户，以及原中央苏区（革命老区）国家重点优抚对象和革命“五老”人员家庭给予资金补助。

（四）完善扶贫社会保障体系

省定农村低保线每人每年提高 350 元，省级财政按照各地财力予以分档补助，2016 年以来共下达农村低保补助资金 35.65 亿元。对 23 个扶贫开发重点县的临时救助按照当地户籍人口全额补助，对其他县（市、区）分档补助，累计下达临时救助补助资金 6.78 亿元。

（五）支持贫困村集体经济发展

一是支持整村推进扶贫工程。每年下达整村推进资金 0.8 亿元，用于安排省级扶贫开发工作重点村发展生产，增加村集体和农民收入，整治村容村貌，改善农村基础设施和公共服务等民生项目。二是扶持村级集体经济发展试点。2017—2019 年，下达省级以上财政资金 11.23 亿元，支持 2 201 个建档立卡贫困村提升村级集体经济实力。2020年在此基础上又下达2.43亿元，扶持946个村级集体经济经营性收入10万元以下的建档立卡贫困村进一步发展村级集体经济。

（六）做好东西部扶贫协作

持续加大闽宁协作力度，“十三五”期间，投入财政帮扶资金16.32亿元，实施1 128个帮扶项目，大力推进消费扶贫，帮助宁夏41.17万个建档立卡贫困人口实现稳定脱贫，1 100个贫困村出列，9个贫困县全部摘帽，为宁夏贫困地区全面建成小康社会作出了应有贡献。

五、加强扶贫资金管理

坚持问题导向，推进扶贫资金使用方式转变，加快资金分配下达、拨付使用进度，提高资金使用效益。

（一）改革资金分配方式

省级将扶贫项目的审批权下放县级，所有财政扶贫资金采取切块方式分配下达，提高县级在资金分配使用和项目决策中的自主性和责任感，使扶贫资金与项目及时对接。

（二）健全资金管理制度

创新政策举措，不断提高财政支持政策的针对性和实效性。2016年以来，修订完善《福建省省级财政专项扶贫资金管理办法》，对财政专项扶贫资金的范围、分配原则、资金下达、监督责任等作出规定；同时，对造福工程、小额信贷贴息等扶贫项目资金，共制定了11个专项资金管理办法，实现扶贫项目资金管理制度全覆盖。

（三）推进扶贫资金统筹整合

2016年，选择平和县、明溪县，开展财政扶贫资金整合试点。2018年起在全省范围内全面推行涉农资金统筹整合，资金按照“大专项+任务清单”下达县级，赋予县级更灵活更精准的资金使用自主权，有效提升了资金拨付和使用效率。2018年底、2019年底全省财政扶贫资金结余结转率分别为0.71%和0.79%。

（四）创新监管方式

针对扶贫资金量大面广、社会各方面关注高的特点，坚持强化监管，努力做到阳光扶贫、廉洁扶贫。2018年，在全省开始实行由扶贫资金主管部门开展联合监督检查、共享监督检查成果的督查机制，整合监督资源，发挥各自优势，提高工作效率，减少重复检查。

（五）实施全过程绩效管理

扶贫项目绩效目标与预算同步申报、同步审核、同步下达，加强执行中的绩效监控和完成后的绩效评价，把评价结果作为预算安排、政策调整和改进管理的重要依据；同时，将扶贫项目资金绩效管理纳入省对市预算绩效管理考核中，特别是对工作完成进度和质量进行考核，确保各地按时保质保量完成工作任务，提高扶贫项目资金使用效益。2020年，福建省共对7 227个扶贫项目进行了绩效目标的填报审核，填报审核金额达562 128万元，填报审核率为98.59%，进一步推动建立“花钱必问效、无效必问责”的绩效管理机制。

六、有效发挥扶贫（惠民）资金在线监管系统作用

2017年，在福建省纪委监委的指导和省农业农村厅等部门的支持配合下，省财政厅依托财政部金财工程应用支撑平台，建设了横向连接省级11个扶贫资金管理部门，纵向覆盖省、市、县、乡四级的福建省扶贫（惠民）资金在线监管系统。2018年，扶贫（惠民）资金在线监管系统正式上线以来，截至目前系统监管资金37项，监管累计资金超230亿元，外网公开累计资金208亿元，惠及户（人）数749万，访问量超3 000万人次。

在线监管系统在脱贫攻坚和保障民生方面起到了重要作用。在精准识别方面，通过系统的大数据识别比对功能，核实了贫困户和低保户信息，确保帮扶精准。在完善政策方面，借助系统的数据分析功能，发现了原雨露计划补助资金支出成效低、不精准问题，及时修订完善了雨露计划资金管理办法，将补助对象精准聚焦为贫困家庭中受中职、高职教育的子女，资金使用成效大大提高。在防范风险方面，通过设置扶贫（惠民）资金的预警风险点，将资金监管模式从事后监管转向了事前、事中、事后的全过程监管，有效地防止了资金跑、冒、滴、漏问题发生。在资金管理方面，通过对扶贫、惠民资金的流向、流量和流速的实时监管，便于各级主管部门及时掌握资金的结余结转情况并及时进行统筹调剂，大大降低了全省财政资金的结余结转率。

2020年以来，着重在扩大监管范围、完善系统功能上进一步完善提升。出台《福建省扶贫（惠民）资金在线监管系统管理规程》《福建省扶贫（惠民）资金在线监管系统建设运行工作要点》，进一步明确职责分工和工作内容，推动系统管理制度化、规范化；系统进一步扩面，将应对疫情影响、推进脱贫攻坚相关

的产业发展、就业培训等到人到户资金分配发放情况在系统外网公示，推动相关补助资金及时落实到位；设计乡村振兴试点示范资金监管流程，为下年监管工作打下基础。同时，为减轻基层数据录入负担，提高资金“最后一公里”反馈的及时性和准确性，省财政厅与省农信联社、工商银行等金融机构合作，组织开发系统在线支付功能，减轻了基层“线上填报表”的填报负担，大大提高业务办理效率，避免扶贫（惠民）资金发放数据导入不及时、基层工作量大等问题。目前，选择农村低保、城市低保、特困人员救助供养资金等民政三项资金 24 亿元在全省开展推广试点，通过系统功能不断完善提升，更好地发挥在线监管系统的作用。

江西省财政脱贫攻坚工作情况

近年来，江西省财政厅在财政部的大力支持和省委、省政府的正确领导下，坚持以习近平新时代中国特色社会主义思想为指导，深入学习贯彻党的十九大和十九届二中、三中、四中、五中全会精神和习近平总书记关于扶贫工作的重要论述，认真学习贯彻习近平总书记视察江西重要讲话精神，按照《关于坚决打赢脱贫攻坚战的实施意见》（赣办发〔2016〕14 号）和《关于打赢脱贫攻坚战三年行动的实施意见》（赣发〔2018〕25 号）部署要求，以强烈的政治责任感、使命感推进财政脱贫攻坚工作，为确保全省如期打赢打好精准脱贫攻坚战提供有力的资金保障。2017 年起，江西省财政专项扶贫资金绩效评价和贫困县统筹整合财政涉农扶贫资金工作连续三年为全国优秀，并获得中央财政专项扶贫资金奖励；2019 年，省政府对“精准扶贫、精准脱贫”工作给予省财政厅通报嘉奖；人民日报、新华社、中央电视台等中央主流媒体对江西省财政“创新扶贫模式、加强资金监管”进行宣传报道；国务院官方网站在政务板块刊登江西省统筹整合经验做法；《中国日报》在海外版整版宣传报道江西省财政扶贫成效。

一、“十三五”以来主要工作

（一）提高政治站位，强化责任担当，坚决履行脱贫攻坚政治责任

江西省财政厅党组始终把做好脱贫攻坚作为一项严肃的政治任务，不断增强“四个意识”，始终坚定“四个自信”，切实做到“两个维护”，在推进脱贫攻坚工作中主动担起责任，以严明的纪律和务实的作风，积极推动财政支持脱贫攻坚工作落地见效。

一是强化理论学习。厅党组书记、厅长多次组织召开厅党组会、党组中心组集体学习会、脱贫攻坚领导小组全体会议等，认真学习习近平总书记关于扶贫工作重要论述，重点学习《习近平扶贫论述摘编》以及习近平总书记在听取脱贫攻坚专项巡视汇报时的重要讲话、习近平总书记在甘肃代表团参加审议时的讲话、习近平总书记在解决“两不愁三保障”突出问题座谈会和在决战决胜脱贫攻坚座谈会上等系列重要讲话，切实将全厅党员干部思想和行动统一到以习近平同志为核心的党中央脱贫攻坚各项决策部署上来，以高度的政治自觉落实好财政脱贫攻坚工作。

二是强化组织领导。严格落实主体责任，在全国省级财政部门中率先成立专门的扶贫机构，并核定人员编制5名，专门负责财政脱贫攻坚相关工作，进一步加强财政扶贫工作力量。牢固树立脱贫攻坚“一盘棋”思想，成立厅脱贫攻坚暨扶贫工作领导小组，领导小组下分设厅脱贫攻坚工作办公室和厅脱贫攻坚专项巡视整改工作办公室，形成齐心协力抓财政扶贫工作的强大合力。全省各级财政部门均成立了脱贫攻坚领导小组，实现财政脱贫攻

坚全省“一张网”，构建上下一体的工作机制。

三是强化责任分工。江西省财政厅深入贯彻落实中央打赢脱贫攻坚战三年行动计划，细化任务，实化举措，层层压实责任，确保财政脱贫各项工作措施有效推进。同时，坚持按照“省负总责”要求，系统抓、抓系统，全面统筹协调全省财政脱贫攻坚工作，将政治要求全面贯穿到业务指导、检查考核的全过程，定期调度市、县财政部门脱贫攻坚进展情况，统筹协调巡视、审计、暗访发现问题整改落实，确保工作责任落到实处。

（二）履行财政职责，落实主体责任，为打赢脱贫攻坚战提供资金保障

省财政厅始终坚持增加政府扶贫投入与提高资金使用效益并重，健全与脱贫攻坚任务相适应的投入保障机制，加强资金监督管理，切实提高扶贫资金使用效益。

一是持续加大财政专项扶贫投入。2016—2020 年，江西省共下达中央和省级财政专项扶贫资金总计 290.4 亿元，年均增长 17.4%，其中：中央财政专项扶贫资金 144 亿元，年均增长 12.4%；省级财政专项扶贫资金 146.4 亿元，年均增长 23.2%，省本级财政专项扶贫资金连续多年保持较高的投入力度。在资金分配时，重点向贫困县倾斜，要求对贫困县的资金增幅不低于当年全省财政专项扶贫资金增幅。此外，市县财政按照有关文件要求安排市县本级财政专项扶贫资金投入，市县两级共投入 157.5 亿元。

二是扎实推进资金统筹整合。为进一步激发贫困县内生动力，形成“多个渠道引水、一个龙头放水”的扶贫投入新格局，2016 年出台《江西省统筹整合财政涉农扶贫资金实施方案》；2017 年开展贫困县财政涉农扶贫资金管理办法和资金整合方案集

中审核；2018 年引入第三方开展“三方会审”；2019 年创新推行“交叉会审”“联审联批”机制，在国家脱贫攻坚成效考核报告及全国贫困县涉农资金整合试点工作会上予以充分肯定。自试点工作开展以来，全省 24 个国定贫困县累计统筹整合财政涉农扶贫资金 461.1 亿元，年均实际整合率达 99.57%。2017 年度、2018 年度、2019 年度江西省资金统筹整合连续三年获全国优秀，共获中央财政奖励 6 000 万元。

三是着力强化制度建设。以建立扶贫资金管理制度体系为抓手，逐步健全规范财政资金管理的长效机制，确保每一分“钱”都花在脱贫攻坚的“刀刃上”，每一笔财政资金都发挥最大效益。在 2016 年研究制定《江西省财政专项扶贫资金管理办法》的基础上，于 2018 年修订完善了资金管理办法，从预算资金分配、资金支出范围和资金管理监督等方面提出了明确要求；按照中央最新考核要求，会同省扶贫办共同研究出台江西省财政专项扶贫资金绩效评价指标，进一步提高资金使用成效；会同省扶贫办、省农业农村厅研究制定《关于做好我省财政专项扶贫资金管理、贫困县涉农资金整合试点及资产收益扶贫工作的通知》，就进一步做好产业扶贫和资产收益扶贫等工作提出明确要求；会同主管部门研究制定了《江西省产业扶贫运行机制管理办法》《江西省关于完善省级扶贫龙头企业认定和管理制度的实施意见》《江西省贫困村创业致富带头人培育工作实施方案》等管理措施，进一步规范产业扶贫资金具体用途，促进扶贫资金精准惠及贫困户。

四是切实抓好问题整改。对巡视、考核、检查发现的问题，逐项分析问题原因，并有针对性地提出财政整改举措。建立巡视反馈、国家考核、国家巡查、主题教育检视和共性问题五类整改台账，加强统筹协调和调度督导，联动推进各类问题一体整改。坚持把跟踪问效、狠抓落实作为重要工作，由厅领导带队，采取

“四不两直”方式，深入县、乡、村开展暗访调研，并配合主管部门开展暗访督导，采取“看基层政策落实、查顶层设计，看基层工作落实、查责任担当，看基层脱贫成效、查作风虚实”方式，以上率下推动整改落实，以下看上检验整改实效。建立“动态专报、台账管理、销号报告”机制，采取“周小结、月报告、勤督办”方式，确保整改落实、问题销号。

（三）突出重点环节，聚焦重点难点，全面提升财政扶贫工作水平

省财政对照决战决胜脱贫攻坚目标任务，围绕“两不愁三保障”标准，倒排工期，挂图作战，全面强化补短板、强弱项、固根基、提质量工作，确保脱贫攻坚成效得到人民认可、经得起历史检验。

一是聚焦“深度贫困”攻坚克难。将深度贫困地区作为扶贫投入保障的重中之重，足额落实支持深度贫困地区脱贫攻坚增量资金安排方案，加大对贫困人口多、贫困发生率高、脱贫难度大的深度贫困地区支持力度。重点聚焦269个深度贫困村，支持攻克深度贫困堡垒。2018年以来，将深度贫困村作为扶贫投入的重中之重，在保证存量资金基础上，每村增加安排财政专项扶贫资金400万元，新增债券资金200万元。

二是聚焦“资金绩效”强化监管。主动联合省扶贫办以及行业主管部门，加强对资金统筹整合使用的绩效评价，并将其纳入扶贫开发工作成效考核，评价、考核结果以扶贫开发领导小组名义通报。建立资金支出进度定期通报和约谈制度，对财政专项扶贫资金绩效和财政涉农扶贫资金统筹整合优秀的县（市、区）进行通报，并给予资金奖励；对支出进度不达标、资金结转结余较大的县（市、区）追减资金，并约谈县（市、区）财政局长、

扶贫办主任。充分利用信息化技术，建立起覆盖中央、省、市、县四级，囊括所有扶贫资金的动态监控平台，实现对扶贫资金的实时、在线、动态监控。每年定期举办全省统筹整合财政涉农扶贫资金培训班，对全省相关设区市、县（市、区）财政、扶贫部门的科（股）室负责同志进行专题培训，进一步提升基层干部的操作力、执行力。

三是聚焦“行业扶贫”凝聚合力。在产业扶贫方面，从2018年开始，每年统筹整合5亿元左右省级现代农业专项和扶贫专项，通过“以奖代补”、财政贴息等方式，支持蔬菜、水果等八大产业发展。从2018年开始，每年安排不少于2亿元支持农产品初加工和精深加工，不断做大做强江西省农产品加工业。从2019年开始，省级财政安排专项5 010万元，选择21个县（贫困县不少于8个），开展特色农业价格保险试点。在健康扶贫方面，2016年至今，全省各级财政下达城乡居民医疗保险财政补助资金1 047亿元，为包括贫困人群在内的全省居民看病就医提供有力的资金保障。在教育扶贫方面，2016年至今，中央与地方财政累计安排用于教育脱贫攻坚相关经费近400亿元，用于落实从学前到大学各学段学生资助政策、改善贫困地区办学条件等内容。在就业扶贫方面，2016年至今，江西省共筹集就业补助资金100.6亿元，用于重点群体就业、职业技能培训、公益性岗位补贴等方面支出。在消费扶贫方面，积极贯彻落实政府采购支持脱贫攻坚有关政策，鼓励各级预算单位通过“扶贫832”平台优先采购贫困地区农副产品，深入持续推进消费扶贫工作。截至2020年底，全省各级预算单位采购交易额达到1.51亿元，排名全国前列。在兜底保障方面，2016年至今，省财政共安排中央和省级财政补助资金409亿元用于社会兜底保障方面支出。其中，农村低保月人均保障标准从2015年240元提高到2020年470元，增长 95.8%；农村特困人员集中供养标准从 2015 年每人每月 305 元提高到 2020 年每人每月 615 元，增长 101.6%；农村特困人员分散供养标准从 2015 年每人每月 260 元提高到 2020 年每人每月 615 元，增长 136.5%。在金融扶贫方面，2017 年至今，全省 25 个贫困县（含 1 个省定贫困县）新增发放创业担保贷款 134.7 亿元，通过创业担保贷款直接扶持国家级贫困县个人创业 12.1 万人次，带动就业 47.7 万人次。在易地扶贫搬迁方面，2016 年至今，全省各级共安排易地扶贫搬迁专项资金 83.3 亿元，易地扶贫搬迁建档立卡人口 3.5 万户 13.47 万人，已全部交钥匙搬迁入住。在交通扶贫方面，全省贫困地区交通建设省级直接投入资金 383 亿元。安排贫困地区各地交通建设省级以上资金（不含省级）343 亿元，分别比“十二五”增长 65%、134%。在生态扶贫方面，争取财政部、国家林草局安排建档立卡生态护林员岗位 23 784 个，每个生态护林员每年获取补助 1 万元，已累计安排资金 76 784 万元，带动 7 万余贫困人口直接脱贫。在支持农村危房改造方面，危房改造共安排财政补助资金 48.8 亿元，支持建档立卡贫困户、低保户、分散供养特困人员、贫困残疾人家庭等四类对象改造危房。

四是聚焦“定点帮扶”倾力相助。根据省委统一安排，省财政厅定点帮扶瑞金市叶坪乡朱坊村。厅党组高度重视定点帮扶工作，多次召开会议进行研究部署，建立“主要领导亲自抓、班子成员齐心抓、机关处室合力抓、帮扶工作队一线抓”的扶贫攻坚机制。财政扶贫干部严格遵守落实省委、省政府关于定点帮扶的各项工作纪律，与村民同住、同吃、同劳动，扑下身子、担起担子，通过因组施策补短板、想方设法兴产业、一户一策助脱贫、真抓实干强作风等方式，使定点帮扶朱坊村群众收入稳步提升，基础设施不断完善，村集体每年收入达 40 余万元，整村顺利实现脱贫。

（四）积极应对挑战，克服疫情影响，确保脱贫攻坚圆满收官

面对突如其来的新冠肺炎疫情给脱贫攻坚全面收官带来的不利影响，江西省各级财政部门认真贯彻落实《关于有效应对新型冠状病毒感染的肺炎疫情坚决打赢脱贫攻坚战的意见》，统筹推进疫情防控和经济社会发展各项决策部署，扎实做好“六稳”工作，全面落实“六保”任务，向历史性解决革命老区群众的绝对贫困问题发起总攻。按照特事特办、急事急办的原则优先安排疫情防控经费。全省各级财政共安排疫情防控经费 58.5 亿元，省财政快速出台患者救治、政府采购、复工复产等政策 57 项。会同省扶贫办印发《关于积极应对新冠肺炎疫情影响加强财政专项扶贫资金项目管理工作的通知》，从加大扶贫投入并优先向疫情影响较大的地方倾斜，落实相关优惠政策支持扶贫经营主体复工复产、强化就业支持和保障贫困群众基本生活等方面出台系列财政支持举措；统筹资金落实惠企稳岗系列政策，全力保障市县托底能力，稳定经济社会运行，为坚决打赢脱贫攻坚战提供了坚实支撑。

二、典型经验

总结回顾财政支持脱贫攻坚工作，江西省财政专项扶贫资金绩效评价和统筹整合财政涉农扶贫资金工作能连续三年评为全国优秀并获中央奖励，与财政厅创新扶贫资金管理模式，坚持资金管理系统抓、抓系统密不可分。主要做法有：

一是狠抓统筹整合，严把资金使用第一道关。坚持将整合资金项目审批权限完全下放到县，由资金整合县根据年度脱贫任务

和巩固脱贫成效需要，实事求是确定年度计划整合规模，在“因需而整”的前提下做到“应整尽整”。开展了贫困县财政涉农扶贫资金整合方案和资金管理办法集中审核，市县财政部门按规定上报项目实施方案，省级层面实行“三审把关”的审核制度：一审由省财政厅联合省扶贫办、第三方机构进行审核；二审由省财政厅、省扶贫办联合其他省级行业主管部门审核；三审由省财政厅、省扶贫办报省脱贫攻坚领导小组进行审核。审核内容主要包括整合资金是否用于农村基础设施建设和农业生产发展上，项目预算是否合理等。由于审核程序规范，把关严格，2016 年以来，全省 24 个国定贫困县累计统筹整合财政涉农扶贫资金 461.02 亿元，年均实际整合率达 99.57%，每年实际整合率均接近百分之百。

二是搭建监控平台，日常监管做到实时监控。依托财政扶贫资金监控平台，全省累计监控财政扶贫资金 975.23 亿元，会同驻厅纪检监察组，对扶贫资金动态监控系统的监测数据进行通报，对支出疑点较多的地方，立即实地调研、重点核实，推动相关县（市、区）严格资金管理、提升资金使用效益，形成监督合力。每季度调度各市县（区）财政涉农扶贫资金整合及支出进度情况，并及时下发财政涉农扶贫资金整合及支出进度情况的通报，督促各地加快资金拨付使用，并要求市县以钉钉子精神狠抓落实。将各级各类财政扶贫资金全部纳入绩效管理，并贯穿项目资金预算的编制、执行、决算全过程。完善财政扶贫资金绩效评价办法，督促市、县加快扶贫项目实施，减少资金结转结余。

三是注重预算执行，资金使用确保高效迅速。为切实加快扶贫项目实施和资金支出，开辟扶贫资金拨付使用绿色通道，让扶贫资金尽早尽快发挥效益。同时，建立资金支出进度定期通报和约谈制度，对支出进度不达标、资金结转结余较大的县（市、区）追减资金，并约谈县（市、区）财政局长、扶贫办主任，强力推动相关县（市、区）加快推进扶贫项目实施和资金支出进度。2017—2019年，江西省财政专项扶贫资金（含质保金）当年结转结余率分别为1.68%、2.63%、2.6%，1—2年结转结余率分别为0.13%、0.14%、0.10%。

山东省财政脱贫攻坚工作情况

脱贫攻坚战打响以来，山东省各级财政部门认真贯彻习近平总书记关于脱贫攻坚工作重要指示批示精神，全面落实中央决策部署和省委、省政府工作要求，始终把脱贫攻坚作为重大政治任务、第一民生工程，健全完善党组主要负责同志负总责的领导机制和工作机制，做到扶贫问题优先研究、扶贫投入优先保障、扶贫项目优先安排，拿出真招实招硬招，全力支持高质量打赢脱贫攻坚战。到 2018 年底，全省累计减少省标以下贫困人口 251.6 万人，8 654 个省扶贫工作重点村全部脱贫退出，基本完成脱贫攻坚任务。2019 年、2020 年，突出精准扶贫精准脱贫，持续巩固提升脱贫攻坚成果。

一、认真履行脱贫攻坚政治责任

山东省财政厅党组认真贯彻落实党中央和省委、省政府重大决策部署，把打赢脱贫攻坚战作为最大政治责任，持续深入学习贯彻习近平总书记关于扶贫开发重要论述和视察山东重要讲话、重要指示批示精神。认真履行省扶贫开发工作领导小组成员单位职责，积极落实省委、省政府确定的脱贫攻坚部署要求。成立由厅长任组长、分管副厅长任副组长、各相关处室主要负责人为成员的省财政厅脱贫攻坚工作领导小组，定期召开专题会议，深入研究、协调推进和督促落实各项财政扶贫重点工作，凝聚了支持打赢脱贫攻坚战的工作合力。特别是2020年3月6日，习近平总书记向全党全国下达了决战决胜脱贫攻坚“总攻令”，厅党组积极贯彻习近平总书记重要讲话精神，认真研究全省脱贫攻坚面临的形势、任务和挑战，进一步明确工作任务，压实工作责任，落实工作措施，切实增强“四个意识”，坚定“四个自信”，做到“两个维护”，用实际行动践行初心使命，体现忠诚担当。各市县财政部门扛牢扛实财政脱贫攻坚政治责任，坚持领导率先垂范，认真履行“第一责任人”职责，把战线前移到重点镇、重点村，一线作战，积极推动落实财政扶贫政策。

二、持续加大脱贫攻坚资金投入

全省各级财政部门始终把脱贫攻坚作为财政支出优先保障的重点，不断健全与脱贫攻坚任务相适应的投入保障机制，形成了专项扶贫、行业扶贫、社会扶贫互为补充的“三位一体”的大扶贫格局。

（一）大幅增加专项扶贫投入

充分发挥财政专项扶贫资金主渠道作用。2016年，省财政安排专项扶贫资金17亿元，连续3年实现翻番；2017—2020年分别安排22亿元、25亿元、28亿元、31亿元，每年都保持10%以上的较大增幅。在省级带动下，2016年以来，全省各级累计投入财政专项扶贫资金323亿元，年均增幅达到16.47%，资金规模和增长幅度前所未有，为打赢脱贫攻坚战提供了充足的“粮草军需”。

（二）有效汇聚行业扶贫合力

各级在分配农业、水利、交通、生态、教育、医疗等领域行业扶贫资金时，通过考虑贫困因素、提高补助标准、优先安排项目等方式，积极向贫困地区、贫困人口倾斜，集聚行业资金资源支持脱贫攻坚。2016 年以来，全省各级累计落实行业扶贫资金 457.44 亿元，支持解决“两不愁三保障”和饮水安全突出问题，巩固脱贫攻坚成果，为贫困人口稳定脱贫、贫困地区加快发展提供全方位保障。

（三）积极引导社会力量参与

综合运用税收优惠、财政补贴、信贷担保、贷款贴息等政策工具，调动企业、社会参与脱贫攻坚的积极性。如，2016—2018 年，省财政筹集 70 亿元，设立特色产业发展、小额贷款扶贫担保、公益事业等三支扶贫基金，有效缓解贫困地区发展和贫困群众创业融资难、融资贵问题；省级在分配新增地方政府债券额度时，积极向脱贫任务重的地区倾斜，发行地方政府债券 9.2 亿元，并实行财政贴息补助，支持推进易地扶贫搬迁项目建设。开展“千企帮千村”行动，1 805 家民营企业累计投入 10.4 亿元，帮助贫困群众 8.66 万人。

（四）创新扶贫资金分配使用机制

2016 年，在扶贫领域推行涉农资金统筹整合，省市财政专项扶贫资金主要按建档立卡贫困人口数量、贫困程度等因素法切块下达，统筹兼顾省扶贫工作重点村和非重点村，把资金分配安排权、项目审批验收权全部下放县级，实行目标、任务、资金、权责“四到县”的管理模式，自主权全部交给市县。

（五）持续加大深度贫困地区投入力度

紧盯“黄河滩”“沂蒙山”等深度贫困地区，将菏泽和临沂

2个市、20个脱贫任务比较重的县（市、区）、200个重点扶持乡镇（街道）、2 000个省扶贫工作重点村“4个2”重点区域和黄河滩区作为深度贫困地区，统筹调配全省资源予以倾斜，做到专项资金优先支持、扶贫项目优先安排、干部帮扶优先选派，保证脱贫攻坚政策供给。2016年以来，每年安排“4个2”深度贫困地区的中央和省级财政专项扶贫资金均占总量的60%以上。据统计，中央和省级财政累计投入沂蒙革命老区18个县区专项扶贫资金36.66亿元，占资金总量的23.35%，累计投入临沂、菏泽2个市中央和省级财政专项扶贫资金达到94.54亿元，占资金总量的60.22%。

（六）筹措资金积极开展东西部扶贫协作

深入贯彻落实党中央、国务院关于东西部扶贫协作战略部署，紧紧围绕协作地脱贫攻坚目标，举全省之力、集各方之智，精准发力、持续加力，超额完成协作协议确定的任务目标，工作取得明显成效。累计筹措资金59.71亿元，持续加大对重庆、湖南湘西、贵州安顺、甘肃陇南等地区的协作帮扶力度，实施援建项目3 278个，帮助协作地贫困人口实现就业89 068人。在双方共同努力下，协作地累计减少贫困人口348万余人。在开展东西部扶贫协作的同时，在省内开展“6+6”扶贫协作，综合考虑各市经济实力和脱贫攻坚难度，确定12个市结成协作关系，帮助方累计安排财政资金16.2亿元，带动社会投资290.9亿元，支持被帮助方实施项目805个，帮扶贫困人口15万人。

三、实施财政扶贫政策成效显著

按照省委、省政府“2018年基本完成、2019年巩固提升、

2020 年全面完成”的脱贫攻坚总体布局，全省各级财政部门研究制定打赢脱贫攻坚战三年行动工作方案，以解决“两不愁三保障”突出问题为重点，落实落细财政支持脱贫攻坚政策，推动贫困地区加快发展、贫困群众稳定脱贫。

（一）支持产业扶贫

把产业扶贫作为脱贫攻坚的根本之策、主攻方向，每年拿出 60% 以上的财政专项扶贫资金支持贫困地区产业发展，同步推进资产收益扶贫，培育了一批有特色、效益高、可持续的产业扶贫项目，形成了高质量的产业扶贫发展态势。据统计，2016 年以来，全省各级累计投入产业扶贫资金 193.42 亿元，支持实施特色种养、乡村旅游、农村电商等项目 2 万多个，总投资 275 亿元，形成经营性扶贫资产 198 亿元，累计实现收益 45 亿元，年均带动 42.2 万户贫困户。

（二）支持教育扶贫

建立贫困家庭学生从学前教育到高等教育全过程资助政策，确保贫困家庭子女都能接受良好基础教育，阻断贫困代际传递。2016 年以来，全省累计资助建档立卡贫困家庭学生 69.72 万人、资金 16.89 亿元；实行贫困家庭学生专项招生计划，50 754 名建档立卡贫困家庭学生被高校录取；实施“雨露计划”职业教育培训，对就读职业教育的贫困学生每人每年补助 3 000 元，惠及 16.9 万人次。

（三）支持健康扶贫

健全完善社会救助制度，农村低保做到“应保尽保”，全省有扶贫任务的 137 个县（市、区）农村低保标准全部达到省定贫困标准以上。针对贫困人口“看病贵”问题，实行“两免两减半”和“先诊疗、后付费”政策，各级财政为参加居民基本医疗保险的贫困人口个人缴费部分给予补贴。从2017年开始，支持实施“扶贫特惠保”，以全省建档立卡农村贫困户、贫困人口为支持对象，量身定做、定向开发保障水平高、保险费率低、理赔条件优的扶贫保险产品，实现保险精准扶贫全覆盖、风险保障全方位、保险服务全配套，提高贫困群众防范化解风险能力。省财政累计安排资金11.62亿元，带动市县投入8.43亿元，构筑形成了基本医保、大病保险、医疗机构减免、医疗救助、医疗商业补充保险“五重保障”；实现“一站式”即时结算，贫困人口住院目录内自付费用控制在10%以内；累计赔付金额21.25亿元，惠及贫困人口312.05万人次。

（四）支持金融扶贫

支持金融机构向信用良好、有贷款意愿、有就业创业潜质、技能素质和一定还款能力贫困户，发放5万元以下、3年以内、免抵押免担保、基准利率、财政全额贴息的“扶贫小额信贷”。支持山东省创新设立的“富民生产贷”，向带贫减贫明显的经营主体发放优惠利率贷款，财政年贴息3%。据统计，已累计发放扶贫小额信贷24.39亿元、富民生产贷179.6亿元，财政贴息达到5.6亿元，带动贫困人口46.7万人。

（五）支持消费扶贫

一方面，创设网上商城扶贫频道助力山东省脱贫攻坚。山东省政府采购网上商城面向全省近4万家采购人和供应商提供服务，拥有庞大的用户群体。为发挥网上商城的政策服务功能，2019年在网上商城开辟扶贫专栏，设立15个地方馆，共展示粮油米面、农副加工、手工艺品和乡村旅游等八大类276款商品，有效扩大了贫困地区农副产品的市场知悉度，为各级各部门单位参与消费扶贫、助力脱贫攻坚提供了可靠渠道。另一方面，运用政府采购政策支持国家级贫困县脱贫。按照财政部等三部委要求，积极参与政府采购832个国家级贫困县农副产品工作，在“扶贫832”平台上注册预算单位8 700个账号，预留农副产品采购份额4 160万元，已完成交易额近千万元。

（六）支持电商扶贫

2016年以来，先后安排中央服务业发展资金4.9亿元，扶持26个县（市）纳入全国电子商务进农村综合示范县。通过推进电子商务与农村特色产业深度融合，拓宽农村产品销售渠道，带动贫困户增收。在电商扶贫重点地区，支持建立了较为完善的公共服务体系，培育了71家具有明显带动作用的规模以上电商企业和46个较有影响力的农产品电商品牌，扶持了122家电商扶贫网店或企业发展壮大，组织各类电商扶贫培训7.5万人次，有效发挥了电子商务带动农村产业发展的积极作用。

（七）支持基础设施建设

聚焦“补短板”，支持旱涝保收田、农村危房改造、农村饮水安全、“四好”农村路、客车通达、卫生室服务、健身广场等项目建设，贫困群众生产生活条件显著改善，累计支持全省完成农村危房改造19万户，8 654个省扶贫工作重点村饮水实现了村村通。2017年以来，全省各级累计筹集资金260亿元，同步落实税费优惠政策，支持推进黄河滩区居民迁建工程，帮助60万滩区群众实现“安居梦”。

（八）调整政策应对疫情影响

省财政厅会同省扶贫办印发《关于积极应对新冠肺炎疫情影响 加强财政专项扶贫资金项目管理 全面打赢脱贫攻坚的通知》，调整优化财政专项扶贫资金使用政策，加大对扶贫企业和贫困劳动力就业的支持。对因疫情影响暂时出现经营困难的省级扶贫龙头企业，可由各地根据企业带贫成效等因素，给予一次性生产补贴，最高不超过 50 万元，主要用于支持企业恢复生产、带动贫困人口稳定增收等。已累计对 55 家省级扶贫龙头企业发放生产补助资金 1 125 万元。安排财政专项扶贫资金组织贫困人口从事保洁卫生、防疫消杀、巡查值守等临时岗位。全省累计安排 7 797名贫困人口从事防疫公益岗位，发放公益岗工资1 124.95 万元。

四、财政脱贫攻坚工作经验和启示

全省各级财政部门在充分发挥职能作用，积极做好脱贫攻坚资金保障工作中积累了一定的工作经验和启示。

（一）加强领导是打赢脱贫攻坚战的根本

党的十八大以来，以习近平同志为核心的党中央把扶贫开发工作摆在治国理政更加突出的位置，纳入“五位一体”总体布局和“四个全面”战略布局。2015 年 11 月，中央召开扶贫开发工作会议，会后颁布《中共中央国务院关于打赢脱贫攻坚战的决定》，吹响全国脱贫攻坚战的冲锋号。山东省调整加强省扶贫开发领导机构，省委书记担任省扶贫开发领导小组组长，省长、省委副书记、副省长担任副组长，34 个省直部门单位主要负责同志为成员，建立“五级书记抓、党政一起上”的领导责任体系，为脱贫攻坚提供坚强政治保证。全省各级财政部门认真履行各级扶贫开发领导小组成员单位职责，成立财政部门脱贫攻坚领导小组，组织专门力量确保财政扶贫政策落实落地。

（二）持续加大投入是打赢脱贫攻坚战的保障

2015 年 12 月，省委、省政府印发《关于贯彻落实中央扶贫开发工作部署坚决打赢脱贫攻坚战的意见》（鲁发〔2015〕22 号），要求各级财政把专项扶贫资金纳入年度预算和中期财政规划，确保与扶贫任务相适应，调整优化各级财政支出结构，集中用于脱贫攻坚。明确提出整合各类涉农资金，对除据实结算的普惠性资金外，其他涉农资金 20% 以上用于扶贫脱贫。2018 年 6 月，省委办公厅、省政府办公厅印发《关于加快推进省级涉农资金统筹整合的实施意见（试行）》（鲁办发〔2018〕29 号），在省级层面将包括扶贫资金在内的涉农资金归并整合，设立乡村振兴重大专项资金。将脱贫攻坚作为约束性任务予以资金保障，并明确规定，2020 年以前各级每年安排用于脱贫攻坚的资金要单独列示，且资金规模不得少于上年。

（三）坚持精准方略是打赢脱贫攻坚战的关键

在资金分配上，综合考虑各地贫困人口、贫困发生率、脱贫成效等因素，实现扶贫资金的精准投放。一是聚焦重点区域，突出“4 个 2”重点区域，向 48 个革命老区县倾斜，加快实现深度贫困地区脱贫攻坚重点突破。二是聚焦重点人群，以全省贫困户、贫困人口为支持对象，支持实施扶贫特惠保险、雨露计划职业教育扶贫、“金晖助老”青春扶贫志愿者行动等项目。三是聚焦产业发展，优化扶贫资金支出结构，把产业发展作为支持重点，帮助贫困地区不断提升产业发展水平，积极推进资产收益扶贫，让贫困户和贫困村实现稳定脱贫、长期受益。四是聚焦重点项目，大力支持黄河滩区居民迁建和易地扶贫搬迁等重点民生工程，确保贫困人口搬得出、稳得住、能致富。

（四）强化资金监管是确保扶贫资金效益的抓手

扶贫资金是贫困群众的“救命钱”，一分一厘都不能乱花。各级财政部门在保持高标准投入的同时，不断加强扶贫资金监管，确保资金用在脱贫攻坚的“刀刃”上。一是强化制度建设，2016 年以来，省财政厅先后制定印发《山东省财政专项扶贫资金和项目管理办法》《关于全面加强脱贫攻坚期内各级各类扶贫资金管理的实施意见》等 14 项制度办法、管理意见等文件，确保各类扶贫资金监管有法可依、各项扶贫举措有章可循。二是加快支出进度。2016 年起，实施了扶贫资金月调度通报制度，督促市县加快扶贫资金支出进度，提高资金运转效率，确保资金早到位、扶贫项目早开工、贫困群众早受益。三是实施动态监管。健全完善扶贫资金动态监控系统，建立“日监控、旬调度、月通报”制度，对各类扶贫资金实行全流程、逐环节、链条式追踪，着力解决扶贫资金监控到项目、到人、到企业的“最后一公里”问题。

河南省财政脱贫攻坚工作情况

河南是农业大省、人口大省，也是全国脱贫攻坚任务较重的省份。新一轮建档立卡之初，全省有53个贫困县，其中38个国定贫困县、15个省定贫困县，占全省县级行政区划的近一半；有9 237个贫困村（2017年动态调整增加到9 536个），占全省行政村总数的1/5；有698万农村贫困人口，居全国第3位。

党的十八大以来，河南省财政系统坚持以习近平新时代中国特色社会主义思想为指导，把支持脱贫攻坚作为重大政治任务、第一民生工程和财政优先保障领域，坚持精准方略，持续加大投入，着力强化监管，推动机制创新，助推脱贫攻坚取得决定性进展。2020年，面对突如其来的新冠肺炎疫情，全省财政系统深入学习贯彻习近平总书记关于统筹推进新冠肺炎疫情防控和经济社会发展、决战决胜脱贫攻坚等重要讲话精神，紧扣全省35.3万贫困人口脱贫、52个贫困村退出和巩固提升脱贫成果目标任务，坚持“疫情防控”和“脱贫攻坚”两场硬仗一起打，“完成剩余减贫任务”和“巩固脱贫成果”两手抓，针对性安排脱贫攻坚补短板财力补助、深度贫困地区转移支付等财政资金，出台助力复工复产政策措施，为高质量打赢脱贫攻坚战提供了坚实的资金政策支持。截至2020年底，全省累计实现718.6万建档立卡贫困人口脱贫，9 536个贫困村退出，53个贫困县全部脱贫摘帽，区域性整体贫困基本解决；贫困地区行政村通硬化路率100%，全省农村户户通电、村村通动力电，实现20户以上自然村光纤接入和4G网络全覆盖，90%以上贫困村环境得到有效改善。

一、2016年以来财政支持脱贫攻坚有关情况

（一）坚持党的领导，扛稳政治责任

1. 强力组织推动，强化工作统筹。河南省财政厅成立厅党组书记、厅长任组长的厅脱贫攻坚领导小组，坚持每月至少开一次厅脱贫攻坚领导小组会研究脱贫攻坚工作，第一时间传达学习习近平总书记重要讲话精神和党中央、国务院关于脱贫攻坚工作部署，研究财政系统贯彻落实的具体措施；每年研究制定年度工作要点，细化目标任务，明确责任分工，不断强化工作统筹，确保决策科学、组织合理、工作高效。在机构改革中，成立以脱贫攻坚为主要职责的业务处室，在厅脱贫攻坚领导小组领导下专职负责全厅脱贫攻坚统筹协调、跟踪督促脱贫成效考核问题整改等工作，为脱贫攻坚提供坚实的机构和人员保障。

2. 坚持领导带头，解决实际问题。河南省财政厅主要领导带头深入开展脱贫攻坚问题研究，先后就加快扶贫项目实施和资金拨付进度、强化财政支付系统在扶贫资金监管中的运用、补齐农村基础设施建设短板等问题深入贫困村一线“解剖麻雀”，与贫困群众、基层干部座谈交流，进一步健全完善扶贫资金监管制度体系，在全国率先建成并运行扶贫资金动态监控系统，构建起“制度+技术”的扶贫资金监管模式，有效促进扶贫项目资金高效匹配。厅领导班子成员坚持每月两天深入派驻村调研指导，分管厅领导坚持与省扶贫办就资金安排进行常态化对接、深入一线开展专题调研，优先保障扶贫投入，确保政策落实。

3. 强化作风建设，压实工作责任。每年召开全省财政支农工作会议，听取市县财政部门关于脱贫攻坚工作意见建议，指导市县围绕财政部门职能全力支持脱贫攻坚。以“不忘初心、牢记使命”主题教育为抓手，持续开展扶贫领域腐败和作风问题专项治理，组织开展脱贫攻坚收官之年克服形式主义官僚主义问题专项行动，紧扣中央、省委省政府督查和审计监督中发现问题，及时传导压力动力，强化问题导向和责任担当，提升财政干部工作作风，在全省财政系统营造上下联动的良好氛围，凝聚起夺取脱贫攻坚全面胜利的强大合力。

（二）狠抓责任落实，强化财力保障

1. 持续加大财政专项扶贫资金投入，夯实决胜脱贫攻坚基础保障。把脱贫攻坚作为财政优先保障领域，2016 年以来累计安排财政专项扶贫资金 727 亿元。其中，中央财政专项扶贫资金 216 亿元，省级财政专项扶贫资金 111 亿元，引导市县安排财政专项扶贫资金 400 亿元。特别是 2020 年，克服减税降费、新冠肺炎疫情带来的减收增支压力，“真金白银”投入脱贫攻坚。2020 年，共筹措安排各级财政专项扶贫资金 192.9 亿元，比上年增长 25.9%，其中省级安排财政专项扶贫资金 32.9 亿元，比上年增长 25.4%，连续八年实现“两个高于”目标（省级财政安排的专项扶贫资金高于中央下达河南省资金规模的 40%，增幅高于中央资金增幅）；省辖市安排资金 28.9 亿元，比上年增长 18.1%，县级安排资金 72.8 亿元，比上年增长 30.3%，实现省、市、县财政专项扶贫资金“只增不减”。

2. 用好统筹整合资金支持脱贫攻坚政策，拓宽脱贫攻坚资金来源渠道。按照省委、省政府决策部署，2016 年起先后在全省 38 个国定贫困县开展整合财政涉农资金试点。密切同省扶贫办等

部门协作配合，细化实化相关配套措施。采取市县交叉互审和省级联合会审方式审核县级统筹整合方案，切实提高项目资金使用精准性和规范性。2016年以来，通过实施贫困县涉农资金整合试点，真正实现了将涉农领域的政策资金聚焦于脱贫攻坚，发挥了聚拢资源、集中力量的政策效应，推动了扶贫开发工作权责匹配，为贫困县决战决胜脱贫攻坚提供了坚实财力保障。

3. 全力支持易地扶贫搬迁，从根本上改变贫困群众生产生活条件。一是累计筹措资金156.13亿元，圆满完成“十三五”时期规划858个集中安置点建设和25.97万贫困人口搬迁任务，新建产业、生活配套服务设施1 530个，铺设道路管网2 500多公里，配套设施建设全面完成，搬迁人口收入明显增加、生活质量明显提升。二是切实减轻基层负担，将易地扶贫搬迁原由市县财政负担的地方政府债券、专项建设基金、长期政策性贷款本金调整为由省级财政负担。三是研究制定《河南省易地扶贫搬迁融资资金管理暂行办法》《河南省易地扶贫搬迁结余资金使用管理办法》等，规范搬迁建设资金和结余资金管理，指导市县围绕搬迁安置点推动产业发展和贫困人口就业创业，谋划实施增收项目，确保建档立卡人口搬得出、稳得住。

4. 聚焦短板弱项重点倾斜，确保深度贫困地区同步小康。牢记习近平总书记视察河南时对脱贫攻坚的殷切嘱托，瞄准突出问题和薄弱环节集中发力，狠抓政策落实、项目落地、帮扶落细。一是全面落实支持深度贫困地区脱贫攻坚资金倾斜政策，累计倾斜安排深度贫困县和未脱贫深度贫困村财政专项扶贫资金15.5亿元。二是聚焦“三山一滩”地区攻坚，2020年向“三山一滩”地区（含大别山革命老区）下达中央、省级财政专项扶贫资金70.5亿元，占全省资金总量的77.3%。三是聚焦重点县村攻坚，对剩余贫困人口超过5 000人的20个县（市、区）和未脱贫的

52 个贫困村实行重点攻坚，2020 年安排新增一般债券限额 20 亿元用于重点县村，省财政对 20 个重点县倾斜安排财政专项扶贫资金 2.3 亿元，财政结算补助 2 亿元，明确脱贫任务较重的 3 个非贫困县享受省定贫困县统筹整合财政涉农资金政策。此外，发行新增专项债券 16.5 亿元用于黄河滩区迁建、光伏扶贫等脱贫攻坚领域；安排一般性政府债券 10.03 亿元用于支持易地扶贫搬迁；争取中央财政脱贫攻坚补短板综合财力补助资金 4.15 亿元，支持补齐贫困地区脱贫攻坚短板；安排易地扶贫搬迁后续扶持资金 4.9 亿元，支持做好易地搬迁后续扶持工作。

5. 紧盯“两不愁三保障”持续发力，着力提升贫困群众幸福感获得感。一是围绕“义务教育有保障”，2016 年以来筹措中央和省级资金 950.3 亿元，开展控辍保学专项行动，进一步巩固完善义务教育经费保障机制，阻断贫困代际传递，确保全省贫困家庭义务教育阶段无辍学学生。二是围绕“基本医疗有保障”，筹措中央和省级资金 2 541.8 亿元，建立“3 + 3 + N”医疗保障政策体系，强化基层医疗卫生服务能力提升，持续巩固基本医疗有保障“清零”成果，实现了开发式扶贫与保障式扶贫有效衔接。三是围绕“住房安全有保障”和“饮水安全有保障”，筹措中央和省级资金 93.1 亿元，实现危房改造和水利脱贫攻坚问题动态清零，建档立卡贫困人口饮水安全全面达标。四是聚焦贫困老年人、重病患者、重度残疾人等特殊贫困群体，筹措资金 531.8 亿元，将农村低保标准由年人均 3 860 元提高到 4 260 元，连续 5 年高于脱贫线；特困人员基本生活标准不低于低保标准的 1.3 倍、达到年人均 5 538 元，贫困群众基础养老金最低标准每人每月 103 元。全面落实残疾人补贴政策，93.3 万人享受生活补贴，117.5 万人享受护理补贴。

6. 发挥派出单位桥梁纽带作用，当好定点帮扶坚实后盾。一是认真落实“干部当代表、单位做后盾、领导负总责”要求。每年研究制定厅领导驻村计划，建立年度帮扶工作台账；厅主要领导坚持每季度到定点帮扶村进行专题调研，了解帮扶工作进展，研究推动脱贫攻坚工作；班子成员轮流每月在村工作两天，帮助驻村第一书记协调解决问题、现场指导工作。二是深入开展党支部共建“手拉手”活动。对大宋庄村“两委”人员进行专题培训，与党员代表开展座谈交流，帮助解决基层党建工作中遇到的现实问题；加大对定点帮扶村消费扶贫采购力度，帮助新蔡县通过“扶贫 832”平台销售农副产品 449 万元。三是落实联系贫困县制度。坚持“摘帽不摘帮扶”，深入西华县开展调研，帮助西华县厘清脱贫思路、找准脱贫路径，指导西华县累计整合涉农资金 13.1 亿元，2018 年顺利实现脱贫摘帽。

7. 加强资金调度和扶持政策衔接，有效应对疫情灾情影响。针对疫情对脱贫攻坚造成的影响，加强与部门会商研判，及时统筹政策资金，支持实施优先组织就地就近就业、外出务工输送等“七个优先”政策、稳定和扩大就业创业 12 条措施，开展就业扶贫“百日攻坚”行动，切实做好贫困劳动力稳岗返岗就业、带贫企业复工复产、农产品产销衔接等工作。一是会同省扶贫办及时调整优化专项扶贫资金使用方向，通过一次性生产补贴、贷款贴息等措施，引导贫困户和扶贫龙头企业等经营主体加快复工复产。二是紧急下达省级财政专项扶贫资金 2.89 亿元，支持疫情较重的脱贫攻坚重点地区充实调整扶贫项目，加强国库现金调度，保障扶贫项目资金需求。三是分配下达省级脱贫攻坚成效考核和扶贫资金绩效评价奖励资金 7 亿元，明确优先支持县级对受灾贫困村和贫困户安排资金实施灾后重建，加大帮扶力度，切实防止因灾返贫、因灾致贫。四是深入开展消费扶贫专项行动，落实政府采购支持脱贫攻坚政策，2020 年全省通过“扶贫 832”平台采购贫困地区农副产品2亿元，超额完成预留任务58%，重点解决贫困地区农产品销售难题。

（三）强化改革创新，增强发展后劲

1. 创新扶贫小额信贷“卢氏模式”，着力解决扶贫小额信贷政策落地难题。按照省政府主要领导要求，2017年研究制定印发《金融助推卢氏县脱贫攻坚试验区工作方案》，构建起金融服务、信用评价、风险防控、产业支撑四大体系，在卢氏县开展金融扶贫试点。在总结小额信贷“卢氏模式”的基础上，进一步健全完善财政贴息、保费补贴、风险补偿等一系列财政支持扶贫小额信贷政策体系，有效促进了金融扶贫相关政策的落地实施，受到中央领导同志的高度评价。

2. 强化扶贫产业发展资金政策支持，着力解决扶贫产业发展难题。实施金融扶贫过渡期政策，支持各地因地制宜开展田园增收、养殖富民、旅游扶贫等产业扶贫“十大行动”，健全完善带贫主体与贫困户利益联结机制，帮助贫困群众融入产业链条，实现持续稳定增收。一是优化扶贫资金支出结构，落实财政专项扶贫资金用于产业扶贫不低于50%要求，并作为省对市县扶贫资金绩效评价的重要内容。二是加强调查研究，形成《关于产业扶贫的调查与思考》专题调研报告并印发全省，为各市县结合产业扶贫特点，优化产业发展方向、完善产业扶贫政策提供理论和实践支撑。三是建立健全支持扶贫产业发展的政策体系。探索“保险+期货”金融扶贫联动模式，创新“收入保险+订单+融资”新模式，将扶贫产业发展和金融政策有机对接，建立农产品有订单收购、项目投入有融资渠道、产出收入有最低保障的良性循环。四是加大产业扶贫模式推广。在全省推广运用“带贫企业+贫困劳动力”的就业驱动模式、“龙头企业+合作社+贫困户”

的产业驱动模式。

3. 创新“制度 + 技术”监管模式，着力解决扶贫项目资金对接难题。完善扶贫资金管理办法，建立扶贫项目和资金支出管理旬报制度，依托全省财政业务专网，运用云计算大数据等新一代信息技术，在全国率先开发建设了扶贫资金动态监控系统，对全省扶贫项目资金管理使用实现实时预警纠偏，运用互联网技术构建起“制度 + 技术”的扶贫项目资金监管模式，扶贫项目实施和扶贫资金支出进度进一步加快，扶贫资金使用效益进一步提高。2020 年全省共筹措财政专项扶贫资金 192.9 亿元，形成实际支出 188.5 亿元，支出进度为 97.7%。

二、财政支持脱贫攻坚的经验和启示

党的十八大以来，以习近平同志为核心的党中央把脱贫攻坚作为全面建成小康社会的三大攻坚战之一，坚持精准方略，围绕“扶持谁”“谁来扶”“怎么扶”等基本问题，探索出“中央统筹、省负总责、市县抓落实”的组织管理体制、“五级书记抓扶贫”的责任传导机制、因村因户因人施策的精准帮扶机制、聚拢资金政策集中投入的投入保障机制、全社会参与的社会动员机制、全方位的监督体系和最严格的考核评估机制等。实践中，中央审时度势出台了统筹整合相关涉农资金支持脱贫攻坚、保持贫困县党委政府正职稳定、定点结对帮扶等一系列超常规举措，以前所未有的力度推进脱贫攻坚，贫困地区生产生活条件显著改善，贫困群众获得感显著增强，解决区域性整体贫困迈出坚实步伐。

（一）强化党的领导，发挥党委对农业农村工作的牵头抓总作用

2016年以来，全省各级财政部门坚持把脱贫攻坚作为第一民生工程和首要政治任务，各地均成立由当地党委主要负责人任组长、相关业务主管部门为成员单位的脱贫攻坚领导小组，以脱贫攻坚统领经济社会发展全局，围绕脱贫攻坚统筹谋划推动工作，凝聚起全社会、各部门支持脱贫攻坚的强大合力。乡村振兴是党中央统筹两个大局提出的新时期“三农”工作总抓手，各地需要建立起在党委领导下、多部门共同参与的乡村振兴工作协调推进机制，引导各地统一思想和行动，集中力量推动乡村振兴。

（二）强化规划引领，发挥脱贫攻坚规划、乡村振兴规划对地区发展规划和行业部门规划的统领作用

打响脱贫攻坚战以来，各地以脱贫攻坚规划为资金整合平台和项目安排抓手，建立脱贫攻坚项目库，实行动态管理，将相关涉农资金项目围绕脱贫攻坚规划统筹布局、分部门实施，年终根据各地项目推进实施情况进行综合考核，做到了以目标制定规划、以规划引领投入，实现了脱贫攻坚规划与地区发展规划和行业部门规划的有效衔接。在财政助力实施乡村振兴战略过程中，也要发挥规划引领作用，强化相关涉农行业规划、城乡发展规划与乡村振兴规划的有机衔接和深度融合，确保资金使用突出重点、有的放矢，符合乡村振兴任务需求。

（三）坚持项目带动，发挥支农项目在扩大农业农村有效投资和增强农业农村发展后劲方面的促进作用

项目是有效扩大农业农村投资的重要载体，也是加快农业转型升级、增强发展后劲的长远之策。从近几年的脱贫攻坚实践

看，“项目化管理”成效显著，通过县级统筹全局谋划项目，以项目为抓手完善制度、强化监管，充分起到了“以点带面”的效果，有力促进了资金科学高效使用，带动了贫困地区发展。在推进乡村振兴的过程中，各地要在地方党委政府统一领导下，建立健全联合会商、统筹协调的工作机制，依托乡村振兴规划，集中梳理储备一批支农重点项目，加强部门协同配合，建立“规划引领、县为主体、多部门参与、联审联批、滚动实施”的农业农村项目动态管理机制，促进行业规划与财政规划、行业政策与财政政策的衔接，聚拢资源打造乡村振兴载体，以项目为抓手带动农业农村高质量发展。

（四）拓宽资金渠道，发挥财政资金公益性定位和对金融社会资本的引导撬动作用

近年来，全省先后实施了农村人居环境整治三年行动计划、“四好农村路”、农村电网改造等专项行动，贫困县通过实施涉农资金统筹整合政策，聚拢资金政策，农村生产生活环境和村庄面貌发生了翻天覆地的变化。“十四五”时期，在财政减收增支压力下，单纯依靠扩大财政支出规模来满足乡村振兴需要存在较大困难，要着眼于发挥市场的决定性作用和更好地发挥财政资金引导撬动作用。一方面，坚持财政资金公益性定位，落实土地出让收入优先用于乡村振兴政策，资金更多投向农业农村公益性基础设施；另一方面，要把扩大内需作为战略基点，着眼于打通资源要素在城乡间自由流动的堵点，进一步强化资金整合，创新资金使用方式，综合运用以奖代补、风险代偿补偿、股权激励让渡、政府社会资本合作等手段，强化财政资金支持，加快实施乡村建设行动，推动农村基础设施升级。

（五）坚持改革创新，灵活科学选择财政资金使用管理方式

因地制宜选择乡村振兴发展路径是实现可持续发展的前提。在乡村振兴涉及面广、资金需求量大的前提下，各地可通过新增预算安排、整合部门预算资金、收回存量资金和统筹中央资金等多种方式做大用于乡村振兴相关资金规模，根据本地区乡村振兴发展规划分类配置财政资金。一是对于中央直接明确项目的中央转移支付资金，重点在项目申报前做好与本省乡村振兴发展规划的衔接，找出最大公约数。二是对于中央对资金用途有明确要求的资金，依照乡村振兴规划，在年度实施中找出中央要求与本省需求的契合点。三是对于财力性、一般转移支付、专项转移支付资金中可以统筹的部分资金，适宜省级集中统筹使用、能够发挥省级管理优势的资金实行省级决策；对于能够发挥地方管理优势的资金切块分配市县使用，充分发挥市县围绕乡村振兴决策实施项目的主观能动性，最大限度地实现资金配置与当地发展需求相匹配。

湖北省财政脱贫攻坚工作情况

近年来，湖北省财政厅坚持以习近平新时代中国特色社会主义思想为指导，深入学习贯彻习近平总书记关于扶贫工作重要论述和党的十八大、十九大精神，紧紧围绕党中央、国务院、财政部和湖北省委、省政府决策部署，充分发挥财政职能作用，全面落实财政扶贫投入政策，积极推进涉农资金统筹整合，强化扶贫资金监管和绩效管理，积极应对疫情影响，为湖北省如期高质量打赢脱贫攻坚战提供坚强财力保障。湖北省财政专项扶贫资金绩效评价连续七年被国家评为“优秀”等次，省级党委和政府脱贫攻坚成效考核连续四年被国家评为综合评价“好”等次。

一、提升政治站位，坚决扛起财政支持脱贫攻坚的政治责任

（一）深化理论学习

湖北省财政部门始终把学习贯彻习近平总书记关于扶贫工作的重要论述作为财政脱贫攻坚的根本遵循和行动指南，筑牢“四个意识”，坚定“四个自信”，践行“两个维护”。2016 年以来，湖北省财政厅党组理论中心组先后 16 次深入学习贯彻落实习近平总书记关于扶贫工作重要论述、重要讲话、重要批示、重要指示精神，强化政治担当、作风担当、责任担当，不断提升脱贫攻

坚政治理论和抓落实的能力。组织全省各级财政部门学思践悟《习近平扶贫论述摘编》，坚定不移地以重要论述武装头脑、指导实践、推动工作，做到理论上清醒，政治上坚定，行动上有力。编印《湖北财政脱贫攻坚简明手册》，摘录习近平总书记7次脱贫攻坚座谈会上重要讲话，2019年以来习近平总书记关于脱贫攻坚的重要讲话、重要指示和相关脱贫攻坚政策，印发全省财政系统学习贯彻，认真履行财政职能，确保党中央、国务院关于脱贫攻坚的决策部署落地生根。

（二）压实主体责任

湖北财政始终把精准扶贫、精准脱贫作为财政工作的重大政治任务和重大民生工程，戮力推进落实。建立健全党组书记亲自抓、党组成员分工抓、相关处室具体抓的工作责任体系，成立以厅主要负责同志为组长、分管负责同志为副组长、相关处室负责人为成员的省财政厅脱贫攻坚领导小组，实施统一领导，责任牢牢上肩。选优配强骨干力量，充实到扶贫岗位，打造最精干的财政扶贫队伍，克服各种不利因素和艰难挑战，奋战全面如期打赢脱贫攻坚战。省财政厅先后36次召开厅党组会、厅务会、厅长办公会、厅脱贫攻坚领导小组会部署推进脱贫攻坚工作。

（三）深入调查研究

省财政厅党组成员坚持问题导向，深入基层一线开展财政扶贫政策调研，指导督办政策落实，致力于解决问题、推动工作。先后形成《湖北省统筹使用财政资金调研报告》《创新合作发展新机制 打造产业扶贫新模式——恩施市龙凤镇以合作社为载体实施产业扶贫的探索》《关于财政扶贫资金监管和基层财政干部履职情况的调研报告》《湖北省贫困县统筹整合涉农资金支持产业发展情况调研报告》等调研报告，为省委省政府决策提供重要参考。

（四）夯实帮扶责任

省财政厅党组高度重视定点扶贫和驻村帮扶工作，在全面支持全省打赢脱贫攻坚战的同时，高质量完成对宜昌市五峰县的定点帮扶以及南河村的驻村帮扶任务。一是定点扶贫目标如期完成。省财政厅主要负责同志和分管负责同志先后 17 次到五峰县及驻村点走访调研，着力帮困解难，推进项目落实。2017—2019 年，省财政厅协调 12 家定点扶贫单位，落实各类帮扶资金 9 600 余万元，支持五峰县各类项目建设达 110 余项。积极履行牵头定点帮扶职责，协调省直、金融、院校等 20 多个部门，聚焦资金、项目、贷款等帮扶重点，扎实推进“616”对口支援工作，帮带五峰县全面完成脱贫攻坚目标任务。2019 年底，五峰县贫困村全部出列，贫困人口全部脱贫销号。二是驻村帮扶成效明显。2015 年以来，选派 3 批 10 人次参加五峰县南河村驻村帮扶工作，为南河村争取落实帮扶项目 60 余个，支持农村专业合作社等新型经营主体，扶持以茶产业为主的多种产业发展，带动贫困户增收。大力扶持村级集体经济，支持村级公益事业发展，弘扬文化正民风，促进乡村文化振兴，稳步推进阵地建设，南河村先后获得“全省美丽乡村建设示范村”“全省集体经济发展进步村”等荣誉。

二、强化投入保障，坚决履行财政支持脱贫攻坚的主体责任

（一）全力确保财政扶贫投入

财政投入始终是脱贫攻坚的主渠道和关键力量。为确保财政

投入增长机制落实，湖北省财政厅明确要求省、市、县三级当年财政收入增量的15%增列扶贫预算，以及当年清理回收可统筹使用的存量资金50%以上用于精准扶贫，建立与脱贫攻坚需求相适应的财政扶贫投入增长机制。

1. 财政专项扶贫投入、“三保障”及农村安全饮水投入。2016年以来，全省各级财政共投入财政专项扶贫资金884.76亿元，年均增幅达20%以上，其中中央214.3亿元，省级179.21亿元，市级115.11亿元，县级376.14亿元。2016—2020年，统筹安排中央和省级资金1 970.74亿元，重点支持解决“三保障”及农村安全饮水突出问题。

2. 东西部扶贫协作投入。认真贯彻落实习近平总书记在东西部扶贫协作座谈会精神，积极对接杭州市，指导恩施州各地财政部门配合行业主管部门谋划重点项目，积极争取杭州市对口帮扶。2017年以来，恩施州共收到杭州对口帮扶项目资金11.77亿元，其中2017年0.3亿元，2018年2.79亿元，2019年3.8亿元，2020年4.88亿元，帮扶资金逐年增长，为恩施州决战脱贫攻坚和乡村振兴注入了强大活力。

（二）聚焦聚力支持深度贫困

全面落实习近平总书记“三个新增”重要批示和“四个不摘”总要求，新增资金重点向深度贫困地区倾斜。在2017年对全省9个深度贫困县每县倾斜安排财政专项扶贫资金1 000万元的基础上，2018年每县再增加安排1 000万元；2019年、2020年每县倾斜安排2 500万元，每个深度贫困村倾斜安排50万元，同时每县每年增加安排基本财力转移支付1 000万元、基本医疗和医疗救助补助资金3 000万元以上，支持深度贫困地区脱贫攻坚。

（三）精准高效推进统筹整合

坚持省级下放审批权限，按照“管总量不管结构、管任务不管项目、管监督不管实施”的原则，采取基数法、因素法、目标任务法、绩效考核法等办法分配资金，切块下达，实行资金、项目、招投标、管理和责任“五到县”，建立健全负面清单制度，充分赋予县级资金安排自主权。严格落实资金增幅要求，确保分配给28个国定贫困县的中央17项资金增幅不低于该项资金到湖北省的平均增幅，切实保障贫困县脱贫攻坚及成果巩固资金需求。指导28个国定贫困县推进实质性整合，在“因需而整”的前提下做到“应整尽整”，实行“大类间打通”“跨类别使用”，集中资金支持脱贫攻坚。2016年以来，28个贫困县共统筹整合资金1 259亿元，为全省打赢脱贫攻坚战提供强有力支撑。

（四）创新优化分配使用机制

按照轻重缓急，科学合理分配专项扶贫资金，建立提前下达、分批下达、先预拨后清算等机制；统筹分配扶贫专项资金，实行扶贫资金向重点贫困地区倾斜，重点关注脱贫任务重的县市，促进深度贫困与相对贫困间均衡发展。从2018年开始，加大贫困人口分配权重，将贫困县、贫困村和贫困人口三因素分配权重由2∶2∶6调整为1∶2∶7，支持“插花”贫困地区同步脱贫；充分运用绩效评价结果，根据每年的绩效考评情况及县市自评结果，对绩效评价好的县给予奖励，对绩效差的项目不予安排或减少安排资金。

三、深化履职尽责，全面落实财政支持脱贫攻坚的各项政策

（一）全力保障贫困人口义务教育

2016 年以来，全面落实教育扶贫政策要求，建立健全从学前教育到研究生教育阶段全覆盖的学生资助政策体系，从制度上保障家庭经济困难学生不因贫困而失学。5 年来，省级筹措资金 110.46 亿元，通过义务教育家庭经济困难学生生活补助资金，义务教育营养改善计划，免除义务教育学杂费、书本费等多个项目，确保除身体原因不具备学习条件外的贫困家庭义务教育适龄儿童、少年不失学辍学。

（二）全力保障贫困人口基本医疗

2016 年以来，全面落实健康扶贫政策，推行“基本医保 + 大病保险 + 医疗救助”健康扶贫模式，累计筹措城乡居民基本医疗保险财政补助资金和医疗救助资金 1 179.27 亿元，资助贫困人口参加城乡居民医保，对救助对象符合条件的医疗费用给予补助，支持提高政策范围内报销比例，减轻贫困人员医疗费用负担。全省贫困人口住院费用实际报销比例由 2015 年的 55% 左右提高到 2019 年的 88.94%。实现建档立卡贫困人口基本医疗有保障。

（三）全力保障贫困人口住房安全

2016 年以来，累计向 68 个项目县投放易地扶贫搬迁资金 571.19 亿元，落实易地扶贫搬迁融资方式调整政策，安排地方政府债券资金 85.03 亿元，支持全面完成 88.23 万人易地扶贫搬迁

任务。2015年以来，争取中央农村危房改造补助资金68.55亿元，按政策落实省级补助资金18.64亿元，全面完成47万户建档立卡贫困户、低保户、分散供养特困人员、贫困残疾人家庭等四类重点对象的危房改造，落实住房安全有保障相关政策要求。

（四）全力保障贫困人口饮水安全

2016年以来，累计筹措农村饮水安全巩固提升中央和省级资金22.66亿元，共完成953万人农村饮水安全巩固提升任务，其中建档立卡贫困人口242.3万人已全部实现安全饮水安全目标。

（五）全力支持农业产业发展

2016年以来，累计筹措资金14.2亿元，支持37个贫困县结合当地资源禀赋，发展优势特色产业，打造农业名优品牌，带动建档立卡贫困户增收脱贫。安排2.6亿元，对列入2017—2019年三年光伏扶贫规划的光伏电站扶贫项目给予以奖代补支持。从2017年起，连续3年每年安排1亿元支持推进农村互联网发展，促进互联网与“三农”融合，提升农村互联网基础设施建设水平。

（六）全力保障社保兜底扶贫

2016年以来，筹集社会救助资金529亿元，其中农村低保五保精准扶贫转移支付补助110亿元，支持市县落实包括农村低保、五保精准扶贫保障兜底政策在内的各项社会救助政策，确保实现建档立卡贫困人口应保尽保、应扶尽扶。

（七）全力保障就业扶贫

印发《湖北省就业补助资金管理办法》，就业困难人员按规定可享受社会保险补贴，贫困家庭子女可享受职业培训补贴，对在毕业年度有就业创业意愿并积极求职创业的贫困残疾人家庭、建档立卡贫困家庭、城乡低保家庭等给予一次性求职创业补贴。2016 年以来，省财政筹措就业补助资金 146.93 亿元，支持各地统筹用于落实社会保险补贴、职业培训补贴、求职创业补贴等就业创业扶持政策。

（八）全力保障金融扶贫

2016 年以来，省财政加大农业保险保费补贴支持力度，筹措农业保险保费补贴资金 44.12 亿元，对贫困地区农户、适度规模经营主体投保的种植业、养殖业、林业、“两属两户”农房保险业务进行补贴，增强贫困地区农户（含农业生产经营组织）抗风险能力，促进农户脱贫增收。截至 2020 年 12 月底，全省累计发放扶贫小额信贷资金 276.09 亿元，支持 65.69 万户建档立卡贫困家庭发展生产致富增收。充分发挥省农担公司对贫困县的产业扶贫支持作用，积极落实对贫困县的担保费用按 1% 收取的政策要求，减轻新型农业经营主体融资成本。2018—2019 年，省农担公司共对 37 个贫困县的 3 346 户发放担保贷款 24.33 亿元，支持新型农业经营主体发展，带动贫困户增收脱贫。

（九）全力保障生态扶贫

牢固树立“生态优先，绿色发展”理念，坚持脱贫攻坚与生态保护并重，切实发挥财政职能，精心优化支出结构。2016 年以来，统筹安排生态文明建设资金 103.51 亿元，用于 37 个贫困县生态扶贫，有力推进脱贫攻坚和贫困地区经济社会发展。累计选聘建档立卡贫困人口生态护林员 21.74 万人次，按照每人每年 4 000元的补助标准，帮助 6.68 万贫困户实现脱贫。

（十）全力完善贫困地区基础设施建设

2016年以来，筹措基建资金326.51亿元，支持37个贫困县农村基础设施建设。其中，筹措资金19.75亿元，支持37个贫困县推进生态环境保护和农村环境综合整治等工程建设，全面改善农村生产生活条件；筹措资金195.45亿元支持全面完成贫困县、贫困村农村交通、产业路、生产路建设，改善贫困地区出行和生产条件；筹措农村综改转移支付资金36.67亿元，支持37个贫困县美丽乡村试点和村级公益事业建设，改善农村人居生活环境，提升贫困地区农村公益性服务能力建设。

四、加强资金监管，切实发挥财政扶贫资金最大效益

（一）强化监督责任，始终把强化扶贫资金监管摆在突出位置

严格落实习近平总书记关于“扶贫资金是贫困群众的‘救命钱’，一分一厘都不能乱花，更容不得动手脚、玩猫腻!”的指示精神，将“绝不因财政工作不到位影响精准脱贫，绝不因财政政策不落实影响脱贫攻坚”作为底线，压实责任，履职尽责。每年将扶贫资金监管工作纳入年度重点工作计划，印发《贯彻落实财政部关于加强规范财政支持脱贫攻坚政策落实情况监督工作的实施意见》，进一步明确财政扶贫资金监管工作目标任务，推动财政支持脱贫攻坚政策和资金落到实处。

（二）完善监管体系，为资金精准高效使用保驾护航

一是完善管理监督机制。先后印发《扶贫领域各类监督检查反馈问题整改跟踪督办工作暂行办法》《关于加强财政扶贫资金

管理工作的意见》《关于开展扶贫资金重点抽查工作的通知》《财政部门财政扶贫资金违规管理责任追究办法》等系列制度文件，完善管理监督机制，着力扎紧制度“笼子”。二是构建闭环管理机制。印发《关于支持乡镇财政加强资金监管工作的指导意见》《乡镇财政资金监管明责确责办法（试行）》等涉农资金管理意见，按照“谁申报项目、谁确定项目、谁核实数据，谁使用资金、谁负资金监管主体责任”原则，打造省、市、县、乡四级财政资金监管闭环。三是建立联动监管机制。配合省委巡视办出台《巡视巡察机构和财政部门有关工作贯通协作暂行办法》等文件，建立多方联动协调监管机制，不断推动财政扶贫资金管理规范化和制度化。

（三）创新监管方式，确保扶贫资金使用管理安全有效

一是坚持追踪问效。建立完善“花钱必问效、无效必问责”机制，全面实施财政专项扶贫资金绩效目标全过程管理，统一制定涵盖财政专项扶贫资金绩效管理全过程的22个模版，指导各地全面实施财政专项扶贫资金绩效管理。建立资金分配与绩效考评结果挂钩机制，发挥资金使用成效正向激励作用。二是坚持问题导向。紧盯扶贫政策落实、统筹整合、公开公示等10个重点，持续开展省对贫困县重点抽查、市州对县市、县市对乡镇、乡镇对村的全覆盖检查，层层压实各级财政部门扶贫资金监管责任，从严治理扶贫资金监管领域腐败和作风问题。三是坚持信息共享。建立扶贫资金动态监控机制，推动解决扶贫资金使用管理中“最后一公里”监管难的问题。将中央42项、省级33项以及市县相关资金纳入扶贫资金总台账，对扶贫资金预算下达、支付、绩效目标执行情况等实行实时监控。2018年以来，全省纳入动态监控资金6 709亿元，其中扶贫资金1 213亿元。四是坚持阳光

扶贫。严格执行扶贫资金项目公告公示制度，坚持“两个一律”“九个公开”，省级及时将扶贫资金管理制度、资金分配情况在湖北省财政厅公众网公告公示；市县级及时将年度统筹整合方案、资金分配及使用情况在政府门户网站公开公示；乡镇、村在乡镇人民政府和村委会所在地公开公示资金使用情况、项目实施进展情况、资金拨付情况等，广泛接受社会监督，确保资金在阳光下运行。

五、积极应对疫灾冲击，确保决战决胜脱贫攻坚如期收官

（一）采取超常举措确保扶贫投入

想尽一切办法，动用全部“家底”，集中财力保脱贫攻坚重点。一是坚决压减一般性支出。加大“过紧日子”力度，千方百计向内挖潜，大力压减一般性支出，压减非急需、非刚性和低效支出，取消无效低效支出。对可暂缓实施的支出项目资金，坚决及时缴回财政。二是着力调整支出结构。除疫情防控、脱贫攻坚、“六稳六保”需要外，原则上不再出台新的增支政策。全面排查梳理预计难以执行的项目或者支出方向和重点发生变化的项目，及时调整用途。三是加大清理回收力度。全额动用预备费和预算稳定调节基金，按照“零结转”原则统筹结转结余资金，加大暂存暂付性款项清理收回力度。统筹使用政府债券资金，按“以收定支”原则调减政府性基金支出规模和结构，动用社保和医保基金历年滚存结余，确保必保支出不出现硬缺口。

（二）用好一揽子政策支持复工复产和稳岗就业

制定出台20余个财政政策文件，打好疫情防控、经济社会

发展组合拳，全力以赴推进脱贫攻坚。一是落实减税降费政策。用好国家 27 项税费优惠政策，全力支持复工复产和助企纾困，2020 年 1 至 11 月累计新增减税降费 949 亿元。二是加大政策补贴力度。对努力克服疫情影响积极带动贫困户发展的扶贫龙头企业和合作社等带贫主体，通过一次性生产补贴、贷款贴息、临时岗位补助等给予支持，鼓励经营主体吸纳贫困劳动力就业。三是加强稳岗就业支持。统筹使用就业补助、失业保险基金结余、职业技能提升行动等资金，支持做好贫困劳动力就业创业工作。对贫困劳动力外出就业，给予一次性生活补贴、交通费补贴。对贫困劳动力坚持“优先”“兜底”“清零”，优先组织返岗、优先企业吸纳、优先托底安置。疫情期间，省财政积极落实就业补助资金 19 亿元，落实首批稳岗返还资金 8.14 亿元，惠及 99 241 家企业、285.87 万个岗位。四是促进产业发展。用好农业生产发展等资金和扶贫小额信贷政策，支持做好农资供应等春耕备耕工作，促进扶贫产业持续发展。加大产业奖补力度，支持贫困户恢复生产，开展生产自救。加大对受疫情影响较大的产业扶贫项目生产、储存、运输、销售等环节的支持。五是积极开展消费扶贫。用好政府采购贫困地区农副产品政策，加大消费扶贫力度，推动产销对接，支持多渠道解决农副产品销售难问题。在“扶贫 832”平台上，2020 年湖北省预算单位采购订单总额 9.42 亿元，供应商销售总额 17.97 亿元，均居全国第一位。

六、财政支持脱贫攻坚工作经验和启示

（一）牢记殷殷嘱托，感恩奋进奔小康

在最艰难的时刻，习近平总书记亲自指挥、亲自部署，亲临

湖北指导疫情防控，亲自研究确定支持湖北一揽子政策。财政部党组也多次研究支持湖北防控工作，给予湖北特殊倾斜，帮助湖北渡过难关。湖北省财政厅始终牢记习近平总书记“湖北要统筹推进疫情防控和经济社会发展工作，确保完成决胜全面建成小康社会、决战脱贫攻坚目标任务，奋力谱写湖北高质量发展新篇章”的嘱托，及时制定出台一系列克服疫情影响、如期全面打赢脱贫攻坚战的政策措施，确保全面完成剩余脱贫攻坚目标任务，确保全面建成小康社会“底线”不破、“后墙”不倒、不拖全国后腿。

（二）坚定政治属性，履职尽责强担当

财政部门作为重要职能部门，湖北省各级财政部门坚持“财”服从、服务于“政”，始终把政治性作为第一属性，始终把决战决胜脱贫攻坚作为落实以人民为中心发展理念的“政治任务”，始终把推进脱贫攻坚作为“头等大事”和检验政治担当的重要标尺，推动财政资源向脱贫攻坚重点配置，坚持焦点不散、靶心不变、力度不减，加强谋划、部署、落实、督促、整改等全环节管理，在全面履行财政职责、支持打赢脱贫攻坚战过程中体现政治方向。

（三）坚持政府主导，落实政策保投入

打赢脱贫攻坚战阶段，湖北省各级财政部门认真落实投入政策要求，注重加大投入力度，制定倾斜政策，在分配一般性转移支付资金和各类专项资金时重点向贫困地区倾斜，落实“三个新增”要求，重点向深度贫困县倾斜，引领更多资金资源向深度贫困地区和建档立卡贫困人口精准聚焦，逐步建立了与脱贫攻坚需求相适应的财政投入增长机制。

（四）发挥市场作用，构建扶贫大格局

湖北省各级财政部门综合运用财政、土地、金融、税收等政策手段，积极发挥市场作用，形成“有为政府＋有效市场”的推进脱贫攻坚模式，形成支持社会资本投入脱贫攻坚的政策体系，构建专项扶贫、行业扶贫、社会扶贫等多方力量有机结合的“三位一体”大扶贫格局。

（五）提升监管能力，确保资金高效益

脱贫攻坚阶段，湖北省各级财政部门认真履职尽责，在明确财政扶贫资金管理相关部门的监管责任、实施绩效管理、执行公开公示制度以及配合审计、纪检监察机关做好资金和项目审计、检查等方面持续推进资金监管，强力推进扶贫动态监控工作，努力防止财政扶贫资金损失浪费、贪污挪用，确保财政资金使用的安全性、合规性和有效性。

湖南省财政脱贫攻坚工作情况

2016 年来，湖南省财政部门深入学习贯彻习近平总书记扶贫开发战略思想，坚持把支持脱贫攻坚摆在突出首要位置，立足职责职能，响鼓重锤、尽锐出征、真抓实干、精准施策，以投入强度保障扶贫力度，以管理精度保障脱贫效度，为全省脱贫攻坚提供了有力支撑。全省 6 920 个贫困村全部出列，51 个贫困县全部摘帽，绝对贫困和区域性整体贫困全面消除。

一、打出“组合拳”，全力保障资金弹药充足

财政真金白银的投入，是打好打赢脱贫攻坚战的重要保障。面对经济下行压力，财政收支矛盾凸显，省财政积极主动作为，综合施策，建立了与脱贫攻坚任务相适应的投入保障新机制。

（一）加大财政专项扶贫资金投入

2016—2020 年，全省各级财政部门共投入财政专项扶贫资金 549. 58 亿元（见表 1），年均增长达 14%，远超同期财政支出的增幅。其中，省级财政 5 年来累计投入财政专项扶贫资金 194. 02 亿元，年均增长 19. 38%，高于同期中央财政安排湖南省财政专项扶贫资金增幅 2. 11 个百分点。

表 1　　2016—2020 年财政专项扶贫资金投入情况表　　（单位：亿元）

年度	合计	中央	省级	市级	县级
总计	549.58	237.86	194.02	21.75	95.95
2016 年	80.38	32.18	25.22	3	19.98
2017 年	109.12	42.78	33.74	4.88	27.72
2018 年	100.54	46.95	38.11	3.53	11.95
2019 年	123.58	55.1	45.73	4.86	17.89
2020 年	135.96	60.85	51.22	5.48	18.41

（二）深入推进贫困县涉农资金统筹整合

2015 年 11 月 27 日，习近平总书记在中央扶贫开发工作会议上指出，基层最知道自己哪儿疼，却没法开方抓药。行业部门项目资金各有各的使用方向、各有各的管理考核办法，贫困县难以统筹整合。为优化财政涉农资金投入机制，发挥财政资金在脱贫攻坚中的主导作用和聚集效应，2016 年，省财政厅牵头起草并以省政府办公厅名义印发《关于推进贫困县统筹整合使用财政涉农资金工作的实施意见》（湘政办发〔2016〕53 号），以省为主建立资金“引水”机制，以县为主搭建资金整合使用“放水”平台，通过“联渠引水”到县，化“零钱”为“整钱”，构建“多个渠道引水、一个龙头放水”的扶贫投入新格局。一是实施范围全覆盖。在全省所有 51 个贫困县统一实施涉农资金整合改革，不让一个贫困县掉队。二是整合资金有力度。在将中央层面明确的 20 项资金全部纳入统筹整合范围的基础上，将 19 项省级涉农资金纳入统筹整合范围。三是统筹规模有保障。对纳入统筹整合范围的中央和省级资金实行“先切块、后分配”，切块到贫困县的比例不得低于 55%。其中，财政扶贫资金和农村危房改造补助资金的切块比例分别不低于 85% 和 65%。四是资金分配全因素。对切块安排到贫困县的资金，坚持“源头不变、充分放权”，全部实行因素法分配。五是审批权限全下放。省级强调“放得下”，按照“管总额不管结构、管任务不管项目、管监督不管实施”的要求，实行资金使用、项目审批、政府采购、招投标、项目管理、监管责任“六到县”。六是业务指导有成效。每年召开一次培训会议，对涉农资金统筹整合政策进行专题培训。2016—2020年，共培训市州、县市区人员超过 2 500 人次。同时，加强统筹整合实施方案审查，提高方案质量，确保统筹整合资金使用成效。2016—2020 年，共反馈方案审查意见 1 500 多条。

2016 年以来，省财政共下达 51 个贫困县统筹整合范围内涉农资金 900 多亿元，贫困县共统筹整合涉农资金超过 760 亿元，支持脱贫攻坚项目超过 10 万个，为贫困地区基础设施“强筋健骨”，为扶贫产业“补气造血”。

（三）积极筹措易地扶贫搬迁资金

“十三五”时期易地扶贫搬迁是脱贫攻坚的“重头戏”。2016 年，湖南省财政厅与省扶贫公司签订政府购买服务协议，着力建立“四分四保”筹资新机制：分级搭建筹资平台，保障承接主体落实；分类明确“两借两注入”下行模式，保障精准投放；分环节制定管理办法，保障安全使用；分别签订多方协议，保障市场运作。2016 年以来，共筹集各类搬迁资金 410.4 亿元，安排贴息资金 37.96 亿元，支持全省 105 个县市区 69.4 万贫困人口完成易地扶贫搬迁，确保实现“搬得出、稳得住、能致富”。

（四）全力保障行业扶贫投入

据统计，2016—2020 年，县市区统筹各级财政资金 702.02 亿元支持有关行业扶贫工作（详见表 2）。其中，产业扶贫投入 302.45 亿元，教育扶贫投入 209.69 亿元，医疗扶贫投入 162.55

亿元，就业扶贫投入 27.33 亿元。

表 2　　2016—2020 年有关行业扶贫投入情况表　　（单位：亿元）

年度	合计	产业扶贫	教育扶贫	医疗扶贫	就业扶贫
总计	702.02	302.45	209.69	162.55	27.33
2016 年	81.66	34.16	32.90	13.21	1.39
2017 年	128.74	63.31	40.95	21.27	3.21
2018 年	156.65	62.99	46.80	40.72	6.14
2019 年	167.66	68.61	47.24	43.95	7.86
2020 年	167.31	73.38	41.80	43.40	8.73

（五）有效拓宽扶贫投入渠道

各级财政部门在加大财政投入的同时，会同扶贫等有关部门，积极争取社会捐赠、东西部协作等方面的投入，有效拓宽了扶贫投入渠道。据统计，2016—2020 年，社会各界捐赠扶贫资金共 28.36 亿元，争取东西部协作帮扶资金 11.1 亿元（2017—2020 年），有效支持了全省脱贫攻坚工作。

二、走活“一盘棋”，推动形成大扶贫格局

脱贫攻坚涉及方方面面，必须上下“一盘棋”，政策“齐发力”，才能凝聚起强大的工作合力。省财政联合相关部门，不断提高财政扶贫资金的统筹层次和能力，增强财政扶贫政策的系统性、整体性和协同性，让扶贫靶向更加精确、扶贫体系更加完善、扶贫举措更加精细，脱贫攻坚棋局全盘激活。

（一）充分发挥厅脱贫攻坚领导小组的统筹协调作用

建立健全财政党组主要负责同志负总责的脱贫攻坚领导机制和工作机制，把脱贫攻坚摆在财政工作的突出位置，理顺内部职

责，加强部门协调联动，压实工作责任，凝聚工作合力，形成长效机制。2017 年，湖南省财政厅成立了由一把手任组长的脱贫攻坚领导小组，并按照尽锐出战的要求，充实财政脱贫攻坚力量，配备财政扶贫干部，激励干部担当作为，保持决战决胜的良好精神状态。先后召开 11 余次领导小组会议，学习习近平总书记扶贫战略思想和脱贫攻坚相关文件精神，研究制定《湖南省财政厅贯彻落实打赢脱贫攻坚战三年行动指导意见的实施方案》，实化细化政策要求和工作举措。多次深入基层调研财政扶贫工作，梳理资金短缺、资金闲置、融资风险三大问题，研究财政支持脱贫攻坚到乡村振兴衔接，形成了《关于财政扶贫资金使用管理情况的深度调研报告》《关于我省扶贫小额信贷风险的调研报告》《加大统筹整合力度不断优化涉农资金结构——我省贫困县涉农资金统筹整合使用政策绩效情况调研》《财政支持脱贫攻坚到乡村振兴衔接研究》等一批优秀调研报告，得到了省委省政府领导的充分肯定，为省委省政府部署脱贫攻坚工作提供了决策依据。

（二）完善财政“大扶贫”政策体系

聚焦义务教育、基本医疗、住房安全和饮水安全等脱贫攻坚领域突出问题，切实强化补短板的资金投入，统筹推进教育扶贫、健康扶贫、就业扶贫、生态扶贫等。将建档立卡贫困学生优先纳入资助范围并顶格补贴，安排 13.7 亿元支持贫困地区建设芙蓉学校。2018—2020 年，安排 1.4 亿元，支持提升贫困县县级医院服务能力，努力实现“小病不出乡、大病不出县”的就医目标；安排 4 612 万元支持消除 1 153 个卫生室“空白村”，满足群众就近就医。完成建档立卡贫困人口、低保户、农村分散供养特困人员、贫困残疾人等四类重点对象的危房改造，实现 2 320 户建档立卡边缘户危房改造全部清零。投入财政扶贫资金 19.5 亿元，全面保障贫困户饮水安全。支持农村低保标准与扶贫标准“两线合一”，农村低保指导标准提高到4 000元/年，城市低保指导标准提高到550元/月，有力保障了192.4万名低保对象的基本生活。安排扶贫资金4亿元应对疫情影响，加大扶贫产业奖补力度，促进贫困户实现稳定就业。2017—2018年共安排4.4亿元，在51个贫困县聘请生态护林员1.9万余人。省财政累计安排农村公路建设资金234.6亿元，大力推进包括贫困地区在内的全省“四好农村路”建设。制定出台了《关于运用政府采购政策支持脱贫攻坚的通知》《湖南省消费扶贫行动实施方案》，充分发挥政府采购政策作用，通过政府采购带动消费扶贫，进而精准带动建档立卡贫困户增收。目前，全省共16 476个预算单位累计采购农副产品5.3亿元。

（三）综合运用多种财税扶贫工具

运用税收优惠、担保补助、风险补偿等政策工具，调动企业、社会参与脱贫攻坚积极性。2016年，为降低建设成本，省财政厅印发了《关于贯彻落实易地扶贫搬迁项目有关政策的通知》（湘财办〔2016〕26号），在省级权限范围内对易地扶贫搬迁项目税费给予最高限度的减免优惠。2016年，推出面向贫困县的精准扶贫新型农业经营主体贷款保证保险（扶贫“财银保”），由省财政统一设立风险补偿金，并给予最高80%的利息和保费补贴，破解融资难题，提高造血效率。目前全省已通过扶贫“财银保”投放产业扶贫产业贷款超过2亿元。同年，在51个贫困县实施精准扶贫特色农业保险保费补贴政策，在省级特色农业保险的基础上，由51个贫困县自主选择1—2个精准扶贫特色农业保险品种，省财政给予70%—90%的保险保费补贴，目前已安排1.3亿元补贴资金。

（四）开辟贫困村基础设施项目建设程序“绿色通道”

创新推出贫困村基础设施建设项目的“一统筹两监督三制度”“一审一评议”制度，有效简化贫困地区基础设施项目建设程序，提高了扶贫资金在贫困村的使用效益。一是建立“一统筹两监督三制度”模式。各地利用扶贫资金在贫困村实施，且单项投资总额度200万元以下（货物100万元以下，服务50万元以下）的小型公共基础设施项目，按照“一统筹两监督三制度”模式实行。“一统筹”，由县级扶贫开发领导小组统筹建立脱贫攻坚项目库，加强贫困村扶贫项目的储备。“两监督”，明确项目监督责任主体，由乡镇党委政府、街道办事处及贫困户代表对项目工程质量、进度、资金支付、竣工验收等实施全过程监督；有关行业主管部门，不定期对项目实施情况进行监督。“三制度”，实行项目法人责任制、施工队伍准入制和工程项目公示制，明确项目的建设实施主体，建立施工队伍数据库，简化项目采购程序，建立公告公示制度。二是建立“一审一议一评”模式。单项投资总额度200万元以上400万元以下的项目，按照“一审一议一评”模式实行。“一审”，建立联合审批机制，创新评审方式，建立健全限时办结制，提高财政评审效率。“一议”，由项目法人集体议定招标代理机构和信用好、业绩佳和实力强的备选队伍。“一评”，项目法人按邀请招标程序组织召开专家评审会确定施工队伍。三是健全监管机制。采用上级监管、本级监督、贫困户代表参与的三重监督模式，确保工程监督的全覆盖，提高监督的社会化、民主化水平。

三、用足“绣花功”，加强扶贫资金监管

扶贫资金是贫困群众的“救命钱”“保命钱”和减贫脱贫的

“助推剂”，财政部门肩负扶贫资金监管的重要职责，各级财政部门以“绣花”的功夫精雕细琢，强化资金监管，推动形成常态化长效化机制，切实保障扶贫资金安全有效。

（一）建立健全扶贫资金动态监控系统

贯彻落实财政部关于做好财政扶贫资金动态监控工作的决策部署，全省各级财政部门不断提高政治站位，强化责任担当，齐心协力，先后制定了《湖南省财政扶贫资金工作实施方案》《湖南省财政厅财政扶贫资金动态监控工作规程》，建立了目标清晰、落实有力、责任到人的扶贫资金动态监控工作机制，做到监控工作常态化、规范化，实现监控平台从“建起来”向“用起来”到“用出成效”转变，湖南省财政扶贫资金动态监控管理水平不断提升。扶贫资金动态监控平台启用以来，共组织大型培训 6 次，小规模培训 10 次，累计培训 11 300 人次，下发督导类、整改类等通知 50 余次，督促县市区处理预警信息共 1 万多条。

（二）创新扶贫补贴资金发放制度

2017 年，湖南省启动了惠农补贴“一卡通”发放管理改革，将扶贫补贴资金使用卡折发放，并免费提供补贴发放短信服务，及时为建档立卡贫困户打印扶贫补贴发放明细清单，确保补贴对象对国家惠农、扶贫补贴政策和补贴资金发放情况都能够清楚掌握、心中有数。一是强化组织领导。湖南省各级财政部门明晰工作目标，加强谋划部署，积极推动改革进程。改革启动后，下发了《关于进一步规范和完善惠农补贴“一卡通”发放管理的通知》等文件，并采取督办会议、实时调度、约谈督导等手段，构建了上下联动、左右协同、齐抓共管的工作督查督办机制，确保了惠农补贴“一卡通”发放管理改革效果。二是完善系统建设。

2017 年 9 月，在原有补贴发放管理平台的基础上，新增了发放建档立卡贫困户扶贫补贴资金模块。2018 年，围绕建设“湖南电子财政”，升级改造财政惠农补贴“一卡通”发放管理系统，实现惠农补贴发放数据省级集中、市级监控、县级管控，构建了省、市、县、乡“数据资源共享、发放远程监控、资金全程监管”的惠农补贴发放管理信息化新模式。三是加强宣传引导。采取发放宣传资料等方式，拓展和优化了政策宣传内容、宣传形式；并通过村务公开栏公开公示补贴名称、政策、标准、金额、对象、依据等内容，在乡镇财政所设置便民服务窗口等，开辟“绿色通道”。四是实行公开制度。通过湖南省“互联网 + 监督”平台对扶贫补贴资金进行公开，接受社会监督。

（三）强化扶贫资金使用监督检查

近年来，省财政高度重视、多次开展扶贫资金使用管理暗访督查，并委托第三方进行扶贫资金检查，共发现并督促县市区整改问题 900 多个。加强易地扶贫搬迁项目资金的检查，通过联合检查、委托第三方检查等方式，对 105 个县市区易地扶贫搬迁项目资金使用管理情况进行了全面核查，共督促县市区整改问题 300 多个。根据省扶贫开发领导小组统一部署，2019 年，省财政厅成立了 47 人的脱贫攻坚常态化联点督查工作组，制定联点督查工作方案，紧紧围绕责任、政策、工作落实情况，以扶贫资金使用管理、财政扶贫政策落实情况为重点督查内容，采取“四不两直”方式，对邵阳新宁县和永州零陵区先后开展了 7 轮脱贫攻坚督查，共督查走访行政村 350 余次，走访贫困户 4 600 多户，非贫困户近 1 400 户，督查新宁县、零陵区共整改有关问题 180 多个。

（四）全面实施扶贫资金绩效目标管理

推进扶贫项目资金绩效管理是打赢打好脱贫攻坚战的有力保障。湖南省作为全国率先开展扶贫项目资金绩效管理工作的试点省份之一，认真贯彻落实党中央、国务院关于全面实施预算绩效管理的部署要求，坚持以“花钱必问效、无效必问责”为原则，指导市县设定指向明确、细化量化、合理可行的扶贫项目资金绩效目标，扶贫项目资金绩效目标从模糊到精准，评价考核指标从单一到综合，资金监管实现从事后到全程。加强扶贫资金绩效目标管理，对偏离绩效目标的情况，及时予以纠正，确保每一分扶贫资金用在刀刃上。同时，建立扶贫资金激励约束机制，强化扶贫资金绩效评价结果运用，对绩效评价结果排名靠前的地方给予奖励，累计安排奖励资金4.6亿元；对绩效评价成绩差的县市区财政、扶贫部门进行重点约谈、督促整改，先后共约谈20个县市区。

四、几点启示

（一）敢于破立的政治担当是推动资金使用机制改革的有力保障

贫困县涉农资金统筹整合属于典型的“存量”改革，涉及政府层级、职能、政策、规则等方方面面的深度调整，链条长、利益调整大、困难掣肘多，最难的是向自己“开刀”，削手中的权、去部门的利、割自己的肉，难度和阻力非常大。必须把改革当作检验党性原则的具体体现、考验“四个意识”的重要标尺，勇于做新时代改革的急先锋和行动派，推翻利益固化的藩篱，劈开阻隔流动的壁垒，向深层次利益关系和治理格局突破，实质上必须打破“一亩三分地”的思维定式，注重改革的系统性、整体性、协同性。按照省负总责的要求，湖南财政勇担重担，将顶层设计与基层探索相结合，先破后立，将纳入整合范围的中央和省级财政涉农资金在省级进行统筹，按一定比例切块后全因素法下达贫困县，实行资金使用、项目审批、政府采购、招投标、项目管理、监管责任“六到县”，充分下放资金、项目权限，最大限度地减轻了县级压力，做到把“中梗阻”变为“接力棒”，既“破”又立，既“稳”又“进”。同时，鼓励探索、弘扬创新、局部开花、面上结果，将中央、省的改革精神“一竿子插到底”。

（二）建立健全管理制度是扶贫资金安全规范使用的坚实篱笆

财政扶贫资金在培育和壮大贫困地区特色产业、改善小型公益性生产生活设施条件、增强贫困人口自我发展能力和抵御风险能力等方面发挥着重要作用。确保财政扶贫资金的规范使用这一重要职责，要求财政部门要对扶贫资金运行过程中的每个环节，诸如资金分配、支持范围、监督机制等，都要做出科学合理的设计，确保资金安全规范使用。2017 年，修订完善了省级财政专项扶贫资金管理办法，明确了资金的分配办法、支持范围，压实了资金管理部门的主体责任；制定了资金分级分类公告公示制度，详细规定了资金公示公告要素、范围、时限等内容，明确公示公告责任主体，提高扶贫资金使用的透明度；出台了资金监督检查制度，建立了客观的第三方机构检查工作机制，扎紧了资金安全规范使用的防护篱笆。通过不断健全扶贫资金的管理制度，有效保障了财政扶贫资金的安全规范使用。

（三）严格科学的绩效评价体系是提升资金使用效益的有效手段

从 2016 年起，逐步建立完善了财政专项扶贫资金和贫困县统筹整合资金绩效评价指标体系，坚持问题导向，压实资金监管责任，创新评价方式方法，采取第三方实地考核、绩效自评、市州交叉考核等方式，立足多维视角和多元数据，提高评价的科学、规范、客观和准确性，并注重结果运用，完善奖惩机制，督促问题整改，以强化绩效评价结果运用倒逼各级部门加快转变思想观念，提高绩效责任意识，不断实现财政扶贫资金高效使用，切实做到了花钱必问效、无效必问责，扶贫资金使用效益不断提升。

广东省财政脱贫攻坚工作情况

2016 年以来，广东省财政厅坚持以习近平新时代中国特色社会主义思想为指导，深入贯彻习近平总书记关于扶贫工作的重要论述，认真落实中央和省脱贫攻坚决策部署，聚焦省内脱贫攻坚“两不愁三保障”目标任务及东西部扶贫协作政治任务，不断强化财政支持脱贫攻坚工作力度，为决战决胜脱贫攻坚提供了坚实的财力保障。截至 2020 年 12 月 31 日，广东省内建档立卡贫困户“两不愁三保障”总体实现，省定现行标准下 161.5 万相对贫困人口和 2 277 个相对贫困村全部脱贫出列，探索走出一条解决相对贫困新路径；帮助桂川滇黔 4 省（区）93 个贫困县、500 多万贫困人口脱贫摘帽，为全国打赢脱贫攻坚战作出了广东贡献、提供了广东智慧。

一、自觉履行财政支持脱贫攻坚政治责任

广东省财政系统始终把脱贫攻坚作为重要政治任务放在心上、抓在手上、扛在肩上，厅主要领导同志以上率下、靠前指挥，推动各项财政支持脱贫攻坚政策落实落地，把增强“四个意识”、坚定“四个自信”、做到“两个维护”落实到决战决胜脱贫攻坚的具体行动上。

（一）加强领导，强化担当，把脱贫攻坚作为首要政治任务抓实抓好

一是建立党组会议第一议题学习制度。2016 年以来，广东省财政厅连续 5 年每年召开厅党组专题会议研究推进脱贫攻坚工作，坚持把学习贯彻习近平总书记重要讲话和指示精神作为第一议题，深入学习习近平总书记关于扶贫工作的重要论述、视察广东重要讲话精神以及党中央脱贫攻坚一系列决策部署，深化全厅对打赢脱贫攻坚战重大意义的认识，坚定财政支持打赢脱贫攻坚战的政治担当，不断增强打赢脱贫攻坚战的思想自觉、政治自觉和行动自觉。二是建立厅主要领导负总责的工作机制。为深入贯彻中央及省委、省政府关于打赢脱贫攻坚战三年行动的部署精神，2018 年 9 月广东省财政厅专门成立由厅主要领导担任组长、各分管领导担任副组长、27 个相关处室为成员单位的厅脱贫攻坚领导小组，2019 年、2020 年连续两年制定印发领导小组工作要点，每年提出 20 多项财政支持脱贫攻坚的具体政策任务，落实落细财政支持脱贫攻坚力度不减的部署要求。三是将脱贫攻坚工作纳入厅每年重点工作计划的首要任务。2016 年以来，厅党组坚持将财政支持脱贫攻坚工作纳入厅每年重点工作台账的首要任务，2019—2020 年更是纳入厅“两全”工作（全面对标、全力推动走在前列）作为“重中之重”任务，自觉对标中央和省委、省政府各项部署要求以及先进兄弟省市财政部门、省直部门，以支持打赢脱贫攻坚战为抓手，推动广东实现“四个走在全国前列”、当好“两个重要窗口”。

（二）精心谋划，真帮实扶，切实落实定点帮扶职责任务

广东省财政厅自 2016 年开始对口帮扶河源市龙川县鹤市镇

鹤市村，厅党组高度重视，坚持抓党建促脱贫谋振兴工作思路，高位推进对口帮扶工作。一是突出“一盘棋”部署。把定点帮扶工作列入党组会议、厅长办公会议及厅长专题会议议题，定期研究部署扶贫工作，前后审议印发2016—2018年和2019—2020年对口帮扶工作规划。厅主要领导、分管厅领导累计深入定点帮扶村36次，选派2批6名优秀驻村干部驻村，累计筹资5 800多万元开展对口帮扶工作，高标准、高要求落实帮扶责任。二是坚持“双精准”方略。严格落实精准识别要求，执行“一进二看三算四比五评”程序，多轮次入户核查“八有指标”，按程序确定全村建档立卡贫困户；严格落实精准帮扶政策，累计筹资255万元完成“三保障”任务，做到应保尽保、应扶尽扶。三是聚力“三维度”提升。聚力提升农田水利设施、公共基础设施、教学环境质量三个维度，修建63条总长12公里灌溉排水渠道及4.8公里村道硬底化工程，升级改造全村自来水管网及污水分流设施，支持鹤市小学运动场所建设等，打造干净、整洁、有序的社会主义新农村。截至2020年12月底，鹤市村全村建档立卡贫困户全部实现稳定脱贫，贫困户人均可支配收入由不足4 000元增长到15 125.76元。

（三）凝心聚力，督战一体，尽锐出战攻克贫困最后堡垒

按照习近平总书记关于“对工作难度大的县和村挂牌督战”的重要指示精神，2020年3月省部署脱贫攻坚挂牌督战工作以来，广东省财政厅高度重视，认真履行省扶贫开发领导小组副组长单位职责，统筹推进挂牌督战肇庆市及封开县脱贫攻坚工作。一是注重高位谋划统筹推进。厅党组书记、厅长担任厅脱贫攻坚挂牌督战小组组长，审议《广东省财政厅挂牌督战肇庆市封开县脱贫攻坚工作实施方案》，多次带队奔赴一线开展挂牌督战，统

筹谋划推进挂牌督战工作，直接指导解决挂牌督战地区脱贫攻坚出现的问题。3 月以来，共开展实地督战调研 13 次，其中厅主要负责人带队 3 次、其他厅领导带队 10 次，共走访封开县辖下全部 16 个镇的 33 个村 53 户 191 人。二是注重督战一体攻坚态势。2020 年来，在厅党组的统筹谋划和强化督办下，厅督战专班成员 27 个有关处室积极履行职责分工，加强协调联动，集中统筹农业、交通、社保、科教文等各财政领域资源力量，积极开展协助帮办，强化政策指导，全力帮助解决督战地区在义务教育、基本医疗、住房和饮水安全“三保障”方面的突出问题，有效推动督战地区脱贫攻坚工作加快推进。三是注重发挥行业部门优势强化支持帮扶。2020 年 3 月以来，积极发挥财政部门行业优势，强化财政资金保障，及时转移下达中央财政专项扶贫资金 7.05 亿元支持全省贫困地区大力发展当地特色农业产业，加快带动扶贫开发对象增收脱贫，安排 6 个督战地市各 1 000 万元用于支持脱贫攻坚挂牌督战，专项安排 1 200 万元支持对口挂牌督战地区封开县建设两广源流乡村文化馆。截至 2020 年上半年，广东省财政厅挂牌督战地区 2019 年剩余未脱贫出列的 1 个省定贫困村和 53 户 191 名贫困户已全部达到脱贫出列标准，达标率为 100%。

二、坚持把脱贫攻坚作为财政优先保障领域

2016 年以来，广东省各级财政部门强化投入保障、完善政策支持、加强资金管理，累计投入超千亿元资金用于省内各项脱贫攻坚及东西部扶贫协作工作，为决战决胜脱贫攻坚提供坚实的财政保障。

（一）不断加强省内脱贫攻坚财政资金投入保障

2016年以来，按照党中央、国务院脱贫攻坚的统一部署，广东省自加压力，以2015年农民人均可支配收入的33%（即4 000元）作为新的扶贫标准，全省认定相对贫困人口62.1万户、161.5万人及相对贫困村2 277个。2016—2018年集中投入省级资金244亿元（全省各级共391亿元）统筹推进开发式扶贫和保障性扶贫工作，分年投入313亿元支持省定贫困村创建社会主义新农村示范村，助力广东省三年期间相对贫困人口大大降低，贫困发生率从4.54%降至0.3%以下；2019年省财政继续加大投入，安排约120亿元支持省内实施增收脱贫工程、兜底保障工程及推进扶贫扶志扶智相结合等，助力广东省2019年底累计160万相对贫困人口实现脱贫，贫困发生率降至0.1%以下，全省有劳动能力相对贫困户年人均可支配收入达到14 331元。2020年是脱贫攻坚决胜之年和全面进入小康社会实现之年，省财政进一步加强财力统筹，帮助全省努力克服新冠肺炎疫情影响，全力支持打赢脱贫攻坚战。

一是进一步加大省级对贫困地区的一般性转移支付力度。省级下达市县均衡性转移支付、生态保护区财政补偿、县级基本财力保障和老区苏区民族地区补助等重点转移支付资金1 778亿元，覆盖粤东西北和珠三角财力薄弱地区共86个县（市、区），全力兜实兜牢贫困地区“三保”支出底线，提升基层基本公共服务能力和水平。二是进一步加强财政专项扶贫资金投入保障。省级安排约113.39亿元，紧盯总攻目标和现行标准，聚焦“两不愁三保障”突出问题，全力支持省内持续实施增收脱贫工程、兜底保障工程、推进扶贫扶志扶智相结合等。三是进一步加强补齐脱贫攻坚领域资金短板及弱项。2020年广东省进一步深化省级涉农资金统筹整合改革，将传统意义上的农、林、水资金及扶贫资金等9部门26项省级涉农资金纳入统筹范围，实现全农口部门资金统筹整合。省级涉农资金通过“大专项+考核事项清单+绩效目标”方式整体下达，由市县组织对影响本地全局发展的重点涉农项目如脱贫攻坚等方面进行集中攻坚克难，补齐短板弱项。2020年省级涉农资金统筹规模达360亿元，其中由市县统筹实施资金规模为306亿元。为确保广东省如期全面脱贫，2020年以来各地共统筹省级涉农资金88.28亿元专项用于扶贫方面。

（二）不断加大东西部扶贫协作财政援助帮扶力度

帮扶桂川滇黔四省（区）93个县打赢脱贫攻坚战是党中央交给广东的重大政治任务，广东省财政厅始终坚决贯彻落实中央和省委省政府关于东西部扶贫协作工作的部署要求，高度重视、高度关注，全力支持推进东西部扶贫协作工作。一是建立逐年增长的投入保障机制。2016年以来，广东省各级财政不断加大东西部扶贫协作财政援助资金投入，省、市、县、镇四级财政累计投入援助资金171亿元，县均从2016年的1 039万元增加到2020年的6 200万元，财政援助资金总额和县均数居全国前列。2018—2019年全省合计投入379亿元，连续两年超额完成城乡建设用地增减挂钩节余指标跨省域调剂任务。把东西部扶贫协作纳入全国“扶贫日”和“广东扶贫济困日”系列活动，累计募集社会帮扶资金110亿元，列居东部九省市之首。二是精准投入确保援助资金使用效益。广东省帮扶资金重点投向改善帮扶地区贫困村、贫困人口生产生活条件，助医助学，支持创业致富带头人培训培育、贫困地区人才培训及贫困人口的教育、劳动技能培训，促进贫困人口就业创业，促进贫困地区与东部开展产业合作带动脱贫，开展人才劳务交流等方面，紧密围绕扶贫贫困人口实现“两不愁三保障”的目标，突出重点、精选项目，确保扶贫协作工作取得实质成效。2020年11月16—20日，广东省财政厅还专门组织对“十三五”时期广东帮扶广西资金开展了绩效评价，分析广东帮扶广西财政资金支出和项目实施是否达到预期目标，总结东西部扶贫协助工作经验，进一步加强东西部扶贫协助资金绩效管理，提升东西部扶贫协作政策实施效果。三是拓展帮扶方式支持搭建东西部扶贫协作产品产销平台。2019年来，广东财政积极落实中央关于大力开展消费扶贫部署要求，每年安排2 700万元支持广东省高水平建设东西部扶贫协作产品交易市场，协力将扶贫协作地区打造成粤港澳大湾区“菜篮子”“米袋子”“果盘子”供应基地，推动东西部地区联动发展，做大做强消费扶贫。截至2020年10月底，已累计搭建消费扶贫专馆56个，覆盖桂、川、黔、滇、陕、甘、宁等16个省份，省内21个地级以上市全部入驻，展销3 200多家企业的8 500多种产品，承办大型活动31场，交易额超3亿元，示范带动全省消费扶贫金额达290多亿元，成为各地特色产品展销的“大窗口”、消费扶贫行动的“加速器”、东西部扶贫协作的“新平台”，确保了广东消费扶贫始终走在全国前列。四是精准发力助力帮扶地区如期打赢脱贫攻坚战。2016年以来，广东省聚焦扶贫协作深度贫困地区、挂牌督战村、未脱贫和脱贫不稳定人口，不断创新统筹协调、财政投入、人才支援、产业合作、劳务协作、携手奔康等机制，完善政策支持，推动扶贫协作与区域协调发展深度融合，推动双向交流与本土培养深度融合，推动产业梯度转移与增强“造血”功能深度融合等，确保协助被帮扶地区如期高质量全面打赢脱贫攻坚战。仅是2019年，广东省向四省（区）提供财政援助资金50.93亿元，选派351名党政干部、4 278名专业技术人才到被帮扶地区开展工作，接收527名党政干部到广东挂职交流、3 650名专业技术人才到广东学习交流，转移13.67万名建档立卡贫困人口到广东省就业，帮助24.93万建档立卡贫困人口实现就近就地就业。引导491个企业到扶贫协作地区投资兴业，实际投资额212.01亿元；带动脱贫人数116.49万人，社会帮扶资金（含捐物折款）为31.47亿元等等。在全国东西部扶贫协作成效考核中，广东省2017年、2018年、2019连续三年综合评价为“好”等次，受到了中央办公厅、国务院办公厅的通报表扬。

三、全面落实财政支持脱贫攻坚各项政策

聚焦脱贫攻坚“两不愁三保障一相当”目标任务，2016年以来广东省财政不断加强落实产业扶贫、就业扶贫、教育扶贫、低保兜底等扶贫政策，加强运用税收优惠、政府采购等各类财政政策支持脱贫攻坚，取得了突出的成绩。

（一）全面落实“两不愁三保障”财政支持政策

2016年以来，省财政重点加强落实产业扶贫、教育扶贫、就业扶贫、医疗卫生扶贫以及低保兜底等资金保障。一是落实教育扶贫资金保障。如2020年安排学生资助资金58.31亿元，受助学生约294万人次，保障学生不因家庭经济困难而失学。其中，安排教育精准扶贫增量资金7.76亿元，受助学生约32万人次，对就读义务教育阶段、高中阶段（含中职）、高等教育阶段全日制在校建档立卡等家庭经济困难学生实施免学杂费和生活费补助，促进贫困人口稳定脱贫。二是落实就业扶贫资金保障。如2020年省级安排促进就业创业发展专项资金19.7亿元，积极支持粤菜师傅、南粤家政、农村电商、创业担保贷款贴息和奖补、圆梦计划、就业创业政策性和服务补助等就业创业扶持政策，加

强技工教育发展，提升广东省劳动者职业技能水平，全面建立起农村劳动力技能培训普惠制度。三是落实医疗卫生扶贫资金保障。如2020年省财政继续加大城乡居民医保、大病保险和医疗救助投入，安排城乡医疗救助资金33.05亿元，支持全省特别是经济欠发达地区保障城乡低保对象、建档立卡贫困人口政策范围内基本医疗救助比例达到80%以上，支持全面实现各项医疗保障政策“一站式”信息交换和即时结算。四是落实精准扶贫低保兜底资金保障。如2020年省财政安排下达中央和省2020年困难群众救助资金91.32亿元，支持全省继续巩固提高底线民生保障水平，确保城镇、农村低保对象最低生活保障人均补差水平分别从每月554元、251元提高到609元、276元；特困人员基本生活标准达到不低于当地最低生活保障标准的1.6倍。

（二）加强运用各类财政政策支持脱贫攻坚

一是落实积极的财政政策更加积极有为的要求，用足用好中央直达资金，第一时间下达中央特殊转移支付199.4亿元、抗疫特别国债资金366亿元等，直达市县基层，特殊转移支付向困难地区倾斜，有效缓解当地减收增支压力，为支持打好脱贫攻坚战提供财力保障。二是加强运用政府采购政策支持脱贫攻坚。积极落实财政部关于运用政策采购政策支持脱贫攻坚的有关部署，充分发挥政府采购的引领示范作用，鼓励和引导全省预算单位采用优先采购、预留采购份额方式采购国定贫困县的农副产品，并定期统计和通报全省采购贫困地区农副产品情况。截至2020年11月下旬，国家“扶贫832”平台显示广东省注册预算单位共计24 932家，预留份额达28 027.29万元，已完成采购金额20 014.61万元。三是加强运用税费优惠政策支持脱贫攻坚。广东省各级财税部门按照国家的统一部署，全力推进脱贫攻坚相关税费政策不折不扣落到实处，最大限度释放政策红利，落实扶贫攻坚四项税收优惠政策，共减免税款约900万元，推进脱贫攻坚与乡村振兴战略有效衔接。四是加强运用国际金融组织贷款支持脱贫攻坚。2020年省财政厅与省农业农村厅（省扶贫办）签署执行协议，全力支持省农业农村厅（省扶贫办）利用世界银行货款中国经济改革促进与能力加强技术援助项目（TCC6），建设广东省贫困问题分析预警预防治理信息平台，逐步开发完善监测返贫和新生贫困的预警和预防信息系统，为贫困问题的宏观政策研究和科学研判提供有针对性的政策建议和依据。

（三）全面规范加强财政专项扶贫资金使用管理

2016年来，广东省财政严格实施扶贫资金使用全过程监督，会同省扶贫办不断加大对扶贫资金的监督检查力度，积极推进财政扶贫资金动态监控机制，加强扶贫资金资产管理，增强资金使用的透明度。一是加强对财政扶贫资金的检查、监督、审计。省财政每年多次组织对扶贫资金使用情况开展重点检查，并同步开展资金绩效目标实现情况、资金进度“双监控”，确保财政扶贫资金精准高效使用。二是健全完善财政扶贫资金动态监控系统。运用云计算、大数据等现代信息技术，建立简便实用、实时同步的动态监控体系，实现对扶贫资金和项目全面、真实、准确的动态监管。2020年已将42项中央及48项省级资金共2 028亿元纳入动态监控范围。三是制定出台规范扶贫资金资产管理文件。近年来，省级不断健全完善扶贫资金使用管理制度，相继印发《进一步加强省级扶贫资金使用管理的意见（试行）》《进一步加强省级扶贫资金使用管理的意见（试行）》《关于进一步规范和加强扶贫资产管理工作的通知》等文件，以健全的制度杜绝财政扶贫资金的挪用、流失。四是从严惩治扶贫领域腐败问题。深入推进扶贫领域腐败和作风问题专项治理工作，高度关注并严肃查处影响产业扶贫、对口帮扶以及扶贫资金使用管理等方面的问题，联合省扶贫办组织开展专项督导及“回头看”，并将问题查处情况列入全省年度扶贫开发工作成效考核指标。

四、齐心同力推动脱贫攻坚取得历史性成就

党的十八大以来，在党中央、国务院和省委、省政府的正确领导下，广东省财政厅始终坚持党对减贫事业、脱贫攻坚的绝对领导，充分发挥财政职能作用，以积极有为的财政政策统筹推进开发式扶贫和保障性扶贫工作，推动我省减贫治理工作取得了历史性成就。

一是解决相对贫困问题取得重大突破。党的十八大以来，广东以全省农民人均可支配收入的33%作为扶贫标准，在全国率先开启解决相对贫困探索。2013—2015 年，广东省以 3 480 元作为相对贫困标准，全省认定 20.9 万户、90.6 万名相对贫困人口，通过三年的“规划到户、责任到人”开发式帮扶，累计完成 3 000个村 6 万户 30 万人的“两不具备”村庄移民搬迁工作，56.8 万户农村低收入群体农村危房改造顺利完成，被帮扶相对贫困人口人均可支配收入达 9 220 元。2016—2020 年，现行标准下 161.5 万名相对贫困人口“两不愁三保障”全部实现，贫困劳动力就业率达 98% 以上，年人均产业增收 2 400 多元，有劳动力贫困户年人均可支配收入达 14 331 元，全部实现高质量稳定脱贫。

二是贫困地区发展环境得到显著改善。珠三角与粤东粤西粤北地区对口帮扶全面深化，产业梯度转移和产业共建、完善基础设施建设、加强民生保障、打好精准脱贫攻坚战等多个方面取得丰硕成果。粤东粤西粤北地区累计创建省级现代农业产业园 150

个，建设“一村一品”基地1 048个，实施产业扶贫项目6.3万个，产业扶贫、电商扶贫、旅游扶贫等较快发展，贫困地区经济活力和发展后劲大为增强。贫困村公共服务站、标准化卫生站、快递物流覆盖率分别达99.8%、98.5%、80.2%，全部连通100M以上光纤，全省14.2万个20户以上自然村光网覆盖率达95.4%，4G覆盖率达97.3%，2 277个贫困村人居环境基础整治任务全面完成，基础设施和基本公共服务达到全省中等以上水平，贫困村年人均可支配收入17 456元，村均集体经济收入达33.5万元，实现“后队变前队”目标。

三是贫困地区减贫治理能力明显提升。全党动员促攻坚成为全省上下的普遍共识，五级书记抓脱贫攻坚政治责任得到全面落实，全省1.8万个党政机关企事业单位积极参与，近6.5万名干部先后参与驻村帮扶，5 840多名扶贫干部持续攻坚，近10万名村“两委”干部奋战一线，一大批干部得到培养锻炼。省内实施“党员人才回乡计划”，从农村外出务工经商人员、创业致富带头人、返乡大学生、退休干部中选拔优秀党员担任村党组织书记。建设佛山南海九江、清远英德连樟村、广州幸福田园三个贫困村创业致富带头人培训基地，全省培育创业致富带头人7 875名，累计带动建档立卡贫困户约4万户、13万贫困人口实现增收。精准帮扶精准施策的理念深入人心，从严从实真抓实干作风全面建立。志智双扶取得重大进展，推广“以奖代补”等帮扶政策，培育文明乡风，整治等靠要等不良习惯，帮助贫困群众转变观念、树立“我要脱贫”信心，贫困群众主动脱贫意识、脱贫能力显著增强，教育引导、政策引导、宣传引导良性格局初步形成，基层治理主人翁意识实现重振。

广西壮族自治区财政脱贫攻坚工作情况

“十三五”期间，广西各级财政部门认真贯彻落实习近平总书记关于扶贫工作重要论述精神，坚持将脱贫攻坚作为最大的政治任务、最大的民生工程和最大的发展机遇，按照精准扶贫精准脱贫基本方略，着力加大财政扶贫投入力度、规范资金使用，完善资金动态监控和绩效管理机制，切实发挥扶贫资金的减贫带贫作用。

一、财政部门履行脱贫攻坚政治责任情况

（一）坚持以习近平总书记扶贫工作重要论述指导实践

2016—2020 年，广西财政厅先后召开了 31 次涉及扶贫议题的党组会议和 4 次厅长办公会、5 次中心组集中学习会，及时学习传达习近平总书记重要讲话批示精神，研究部署财政扶贫工作，做到责任到领导、责任到处室、责任到个人。创新开展形式多样的学习活动，通过组织参加学习习近平总书记扶贫论述征文活动，举办第一书记报告会、青年沙龙、扶贫论述围读会等方式，引导督促全厅干部切实增强脱贫攻坚的责任感和使命感，鼓励各处室聚焦决策前的可行性研究、决策执行中的跟踪研究和决策执行后的评估研究三个环节，积极开展脱贫攻坚政策研究，将

总书记的讲话精神转变为切实管用的工作举措。2016—2020 年，全厅共完成脱贫攻坚课题成果 60 余篇、学习贯彻习近平总书记扶贫工作重要论述研讨论坛征文获奖 8 篇。

（二）坚持将脱贫攻坚摆在财政工作突出位置

落实自治区扶贫开发领导小组副组长单位责任，牵头会同 22 个项目主管部门共同成立自治区资金保障专责小组，建立组长负责制、联席制度以及分片包干责任制，充分发挥“左右互联、上下互通”的组织优势，推行每月至少 1 次专题研究重点难点工作、每季度至少开展 1 次实地指导、每年至少举办 1 次全区大培训的“三个一”工作机制，压实项目单位监管责任，形成合力及时协调解决扶贫资金监管的突出问题。着力构建厅内大扶贫工作格局，建立健全由厅脱贫攻坚领导小组全面领导、工作专班统筹督办、12 个工作组联动推进的“1 + 1 + 12”工作机制，实行挂牌督战双月会商，将每个处室都作为财政扶贫工作的拳头力量。

（三）坚持以作风转变促进财政扶贫成效

印发《2018 年至 2020 年深化扶贫领域腐败和作风问题专项治理工作落实方案》，瞄准责任虚化、监管缺失、“四风问题”、监督“松软”、违纪贪腐等重点问题，在全区财政系统持续开展“抓系统、系统抓”专项整治，集中治理和纠正了惠农资金“一卡通”违规问题、扶贫资金闲置、“三保障”政策落实不到位等一批突出问题，有效确保了各项政策的落地生效。主动转变工作思路，加大县级资金使用自主权，统筹整合检查督查，优化平时考核体系，精简绩效评价指标，积极沉下身子服务基层，真正为基层减负松绑。

（四）扎实做好定点帮扶工作

广西财政厅定点帮扶百色市凌云县6个贫困村，2016—2020年，累计投入定点帮扶资金合计1.08亿元，在完善贫困村基本生产生活设施的基础上，不断加大对产业项目的支持力度，帮助6个贫困村走出一条产业发展、农民增收和脱贫攻坚同频共振、互促互进的新路子，确保实现稳定脱贫。6个村均已建立“3+1”特色产业，产业覆盖率超过90%，并已全部实现村村有公共服务中心、卫生室、农家书屋等公共设施，基本公共服务水平明显提升；屯屯通硬化路，群众出行和农产品运输难问题得到彻底解决；户户通水、通电、通信号，并安装了家庭净水设备，群众生活质量迈上新台阶。

二、财政支持脱贫攻坚资金投入情况

（一）做大财政扶贫投入总量

“十三五”期间，广西坚持将脱贫攻坚摆在财政保障的突出位置，不断优化财政支出结构，统筹财力加大扶贫投入，于2016年出台《“十三五”广西脱贫攻坚财政投入稳定增长机制工作方案》，明确规定了强化一般公共预算支持、盘活存量资金、改进转移支付分配方式、加大政府债券倾斜等四项硬核措施，将财政扶贫投入增长制度化、规范化。“十三五”时期，广西共筹措各级各类扶贫资金（含行业扶贫资金）约4 400亿元。

一是财政专项扶贫资金连续5年增长。2016—2020年，共筹措各级财政专项扶贫资金731.43亿元。其中，中央资金328.49亿元，年增量达到7亿元以上，是“十二五”资金总量（88.08

亿元）的 3.73 倍；自治区资金 196.56 亿元，每年增量占当年一般公共预算收入增量的比例均超过 20%，是“十二五”资金总量（26.75 亿元）的 7.35 倍；市县资金 206.38 亿元，年均增幅约 19%。二是整合涉农资金合力攻坚。2016—2020 年，自治区 54 个贫困县共整合其他涉农资金 397.81 亿元（已扣除纳入整合的财政专项扶贫资金 347.19 亿元），有效增强了贫困地区的脱贫攻坚财力保障能力。三是政府债券资金优先支持。将脱贫攻坚项目作为债券资金分配的重要因素，优先给予资金保障。2016—2020 年，共投入政府债券资金 374 亿元。四是东西扶贫协作资金再添助力。2016—2020 年，共获得东西扶贫协作资金 56.23 亿元，县均资金量从 2016 年的 1 000 万元逐步增加到 2020 年的 5 872万元，开创了优势互补、长期合作、聚焦扶贫、实现共赢的良好范例。五是加大其他财政资金统筹力度。教育、文化、卫生等涉农专项资金每年分配到贫困地区的比例不低于 50%。2016—2020 年，筹措易地扶贫搬迁中央基建投资 63.67 亿元，脱贫攻坚补短板资金 35.56 亿元，教育、医疗、社保等相关行业扶贫资金约 2 746 亿元。

（二）优化扶贫资金分配结构

创新扶贫资金分配机制，财政专项扶贫资金和贫困县整合涉农资金全部按因素法切块下达，根据年度攻坚重点灵活设置政策性因素指标，不断提高绩效因素指标权重，在为基层增权赋能的同时，强化资金分配的激励引导作用。印发倾斜支持深度极度贫困地区、左右江革命老区和边境地区的若干措施，将各项资金向脱贫攻坚主战场倾斜，降低贫困县共同事权承担比例，集中财力打歼灭战。从 2018 年起，按每个县 2 000 万元、每个乡镇 400 万元、每个村 50 万元的标准对全区 20 个深度贫困县、30 个深度贫困乡镇和 1 490 个深度贫困村给予重点支持。2018—2020 年，下达深度极度贫困地区的财政专项扶贫资金增量为 41.44 亿元，占全区资金增量比例达到 53 %。

（三）汇聚社会扶贫力量

自治区汇聚社会力量，内外协同发力，以深化粤桂扶贫协作、央企、国企定点帮扶、部分结对帮扶、“万企帮万村”等措施，拓展协作渠道，深化协作机制，强化协作措施。自治区本级财政安排专项经费支持每年举办粤桂扶贫协作大型募捐活动，落实扶贫捐赠及项目相关税费优惠政策，构建更多元化的扶贫格局。2016—2020 年，累计争取社会帮扶资金 95.9 亿元，为广西脱贫攻坚工作汇聚了源源不断的爱心和动力。

三、财政支持脱贫攻坚主要政策和实施效果

（一）政府采购助力消费扶贫

充分运用政府采购政策工具支持脱贫攻坚，先后印发《关于贯彻落实运用政府采购政策支持脱贫攻坚有关事宜的通知》《关于进一步落实运用政府采购政策支持脱贫攻坚的通知》等政策，明确部门职责分工，细化工作要求，按月通报各部门政策落实情况，奖惩并举，调动各级各部门工作主动性和积极性。2020 年，全区各级预算单位预留份额达 26 615.19 万元，在贫困地区农副产品网络销售平台中已完成交易额 13 001.03 万元。通过审核进入名录的广西供应商共计 492 家，上架产品有 1 757 款，覆盖全区 33 个国家级贫困县，销售总额为 23 577.51 万元，有力地带动了贫困地区农副产品销售和农民增收。

（二）创新方式，在大力推进涉农资金统筹整合试点

2016—2020 年，自治区严格贯彻落实《国务院办公厅关于支持贫困县开展统筹整合使用财政涉农资金试点的意见》精神，在 33 个国家扶贫开发重点县和片区县推开贫困县统筹整合使用财政涉农资金试点工作，将中央的 17 个大项和自治区的 15 个大项涉农专项资金列入贫困县统筹整合使用财政涉农资金范围，并不断完善各项制度政策，陆续出台操作指南、绩效考评试行办法、县级扶贫项目库建设指导意见等一系列文件，指导各贫困县按照“大类间打通”“跨类别使用”的原则，将财政涉农资金统筹整合用于贫困地区农村基础设施建设和农业生产发展。2016—2020 年，自治区 33 个国定贫困县共整合涉农资金超过 579 亿元。

（三）强化教育扶贫阻断代际贫困传播

1. 强弱项，大力提高基础教育水平。一是全面提升基础教育设施保障水平。2016—2020 年，统筹资金 199. 10 亿元（其中 55. 2% 的资金投入 54 个贫困县），建设项目 26 103 个，新增校舍面积 2 112. 5 万平方米，全面改善贫困地区义务教育薄弱学校基本办学条件，基本实现乡镇公办中心幼儿园全覆盖，有力保证了贫困地区学生“有学上”的目标。二是实施贫困地区教师队伍建设帮扶计划。在特岗计划、中小学教师培训计划经费和名额分配中优先向贫困地区倾斜，启动贫困地区“稚慧园长”和“稚慧教师”培养工程，逐年提高乡村教师生活补助标准及范围。三是积极实施特殊教育提升计划，“十三五”时期累计筹资 1. 40 亿元，支持贫困县 41 所特教学校改善办学条件，建成 18 个资源中心和 464 个资源教室。全区残疾儿童入读率达到 98% 。

2. 促提升，大力发展职业教育。“十三五”时期，统筹相关

专项资金约32亿元，奖补范围基本覆盖54个贫困县，深入开展县级中专综合改革，推进中职学校达标建设，重点支持贫困地区职业院校建设一批与当地产业发展结合紧密的示范特色专业及实训基地，保证有意愿的贫困学生100%就读。鼓励贫困户“两后生”接受中等职业学校学历教育，累计开展贫困家庭职业培训1 000多万人次，组建职业教育圆梦班2 338个，为贫困学生提供个性化就业咨询和指导，并安排中职全日制贫困毕业生就业超6万人。

3. 减负担，全面落实教育补助政策。实施对建档立卡贫困户适龄在园幼儿免除保育费和教育费、贫困户学生免除普通高中学杂费和政策，并统筹本级财力将中职在校生学费减免比例从国家规定的90%提高到100%。对建档立卡贫困户学生实行100%纳入国家助学金资助范围，并按最高标准档次给予资助。2016—2020年，全区共有约578.15万人次贫困户在学子女获得资助，占受助学生总数（1 669.84万人次）的34.62%，获得资助金额约103.33亿元。

（四）力推健康扶贫破解因病致贫难题

1. 突出基层医疗卫生机构能力建设，确保困难群众“有地方看病”。2016—2020年累计投资160.63亿元（其中：中央投资52.57亿元，自治区财政投资59.01亿元，市县及其他投资49.05亿元），支持乡镇卫生院、县级医疗机构和县级公共卫生机构进行用房建设以及医疗设备购置，有效改善县、乡医疗卫生机构办医条件，缩小城乡、地区及群体之间的基本健康服务和健康水平的差距。

2. 突出“198”兜底保障政策落地，确保困难群众“看得起病”。2016—2020年，自治区财政筹措12.17亿元用于对未享受政府扶持政策的建档立卡贫困人口参加城乡居民基本医疗保险个人缴费予以补助，使贫困人口参保率达到100%；筹措医疗救助补助资金和健康扶贫兜底保障资金71.51亿元，支持对符合条件的困难群体参加城乡居民医疗保险个人缴费部分按规定给予补贴，落实住院救助及门诊救助等各项医疗救助政策和医疗费用报销政策，完善医疗救助制度，建立多层次的医疗保障体系，实现贫困人口住院及门诊特殊慢性病治疗费用报销比例分别达到90%、80%，有效防止因病致贫、因病返贫。

（五）落实社保扶贫兜牢基本生活底线

2016—2020年，自治区财政累计筹措困难群众救助补助资金433亿元，全力支持实施最低生活保障及社会救助兜底脱贫等行动，实现应保尽保、应救尽救，充分发挥社会保障和社会救助在助推打赢脱贫攻坚战的兜底作用。一是完善最低生活保障制度。加强最低生活保障制度与扶贫措施有效衔接，对贫困人口应保尽保。适时调整最低生活保障标准，农村最低生活保障月人均补助水平由2015年的125元提高到2020年的235元，有力保障城乡困难群众基本生活。二是全面建立残疾人两项补贴制度，并于2019年将残疾人两项补贴标准从每人每月50元提高至每人每月80元。三是推动孤儿基本生活保障水平提高，确保集中供养孤儿生活补助每人每月从1 000元提高至1 200元，分散供养孤儿生活补助每人每月从6 000元提高至800元。

（六）扩大就业扶贫建立稳定收入来源

“十三五”期间，自治区先后出台支持就业扶持车间建设、扶贫公益性岗位开发、鼓励当地企业吸纳贫困劳动力就业等政策，鼓励企业吸纳建档立卡贫困户就地就近就业。支持实施返乡创业带头人培养计划、创业服务能力提升计划，支持开展“千村万企”技能培训行动，带动更多贫困劳动力就业。据统计，2016—2020 年，全区累计认定就业扶贫车间 4 377 家，直接带动就业 30.2 万人，其中贫困劳动力 5.64 万人；完成“两后生”培训 4 批共 1.66 万人，“千村万企”培训贫困人员 19.27 万人次，有效扩大自治区贫困劳动力就业规模、提高就业质量。

（七）加强危房改造守牢住房安全底线

2016—2020 年，自治区按照住房城乡建设部的部署，争取中央补助资金 60.54 亿元，自治区本级配套资金 58.61 亿元，按照建档立卡贫困户户均 2.65 万元的标准予以补助，市级按照户均 1 500元的标准、县级按照 2 000 元的标准进行配套，大力实施农村危房改造。同时，利用东西扶贫协作资金提高对 33 个贫困县贫困户危房改造的补助标准，大大降低了贫困群众自筹负担。“十三五”时期，累计改造危房 48 万户，其中，实施建档立卡贫困户危房改造 26 万户。截至 2020 年 12 月建档立卡贫困户 156.31 万户已全部实现住房安全有保障。

四、财政脱贫攻坚工作经验和启示

（一）着眼全局明责任，高位推进促落实

“十三五”财政脱贫攻坚工作的顺利推进，首先得益于坚强有力的组织保障。2016 年以来，全区各级财政部门认真贯彻落实习近平总书记关于扶贫工作重要论述精神，着力构建“大扶贫”工作格局，压紧压实各项目主管部门日常监管职责。一是领导重视。2016 年以来，自治区领导多次召开会议，亲自部署推动重点

难点工作。自治区、市、县财政部门分别成立脱贫攻坚领导小组，主要领导担任组长，尽一切力量统筹人力、物力、财力支持脱贫攻坚。二是职责清晰。根据权责对等的原则，通过《广西财政专项扶贫资金管理办法》及实施细则等规范性文件明确划分财政、审计、项目主管部门在资金分配、日常监管、支出进度等环节的职责分工，有效避免了令出多门和推诿扯皮的现象。三是协调有效。创新建立了资金保障专责小组协调机构，23 个主要的扶贫资金项目管理部门以专责小组为平台、分片包干责任制为依托，实行监管共治、信息共享、问题共商，密切配合、群策群力，变“三不管”为“大家管”，达到了“1 + 1 > 2”的良好效果。四是考核过硬。将扶贫项目资金管理作为每年市、县党委政府脱贫攻坚成效考核、全区脱贫攻坚大督查、自治区督查暗访的“必考题”。对工作成效不理想的县，直接约谈分管县领导，并视情况扣除下一年度资金分配，切实传达工作压力，提高各县工作责任感和紧迫感，为高质量打赢脱贫攻坚战奠定了坚实基础。

（二）健全制度打基础，务实精细重实效

2016 年以来，广西财政厅认真履行“省负总责”工作机制要求，坚持“放管结合”，将项目审批权限全部下放到县级的同时，腾出更多的时间精力做好政策制度的顶层设计和源头监管，将扶贫资金规范管理制度化、常态化、长效化，有力保障了资金的安全、精准和高效。一方面，主动分析研判脱贫攻坚形势，深入挖掘共性问题根源，不断优化和完善扶贫资金使用管理政策体系，实现扶贫资金领域“四个一”要求，即：每项扶贫资金均有 1 套管理办法，每项重点任务均有 1 套实施方案，每项改革难点均有 1 套操作指南，每个重点保障领域及群体均有 1 套支持政策，扶贫资金从筹措、分配到使用、拨付的各个环节均有明确的

制度规范，限制了不必要的自由裁量权，消除了监管的死角和盲区。另一方面，在政策的实用性和操作性上狠下功夫，充分征求基层意见、吸收外省先进经验，确保每项制度的出台都能为基层解决实际问题，并通过现场会、培训班、实地调研指导、印发工作简报及典型案例等方式，提升基层干部的政策执行力，使基层干部对扶贫资金政策不但看得懂、记得住，更要用得上、用得准，真正实现按章办事、依法理财。

（三）创新求变拓思路，集思广益破难题

脱贫攻坚战是一项划时代的伟大创举。广西要在短短 5 年的时间内完成 452 万名建档立卡贫困人口脱贫、5 379 个贫困村出列、54 个贫困县摘帽的任务目标，扶贫资金投入规模之大、监管任务之重都前所未有。仅仅依靠以往的常规做法难以确保扶贫资金的精准高效使用。为此，广西财政主动适应脱贫攻坚新形势新要求，最大限度地鼓励和调动基层工作的主动性和创新性，大胆拓宽思路，积极求新求变，勇于试错容错，探索出许多务实管用的措施。例如，广西积极发挥财政资金“四两拨千斤”的导向作用，强化机构、信用、支付、保险、担保、村级服务组织等六大金融服务体系，有效缓解了贫困户缺资金、贷款难的问题；创新构建扶贫项目资金“绿色通道”，出台防止扶贫资金闲置的六条措施，为加快资金支出清路障、开绿灯、设护栏，实现财政专项扶贫资金支出进度连续 5 年超 95%；总结推广“合作社 + 基地 + 农户”“公司 + 合作社 + 基地 + 农户”“公司 + 基地 + 家庭农场”等五种经营范式，指导各县从“选好资产、做实资产、用足资产、稳住资产”四个方面发力，推动资产收益扶贫试点在全区全面开花、惠及 77 万余人。

海南省财政脱贫攻坚工作情况

党的十八大以来，在海南省委、省政府的坚强领导下，海南省财政部门始终以习近平总书记关于扶贫工作的重要论述为指引，将脱贫攻坚作为重大政治任务和第一民生工程、作为建设中国特色自由贸易港的重要前提和底线目标，深入贯彻落实党中央、国务院关于脱贫攻坚的决策部署，切实提高政治站位，主动履行财政职责，坚决扛起财政担当，狠抓责任落实、政策落实、工作落实，为如期打赢打好脱贫攻坚战作出积极的财政贡献。

一、提高政治站位，强化政治自觉，认真履行财政脱贫攻坚政治责任

（一）深入学习习近平总书记关于扶贫工作的重要论述

习近平总书记把扶贫开发摆在治国理政的突出位置，提出一系列重要论述，系统阐述了脱贫攻坚的新理念新思想新战略。全省财政部门从践行“两个维护”的政治高度，将学习习近平总书记关于扶贫工作的重要论述作为做好财政脱贫攻坚工作的首要任务，将“扶贫资金不但不能减，中央和省级财政还要明显增加投入”“在增加财政投入的同时，要加大扶贫资金整合力度”“脱贫攻坚越到最后时刻越要响鼓重锤”等重要论述作为持续深入开展财政脱贫攻坚工作的根本遵循和行动指南，主动对标对表，及

时校准纠偏，确保财政脱贫攻坚工作始终保持正确方向。

（二）成立财政脱贫攻坚工作领导小组

落实“五级书记抓扶贫”要求，省财政厅成立脱贫攻坚工作领导小组，厅党组书记任组长，厅党组成员任副组长，相关处室负责人任成员，以上率下，尽锐出战，建立举全厅之力支持脱贫攻坚的工作机制。有扶贫任务的市县财政部门均成立领导小组、组建工作专班，主要负责同志亲自挂帅、亲自督战，保持高位推进财政脱贫攻坚工作的强大动力。

（三）加强财政脱贫攻坚政策顶层设计

坚持精准扶贫、精准脱贫基本方略，突出问题导向和目标导向，切实加强财政脱贫攻坚政策的顶层设计。对照《海南省打赢脱贫攻坚战三年行动计划》和《财政部贯彻落实打赢脱贫攻坚战三年行动指导意见的实施方案》，认真研究制定《省财政厅贯彻落实打赢脱贫攻坚战三年行动计划的实施方案》，并结合年度工作任务精准制定年度财政扶贫工作要点，聚焦任务靶向发力，细化实化政策措施。此外，围绕专项扶贫资金使用管理、推进整合涉农资金试点、加强扶贫项目资产管理等重点工作出台了一系列政策文件，搭建起财政脱贫攻坚制度的“四梁八柱”。

（四）全力以赴完成定点扶贫任务

省财政厅选派优秀年轻干部担任乐东县只朝村、卡法村第一书记，整合资源精准施策，全力支持只朝村、卡法村高质量脱贫摘帽。特别是只朝村以乐东县“多规合一”获批为契机，通过“只转不征”方式盘活村集体闲置土地85亩，引入龙头企业建设农副产品加工物流集中配送中心。该项目在确保土地所有权不变的前提下，以村集体土地估值占股权比例、企业主动让利支持乡村振兴事业、优先聘用贫困劳动力就业为合作基础，创新以“保底租金+收益分红”模式，视土地开发建设成效分批租赁给企业进行项目建设，实现了镇政府、村集体、贫困村民和企业多赢发展格局。在全省农村土地制度改革工作会议上，作为典型进行经验交流。在2016—2019年全省定点扶贫考核中，省财政厅连续4年获得优秀。

二、坚持“三位一体”大扶贫格局，千方百计加大扶贫资金投入力度

（一）持续加大财政专项扶贫资金投入

坚决克服财政收入增速放缓和刚性支出不断加大的矛盾，持续保持财政专项扶贫资金投入大幅增长。2016—2020年，全省共安排财政专项扶贫资金149.09亿元，年均增长41.5%。从级次看，中央资金69.88亿元，年均增长31.8%；省级资金46.86亿元，年均增长85.5%，远高于同期省级财政收入增幅；市县级资金32.36亿元，年均增长35.9%。从年度看，2016年安排19.5亿元，2017年安排25.17亿元，2018年安排31.29亿元，2019年安排33.61亿元，2020年安排39.53亿元。从结构看，发展资金104.49亿元，少数民族发展资金63.38亿元，以工代赈资金2.30亿元，国有贫困农场扶贫资金1.48亿元，国有贫困林场扶贫资金0.63亿元。

（二）深入推进贫困县涉农资金整合试点

白沙、临高、五指山、保亭、琼中等5个贫困县围绕年度扶贫任务自主统筹整合使用财政涉农资金，构建“多个渠道引水、

一个龙头放水”的扶贫投入新格局。2016—2020 年，5 个贫困县共计划整合涉农资金 79.66 亿元，确保扶贫投入与脱贫任务相适应。从级次看，整合中央资金 40.45 亿元，整合省级资金 31.07 亿元，整合市县级资金 8.14 亿元；从年度看，2016 年整合 8.88 亿元，2017 年整合 21.77 亿元，2018 年整合 15.90 亿元，2019 年整合 15.63 亿元，2020 年整合 17.48 亿元；从市县看，白沙县整合 19.65 亿元，临高县整合 22.59 亿元，五指山市整合 11.43 亿元，保亭县整合 11.04 亿元，琼中县整合 14.95 亿元。

（三）优先安排行业资金支持脱贫攻坚

按照“横向到边、纵向到底”的原则，将与“三保障”等脱贫攻坚任务紧密相关的 75 项中央和省级财政专项资金纳入扶贫资金范畴，构建起覆盖全面、范围清晰的各级各类扶贫资金管理体系，并积极配合相关行业主管部门优化资金安排使用机制、优先支持贫困地区和贫困人口，整合行业资源，强化攻坚合力。2018—2020 年，共安排各级各类行业扶贫资金 856.63 亿元。从级次看，中央资金 555.85 亿元，省级资金 249.55 亿元，市县级资金 51.23 亿元；从年度看，2018 年安排 331.39 亿元，2019 年安排 302.84 亿元，2020 年安排 222.4 亿元。

（四）积极引导社会资金支持脱贫攻坚

落实扶贫小额贷款贴息政策，2016—2020 年，累计发放扶贫小额贷款 20.59 亿元，受益贫困户达 9.11 万户；发挥省扶贫开发投资公司的职能作用，2016—2020 年，撬动金融资本和社会资本 3.4 亿元支持生态扶贫移民搬迁、共享农庄建设等扶贫项目；出台省本级预算单位定点扶贫支持政策，2016—2020 年，支持其按规定调整结转结余资金、公用经费 0.23 亿元用于本单位定点扶贫项目。

（五）锐意创新扶贫资金使用管理机制

一是彻底下放扶贫资金管理权限。及时修订扶贫资金管理办法，将扶贫资金项目审批权限彻底下放市县，由市县结合本地实际自主安排扶贫项目资金，从源头解决市县“最知道哪儿疼，却没法开方抓药”的难题，全面提高项目资金安排的科学性、精准度。将贫困程度作为资金分配的重要因素，加大对深度贫困地区支持力度。2016—2020 年，累计安排深度贫困县（白沙县）中央和省级财政专项扶贫资金 12.85 亿元，年均增幅 52.13%。二是支持探索资产收益扶贫。提请省政府办公厅印发《关于开展资产收益扶贫试点工作的实施意见》（琼府办〔2017〕54 号），支持将财政专项扶贫资金和其他涉农资金投入设施农业、加工、水电、光伏、电商、乡村旅游等项目形成的资产，具备条件的可折股量化给贫困村和贫困户，通过龙头企业发展特色优势产业带动贫困户脱贫致富。三是建立天然橡胶价格（收入）保险制度。针对天然橡胶价格持续低迷导致贫困胶农难脱贫、易返贫的难题，创新建立天然橡胶价格（收入）保险制度，通过保险平抑价格风险、稳定收入预期，有效激发贫困胶农内生动力，探索出一条盘活特色资源促进稳定增收的产业扶贫新路径。天然橡胶价格（收入）保险制度入选海南自由贸易试验区首批八项制度创新案例，获得第一届“海南省改革和制度创新奖”三等奖。四是开展产业扶贫公益服务。组织会计师事务所成立产业扶贫公益服务联队，深入市县开展点对点、嵌入式的产业扶贫公益帮扶，围绕产业扶贫资金管理全周期提供管理咨询、风险评估、建账核算、财务培训等专业服务，助力市县提高产业扶贫资金使用效益。

三、坚持精准方略和现行标准，全力支持脱贫攻坚政策落实落细

（一）深入推进贫困县统筹整合使用财政涉农资金

将贫困县整合涉农资金试点作为财政脱贫攻坚工作的“重头戏”，按照“省负总责、市县抓落实”要求深入推进试点工作。省政府办公厅先后印发《关于支持贫困县开展统筹整合使用财政涉农资金工作的实施意见》（琼府办〔2016〕174 号）、《关于规范开展贫困县统筹整合使用财政涉农资金工作的实施意见》（琼府办〔2018〕70 号），对试点工作作出总体部署；省财政厅、省扶贫办先后印发 4 个涉农资金整合试点年度工作通知，对试点工作提出具体要求。同时，建立健全“六个一”工作机制，即增加一个资金分配会签环节、制定一张资金使用负面清单、提供一套整合方案编制模版、开展一次试点工作专题调研、举办一期试点工作专题培训、组织一次整合方案联合会审等措施，着力解决“不敢整”“不会整”“不会用”等问题。白沙、临高、五指山、保亭、琼中等 5 个贫困县始终把握“按需而整”“应整尽整”原则，精准聚焦特色产业及基础设施范围，及时编制年度涉农资金整合方案，全面加强整合涉农资金使用管理，做到整合资金规模适度合理、整合资金支出规范高效。

（二）全面实施扶贫项目资金绩效管理

按照财政部等六部委办公厅印发的《财政专项扶贫资金绩效管理操作指南》（财办农〔2019〕68 号）要求，将绩效目标理念贯彻到扶贫项目资金管理全周期，做到项目入库有绩效、指标下

达有绩效、绩效执行有监控、绩效完成有评价、评价结果有运用，真正做到“资金必问效、无效必问责”。扶贫资金项目全部纳入绩效目标管理，通过扶贫资金动态监控系统对绩效目标执行情况进行监控评价。组织开展2018、2019年度扶贫资金项目绩效自评和2020年度扶贫资金项目绩效目标填报工作，完成2018年度扶贫资金项目绩效自评1 223个，涉及金额47.7亿元；完成2019年度扶贫资金项目绩效自评1 317个，涉及金额41.9亿元；完成2020年度扶贫资金项目绩效目标填报1 773个，涉及金额42.05亿元。

（三）严格扶贫资金使用监管

一是建立扶贫资金支出通报约谈制度。自2016年起，省财政厅每年建立扶贫资金支出半月通报约谈制度，根据时间节点细化扶贫资金支出进度目标，半月通报各市县扶贫资金支出进度，对当期扶贫资金支出进度倒数三名且未达到支出目标要求的市县财政局主要负责人进行约谈，层层传导压力、压实支出责任。2016—2020年，省财政厅共印发扶贫资金支出进度通报94期，累计约谈市县财政局主要负责同志53人次，全省各年度扶贫资金支出进度均超过95%。二是全面落实扶贫资金公告公示制度。出台《关于全面加强脱贫攻坚期内各级各类扶贫资金管理的意见》（琼脱贫指〔2018〕32号）、《关于完善扶贫资金项目公告公示制度实施办法》（琼扶办发〔2018〕184号）等制度文件，全面规范扶贫资金项目公告公示制度。2016—2020年，各级财政扶贫资金分配结果、项目安排及重大政策均主动及时向社会公众公开，广泛接受社会监督，真正做到阳光扶贫。为检验扶贫资金项目公告公示的影响力及实效性，海南省聘请第三方评价机构对项目村村民进行了调查，群众满意度较高。三是创新扶贫资金监管方式。实施扶贫资金动态监控，变事后监督为全程监督，及时发现问题、解决问题；联合原财政部驻海南专员办印发《财政扶贫资金联动监管机制实施办法》，整合资源优势，加强信息共享，延长监管链条，提高监管成效。四是建立扶贫资金常态化监督检查机制。省财政厅坚持将扶贫资金作为监督检查的重要内容，每年针对扶贫任务重点市县和扶贫资金重点领域开展不少于一次的监督检查，以"零容忍"的态度查处违纪违规问题。2017—2020年，共开展4次扶贫资金监督检查，实现所有市县全覆盖。在持续高压监管态势下，海南省扶贫资金领域重大违纪违规问题显著减少。

（四）规范扶贫物资采购

为规范和优化脱贫攻坚期间扶贫物资采购行为，省财政厅提请省政府办公厅印发《关于印发海南省简化政府投资扶贫项目审批管理暂行办法、海南省扶贫物资政府采购实施暂行办法、海南省扶贫种苗供应管理暂行办法的通知》（琼府办〔2016〕182号），优化采购程序，缩短采购时间，提高采购效率。为进一步规范扶贫项目政府采购管理，省财政厅印发《关于进一步落实政府采购项目供应商失信惩戒制度的通知》，加强对供应商信用记录的查询和甄别，加强对采购人、采购代理机构的指导和监督，确保失信惩戒制度有效落实。

（五）全力支持行业扶贫

一是教育扶贫情况。严防严控，控辍保学。2018—2020年，累计对建档立卡贫困学生、农村低保家庭学生、农村特困救助供养学生发放教育扶贫特惠性资助（亦称"四免四补"，即免学杂费、课本费、作业本费、住宿费，补贴伙食费、校服费、学习资料费、交通费）11.25 亿元，受惠学生 87.83 万人次。同时，对 5 个贫困县义务教育阶段学生每年提供价值约 800 元的营养餐补助，实现了“衣食住行学”政府托底保障。二是健康扶贫情况。全省享受医保扶贫政策的建档立卡贫困人员约 63 万名全部参加基本医疗保险和大病保险，参保覆盖率达 100%。2016—2020 年，累计为建档立卡贫困人口患病住院、患慢性病门诊治疗报销费用 6.4 亿元。落实医保扶贫政策，明确贫困人口参加城乡居民基本医疗保险个人缴费部分由医疗救助资金资助 90%。三是兜底保障情况。2016—2020 年，投入困难群众低保专用资金 70.46 亿元，兜底保障困难群众基本生活需要，将低收入家庭生活救助纳入社会救助体系，并先后两次提高低保标准，惠及全省困难群众 30 万人。四是危房改造情况。2016—2020 年，投入农村危房改造补助资金 17.9 亿元，解决建档立卡贫困户、边缘户、低保户、农村分散供养特困人员和贫困残疾人家庭等四类人员 11.3 万户的农村住房安全问题和位于地震烈度 7 度地区 8 市县农户的住房安全问题。五是产业扶贫情况。提高产业扶贫资金占比，将 2020 年产业扶贫资金占中央和省级财政专项扶贫资金（发展资金）的比重提高到 50% 左右。支持实施“一户一策”和“五个一”帮扶措施（即一个经营主体带动、一个产业发展指导员、一个奖励政策、一个扶贫小额信贷政策、一个保险政策），支持建立线上线下相结合的消费扶贫新模式，推动社会扶贫从输血式扶贫向造血式扶贫转变，拓宽贫困地区农产品销路，打通消费扶贫的“最后一公里”。该项工作荣获 2019 年度“全国脱贫攻坚奖组织创新奖”。六是就业扶贫情况。2016—2020 年，制定就业扶贫政策措施 60 多项，支持建立就业扶贫车间（基地）252 个，吸纳贫困劳动力就业 4 565 人，累计发放一次性就业奖励补贴 394.04 万元；为建档立卡贫困劳动者及贫困家庭子女培训约 19 万人次。

累计开发护林、护路、清洁卫生等就业扶贫公益专岗达 1.9 万个。七是生态扶贫情况。2018—2020 年，投入生态护林员补助资金 1 亿元，落实生态护林员选聘工作，带动全省建档立卡贫困户 4 000 户增收脱贫。2020 年，投入资金 3.3 亿元，做好禁食野生动物后续工作，妥善处置养殖户 1 219 家转产退出。八是金融扶贫情况。2018—2020 年，投入资金 8.03 亿元，按照“政府引导、市场运作、自主自愿、协同推进”的原则，探索创新开展天然橡胶价格（收入）保险，提供风险保障 77.27 亿元，财政资金效益放大 9.62 倍，实现已开割建档立卡贫困胶农 4.67 万户、面积 50.15 万亩参保全覆盖。九是交通扶贫情况。2016—2020 年，投入资金 206.04 亿元，支持建设农村公路六大工程14 989.8公里，提前 1 年在全国范围内率先实现 100% 具备条件的自然村通硬化路，提前 1 年实现了国家明确“100% 具备条件的行政村通硬化路，100% 具备条件的行政村通客车”的“两通”目标。十是农村饮水安全情况。2016—2020 年，投入资金 9.4 亿元，建成农村饮水安全巩固提升工程 770 处，巩固提升 84.39 万农村居民（其中贫困人口 12.61 万人）饮水保障水平，农村自来水普及率达 91%。十一是光伏扶贫情况。2016—2020 年，投入资金 3.24 亿元，建设光伏电站 4 360 个，建设总规模 35 867 千瓦，惠及贫困村 259 个、贫困户 16 044 户。

四、经验启示

5 年鏖战，胜利收官。海南省白沙、临高、五指山、保亭、琼中等 5 个贫困县已全部摘帽，600 个贫困村已全部出列，15.21 万户 64.97 万贫困人口已全部脱贫，圆满完成了党中央交给海南省的脱贫攻坚任务，为加快推进海南自贸港建设奠定了坚实基础。成就来之不易，经验弥足珍贵。在脱贫攻坚的伟大征程和显著成就中，财政部门留下了浓墨重彩的一笔，值得认真总结、倍加珍惜。

（一）党的领导是打赢脱贫攻坚战的坚强保证

打赢脱贫攻坚战的经验千万条，坚持党的领导是第一条。在脱贫攻坚的制度体系中，最根本的是中央统筹、省负总责、市县抓落实的管理体制。习近平总书记身体力行、率先垂范，各级党委发挥总揽全局、协调各方的作用，落实脱贫攻坚一把手负责制，省市县乡村五级书记一起抓，为脱贫攻坚提供坚强政治保证。全省财政部门深入学习习近平总书记关于扶贫工作的重要论述，主动向习近平总书记看齐，始终将财政脱贫攻坚工作作为一把手工程，主要负责同志亲自部署研究、亲自组织落实，确保财政脱贫攻坚工作方向正确、措施精准、执行有力、落实有效。

（二）加强投入是打赢脱贫攻坚战的前提基础

扶贫资金是脱贫攻坚的粮草军需。全省财政部门将做好扶贫资金保障作为履行财政脱贫攻坚政治责任的首要任务，千方百计筹措扶贫资金，确保扶贫投入与脱贫任务相适应。一方面是做大增量。克服经济小省、财力弱省的实际困难，坚持将脱贫攻坚作为预算安排的优先保障重点，省级财政专项扶贫资金逐年大幅增加、市县级财政专项扶贫资金持续稳步加大。另一方面是用好存量。对贫困县，通过深入推进涉农资金整合试点，破除“打酱油的钱不能买醋”的制度障碍，整合资源合力攻坚；对非贫困县，积极引导行业资金优先支持脱贫攻坚，全面强化扶贫投入保障。

（三）精准施策是打赢脱贫攻坚战的关键举措

安排资金是前提，用好资金是关键。全省各级财政部门牢固树立“资金使用精准”理念，将精准方略贯彻到扶贫资金使用管理全过程。在资金分配方面，瞄准贫困地区和贫困人口分配资金，彻底下放资金项目审批权限，实行任务资金相匹配、权力责任相统一的管理机制，确保资金分配、资金投向“双精准”。在资金使用方面，聚焦目标任务和现行标准，明确扶贫资金使用范围和负面清单，优先支持特色产业扶贫项目。结合脱贫攻坚新形势和新要求，将较困难的非贫困村、边缘人口纳入扶持范围，全面巩固拓展脱贫成果。在资金支出方面，建立健全扶贫资金绿色通道，简化优化报账手续和采购程序，打通影响扶贫资金支出的“中梗阻”，在确保资金安全的前提下加快资金支付效率。同时，实行扶贫资金支出通报约谈制度，从严传导压力、压实责任。

（四）严格监管是打赢脱贫攻坚战的重要保障

资金安全是资金效益的直接体现，也是资金管理的底线要求。认真落实习近平总书记关于“扶贫资金是贫困群众的‘救命钱’，一分一厘都不能乱花”的指示精神，树立扶贫资金监管“一盘棋”意识，强化责任落实，加强协同配合，从严从实开展扶贫资金监管。全面落实公告公示制度，扶贫资金的分配结果、分配依据主动接受社会监督。实施扶贫资金动态监控，及时发现问题、纠正偏差。坚持“无禁区、全覆盖、零容忍”的原则，设立投诉举报平台，一经举报，追查到底。开展扶贫资金专项检查、审计、巡视，严厉查处违纪违规行为，形成强大震慑效应，筑牢扶贫资金安全底线。

重庆市财政脱贫攻坚工作情况

党的十八大以来，重庆市财政局认真贯彻党中央、国务院和市委、市政府决策部署，忠实履行脱贫攻坚职责，把脱贫攻坚作为财政保障的重中之重，紧紧围绕资金筹集、资金整合、资金监管的任务要求，深入学习调研，完善相关政策，提高保障水平，提升帮扶质量，确保财政部门责任落实、政策落实、工作落实，积极发挥政府投入在扶贫开发中的主体和主导作用，推动全市如期打赢脱贫攻坚战。全市 14 个国家扶贫开发工作重点区县、4 个市级扶贫开发工作重点区县全部脱贫摘帽，1 919 个贫困村全部整村脱贫，现行标准下全市累计动态识别的 185. 1 万建档立卡贫困人口全部脱贫。

一、坚决贯彻中央脱贫攻坚决策部署，切实扛起打赢脱贫攻坚战的政治责任

市财政局高度重视脱贫攻坚工作，不断增强“四个意识”，自觉把思想和行动统一到中央脱贫攻坚决策部署上来。

（一）学习传达重要精神

通过局党组会、专题民主生活会、理论宣讲会、中心组专题学习会、全市财政系统工作推进会等，深入学习习近平总书记关

于扶贫工作系列重要论述和重要讲话指示批示精神，贯彻落实市委、市政府决策部署，通过持续深入学习，进一步统一思想、凝聚力量，切实增强高质量打赢脱贫攻坚战的思想自觉和行动自觉。编印《市财政局脱贫攻坚履职情况手册》，局领导和专职干部人手一册，各相关处室至少一册；将学习《习近平扶贫论述摘编》纳入全市财政系统干部培训计划，用以武装头脑和指导实践。

（二）落实“一把手”责任制

成立脱贫攻坚领导小组，党组书记、局长任组长，扛起脱贫攻坚政治责任，作为履行脱贫攻坚职责的第一责任人。设立财政扶贫工作专班，协调推动财政扶贫工作。2015—2020 年，累计召开扶贫相关的局党组会 19 次、局务会（局长办公会、局脱贫攻坚领导小组会）30 次、专题民主生活会 2 次，开展与扶贫相关的中心组学习 40 余次，认真领会上级精神，坚决落实决策部署，对标对表明确责任，确保脱贫攻坚政策措施全面落实。

（三）扎实开展调研督导

2017 年 9 月抽调 8 名干部用 6 天时间深入中益乡开展深度贫困乡镇精准扶贫专题调研，形成 2 万余字的调研报告，并向市委、市政府提出了财政支持深度扶贫的政策建议。结合“不忘初心，牢记使命”主题教育和市委“访深贫、促整改、督攻坚”等活动，2019—2020 年，每年局党组班子成员分别带队赴 18 个贫困区县调研督导脱贫攻坚工作，到村到社核查项目，推动工作落实落细。

（四）落实对口帮扶责任

作为市委办公厅扶贫集团对口帮扶成员单位，按照扶贫集团工作部署，积极给予石柱县帮扶支持。财政专项帮扶近 1 亿元，局机关筹资 40 万元，并先后下派两名业务骨干到县财政局和乡镇挂职，支持开展农业产业项目财政补助资金股权化改革试点，建立农业企业与贫困户之间的利益联结机制，帮助石柱县健全完善扶贫帮困长效机制。

二、加大扶贫资金投入，为决战决胜脱贫攻坚提供坚实的财力保障

通过加大对贫困区县的转移支付、统筹整合各类资金投入、提前安排调度、调整支出结构等措施，有力保障了脱贫攻坚的顺利进行。

（一）不断加大财政扶贫投入力度

2016—2020 年，各级财政累计安排扶贫项目资金 330.1 亿元，其中，专项扶贫资金 278.5 亿元（按中央、市级、区县分别为 116.5 亿元、86 亿元、76 亿元；按年度分别为 46.6 亿元、46.9 亿元、56.4 亿元、60.3 亿元、68.3 亿元）。此外，筹集扶贫债券资金 94.6 亿元。

（二）不断增强统筹整合资金保障力度

2016—2020 年，支持贫困区县统筹整合财政涉农资金约 545.5 亿元，整合资金成为区县脱贫攻坚主要资金来源，发挥了政府投入在扶贫开发中的主体和主导作用。落实市委、市政府决

策，从 2018 年起，对 18 个深度贫困乡镇每年市级新增补助 3.6 亿元，连续支持 3 年。同时，在对区县转移支付上，一般性转移支付增量重点向贫困区县倾斜；在资金拨付时序上，着力提高资金分配效率，中央专项扶贫资金确保收到后 1 个月内下达，市级扶贫资金主要在上年提前下达；在拨付方式上，采取切块的方式拨付到区县，让区县早知道、早准备、早实施脱贫项目。

（三）不断拓宽扶贫资金投入渠道

2016—2020 年，会同市发展改革委、市扶贫办等部门，累计争取东西部协作对口帮扶资金 25.17 亿元，中央单位定点帮扶资金 20.4 亿元。积极动员社会力量参与脱贫攻坚，市内对口帮扶资金 90.51 亿元，社会扶贫资金 55.7 亿元。截至 2020 年 9 月底，新增扶贫小额信贷贷款共计 90.35 亿元。

三、强化扶贫资金管理，全力以赴推动脱贫攻坚走深走实

以扶贫资金问题整改为导向，把强化资金监管、强化资金绩效管理作为脱贫攻坚提质增效的有力手段。

（一）强化扶贫资金监管

结合中央脱贫攻坚专项巡视、巡视“回头看”，以及国家脱贫攻坚成效考核反馈意见整改，进一步完善制度机制，堵塞监管漏洞。

1. 完善监管制度。会同市扶贫办等部门先后制定《关于全面加强扶贫资金监管的意见》《重庆市财政专项扶贫资金管理实施办法》《重庆市财政专项扶贫资金绩效评价办法》《重庆市扶贫资金监督管理办法》，配合市扶贫办制定工程类扶贫项目管理

办法、扶贫项目库、扶贫资金项目公告公示等制度文件，明确市与区县、财政与部门之间的监管责任，构建覆盖资金安排、资金下达、资金使用、绩效管理、公告公示、监督检查等全过程长效管理机制，切实履行扶贫资金监管责任。

2. 实行动态监控。推进财政扶贫资金动态监控平台建设，对中央42项、市级36项以及区县本级扶贫相关资金的分配下达、资金支付、扶贫项目绩效目标执行情况等实施动态监控。按照《财政扶贫资金动态监控工作规程》的职责分工，落实工作责任制，完善动态监控工作机制，及时发现预警信息和问题数据，督促区县、部门及单位进行核实及整改，切实做好扶贫资金全链条的动态监控工作。

3. 严格拨付机制。加强财政扶贫资金国库集中支付管理，严格按要求通过集中支付方式将资金拨付到贫困户或项目实施方等最终收款人，切实做到“资金直拨”。严控向预算单位实有资金账户划转资金和提取现金，严禁资金被挤占挪用、层层截留、虚报冒领等行为，切实保障扶贫资金安全高效。

4. 强化预算执行。会同市扶贫办、市发展改革委建立区县各类扶贫资金支出进度月通报制度，每月对相关区县整合资金支出进度进行统计和排位，并全市通报。对连续两次排名后两位且未达到进度要求的区县，由市财政局、市扶贫办、市发展改革委约谈区县财政、扶贫、发展改革部门主要负责同志。对连续三次排名后两位且未达到进度要求的区县，提请市领导约谈区县政府分管负责人。市级不定时开展督导，通过第三方机构进行抽查核查。发现弄虚作假等情形的，取消区县当年绩效评价评优资格，并按规定严肃追究相关人员责任。以资金监管倒逼项目推进，严控扶贫资金结转率。

5. 狠抓监督检查。明确要求区县财政在2021年之前，每年至少开展1次财政扶贫政策落实情况专项检查或核查，及时发现和纠正政策执行过程中存在的问题。脱贫攻坚期间，每年开展财政扶贫资金审计检查等问题整改情况“回头看”，重点对巡视、审计、检查等发现的资金问题整改情况进行督查，促进各项扶贫政策有效落实。脱贫攻坚期间，配合市审计局每年对扶贫资金进行全面审计。

（二）强化扶贫项目资金绩效管理

以扶贫项目资金全过程绩效管理工作环节为主线打造绩效管理链条，以动态监控平台为着力点构建绩效管理网络，将绩效管理数据质量作为工作考核重点，逐步落实扶贫领域绩效管理要求，提高扶贫资金使用效益。

1. 总体把握，统一步调。以市政府办公厅名义印发《重庆市扶贫项目资金绩效管理办法》，压实扶贫资金使用单位的绩效管理主体责任，防止资金“一拨了之”。印发《扶贫资金预算绩效管理2020年工作方案》，对绩效评估、指标体系、运行监控、绩效评价、结果应用等工作环节作统筹规划，要求将事前评估与预算安排、绩效目标与预算编制、绩效监控与预算执行、绩效评价与决算密切结合，并确保监控平台对所有扶贫资金和资金使用单位实现全覆盖。

2. 分步落实，逐项细化。在绩效评估与监控环节，结合动态监控平台31类扶贫项目绩效类型，制定了重庆市“扶贫项目资金绩效评估及监控重点明细表”，把好扶贫项目进场及实施过程中的质量关卡；在强化指标体系建设环节，印发了《关于落实区县扶贫资金行业主管部门绩效管理责任的通知》，着力强化包含扶贫资金制度建设、指标体系建设在内的预算绩效管理基础工作；在重点评价环节，统一组织区县财政开展扶贫项目重点评价，要求评价项目与监控平台项目数据保持一致，并进一步规范了评价项目数量、资金量、报告形式等；在结果应用环节，建立了扶贫资金绩效管理工作的评价考核机制，将扶贫资金绩效管理时效、质量以及问题整改三个方面纳入区县财政运行综合绩效评价指标体系。

四、支持脱贫攻坚政策落实，构建扶贫工作财政保障体系

强力推进贫困区县涉农资金整合，落实好税费优惠政策、易地扶贫搬迁政策和土地政策，支持行业部门精准扶贫精准脱贫。

（一）推进贫困区县统筹整合使用财政涉农资金

2016 年以来，按照国务院办公厅《关于支持贫困县开展统筹整合使用财政涉农资金试点的意见》和市政府办公厅《关于支持贫困区县统筹整合使用财政涉农资金的实施意见》，重庆市在 18 个贫困区县开展了涉农资金整合试点（其中，涪陵、南川、潼南、忠县 4 个为市级扶贫开发工作重点区县，区县只能在市级以下资金层面开展整合），将中央 20 项、市级 24 项资金纳入整合范围（经源头整合后，中央资金 17 项，市级资金 15 项），市级全面下放资金管理权限，同时加强制度建设和工作指导，认真落实“省负总责”要求，有力支持了贫困区县集中财力脱贫攻坚。

1. 严格落实中央改革试点精神。根据财政部、国务院扶贫办的指导意见，结合重庆实际，会同市扶贫办及时印发贯彻文件，厘清政策口径，完善工作机制，细化责任要求。修订完善年度整合方案报表，指导区县严格按规定的资金范围和使用方向开展整合，规范制度修订、方案编制、上报备案、动态监管、预算调

整、联合验收等工作。每年针对市级部门和区县开展专题培训，累计培训近千人次，解读政策要求及最新精神，明确有关报表填报口径，推动部门和区县深化思想认识，提高对统筹整合工作的重视程度。完善县级脱贫攻坚项目建设管理，明确要求整合资金支持的项目，必须从县级脱贫攻坚项目库中选择。

2. 建立市级联席会议制度。脱贫攻坚期间，市扶贫开发领导小组办公室每季度召开一次市级相关部门联席会议，组织相关部门学习中央最新文件精神，通报涉农资金安排使用情况，督促部门落实贫困县资金安排增幅保障等政策要求，联合审查区县涉农资金整合方案，协调解决重大问题，研究下一阶段工作，防止出现“戴帽”下达项目资金现象。

3. 完善市级部门考核制度。将市级相关部门支持涉农资金统筹整合工作纳入市级党政机关精准脱贫攻坚战目标管理绩效考核，对发现不落实整合政策、干扰阻挠区县整合的部门，取消年终评优资格，并在全市通报，把压力真正传导给部门。

4. 修订纳入统筹整合范围资金管理办法。指导督促市级主管部门全面修订完善纳入统筹整合范围资金的管理办法，取消限制资金统筹整合使用的相关规定，防止出现按照老办法考核，造成部分资金形式上整合，但实质上区县难以统筹使用的现象。

5. 健全区县备案审查反馈机制。坚持季度调度分析制度，规范区县年度资金整合方案的编制、上报、审核、反馈、通报等流程。每年组织市级部门对区县上报方案进行联合初审，以市扶贫开发领导小组办公室名义对区县方案审查情况进行通报，区县根据审核意见和专题培训要求完善方案后再次上报。市扶贫开发领导小组办公室根据最终审定的整合方案，经分类梳理后，及时向中央、市级相关部门通报，作为行业主管部门加强指导、监督问责的重要依据。

6. 发挥绩效评价导向作用。深入开展专项扶贫资金年度绩效考评，强化评价结果运用，切实发挥导向作用。2017—2020 年，市级累计安排专项奖励资金约 1 亿元，对整合试点评价排名靠前的区县给予奖励。调整优化对区县财政专项扶贫资金绩效评价有关办法，进一步细化财政涉农资金整合工作考核有关指标，加大资金整合方案编制、整合资金支出进度等方面的考核权重。

（二）抓好税费优惠政策落实

全面落实支持易地扶贫搬迁、引导社会力量参与扶贫捐赠和促进贫困人口创业就业等各项税费优惠政策。在政策制定层面，用好用足地方权限，对建档立卡贫困人口创业就业，在中央规定幅度内给予税费政策“顶格”减免；在政策跟踪层面，积极会同税务、扶贫、农业农村、发展改革等部门，开展脱贫攻坚税费政策调研，确保政策不折不扣落实到位。

（三）支持易地扶贫搬迁政策落实

“十三五”期间，落实中央基建投资 21.2 亿元，市级财政专项扶贫资金差异化补助资金 5.3 亿元，落实易地扶贫搬迁融资资金 132.5 亿元，为贫困群众落实建房补贴、配套基础设施、开展后续扶持等提供资金保障。全面完成国家累计下达重庆市易地扶贫搬迁任务，搬迁 25.2 万人，建成集中安置点 253 个。强化搬迁后续扶持措施，出台《关于加强易地扶贫搬迁后续工作的实施意见》等政策文件，通过特色产业覆盖搬迁贫困户，引导搬迁群众以土地、林地等入股建立利益联结机制，组织搬迁群众开展职业技能培训，引导搬迁户外出就业，通过扶贫车间就近就业、开发公益性岗位安置等方式，实现搬迁户零就业家庭动态清零。

（四）用足用活扶贫用地政策

从城乡建设用地增减挂钩向贫困地区倾斜，到土地整治和高标准农田建设等新增耕地指标跨省调剂，所得收益通过支出预算用于脱贫攻坚，土地政策成为脱贫攻坚有力推手。从2019年开始，财政部下达重庆市土地指标跨省域调剂收入安排支出预算，2019—2020年累计下达相关资金15.6亿元，全部分配给城口、巫溪、酉阳、彭水4个深度贫困县。

（五）支持行业扶贫政策落实

会同市级行业主管部门支持教育扶贫、健康扶贫、兜底保障、危房改造、产业扶贫、就业扶贫、生态扶贫、金融扶贫、交通扶贫、水利扶贫、光伏扶贫等政策落实。

1. 全面落实教育资助政策。建立从学前到研究生各个教育阶段全覆盖、公办民办学校全覆盖、家庭经济困难学生全覆盖的资助政策体系，实施资助项目30多项，2016—2020年，累计资助各级各类学生2 064.73万人次，资助资金达287.7亿元，较“十二五”期间递增4.2%，有效解决了因学致贫问题。

2. 构建健康保障体系。建立“三保险”“两救助”“两基金”的健康保障体系，将贫困人口全部纳入保障范围。2016—2020年累计投入16亿元资助困难人群参加城乡居民基本医保，医疗救助报销困难人群医疗费用约64亿元，有效解决了因病致贫问题。

3. 全面完成危房改造任务。按照市住建委纳入的经国家部委核定的改造计划，针对建档立卡贫困户、低保户、农村分散供养特困人员和贫困残疾人家庭，属C级、D级危房且是唯一住房，经户主自愿申请纳入改造范围。“十三五”期间，全市累计争取中央财政补助资金 20.21 亿元，落实市级财政补助资金 10.7 亿元，完成建档立卡贫困户等重点对象农村危房改造 20.3 万户，全市建档立卡贫困户动态实现住房安全有保障目标。

4. 加快推进水利建设。“十三五”期间，向有扶贫开发任务的 33 个区县投入市以上水利资金 307.5 亿元，大力实施水利扶贫项目建设，落实水利扶贫惠民措施，全面解决农村饮水安全问题，水利扶贫成效明显。全市农村集中供水率、自来水普及率分别达 88%、86%，农村饮水安全总体有保障，农村供水设施基本实现全覆盖。

5. 切实发挥兜底保障作用。2016 年以来，将农村低保标准由 300 元/月提高到 496 元/月，城乡低保差距由 1∶0.65 缩小至 1∶0.8，目前有 25 万名建档立卡贫困户纳入农村低保；城乡特困标准由 600 元/月提高到 854 元/月，目前有 1.3 万建档立卡贫困户纳入特困人员供养。全面落实低保“渐退制度”，对 1.7 万贫困人口适时渐退；落实“分户制度”，适当放宽重残、重病人口纳入低保条件，实现重点贫困人口兜底保障。

6. 助推农业产业发展。统筹整合涉农资金，用于农业产业发展及农业基础设施建设。2016—2020 年，安排专项资金 24 亿元，累计支持 4 594 个行政村开展试点，其中，贫困村 1 559 个，占贫困村总数的 81%，受益贫困人口约 23 万人，推动全市集体经济“空壳村”占比下降到 22.4%。会同市扶贫办印发《关于推进全市贫困村致富带头人工作的指导意见》，加强贫困村创业致富带头人培养，支持党员创办领办脱贫致富项目。坚持把扶贫小额信贷作为促进产业发展的重要举措，累计发放扶贫小额信贷资金 90.35 亿元，惠及贫困户 23.39 万户次。

7. 持续加大就业扶持。全面摸清全市 16 周岁以上贫困群众就业状况和就业需求，依托人力社保、林业、交通、水利等部门积极开发公益性岗位，围绕“一户一人一技能”目标，培训贫困劳动力，转移就业。会同市人力社保局印发《关于开展就业扶贫示范车间创建工作的通知》，通过一次性建设补助、带动就业示范奖补等方式，扶持企业在贫困乡村发展扶贫车间，吸纳贫困家庭劳动力就近就业。

8. 实施生态补偿脱贫。制发《关于统筹解决生态保护和脱贫双赢的指导意见》，统筹推进生态保护与脱贫攻坚双赢。在33个有扶贫开发任务的区县，落实森林生态效益补偿资金24亿元，惠及贫困户34.6万户；落实林业产业贷款25.6亿元，支持林业贴息3 679万元；开展区县之间横向生态补偿交易19.2万亩、4.8亿元。引导市级林业龙头企业吸纳贫困群众就业1万多人，生态护林员岗位选聘贫困群众26 037人，实施林业科技扶贫示范项目46项。

9. 加大保险保费补贴力度。实施政策性农业保险贫困户参保优惠政策，18个扶贫开发工作重点区县全覆盖，对建卡贫困户参加政策性农业保险，市级财政在市级承担比例基础上，再补助总保费的5%，相应减少建卡贫困户承担总保费的5%。近5年支持建卡贫困户参保325万户次，提供农业生产风险保障近12亿元。

10. 保障农村公路建设。构建多元化、多层次筹资机制，全力满足“四好农村路”建设。“十三五”期间累计落实中央补助资金236.5亿元，统筹基金预算、发行债券、盘活政府“三资”等方式累计投入165亿元，打捆扶贫、移民、林业、烟草等专项资金，重点投向农村公路建设、养护工程。“十三五”期间，累计实施农村公路新改建8.46万公里，实现具备条件的行政村100%通硬化路，具备条件的村民小组通公路和通硬化路率分别达到99.7%和91.4%。

此外，在具备日照条件的巫溪、巫山、奉节三个县开展光伏扶贫，获得收益353万元，用于开发公益性岗位解决贫困人口就业975人。

五、财政脱贫攻坚工作的经验总结和启示

（一）涉农资金成功整合，为打赢脱贫攻坚战奠定了坚实基础

扶贫资金是打赢脱贫攻坚战的“粮草”和“弹药”，持续加大的财力投入，尤其是强力推进财政涉农资金整合，把资金向贫困地区倾斜，用真金白银补齐了贫困地区发展短板。贫困县涉农资金整合改革试点，资金范围清晰（中央20项，后整合为17项），实质性整合力度大（完全实现跨大专项整合），政策指导有力（每年出台指导文件），考核严明并与资金分配挂钩（纳入中央财政专项扶贫资金绩效评价，指标量化，评价优秀的安排奖励资金），在脱贫攻坚期间发挥了巨大作用，也为探索建立涉农资金统筹整合长效机制提供了有益的参考借鉴。

（二）扶贫资金精准使用，为打赢脱贫攻坚战提质增效

坚持精准方略，是习近平总书记从坚持实事求是思想路线、全面深化扶贫领域改革、构建贫困治理体系的高度提出的重要理念。在精准方略的引领下，实施财政专项扶贫资金绩效评价考核，完善脱贫攻坚项目库，健全区县财政涉农资金统筹整合方案备案审查和反馈机制，落实公告公示、扶贫资金“负面清单”等管理制度，确保了扶贫资金精准使用，提升了脱贫质量，脱贫攻坚取得更大成效。

（三）严格扶贫资金监管，为打赢脱贫攻坚战保驾护航

扶贫资金是贫困群众的“救命钱”“保命钱”，也是减贫脱贫的“助推剂”，加强扶贫资金监管，推动扶贫资金安全、规范、有效使用，是财政部门的职责所在。对扶贫资金分配、拨付、使用管理和绩效评价实施全过程动态监管，落实扶贫资金问题整改，以整改促规范，建章立制，扎紧扎牢制度笼子，从源头上杜绝系统性、普遍性、反复性问题发生。会同财政部重庆监管局、审计署重庆特派办、市审计局、市扶贫办等部门建立多元化、常态化的协同监管机制，实现“监管理念统一、监管口径一致、监管信息共享和监管成果互认”，提高了监管总体效率。扶贫资金从严监管，保证了政策落地、群众受益和脱贫攻坚任务的按时完成。

四川省财政脱贫攻坚工作情况

四川是农业大省、人口大省，人口多、底子薄、欠发达、不平衡，贫困面广量大程度深、区域性整体贫困突出、致贫返贫因素复杂，是全国扶贫任务最重的省份之一。国家14个连片特殊困难地区涉及四川藏区、秦巴山区、乌蒙山区（考虑到大小凉山彝区的特殊情况，在乌蒙山片区中单独划出大小凉山彝区，称为“四大片区”），国家确定的“三区三州”深度贫困地区涵盖甘孜州、阿坝州和凉山州。2013年底，四川全省贫困县88个，其中国家扶贫工作重点县36个、国家连片特困地区县60个（涉及交叉重复的县30个），分别占全国的6.08%、8.82%；全省贫困发生率9.6%，建档立卡贫困人口625万，占全国贫困人口的7.1%；建档立卡贫困村11 501个，占全省行政村的24%。

党的十八大以来，在党中央、国务院的坚强领导下，四川始终把脱贫攻坚作为最大的政治责任、最大的民生工程、最大的发展机遇，聚焦“两不愁三保障”脱贫目标，下足“绣花”功夫精准扶贫精准脱贫。四川各级财政部门坚决贯彻党中央、国务院战略部署，充分发挥财政职能，持续加大扶贫投入，完善财政扶贫政策，创新财政扶贫机制，强化资金使用管理，集中全力坚决打赢打好精准脱贫攻坚战，为全省脱贫攻坚提供了强有力的财政政策和资金支撑。到2020年底，全省625万建档立卡贫困人口全部脱贫，11 501个贫困村全部退出，88个贫困县全部摘帽，四川在历史上首次实现了真正意义上的“消除绝对贫困、全面建成小康”的宏伟愿景，成功兑现了对全省人民的庄严承诺。

一、坚决扛起政治责任，强化财政扶贫组织保障

坚决贯彻习近平总书记打赢脱贫攻坚战总号令，提高政治站位，坚守初心使命，不断强化思想认识、组织领导和责任落实，为精准扶贫、精准脱贫提供坚强的财政组织保障。

（一）强化思想引领

四川全省各级财政部门深入学习贯彻习近平总书记关于扶贫工作的重要论述和对四川工作系列重要指示精神，深刻领会省委、省政府关于脱贫攻坚系列决策部署，把打赢脱贫攻坚战作为增强“四个意识”、坚定“四个自信”、做到“两个维护”的具体行动来抓，通过各类会议、系列培训、基层调研、蹲点指导、驻村帮扶、对口帮扶、督战参战和巡回指导等多种形式，把全省各级财政干部的思想和行动统一到党中央、国务院脱贫攻坚决策部署上来，形成共识、凝聚力量，全面增强全省财政系统打赢脱贫攻坚战的信心和决心。

（二）强化组织领导

四川省财政厅成立了由党组书记、厅长任组长，其他厅领导任副组长，相关处室主要负责同志为成员的脱贫攻坚领导小组，统筹协调财政扶贫事项。建立了党组书记、厅长任组长，分管厅领导为召集人，相关处室主要负责同志为成员的扶贫资金管理联系会议制度，集中研究、全面加强财政扶贫政策落实和扶贫资金使用管理，着力解决扶贫资金使用管理突出问题。2016—2020

年，先后召开厅党组会议、党组中心组学习会议、脱贫攻坚领导小组会议、财政脱贫攻坚视频会议和培训会议等120余次，集中研究布置和推动落实财政扶贫工作。

（三）强化责任落实

始终坚持把财政扶贫工作纳入财政工作总体目标，纳入年度工作计划，纳入机关绩效管理评价重点内容和重要指标，重点推进落实。始终坚持“一把手”负总责，重大问题亲自研究，难点事项亲自协调，任务落实亲自督办。厅领导各司其职，各处室各负其责，任务明确、责任到人、措施具体，形成一级抓一级、层层抓落实的工作格局。聚焦脱贫攻坚目标任务，分年度制定财政扶贫专项实施方案，全面明确财政扶贫政策措施，全面分解落实具体工作任务，做到目标明确到县、政策措施到县、任务落实到县、评价考核到县，推动实现全省财政系统齐心协力、勠力同心抓扶贫、战脱贫、搞攻坚。

二、始终突出精准扶贫，创新财政扶贫政策机制

始终坚持精准扶贫精准脱贫，坚守脱贫攻坚目标和现行扶贫标准，深化改革创新，构建财政扶贫政策体系，探索财政扶贫新模式，创新财政扶贫新机制，增强财政扶贫新动能。

（一）构建财政扶贫政策体系

为避免财政扶贫政策碎片化零散化，从脱贫攻坚一开始，就坚持围绕中心、服务大局、集中整合、务实管用的原则，从制度上对财政脱贫攻坚进行统筹规划、系统谋划和顶层设计，着力构建完备的财政扶贫政策体系。围绕脱贫攻坚规划和年度计划，依

据政策对象、标准、级次、年度等要素，精细测算资金需求，编制2016年至2020年四川脱贫攻坚财政筹资总体方案，集中财力优先保障、集中保障全省脱贫攻坚资金需求。围绕贫困地区均衡性转移支付、县级基本财力保障奖补、涉农资金统筹整合、跨区域合作财税利益共享、财政金融互动、资产收益扶贫以及扶贫资金到村到户、监督检查和绩效管理等，出台4个办法，制定4项机制，构建起系统性的“1+4+4”财政扶贫政策，很好地奠定了四川财政脱贫攻坚政策体系的基石。

（二）开展涉农资金统筹整合

脱贫攻坚期间，四川省支持贫困县打破涉农资金统筹整合瓶颈，推动实现“打酱油的钱可以买醋”，允许贫困县可以根据脱贫攻坚实际调整涉农资金用途。严格推进落实规划引领、严明政策、下放权限、纵横联动、全面监管“五项措施”，创新实施会签把关、定期反馈、审核通报、负面清单、库款保障和配套支撑“六项制度”，探索建立蓄水统配、截长补短、引流归口“三大模式”，推动全省贫困县涉农资金统筹整合试点取得了显著成效。2016—2020年，全省88个贫困县累计整合财政涉农资金超过1 270亿元集中投入脱贫攻坚，有效解决了贫困县脱贫攻坚筹资难题，全面提高了涉农资金使用效益，切实弥补了农业生产发展和农村基础设施建设等脱贫攻坚短板，最大化激发了贫困县、贫困群众自我发展的内生动力。

（三）创新建立多项扶贫基金

针对农村贫困家庭子女就学和贫困群众发展产业缺乏启动资金、贷款融资艰难等方面的特殊困难，四川创新机制、精准施策，坚持省级补助、市（州）激励、县为主体，积极引导社会捐赠投入，于 2016 年在全省 161 个有扶贫任务的县（市、区）全面建立起教育扶贫救助基金和扶贫小额信贷分险基金，在 11 501 个贫困村全面建立起贫困村产业扶持基金，使财政扶贫政策效应发挥到最细小的单元，落实到每家每户每一个贫困人口。上述基金的建立，有效解决了贫困群众现实困难和长远生计，基层和困难群众非常欢迎。

（四）拓宽贫困群众增收渠道

在全国率先探索资产收益扶贫，通过财政支农和扶贫资金形成资产股权量化的方式，优先配股给贫困户，实行按股分红、收益保底，让贫困户获取更加充分而有保障的财产权和财产收益权，为贫困群众提供持续稳定的增收渠道。2016—2020 年，省财政累计投入资金 12 亿元支持开展资产收益扶贫，累计覆盖 15 万余贫困户，实现年户均增收 800 元以上。启动实施扶持村级集体经济发展试点，累计投入资金 41. 3 亿元，扶持 4 632 个村开展试点，65 万名贫困群众直接受益。向有劳动能力和意愿的贫困群众购买劳务服务，2016 年以来累计安排资金 18. 36 亿元，用于大力开发公益性岗位，解决弱劳力就近就地就业问题，共开发生态护林（草）员、水利工程巡管员等公益岗位超过 12 万个。2019 年以来，创新利用政府采购贫困地区农产品网络销售平台，引导全省各级预算单位通过政府采购方式支持贫困地区农特优产品销售，累计预留采购份额 7. 87 亿元，累计完成贫困地区农副产品采购金额 8. 27 亿元；四川地区入驻网络销售平台供应商 1 266 家，上架销售农副产品 15 546 个，累计销售 10. 12 亿元。

（五）实施财政金融互动扶贫

实施精准扶贫贷款奖补，引导金融机构向贫困户发放扶持产业发展贷款，促进贫困群众通过发展产业持续增收。支持贫困县建立贫困户住房建设贷款分险基金，实施农村土坯房改造贷款贴息和分险，撬动金融资金支持农村住房建设。支持贫困县设立创业担保贷款担保基金，鼓励农民工、农民企业家、大学生、复员退伍军人等创业人员返乡创业，带动带领贫困群众创业就业增收。实施传统农业、特色农业和生猪价格保险保费补贴，2016年至2020年累计兑现补贴资金超过7亿元，有力地支持了贫困地区特色农业产业发展。在全国率先全面推广实施“政担银企户”五方联动扶贫试点，2018年至2020年累计为2 086户涉农经营主体提供担保贷款13.7亿元，带动1.3万余户3万余贫困群众脱贫增收。

三、持续加大扶贫投入，“真金白银”保障脱贫攻坚

面对突出的收支矛盾和巨大的筹资任务，四川各级财政对照脱贫攻坚目标任务，千方百计挖存量、优增量、增总量，集中财力优先保障，持续加大财政扶贫投入，充分发挥财政资金“四两拨千斤”作用，多渠道拓宽脱贫攻坚资金来源，“真金白银”保障脱贫攻坚资金需求。党的十八大以来，全省累计投入脱贫攻坚的财政、政府债券、金融、企业和帮扶等各类资金近万亿元，为全省打赢脱贫攻坚战备足了“军需弹药”，做好了“后勤保障”。

（一）财政集中投入

2015年，四川结合行业实际制定出台基础设施、产业、新村、教育与就业、生态、健康、文化、社保、社会和财政金融等10个扶贫专项方案，全方位推动脱贫攻坚。之后，每年根据脱贫攻坚工作实际，在10个方案基础上增加若干，形成“10+N”

扶贫专项方案。全省紧紧围绕“10 + N”扶贫专项方案，精细测算资金需求，加强规划与项目、项目与资金精准对接，足额筹集落实脱贫攻坚资金。2016 年至 2020 年，全省累计投入“10 + N”扶贫专项资金超过 8 500 亿元，其中财政扶贫资金超过 5 500 亿元，集中支持产业、交通、水利、住房、教育、卫生、技能培训和就业、文化、生态、社会保障等扶贫事业，让贫困地区面貌和贫困群众生产生活条件发生了翻天覆地的变化。

其中，2016 年至 2020 年累计投入财政专项扶贫资金 964 亿元。中央补助 380 亿元，省本级安排 262 亿元，市县投入 322 亿元。实施贫困地区县级基本财力保障奖补，对贫困县自身财力不能满足基本标准支出需求的算账缺口，由省级财政全部实行兜底补助。实施贫困县均衡性转移支付单列单算补助，提升县级脱贫攻坚财政保障能力。2016 年至 2020 年，省财政累计安排贫困县县级基本财力保障奖补资金 487.9 亿元、均衡性转移支付单列单算补助资金 210 亿元，夯实了基层财政基础。累计安排地方政府债券 403 亿元，其中易地扶贫搬迁 286 亿元、有扶贫任务县（市、区）脱贫攻坚 64 亿元、“三区三州”深度贫困地区脱贫攻坚 53 亿元，专项用于支持易地扶贫搬迁、贫困村提升工程等脱贫攻坚项目建设。

（二）撬动金融投入

出台系列财政金融互动扶贫政策，充分发挥财政资金“四两拨千斤”的撬动作用，引导金融资金投入脱贫攻坚。2016 年至 2020 年，通过积极争取国家专项建设基金、长期低息贷款等方式，引导金融资金 267 亿元投入易地扶贫搬迁；大力实施精准扶贫贷款奖补，引导金融机构向贫困户发放扶持产业发展贷款 238 亿元；全面推广无抵押、无担保、财政贴息和分险的扶贫小额信贷，累计发放贫困户扶贫小额信用贷款266亿元。

（三）深化帮扶投入

深化定点扶贫，24家中央单位5年累计投入帮扶资金35亿元，帮助引进各类帮扶资金21亿元；379个省直部门（单位）5年累计投入帮扶资金60亿元，帮助引进各类帮扶资金64亿元。深化东西部扶贫协作和对口支援，广东、浙江两省17个市61个县与四川省68个贫困县建立结对关系，5年累计投入帮扶资金104亿元。创新省内对口帮扶，在“7+20”对口援藏基础上，组织经济较发达7市35县结对帮扶45个深度贫困县，5年累计投入帮扶资金61亿元。

（四）引导社会投入

注重发挥社会扶贫力量，鼓励和引导社会资金投入脱贫攻坚。开展全方位、多层次、多形式的扶贫日系列活动，2016年至2020年累计接收自愿捐赠款物（折价）107亿元。会企业勇担社会责任，积极开展“万企帮万村”精准扶贫行动，7.6万家民营企业（商协会）与8 210个贫困村结对，累计投入结对帮扶资金107亿元，累计帮扶贫困群众124万余人。

四、聚焦聚力藏区彝区，全力攻克深度贫困堡垒

始终把深度贫困地区脱贫攻坚作为重中之重，进一步把工作、政策和资金重心向藏区彝区聚焦，打响全面攻克深度贫困堡垒的合围战、歼灭战，坚决啃下深度贫困“硬骨头”。

（一）组织上全面保障

2018年，四川省财政厅成立厅长任组长、厅领导任副组长、

各处室主要负责人为成员的推进凉山州脱贫攻坚财政保障工作领导小组，层层压紧压实凉山州脱贫攻坚的财政工作责任，协调解决凉山州财政脱贫攻坚重大问题和困难，全面加强对凉山州的指导、督促、帮扶和监督检查。组建凉山州脱贫攻坚综合帮扶工作队，厅领导牵头、各处室参与，组成9个小组，分别负责联系指导凉山州11个深度贫困县财政脱贫攻坚工作，明确要求各小组定期到对应综合帮扶县宣讲扶贫政策、指导帮扶工作、关心关爱干部、严格督促落实，帮助解决实际问题。2020年，组建脱贫攻坚业务巡回指导组，定期赴喜德县、越西县、金阳县、美姑县、昭觉县、布拖县、普格县等7个挂牌督战县，持续深入开展业务巡回指导，带头带领冲锋陷阵，真刀真枪督战参战，集中全力、集中资源支持决战脱贫攻坚、决胜全面小康。

（二）政策上特殊照顾

在全面落实深度贫困地区“三增”要求的基础上，一律免除纳入年度“10＋N”扶贫专项新增项目资金的县级配套，由省财政全额补助。在面上统一标准的基础上，进一步提高深度贫困县精准扶贫贷款财政奖补比例10个百分点，提高扶贫小额信贷分险基金分险比例至80%。持续支持实施藏区“六项民生工程”、彝区“十项扶贫工程”，省委、省政府《关于精准施策综合帮扶凉山州全面打赢脱贫攻坚战的意见》明确的12个方面34条等特殊支持政策，集中财力和资源统筹推进深度贫困地区产业、住房、教育、医疗、交通、文化、技能培训等各项扶贫工作，集中解决民族宗教、文明提升、禁毒防艾和移风易俗等特殊难题，集中全力坚决攻克脱贫攻坚难中之难、坚中之坚。

（三）资金上倾斜支持

全面加大深度贫困地区扶贫资金倾斜力度，新增资金主要安排用于深度贫困地区。2018 年至 2020 年，新增安排 45 个深度贫困县脱贫攻坚资金 493 亿元、凉山州深度贫困县脱贫攻坚资金 289 亿元。财政专项扶贫资金重点倾斜，2016 年至 2020 年，累计安排藏区彝区深度贫困地区中省财政专项扶贫资金 323.12 亿元，占中省资金总量的 50.3%。支持 45 个深度贫困县整合财政涉农资金超过 630 亿元，集中弥补农村基础设施和农业生产发展短板。安排资金 2.7 亿元，支持新识别的 8 371 名凉山州自发搬迁贫困人口脱贫攻坚。2019 年，统筹压缩的“三公经费”、收回的存量资金 26 亿元，支持解决藏区彝区“两不愁三保障”突出问题。2020 年，一次性安排藏区彝区中央财政综合财力补助 33.93 亿元，紧盯标准、对标对表，全面补齐深度贫困地区脱贫攻坚短板弱项。

（四）帮扶上全心全意

在全省财政系统精挑细选 51 名业务骨干，深入凉山州开展脱贫攻坚综合帮扶，与凉山州干部群众一起吃、一起住、一起干，坚决支持凉山打赢脱贫攻坚战。聚焦财政职能主动作为，深入开展财政系统对口帮扶，组织安排内地 83 个市县财政局与 45 个深度贫困县财政局结成对子，局对局、岗对岗开展对口帮扶，指导深度贫困县加强财政管理改革，全力攻克深度贫困最后堡垒。制定对口帮扶深度贫困县财政管理考核办法，实施对口帮扶双方财政干部全员全覆盖培训，建立深度贫困县四项扶贫基金培训辅导长效机制，明确 45 个管理使用四项扶贫基金较好的内地县与 45 个深度贫困县结成对子，对口帮助指导，全面提升深度贫困地区财政干部的业务能力和水平，夯实深度贫困地区脱贫攻坚、全面小康的财政基层基础。

五、创新监督管理方式，全面提高扶贫资金效益

扶贫资金使用管理直接关系脱贫攻坚成色和质量。四川各级财政部门历来高度重视，围绕扶贫资金使用管理全过程，建立起了党政同责、预算管理、专库保障、统筹整合、项目管理、资金支付、监督检查等扶贫资金使用管理长效机制，构筑起了扶贫资金使用管理的“铜墙铁壁”，确保了资金安全高效精准使用。

（一）建立党政同责长效机制

扶贫资金量大面广、点多线长，监管难度大，社会关注度高。监管责任不明确，再多的监管政策措施都会落空。为此，从一开始四川就全面明确各级党委、政府主体责任，党委、政府主要负责同志对扶贫资金使用管理负总责，党委、政府分管负责同志对分管领域扶贫资金使用管理具体负责，让党政领导同志亲自带头抓扶贫资金使用管理。全面明确各级行业扶贫主管部门直接责任，压紧压实主管责任，坚决做到“谁使用、谁管理、谁负责”。全面明确各级财政、扶贫、纪委监委、审计等部门监管责任，统筹协调、联合联动加强监管，依法依规、严肃惩处违规违纪使用扶贫资金问题，做到阳光扶贫、廉洁扶贫。

（二）建立专库保障长效机制

为避免扶贫资金调度保障不到位，有效解决扶贫资金和项目脱节问题，2019 年，省财政指导全省 21 个市（州）和 161 个有扶贫任务的县（市、区）在同级国库开设财政扶贫资金支出账户，专门用于归集、拨付和核算各级各类财政扶贫资金。每月定期收集当月下达的财政扶贫资金，对市县统一调拨。动态监测、

定期通报市县财政扶贫资金归集、拨付及结余等情况，实现财政扶贫资金专项调度、封闭管理、安全运行、精准使用。创新扶贫项目资金支付方式，实行财政直接支付制度，资金支付全面纳入国库集中支付信息系统管理，确保资金更加快捷、安全地到达使用“终端”。

（三）建立资金使用长效机制

为强化脱贫攻坚基础工作，加强扶贫项目论证储备，着力解决资金闲置和损失浪费等问题，提高扶贫资金使用效益，2016 年以来，四川省强力推动县级脱贫攻坚项目库建设，着力推进扶贫规划、项目与资金“精准对接”“无缝衔接”。市县结合资金管理规定和扶贫项目建设实际，灵活选择预拨、提前下达或按项目实施进度等方式拨付资金。创新扶贫项目资金调剂使用机制，对前期规划不实、资金对接不精准或实施困难项目，县级将闲置项目资金调剂用于其他建设进度快、资金需求急项目；在保证资金投入总量不变前提下，县级根据项目进度需求对项目间年度资金进行合理调剂使用。

（四）建立资金监管长效机制

为进一步加强财政扶贫项目资金监管，提升扶贫项目资金成效，2017 年，四川在北川县探索开展“互联网 + 精准扶贫智能代理记账”试点，运用互联网最新技术，规范村级财务和扶贫资金会计核算。到 2020 年，全省有 51 个县、1 038 个乡（镇）、7 905个村（社）使用“互联网 + 精准扶贫代理记账”平台。同步开发手机 APP，让群众随时随地掌握每一笔扶贫资金的流向。2018 年，建立财政扶贫资金动态监控系统，对各级各类财政扶贫资金预算分配下达、资金支付、扶贫项目资金绩效目标执行等情况动态监控、实时预警，确保项目资金数据可追溯、责任可倒查、红线可预警。2019 年，在前期惠民惠农财政补贴资金“一卡通”管理问题专项治理成果基础上，全面实施惠民惠农财政补贴资金社会保障卡“一卡通”发放管理，建立“一卡通”大数据平台，对补贴资金申报、审核、发放、管理全过程实时监控。截至 2020 年底，省定的 19 个大类 32 个项目、市县确定的 958 个项目全部纳入平台发放管理，累计发放补贴资金超过 680 亿元、惠及 2 687 万人。

（五）建立绩效考评长效机制

财政资金取之于民、用之于民。为提高财政扶贫资金使用绩效，提高资金使用效率和脱贫成效，集中财力办好大事要事，确保打赢脱贫攻坚战，从 2016 年开始，在全省实施最严格的财政专项扶贫资金绩效评价考核，并纳入省对市县党委、政府脱贫攻坚成效考核指标体系，倒逼加强扶贫资金使用管理。同时，2018 年 11 月，四川印发《四川省扶贫项目资金绩效管理实施细则》，把扶贫项目资金绩效管理纳入预算绩效管理体系，建立省、市、县三级联动扶贫项目资金绩效自评和评价工作机制，推进全省扶贫项目资金绩效评价全覆盖。强化绩效评价结果运用，将绩效评价结果与扶贫专项设置、资金安排挂钩，提高扶贫资金配置效率。2018 年至 2020 年，全省已累计对 2.7 万余个扶贫项目开展了绩效管理，涉及扶贫资金 1 620 亿元。

贵州省财政脱贫攻坚工作情况

党的十八大以来，在贵州省委、省政府坚强领导和财政部的有力指导下，贵州省财政厅深入学习贯彻习近平总书记关于脱贫攻坚工作的重要指示批示精神，坚决扛起脱贫攻坚政治责任，充分发挥财政职能作用，抓重点 、补短板、强弱项，创新“五个坚持”，实现“四个更加”，为高质量打赢脱贫攻坚战夯实财政基础、强化财政支撑、贡献财政力量。

一、主要做法

（一）坚持政治领导，忠诚履职尽责

一是提高政治站位，抓好学习贯彻。党的十八大以来，习近平总书记先后在延安、贵阳、重庆、银川、太原、成都、重庆、北京主持召开脱贫攻坚跨省区座谈会。省财政厅先后召开多次党组（扩大）会议暨省财政厅脱贫攻坚领导小组会议，传达学习习近平总书记各次脱贫攻坚跨省区座谈会精神和习近平总书记关于脱贫攻坚工作的重要批示指示精神和省委常委会议精神、省政府常务会议精神，深入分析问题、研究解决难题，及时部署各项工作任务。始终坚持做到习近平总书记关于脱贫攻坚的重要讲话，第一时间传达学习；习近平总书记关于脱贫攻坚的决策部署，第

一时间贯彻落实。二是扛起政治责任，抓好责任落实。通过召开专题会、动员会、签订责任状等，压实市县主体责任和相关处室帮扶责任，构建“横向到边、纵向到底、上下联动”的落实体系。依托新时代学习大讲堂开展管好用好扶贫资金的专题培训，提高各级干部管好用好扶贫资金管理的能力和水平，确保责任落实到位。三是强化政治担当，抓好工作落实。坚持以脱贫攻坚统揽财政事业发展全局，践行“五步工作法”，充分发挥财政职能作用，在工作落实上狠下功夫。聚焦“两不愁三保障”，保持“既不降低标准，又不吊高胃口”的战略定力，严格落实各项财政扶贫政策，全力支持打赢“四场硬仗”“七大战役”，深入开展财政专项扶贫资金绩效评价，把党对贫困群众的关怀落实到千家万户。四是保持政治定力，抓好结对帮扶。以党建帮扶为引领，厅领导每年多次带队深入三都县开展帮扶工作，深入田间地头查看产业、走进贫困户家中帮扶慰问，对三都县脱贫攻坚、扶贫资金管理使用等工作进行实地指导。2016 年以来先后选派两批驻村工作队共 14 人赴三都县开展定点帮扶工作，全力协调解决帮扶点的脱贫攻坚有关项目资金。通过持续加强定点帮扶工作，助力帮扶点三都县于 2020 年 3 月 3 日成功退出贫困县序列。

（二）坚持政策先行，强化顶层设计

坚持三个导向，践行“五步工作法”，着眼扶贫资金预算、管理、使用、监督全流程，抓重点、补短板、强弱项，下好政策设计“先手棋”。一是坚持目标导向设计政策。创新颁布施行《贵州省大扶贫条例》，专设“扶贫项目和资金管理”章节，明晰政府、社会、市场等各方主体在大扶贫中的权利义务，突出精准使用扶贫资金，加强后续资产管理，通过立法形式明确资金项目类型、资金使用、项目实施、项目库建设等重点内容，以法律

条文回应大扶贫需求，为扶贫资金精准使用、扶贫项目规范管理夯实法律基础，确保到2020年6月底所有剩余贫困人口达到脱贫标准、未出列贫困村达到退出标准、未摘帽县达到脱贫摘帽条件。二是坚持问题导向设计政策。聚焦“两不愁、三保障”阶段性情况和问题，出台《关于全力做好深度贫困地区脱贫攻坚有关工作的通知》《贵州省农村“组组通”公路建设三年大决战省级贴息资金管理暂行办法》《关于做好保险支持贵州省农村产业发展的通知》《关于积极应对新冠肺炎疫情影响 加强财政专项扶贫资金项目管理工作的通知》等一系列文件，充分发挥财政职能作用，科学合理安排预算，加大财政资金投入，降低疫情灾情汛情等客观因素对脱贫攻坚的影响，足额保障扶贫资金支出需求。三是坚持结果导向设计政策。出台《贵州省财政专项扶贫资金管理办法》《贵州省财政扶贫专项资金绩效评价办法》《贵州省关于完善县级脱贫攻坚项目库建设的实施意见》《关于强化扶贫资金管理使用的意见》等文件，从扶贫资金预算安排、分配、下达、拨付、使用、报账等各环节全流程着眼，全面规范资金管理，全力护航脱贫攻坚，持之以恒提高脱贫成效、提升小康成色。把促进农业增效、农民增收和农村繁荣作为政策设计的出发点和落脚点，创新推行“三变”改革，以股份合作为纽带，拓宽融资渠道，激发贫困群众脱贫致富的内生动力，促进了农户与经营主体联产联业、联股联心，推动了农村经济规模化、组织化、市场化发展，有效激活了农村发展内生动力。

（三）坚持多方发力，加大投入力度

习近平总书记指出：“要增加投入，确保扶贫投入同脱贫攻坚目标任务相适应。”我们坚持发挥政府投入主体和主导作用，发挥资本市场支持贫困地区发展作用，吸引社会资金广泛参与脱

贫攻坚，形成脱贫攻坚资金多渠道、多样化投入格局。一是加大财政专项扶贫资金投入。从2016年到2020年，中央和省级投入财政专项扶贫资金788.39亿元（中央451.9亿元、省级336.49亿元），较“十二五”时期的269.24亿元增长了2.9倍，年均增幅21.17%。2020年，下达中央和省财政专项扶贫资金224.58亿元，较上年增加41.8亿元，增幅22.87%。其中，中央资金127.43亿元，较上年同期增加23.19亿元，增幅22.24%；省级资金97.15亿元，较上年同期增加18.61亿元，增幅23.69%。二是整合涉农资金。2016—2020年，66个贫困县实际整合涉农资金已达1 094.23亿元，其中：2016年115.59亿元，2017年305.91亿元，2018年269.81亿元，2019年203.84亿元，2020年199.08亿元。将财政涉农资金的配置权、使用权完全下放到试点贫困县，由贫困县依据当地脱贫攻坚规划，在农业生产发展和农村基础设施建设范围内，区分轻重缓急确定重点扶贫项目和建设任务整合使用涉农资金。三是聚合社会帮扶。2016年至2020年，40家中央单位定点扶贫贵州50个贫困县，向贵州省贫困地区直接投入帮扶资金31.37亿元，实施帮扶项目3 256个，帮助引入投资资金635.84亿元。2016年至2020年，7个东部帮扶城市向贵州投入财政帮扶资金逐年增长，累计达113.99亿元，共计实施帮扶项目5 932个，受益贫困人口263.22万人。深入推进贵州“千企帮千村”精准扶贫行动，累计有5 827家参与“千企帮千村”精准扶贫行动，帮扶6 882个村。恒大集团捐赠81亿元帮扶毕节市，万达集团投入资金23亿元帮扶丹寨县。四是撬动金融资本。截至2020年底，全省累计发放扶贫小额信用贷款500.57亿元，累计贷款户数75.91万户，累计还款396.63亿元。2020年新增贷款84.93亿元，贷款户数17.39万户。从2016年到2020年底，全省共投资扶贫产业子基金、绿色产业扶贫投资基金项目 1 078 个、793.7 亿元，支持农村产业革命。五是加强税费优惠。对符合条件的生产单位、经营单位、企业和个人，全面落实好增值税、企业所得税、土地使用税和个人所得税、契税、印花税、城镇土地使用税等税收优惠政策，助力脱贫攻坚。对建档立卡贫困人口从事个体经营的或企业吸纳建档立卡贫困人口就业的，加大税收优惠政策倾斜力度。对企业通过公益性社会组织或者政府机构，用于脱贫地区的扶贫捐赠支出，准予在计算企业所得税应纳税所得额时据实扣除。六是深化政府采购。强化政府采购支持脱贫攻坚政策功能，协同省供销社、省扶贫办推进“扶贫 832”平台建设，注重引导全省各级预算单位遵循就近、经济原则，同等条件下优先通过“扶贫 832”平台采购国家级贫困县域内注册的农副产品。

（四）坚持聚焦重点，打赢“四场硬仗”

习近平总书记强调，脱贫攻坚要坚持目标标准，既不能降低标准、影响成色，也不要调高标准、吊高胃口。我们始终践行精准方略，紧扣“两不愁、三保障”，抓重点、补短板、强弱项，全力支持打赢“四场硬仗”。一是支持打赢产业扶贫硬仗。除通过上述涉农整合资金、基金、金融资本、社会资本支持产业扶贫外，2019—2020 年，省级财政还单独安排产业专项资金共计 26 亿元支持茶叶、食用菌、蔬菜等 12 个农业特色优势产业发展。全省农担体系累计担保额突破 162.43 亿元，累计担保户数 8.15 万个。实现十二大特色产业农业保险全覆盖，为百万农户及各类农业生产组织发展农业提供千亿元风险保障。二是支持打赢以农村公路“组组通”为重点的基础设施建设硬仗。2017 年 8 月，贵州省启动“组组通”三年攻坚，截至 2020 年底，省级财政已累计贴息 28.75 亿元，撬动社会资本投入 459.8 亿元建设 7.87 万公里通组硬化路，覆盖全省3.9万个30户以上未通硬化路的村民组，彻底解决沿线1 200万农民群众出行不便问题。2016—2020年省财政厅配合省通信管理局、省大数据局，先后争取到中央电信普遍服务补助资金共12.23亿元，大力推动贵州省农村偏远地区电信基础设施建设。三是支持打赢易地扶贫搬迁硬仗。从2015年12月贵州省实施易地扶贫搬迁工程以来，“十三五”期间省级共筹措并拨付易地扶贫搬迁建设资金1 060.94亿元，累计建成安置项目946个、安置住房45.39万套，整体搬迁贫困自然村寨10 090个，完成了188万人易地扶贫搬迁任务。多次作为易地扶贫搬迁工作积极主动、成效明显的省受到国务院表扬激励。四是支持打赢教育医疗住房“三保障”和饮水安全硬仗。压缩6%的党政机关行政经费及安排预算设立教育精准扶贫专项资金，用于支持贵州省建档立卡贫困学生。从2015年至2020年，全省各级财政共安排72.47亿元，累计资助建档立卡贫困学生229.59万人次，实现了“精准资助，应助尽助”，助推了贵州省脱贫攻坚工作稳健发展。人均基本公共卫生服务补助标准由2016年的45元提高到2020年的74元，下达中央和省级补助资金96.77亿元；2020年，城乡居民基本医疗保险人均补助标准由2019年的520元提高到550元。2016年至2020年，下达中央和省级城乡居民基本医疗保险补助资金825.65亿元；同时，2019年至2020年，省级财政安排专项补助资金10.43亿元用于建档立卡贫困人口参保资助。2016—2020年下达中央和省级资金144.01亿元，用于农村危房改造、农房透风漏雨和人畜混居整治等农村住房保障项目。自2018年启动实施农村饮水安全攻坚决战行动以来，投入中央和省级资金39.35亿元，专项用于农村饮水安全项目建设，覆盖288万名农村人口。五是支持生态扶贫。2016—2020年中央共下达贵州省林业方面资金390.9亿元，用于退耕还林、天保工程、森林培育、森林资源管理和林业产业发展等支出。六是支持就业扶贫。2016 年至 2020 年，省级财政共下达中央和省级就业补助资金 84.81 亿元，中央资金年均增长率 13.2%。在分配就业补助资金时，向深度贫困县、乡镇等地区倾斜。同时，依托各类农民专业合作社（种养大户、家庭农场）、就业扶贫车间、就业扶贫示范基地及各类园区企业开发就业扶贫援助专岗。截至 2020 年底，全省共开发乡村公益性就业扶贫援助专岗 12.5 万个，切实帮助有劳动能力但因客观原因无法通过劳务输出实现就业的贫困劳动力就近就地实现脱贫增收。七是支持兜底保障。2016—2020 年下达各地困难群众救助中央和省级补助资金 429.24 亿元，保障低保、特困人员救助供养、临时救助、流浪乞讨人员救助、孤儿等基本生活支出。同时，通过调整支出结构，省级财政安排扶贫资金 1 057.5 万元创新推进“民生保”，多渠道全力防止临贫易贫人群因病、因灾、因意外返贫。

（五）坚持问题导向，规范资金管理

针对扶贫资金点多面广、使用分散、多头管理等问题，坚持全链追踪，突出专项治理，强化“双台账”管理，严肃追责问责，全面架起扶贫资金“高压线”。一是“五关”强化全链条监管。建好预算关。坚持关口前移，建立健全规范透明、标准科学、投入高效、约束有力的扶贫资金预算制度，加快构建全方位、全过程、全覆盖的财政扶贫资金预算绩效管理体系。管好项目关。率先发布了《贵州省精准扶贫县级脱贫攻坚项目库建设管理规范》（DB52/T 1275 – 2018），配套出台相关文件，将国家和省有关县级脱贫攻坚项目库建设规定用标准化文本固定下来，并组织第三方对 16 个深度贫困县脱贫攻坚项目库进行评估，高质量推进县级脱贫攻坚项目库建设。强化联动关。坚持线上监督与

线下监督相结合，坚持定期调度与重点抽查相结合，坚持监督检查与督促指导相结合，坚持履行主管责任与监督责任相结合，坚持公开公示与社会监督相结合，构建扶贫资金使用大监管格局，让财政资金在阳光下运行。把好绩效关。构建预算绩效管理制度框架，印发《贵州省全面实施预算绩效管理推进工作方案》《贵州省预算绩效管理实施办法》等9项办法措施，突出绩效导向，加强督促指导，强化结果运用，构建事前事中事后绩效管理闭环。用好智能关。深耕财政扶贫资金动态监控平台，运用好全国扶贫开发信息系统、创新开发“贵州扶贫云”资金项目监管系统等，将财政扶贫资金全部纳入信息化监管，自上而下逐级分解下达扶贫资金预算，自下而上建立脱贫攻坚项目库，实现资金项目全流程监测预警。加强惠农补贴“一卡通”集中统发平台建设，整治“一人多卡”“卡出多行”“多头发放”，走好扶贫资金监管“最后一公里”。二是“六大举措”规范管理扶贫资金。紧扣各级各类扶贫资金，紧盯巡视巡查审计等各类发现反馈问题，以规范为目标，以效益为导向，以专项治理为抓手，坚持“大清查、大整改、大监督、大梳理、大调研、大培训”六大举措，重点清查整治扶贫资金分配、下达、拨付、监管、滞留闲置、统筹整合、精准使用、竣工结算等方面存在的问题。在确保各类问题逐一整改、逐一销号的基础上，举一反三，建章立制，使扶贫资金管理更加规范、使用效益更加明显。三是“双台账”管理实现问题实时动态清零。印发《关于建立脱贫攻坚问题整改两本台账压实两个责任的通知》，要求一个问题建立部门和地方“双台账”，压紧压实地方和部门“两个责任”，问题台账由地方和行业部门统筹负责管理，两本台账必须“双销号”才确认问题真正得到整改，强化省市县乡村五级联动，尽可能多地发现问题、分析问题、解决问题。问题不解决进行“双问责”，既严肃追究地方党政一把手和分管负责同志责任，又严肃追究省、市、县相关部门一把手责任，确保问题适时动态清零。四是严肃追责问责。坚持“三个区分开来”和“依法依规、实事求是，分类对待、精准问责，分级问责、权责一致”的原则，在全国率先出台《贵州省扶贫资金管理使用问责办法》，实行失职追责、尽职免责机制，全面梳理扶贫资金政策的正负面清单，对存在工作作风不实、问题整改不到位等情况的，按程序依法依规严格追究相关责任人责任，激发担当负责、干事创业正能量，以优良作风确保扶贫资金管理规范、使用高效。

二、主要成效

近年来，贵州财政扶贫资金管理使用工作成效显著、亮点纷呈。

（一）财政投入力度不断加大，全面小康基础更加牢固

坚持财政扶贫资金增幅不低于上一年度的定位，树牢“过苦日子”“过紧日子”的思想，资金使用聚焦贫困地区、贫困群众，坚决做到省级财政专项扶贫资金应配尽配。从“十三五”时期的数据看，从2016—2020年，中央和省级投入财政专项扶贫资金788.39亿元（中央451.9亿元、省级336.49亿元），较“十二五”时期的269.24亿元增长了2.9倍。4年多来，省级财政专项扶贫资金增幅均高于中央财政专项扶贫资金增幅，把有限的财政资源更好地服务脱贫攻坚，加快了贫困县摘帽和贫困户脱贫进程。

（二）整合力度不断加大，涉农资金使用效益更加高效

把涉农资金纳入财政脱贫攻坚“资金池”。2016—2020年，全省66个试点贫困县使用整合涉农资金超千亿元，坚持因需而整、应整尽整的原则，加快项目编制、论证、申报、审批，支持贫困县开展统筹整合使用财政涉农资金试点，支持贫困县按照脱贫攻坚需求统筹整合使用涉农资金，使资金使用方向更加贴近县级实际需要，实现集中投入和统筹使用双向发力。同时，在确保资金安全拨付的前提下，将扶贫资金拨付流程应减尽减，以资金加快拨付务求使用效益最大化。

（三）信息平台不断优化，扶贫资金管理更加规范

一是深耕财政扶贫资金动态监控平台。将财政扶贫资金全部纳入监控平台，自上而下逐级分解下达扶贫资金预算，自下而上建立扶贫项目库，加强各级各类扶贫资金管理，打通实时监管到项目到人“最后一公里”，实现全面无死角、全程可追溯，动态掌握每一笔资金使用情况。二是加强惠农补贴“一卡通”集中统发平台建设。聚焦目录管理、发放进度、信息管理、责任落实等四个重点环节，全力整治“一人多卡”“卡出多行”“多头发放”，实现部门间补贴数据信息共享，以及统发平台与公安人口信息数据库实时比对，并在贵州政务服务网、“云上贵州多彩宝”APP上线“惠农补贴‘一卡通’发放记录查询”，补贴对象足不出户便可查询补贴发放信息，做到“统发更全、发放更快、服务更优、问责更严”，不断增强贫困群众获得感、幸福感。

（四）问题整改成效不断提升，脱贫攻坚成效更加巩固

对2016年以来各级财政预算安排的各类扶贫资金进行全覆

盖、无死角清查，重点清查资金分配、下达、拨付、监管、滞留闲置、统筹整合、精准使用、竣工结算等情况，2016 年以来中央和省巡视、审计、脱贫成效考核、财政专项扶贫资金绩效评价等反馈和发现的问题全部整改到位，为全省按时打赢脱贫攻坚战提供强有力的资金保障。

云南省财政脱贫攻坚工作情况

云南省是全国贫困县最多、贫困人口规模较大、贫困程度较深的省份之一。党的十八以来，云南省各级财政认真学习习近平总书记关于扶贫工作的重要论述和考察云南时的重要讲话精神，贯彻落实党中央、国务院关于打赢脱贫攻坚战的各项决策部署，坚持把脱贫攻坚作为头等大事和第一民生工程，坚持“财”服从服务于“政”的理念要求，积极筹措资金，支持全省88个贫困县全部脱贫摘帽，以实际行动践行财政在脱贫攻坚中的政治担当和使命责任。

一、财政部门履行脱贫攻坚政治责任情况

（一）学习贯彻习近平总书记关于扶贫工作重要论述，强化理论武装

通过党组理论学习中心组集中学习，党支部“三会一课”等形式，将专题学习与日常学习相结合，深入学习贯彻习近平总书记关于扶贫工作的重要论述和两次考察云南的重要讲话精神，坚持以习近平新时代中国特色社会主义思想武装头脑、指导工作、推动实践，统一思想认识，提高政治站位，牢固树立“四个意识”，坚定“四个自信”，坚决做到“两个维护”，扛稳扛实财政

支持脱贫攻坚的政治责任，全面贯彻中央、省委省政府关于脱贫攻坚的各项决策部署。省财政厅每年组织财政脱贫攻坚政策培训，切实增强财政扶贫干部实战能力。通过学习和培训，全省各级财政部门和财政扶贫干部始终保持昂扬斗志，全心全意投入脱贫攻坚伟大战役。

（二）认真履行扶贫开发领导小组办公室成员单位职责

云南省财政厅作为省扶贫开发领导小组成员单位之一，按照《〈中共云南省委、云南省人民政府关于深入贯彻落实党中央国务院脱贫攻坚重大战略部署的决定〉重要举措实施分工方案》等要求，对标对表，制定相应配套政策，组织推动脱贫攻坚工作。每年按照有关规定向省扶贫开发领导小组报告本部门脱贫攻坚工作情况。

（三）认真落实“一把手”责任制，加强财政脱贫攻坚工作组织领导

对涉及脱贫攻坚重大工作任务事项，召开厅党组会或厅脱贫攻坚领导小组会研究决策部署，统一思想、协调行动、合力攻坚，制定出台关于财政脱贫攻坚各项方案、意见等政策措施。2018 年，成立云南省财政厅脱贫攻坚领导小组，从全厅抽调 16 名业务骨干组成领导小组办公室工作专班集中办公，指导州（市）、县（市区）财政部门强化财政脱贫攻坚力量配备。统一组织领导、统筹协调推进财政脱贫攻坚各项责任落实、政策落实和工作落实。

（四）落实各项决策部署，开展脱贫攻坚政策研究

一是制定财政系统支持脱贫攻坚方案。《云南省财政厅关于

印发打赢精准脱贫攻坚战三年行动方案的通知》（云财农〔2018〕211号），明确强化资金支持、聚焦深度贫困、改进监督方式等9项重点措施，支持贫困地区实现"两不愁三保障"、基本公共服务主要领域指标接近全国平均水平的脱贫目标。二是工作有安排有部署。结合中央和省委省政府关于脱贫攻坚工作的各项工作部署，每年年初组织召开全省财政系统财政扶贫工作专题会议，制定年度脱贫攻坚重点任务实施方案并明确分工，确保各项工作顺利推进。三是加强调查研究，形成调研报告或政策建议。开展脱贫攻坚与乡村振兴衔接政策、财政涉农资金省级源头整合政策等调查研究，形成调研报告报省扶贫开发领导小组，不断完善和优化政策措施，推动工作落实。

（五）压实定点扶贫责任，助推维西县、兰坪县和永胜县脱贫摘帽

一是全力帮扶定点扶贫县。云南省财政厅把维西县、兰坪县脱贫攻坚工作放在厅党组重要议事日程，在资金统筹、项目安排、产业扶持、队伍派驻以及政策支持方面给予积极支持。党组书记、厅长2018年以来8次专程到维西、永胜等县调查研究，推进"挂包帮""转走访"工作。选调实职处长3人、46名同志到维西驻村帮扶，省财政厅党组5次召开省级单位挂联维西县脱贫工作联席会议，及时议决阶段性的困难和问题。二是上下联动帮扶永胜县。财政部倾力投入引入帮扶资金和协调政策支持资金9.32亿元，引入实施百余个项目，在产业发展模式、"互联网+"扶贫、集中办学教育、光伏提水工程等方面探索出可复制可推广的定点帮扶经验。在财政部倾情倾力帮扶下，永胜县基础设施空前改善，高速公路通达县城，电、网、广播电视全覆盖，新建民族中学投入使用，村卫生室全面达标，以信息化为支撑的医

疗公共体系建设稳步推进。永胜县累计脱贫 61 981 人，贫困村脱贫出列 94 个，贫困发生率从 18.02% 降至 0，贫困人口零错退、零漏评，群众满意度 99.56%。

二、财政支持脱贫攻坚资金投入情况

（一）保障扶贫资金投入持续增长

一是财政专项扶贫资金持续增长。2016 年至 2020 年，全省累计投入财政专项扶贫资金 1 048.64 亿元。其中：中央资金 508.63 亿元，占比 49%；省级资金 246.56 亿元，占比 23%；州（市）级资金 104.23 亿元，占比 10%；县（市）区级资金 189.22 亿元，占比 12%，资金年均增幅达 17.84%，其中，中央资金年均增幅 25%，省级资金年均增幅 27%。2020 年，在脱贫任务减少的情况下，资金不减反增，中央财政安排云南省财政专项扶贫资金 154.08 亿元，较上年的 127.54 亿元增加 26.54 亿元，增长 20.8%。2020 年，省级财政安排专项扶贫资金 76.48 亿元，较去年增加 13.18 亿元，增幅 20.8%，占中央投入云南省专项扶贫资金的 49.63%。分年度投入情况详见表 1。

表 1　2016—2020 年云南省财政专项扶贫资金投入情况表　（单位：亿元）

年度	财政专项扶贫资金			
	中央	省级	市级	县级
合计	508.63	246.56	104.23	189.22
2016 年	62.24	28.15	16.11	31.21
2017 年	71.75	32.71	17.87	49.82
2018 年	93.03	45.92	25.09	42.00
2019 年	127.54	63.30	24.49	43.15
2020 年	154.08	76.48	20.67	23.04

二是整合涉农资金规模持续扩大。2016—2020 年，累计投入中央和省级财政涉农整合资金 1 841.22 亿元（包含专项扶贫资金）。其中，中央资金 1 448.68 亿元，占比 78%；省级资金 392.54 亿元，占比 22%。资金年均增幅 6%，其中，中央资金年均增幅达 10%。分年度投入情况详见表 2。

表 2　2016—2020 年云南省财政涉农整合资金投入情况表　（单位：亿元）

年度	财政涉农整合资金		
	小计	中央	省级
合计	1 841.22	1 448.68	392.54
2016 年	278.19	208.86	69.33
2017 年	352.36	269.30	83.06
2018 年	376.62	298.45	78.17
2019 年	482.5	367.05	115.45
2020 年	351.55	305.02	46.53

三是东西部协作、企业集团和中央国家机关等加大帮扶投入力度。2016—2020 年，东西部扶贫协作、中央国家机关事业单位、企业集团和其他社会机构累计投入帮扶资金 384.05 亿元，资金精准聚焦“两不愁三保障”，坚持“所需”与“所能”相结合，凝心聚力打好精准帮扶“组合拳”。四是中央脱贫攻坚补短板综合财力补助资金 58.6 亿元，用于解决影响脱贫攻坚顺利收官的突出问题。五是积极筹措资金支持脱贫攻坚普查。2020 年省级安排脱贫攻坚普查经费 1.86 亿元，各县落实应承担经费 1.81 亿元，足额保障脱贫攻坚普查经费。

（二）紧盯贫困退出标准优先解决“两不愁三保障”问题

云南省各级财政坚守“底线思维”，财政资金投入优先解决“两不愁三保障”核心目标。2016—2020 年，安排资金 992.62 亿元，不断改善贫困地区办学条件，全省 88 个贫困县实现县域内义务教育基本均衡，“两免一补”、营养改善计划和其他各类学生资助政策持续落实，义务教育阶段无因贫失学、辍学学生；安排187.85亿元资金支持88个贫困县县级医院、1 023个乡镇卫生院、8 502个贫困村卫生室建设全面达标，实现贫困人口基本医疗保险、大病保险、医疗救助全覆盖；投入农村危房改造资金343.62亿元，累计实施农村危房改造130万户；支持巩固提升1 958万农村人口饮水安全保障水平；安排就业补助资金82.29亿元，激励贫困劳动力外出务工，坚持疫情防控与稳岗就业两手抓，鼓励就业扶贫车间吸纳贫困劳动力就业，给予易地扶贫搬迁点就业创业服务站服务补贴。2017—2020年，省级财政每年安排中国工程院院士专家技能实训班专项资金500万元，支持中国工程院朱有勇院士团队在普洱市澜沧县开办中国工程院科技扶贫技能实训班，累计培养800余名农村技能型人才、致富带头人，形成脱贫攻坚的“星火燎原”之势。

（三）多方筹措资金，保障易地扶贫搬迁“搬得出、稳得住”

2016年至2020年，通过年初预算安排、政府债券、土地增减挂节余指标跨省调剂收入、中央基建投资等多渠道筹措资金675.98亿元，为易地扶贫搬迁建房、基础设施和公共服务设施提供“粮草军需”。一是按照国家人均5.8万元标准足额配置易地扶贫搬迁建房、基础设施建设和公共服务设施建设资金576.36亿元。二是针对新增搬迁任务进城安置带来的建设成本高的问题，筹集资金86亿元，专项用于新增易地扶贫搬迁安置点基础设施及公共服务设施建设。在此基础上，另筹措11.36亿元支持安置点教育和医疗等配套设施建设，为搬迁群众“稳得住”打下基础。三是从2019—2023年连续5年，每年安排5 000万元，对一批为民服务、脱贫发展、平安稳定、和谐文明等方面成效突出的易地扶贫搬迁安置点典型，按照搬迁规模实施差异性奖补。四是安排资金 1.26 亿元，对易地扶贫搬迁安置住房物业管理费、水电费等给予适当减免，有效减轻了搬迁群众生产生活支出负担。全省共建设集中安置区 2 832 个，建成易地扶贫搬迁安置房 24.5 万套，全省 99.6 万人建档立卡贫困搬迁人口全部搬迁入住，城镇化集中安置率达 90.6%。

（四）创新资金使用方式支持脱贫攻坚

一是强化扶贫产业投入力度。2018 年至 2020 年，规定各贫困县用于扶贫产业投入的资金不低于当年涉农整合资金的 30%，2020 年度达 41.95%；围绕“绿色食品牌”打造，每年支持 20 个县开展“一县一业”示范创建，每年补助 6 亿元；统筹 20 亿元支持特色农产品加工和冷链物流建设，积极应对疫情影响，强化利益联结机制，切实保障产业扶贫资金投入。二是引导金融资金支持脱贫攻坚。2016—2020 年，向省农担公司注入资本金已达 29.57 亿元，下达担保费补助和业务奖补资金 5.01 亿元，支持省农担公司加快推进全省业务网点向州、市、县延伸，督促省农担公司落实中央要求，确保担保费不高于 0.8%。截至 2020 年末，云南农担业务已覆盖全省 16 个州（市）、129 个县（市、区），在保户数 2.75 万户，在保余额 97.05 亿元，累计担保户数 4.75 万户，累计担保金额 166.09 亿元。2016—2020 年，云南省筹措安排中央和省级农业保险保费补贴资金 29.82 亿元，充分发挥农业保险对推进农业发展、保障农民收益、助力脱贫攻坚的重要作用。三是稳步推进资产收益扶贫等改革。云南省财政厅按照财政部和省委、省政府的安排部署，建章立制、加强培训、强化督查、总结典型，指导各县稳妥推进资产收益扶贫。截至 2020 年末，全省资产收益扶贫工作推进良好，117 个县已开展资产收益扶贫工作，占全省的90.7%，共实施资产收益扶贫项目4 517个，涉及财政资金79.16亿元，88个贫困县均不同程度开展探索资产收益扶贫改革，带动364.06万贫困人口增收。四是优化政府采购程序。建立扶贫项目招投标"绿色通道"，缩短招标申报和排队时间，适度前置招标流程，各县在合理预计当年扶贫资金规模的基础上，结合当地资金使用情况，可按照一定比例对具备条件的项目提前实施招投标。五是推动易地扶贫搬迁、扶贫货物捐赠、农村贫困人口创业就业等税费优惠政策落地。据税务部门统计，2018—2020年，云南省共有743个易地扶贫搬迁项目享受了易地扶贫搬迁税收优惠政策，减免各项税收4 184.46万元，103个易地扶贫搬迁项目办理退税52.45万元；61户纳税人享受扶贫货物捐赠免增值税优惠政策，减免增值税170.58万元；556户企业享受吸纳建档立卡贫困户就业税收优惠政策，减免税额3 705.4万元。

三、财政支持脱贫攻坚主要政策和实施效果

（一）建立完善财政专项扶贫资金投入机制

自2016年起，云南省通过压缩省直各部门公用经费10%、统筹省本级专项收入20%、统筹省本级政府性基金收入20%、统筹省本级国有资本经营预算19%、统筹由专项收入转列的国有资源（资产）有偿使用收入20%等五个渠道筹措财政专项扶贫资金，在2017年修订《云南省农村扶贫开发条例》时，明确省级财政专项扶贫投入不低于中央投入我省专项扶贫资金的30%；同时，规定各州（市）、县（市、区）本级专项扶贫资金增幅不低于10%，并纳入各地扶贫成效考核。

（二）实施贫困县财政涉农资金省级源头整合改革

2016 年，全国启动贫困县财政涉农资金整合试点工作，云南省在试点第一年即将 88 个贫困县全部纳入试点范围。2018 年，实施了财政涉农资金省级源头整合，改革资金分配方式、下达方式和绩效管理方式，将资金切块下达各地，省级部门不限定资金具体用途，实行目标、任务、资金、权责“四到县”，基本形成“多个渠道引水，一个龙头放水”的扶贫投入新格局，彻底解决县级“不能整”“不敢整”“整不动”的问题。同时，省级分年度对县级涉农整合资金实施方案进行审核，制定资金使用负面清单，保障资金与项目精准对接。云南省涉农整合资金省级源头试点工作，被《中国财经报》列为 2018 年中国财政改革与管理创新八大亮点之一。

（三）落实“三个新增”向三区三州等深度贫困地区倾斜政策

一是涉农整合资金向深度贫困地区倾斜。调整资金分配办法，按贫困人口等贫困因素分配资金，逐县研究 27 个深度贫困县脱贫难点，脱贫攻坚资金硬缺口由省级财政兜底解决。2016—2020 年，累计投入 27 个深度贫困县中央和省级涉农整合资金 870.86 亿元，占全省的 47.29%，年均增幅 15%，高于全省年均增幅 9 个百分点。二是资金分配向“三区三州”倾斜。落实《财政部关于支持三区三州脱贫攻坚有关工作的通知》（财农〔2018〕6 号）精神，在中央新增云南省“三区三州”107.54 亿元资金的基础上，省级财政不断加大投入力度，2016 年至 2020 年，安排迪庆州和怒江州涉农整合资金 204.56 亿元，占 27 个深度贫困县涉农资金总量的 23.48%。经过持续投入，云南省深度贫困地区群众生产生活条件发生巨变，全省 11 个“直过民族”和 9 个人口较少民族告别绝对贫困，习近平总书记两次写信激励云南贡山县独龙族群众继续团结奋斗创造美好生活，成为全国脱贫攻坚伟大战役的历史印记。

（四）坚持疫情防控与脱贫攻坚“两手抓”

一是出台政策明确各地要将疫情影响作为扶贫资金分配的考虑因素，对因疫情影响，财政预算未报送本级人代会审议的，可采取预拨方式提前下达资金，预拨资金比例不低于70%。对于防疫期间内安排给建档立卡贫困人口的临时性防疫消杀公益岗位，可适当安排省级财政专项扶贫资金予以补助。二是完善抗疫就业补助政策，统筹就业补助资金，支持就近就地开发就业岗位，将乡村公益性岗位最低补贴标准提高到800元/人/月，对开展职业技能培训的企业给予职业培训补贴。将易地扶贫搬迁至城镇区域的劳动力纳入城镇就业失业登记范围，纳入就业困难人员范围，按规定享受城镇公益性岗位补助政策。三是要求各地将光伏扶贫发电收益的80%用于贫困人口承担公益岗位的工资和参加村级公益事业建设的劳务费支出，支持鼓励贫困劳动力就地就近就业。通过专项扶贫资金支持以工代赈项目实施，并鼓励扩大以工代赈方式。

（五）构建“1+4”扶贫资金管理机制，促进扶贫资金使用效率和效益双提升

以云南省委办公厅和省政府办公厅印发的《关于进一步加强扶贫资金管理的实施意见》为基础，围绕加强扶贫资金管理的目标，构建扶贫资金动态监控机制、扶贫项目资金全面绩效管理、扶贫资金项目公开公示、扶贫资金日常监管和专项监督为体系的“1+4”的扶贫资金管理机制，扎实推进扶贫资金管理迈上新台

阶。在完善的资金管理制度保障下，依托动态监控平台，基本摸清了全省扶贫项目资金的“底数”，解决了“最后一公里”监管难的问题，实现了扶贫项目绩效结果的“可视化”，全省扶贫资金违规、违纪使用问题大幅下降。依托扶贫资金动态监控系统，全省2018年至2020年，累计有2 614亿元扶贫资金纳入动态监控系统管理，共核实处理预警信息12 104条。2020年，20 987个扶贫项目绩效目标审核比例达99.8%。在全省统一信息平台累计公开26 568条扶贫信息。2019年云南省财政专项扶贫资金绩效评价在全国获得优秀名次，获得中央奖励资金1.2亿元。

2020年11月，随着云南省最后9个贫困县宣布摘帽，全省88个贫困县、8 502个贫困村、756万贫困人口实现脱贫目标，11个直过民族和人口较少民族实现整族脱贫，摆脱了困扰千百年的绝对贫困，边疆民族地区发展呈现历史性跨越，全省各族人民即将迎来第一个百年奋斗目标的实现。

四、财政脱贫攻坚工作经验和启示

一是习近平总书记关于扶贫工作的重要论述是我们打赢脱贫攻坚战争的根本遵循和行动指南，党的领导和中国特色社会社会主义制度彰显政治优势和制度优势。习近平总书记指出：“扶贫开发投入力度，要同打赢脱贫攻坚战的要求相匹配。”在中央财政和其他各方面的大力支持下，云南省财政部门采取多种措施建立稳定增长的扶贫资金投入机制。2016—2020年，累计投入中央和省级财政专项扶贫资金754.89亿元，累计投入中央和省级财政涉农整合资金1 841亿元。上海市广东省对口支援、中央部门和企业定点帮扶等各类社会帮扶资金投入384.05亿元。通过城乡建设用地增减挂钩节余指标跨省域调剂资金安排206亿元、中央补短板综合财力补助资金安排58.6亿元，以及地方政府债务资金等渠道加大投入。这些资金投入为脱贫攻坚提供了坚实的保障，充分表明党的领导和中国特色社会主义制度的政治优势和制度优势，体现了在习近平总书记和党中央领导下全国上下合力攻坚大扶贫格局的强大力量。根据习近平总书记精准扶贫精准脱贫基本方略，云南财政做到了组织保障精准到位、资金投入精准到位、资金整合精准到位、资金监管精准到位，为打赢脱贫攻坚战提供了坚实的资金财力保障和资金监管制度保障。

二是贫困县财政涉农资金统筹整合释放制度改革红利，省级源头整合作为地方实践创新推动体制机制性问题得以解决。贫困县财政涉农资金统筹整合试点改革，是解决专款专用体制下“打酱油的钱不能买醋”弊端的重大制度创新，打破了长期以来“钱等项目”的被动局面，推动贫困县形成“多个渠道进水，一个龙头放水”的扶贫投入新格局。云南省推进的财政涉农资金省级源头整合，是针对省级部门等主体干预贫困县整合，导致贫困县“不敢整、不能整、整不动”等问题的制度性措施，是全国贫困县财政涉农资金统筹整合改革试点的重要补充，是地方政策制度的重大创新，是省级落实“省负总责”的重大实践，更有效地推动了贫困县财政涉农资金统筹整合全国改革政策真正落实落地，推动和提升了基层政府的治理效能。

三是财政部构建的扶贫资金“1+4”管理机制，是扶贫资金管理效率和效益提升的重大机制。扶贫资金“1+4”管理机制，是内在逻辑严谨，手段相互印证，管理非常有效的制度体系，为其他财政资金的管理积累了经验。扶贫项目资金绩效管理，以扶贫项目为主线，既将绩效管理嵌入预算管理，又兼顾和适应多项资金投入一个项目的财政涉农资金统筹整合改革，形成了绩效目标编制、绩效监控、绩效评价、结果运用的闭环；而扶贫资金动态监控，则引入最先进的手段，并将绩效管理也纳入其中，实现了手段和目标的融合贯通；扶贫项目资金公开公示，将扶贫资金置于阳光下进行监督，将老百姓也引入监督，助推了阳光扶贫、廉洁扶贫；扶贫资金的日常监管和专项监督，不仅强化了日常监管各涉及方的主体责任，还保持了专项监督的高压态势，大大降低了扶贫资金违规使用问题的发生。

四是资产收益扶贫为产业扶贫及其利益联结机制提供了新的路径，为扶贫项目资产管理积累了经验。推进资产收益扶贫，选好实施主体是前提，选择龙头企业或合作社等作为实施主体是做好资产收益扶贫的前提条件；贫困户能动性是基础，需积极动员贫困户主动参与生产，有能力的参与经营管理；明晰资产产权是关键，只有构建归属清晰、权责明确、保护严格、流转顺畅的现代农村产权体系，才能更好地推进资产收益扶贫；建立利益联结是核心，没有建立利益联结机制，没有规范的收益分配，就没有合规的资产收益扶贫；加强风险防控是保障，注重形成物化资产，鼓励实施主体购买商业保险等举措，是分散和降低风险的良策。发挥村两委作用是支撑。需进一步加强基层党组织建设，强化村两委作为实施主体与贫困户之间纽带作用，增强带贫能力。

西藏自治区财政脱贫攻坚工作情况

西藏是全国唯一以省区为单位的集中连片贫困地区，整体处于深度贫困，贫困面广、致贫原因复杂、贫困程度深、脱贫攻坚任务艰巨。5年来，自治区财政始终坚持精准扶贫、精准脱贫基本方略，深度聚焦“两不愁、三保障”主攻方向和深度贫困地区薄弱环节，不断完善支持政策、强化投入保障、健全生态脱贫机制、提升资金管理水平、细化工作措施，高效助力全区消除绝对贫困目标任务，统筹推进脱贫攻坚成果巩固与乡村振兴全面实施有效衔接。

一、财政支持脱贫攻坚工作开展情况

（一）强化政治担当

坚持以习近平新时代中国特色社会主义思想为指导，全面贯彻党的十九大和十九届二中、三中、四中、五中全会和中央经济工作会议、中央农村工作会议、中央第六次和第七次西藏工作座谈会精神，贯彻落实习近平总书记关于扶贫工作、治边稳藏的重要论述和加强民族团结、建设美丽西藏的重要指示精神，将习近平总书记关于扶贫工作、全面小康重要论述和中央、自治区脱贫攻坚的重大决策部署纳入年度理论中心组学习计划，纳入机关党委年度工作要点，作为财政领导干部学习培训重要内容。召开厅党组脱贫攻坚研究部署学习会议34次，组织学习《习近平扶贫论述摘编》，研究落实党中央、国务院和区党委、政府关于脱贫攻坚的各项决策部署，部署中央和自治区脱贫攻坚专项巡视整改工作，统筹推进财政扶贫重点工作，遴选驻村工作队队员，研究驻村工帮扶项目可行性等。不断增强“四个意识”，坚定“四个自信”，做到“两个维护”，紧紧围绕扶真贫真扶贫、脱真贫真脱贫的总体要求，突出问题导向，突出脱贫质量，立足任务变化，不断优化财政政策供给，不断加大深度贫困地区投入保障，强化新冠肺炎疫情防控与脱贫攻坚相统筹，巩固脱贫攻坚成果与实施乡村振兴战略相统筹，确保脱贫攻坚目标任务圆满完成，决胜全面建成小康社会。

（二）加强组织领导

切实履行财政支持脱贫攻坚政治责任，建立西藏自治区财政厅脱贫攻坚领导小组，厅党组书记担任组长，厅党组副书记以及其他厅领导担任副组长，按照班子分工承担分管领域工作，实行包干负责制和督办制，以高度的历史使命感抓扶贫，不断凝聚全区财政系统工作合力，统筹研究、督促落实全区财政扶贫重点任务，狠抓牵头和参与任务落实，强化地市、县区财政工作指导，不折不扣落实党中央、国务院和自治区党委、政府关于脱贫攻坚的各项决策部署。根据《中共西藏自治区委员会 西藏自治区人民政府关于调整自治区扶贫开发领导小组和设立脱贫攻坚指挥部的通知》（藏委〔2016〕89号），按照自治区党委、政府统一部署，厅党组书记和厅党组副书记先后担任自治区脱贫攻坚指挥部政策保障组组长、生态补偿脱贫组组长。按照从优选派的原则，累计选派5名处级干部和4名科级干部在自治区脱贫攻坚指挥部长期集中办公，为政策保障组、生态补偿脱贫组、督导考核组开展各项工作提供了人力保障。按照“尽锐出战”的要求，把脱贫攻坚作为培养锻炼财政干部的重要阵地，注重在脱贫攻坚工作中考察识别干部，把干部在脱贫攻坚中作出的实绩作为选拔使用干部的重要依据，提拔10余名财政扶贫一线干部，充实和加强了财政扶贫干部队伍。不断加强干部队伍能力建设，逐级抓好财政扶贫教育培训，创新培训方式方法，帮助其不断提升思想认识，深刻领会中央和自治区决策部署，掌握精准脱贫方法理论，提升研究问题、解决难题的能力，高水平服务全区扶贫开发事业发展。

（三）坚持目标标准

严格执行“两不愁三保障”现行脱贫标准，牵头研究制定《西藏自治区关于开展统筹整合使用财政涉农资金工作的实施意见》《西藏自治区“十三五”时期脱贫攻坚若干政策》《西藏自治区脱贫攻坚统筹整合财政涉农资金管理暂行办法》《西藏自治区“十三五”时期生态补偿脱贫实施方案》《西藏自治区财政厅关于贯彻落实打赢脱贫攻坚战三年行动指导意见的实施方案》等10余项政策制度，确保财政支持政策措施既不降低标准、影响脱贫攻坚质量，也不擅自提高标准、提出不切实际的目标。在促进贫困县开展统筹整合使用财政涉农资金方面，每年均印发工作要点，严格按照规定的范围和标准推进整合工作，加强本地脱贫攻坚规划与行业专项规划、深度贫困地区脱贫攻坚实施方案之间的有效衔接，同步抓好贫困县统筹整合资金使用方案编制、审核及落地工作。有效防范和化解地方政府隐性债务，实事求是确定年度计划整合资金规模，强化项目论证储备，统筹整合资金支持项目切实惠及建档立卡贫困人口。充分发挥贫困县财政涉农资金工作协调机制作用，加强了部门间的沟通协调，坚决抵制各种干扰、限制财政涉农资金统筹整合的行为。强化预算约束和导向作用，通过优化支出结构、完善资金管理措施和推行扶贫项目资金绩效管理等方式，精准瞄准与脱贫攻坚联系密切的基本公共服务和基础设施短板，促进资金与项目有效衔接，真正把扶贫资金用在“刀刃”上，防止扶贫项目内容泛化，避免虚增筹资压力和融资需求。

（四）强化投入保障

1. 发挥贫困县涉农资金整合效益。充分发挥政府投入的主体和主导作用，将脱贫攻坚作为财政重点优先保障范围，不断加大贫困县财政涉农资金统筹整合力度，累计整合财政涉农资金753.88亿元。按年度分：2016年111.18亿元，2017年135.75亿元，2018年168.2亿元，2019年176.63亿元，2020年162.13亿元，年均增长10%。按层级分：中央财政涉农资金489.01亿元，占比64.87%；自治区财政涉农资金161.54亿元，占比21.43%；地市财政涉农资金40.08亿元，占比5.32%；县级财政涉农资金63.24亿元，占比8.39%。已整合资金中，财政专项扶贫资金452亿元，其他财政涉农资金301.88亿元。财政专项扶贫资金中，中央财政专项扶贫资金288.85亿元，年均增幅31%；自治区财政专项扶贫资金99.74亿元，年均增幅35%；市级财政专项扶贫资金22.41亿元，年均增幅11.44%；县级财政专项扶贫资金41亿元，年均增幅12.64%。“十三五”时期，中央和自治区在财政专项扶贫资金方面的投入是“十二五”时期的4.47倍。

2. 加大对深度贫困地区支持力度。足额安排深度贫困地区资金220.5亿元。于2018年提前安排日喀则、山南、林芝、昌都、那曲、阿里六地市 2018—2020 年中央财政专项扶贫增量资金 70.67 亿元，为提前做好脱贫攻坚前期工作创造条件。全区增量扶贫资金 90% 以上用于深度贫困地区。中央和自治区财政预算安排的涉农增量资金和基建用于“三农”部分增量资金重点向深度贫困地区倾斜。教育、医疗保障等转移支付、重点生态功能区转移支付、农村危房改造补助资金、中央基建投资、车购税收入补助地方资金、县级基本财力保障奖补资金进一步向深度贫困地区倾斜。适度增加了深度贫困地区一般债券限额，重点支持易地扶贫搬迁工程、深度贫困地区亟须的基础设施建设和贫困村提升工程等。

3. 多渠道筹措资金支持脱贫攻坚。2016—2020 年，发行易地扶贫搬迁一般债券 71.28 亿元，落实中央基建投资 26.6 亿元，助推 26.6 万人搬迁任务顺利完成；落实“三岩”片区整体跨市易地扶贫搬迁征地补偿和土地整治资金 6.27 亿元，产业配套建设资金 2.34 亿元；统筹安排各类资金 26.05 亿元支持全区实施极高海拔地区生态搬迁；落实农村饮水安全巩固提升工程中央基建投资 12.2 亿元，进一步提提升贫困地区群众饮水安全保障水平。农村最低生活保障标准由 2016 年的每人每年 2 550 元提高到 2020 年的每人每年 4 713 元。基本公共卫生服务项目年人均补助标准，由 2016 年的 65 元提高到 2020 年的 94.8 元。农牧区医疗财政补助标准从 2016 年每人每年 435 元提高到 2020 年每人每年 585 元。2019—2020 年，落实农村危房改造经费 4.73 亿元，用于四类重点对象危房改造任务。及时落实高标准农田建设等新增耕地指标，用好城乡建设用地增减挂钩结余指标跨省域调剂资金，保障收益结余用于巩固脱贫攻坚成果和支持乡村振兴战略。对纳入脱贫攻坚项目库的扶贫项目优先给予金融支持，符合金融扶贫政策条件的项目积极落实扶贫贴息贷款政策。

（五）牢牢把握精准

不断精准优化脱贫攻坚资金分配机制，已统筹整合的资金充分考虑各地脱贫攻坚任务和人数因素，采取综合因素法切块下达，赋予地市、县区充分的自主权，实行“资金、任务、权力、责任‘四到地市’管理”，最大限度激发市、县抓落实的积极性与主动性。把产业扶贫摆在优先支持位置，已整合资金中的40%以上支持因地制宜发展对贫困户增收带动明显的特色产业，鼓励地市、县区规范健康有序探索资产收益扶贫支持产业发展，培育壮大村集体经济，为贫困地区、贫困群众可持续脱贫提供保障。强化易地扶贫搬迁及后续发展。每年安排60万个左右的生态补偿脱贫岗位，不断调动群众做好“生态卫士”的积极性。强化教育培训、阻断贫困传递，扎实推进扶能扶志扶智工作，进一步丰富学前教育资源，改善义务教育薄弱学校基本办学条件，完善普通高中办学设施，支持现代职业教育质量提升。织牢织密社会保障网，强化社会保障兜底作用，促进均等服务。加大对贫困劳动力的职业培训力度，支持贫困劳动力转移就业增收。

（六）加强资金监管

制定统筹整合资金使用负面清单，明确资金使用要求。推动扶贫项目资金全面实施绩效管理要求，建立了全过程绩效管理机制，加强了资金使用部门和单位的绩效管理主体责任，健全了扶贫资金“花钱必问效，无效必问责”的管理格局。扶贫项目绩效目标与预算同步申报、同步审核、同步下达，加强了执行中的绩效监控和完成后的绩效评价。建立财政扶贫资金动态监控机制，进一步完善监控平台功能，基本实现对各级各类扶贫资金的实时动态监控。持续开展财政支持脱贫攻坚政策落实情况专项核查，重点聚焦深度贫困地区，对全区 74 个县（区）扶贫资金管理使用情况进行了监督检查，实现了检查全覆盖，强化扶贫资金日常监管，督促地市切实管好用好扶贫资金。针对扶贫资金预算执行问题，建设性地提出“收、调、减、控、促”促进措施，防止资金闲置，防止因项目选定不准而造成资金损失浪费；同时，分类拉出清单，制定支出措施，确定支出责任单位和责任人，设定支出时限，切实以项目建设进度带动资金支出进度。对脱贫攻坚专项巡视反馈意见，注重当下措施和长久机制有效衔接，对照问题立行立改，举一反三，标本兼治。严肃查处扶贫资金使用管理中的违法违规问题，积极配合审计、纪检监察工作，始终保持扶贫资金监管的高压态势。严格落实“两个一律”（自治区、市、县扶贫资金分配结果一律公开，县、乡、村两级扶贫项目安排和资金使用一律公告公示）要求，创新财政政策、资金等信息公开方式，提升信息公开效果，主动接受社会和群众监督。

（七）强化作风建设

牢固树立“四个意识”，认真组织开展扶贫领域腐败和作风问题专项治理，以财政扶贫领域作风建设的新成效促进财政脱贫攻坚各项政策措施的落实。坚决贯彻落实脱贫攻坚精准要义，不断完善财政支持脱贫攻坚政策的操作性、针对性，切实落实对深度贫困地区的倾斜支持，杜绝脱贫攻坚中的平均主义、“大水漫灌”。坚持从严管理扶贫资金，严肃查处违规违纪违法问题，保持扶贫资金监管的高压态势。持之以恒改进工作作风，主动承担应尽之责，务求工作实效，力戒形式主义。深入开展调查研究，加强对已出台政策的跟踪指导和督促落实，及时研究处理工作中出现的新问题，耐心回应各方反映的问题和意见建议。

（八）注重激发内力

主动加强与有关部门的沟通衔接，对直接面向建档立卡贫困户、贫困人口的扶持政策，合理把握政策标准，避免了政策“过度保障”“福利陷阱”和助长贫困户“等靠要”思想。在统筹整合资金支持项目实施过程中，大力推广以工代赈方式，帮助贫困群众就近就便增加务工收入，稳定实现脱贫。会同区发展改革委、扶贫办印发《关于在统筹整合使用财政涉农资金试点工作大力推广以工代赈方式的实施意见》（藏发改地区〔2020〕335号），鼓励基层对于技术要求低、农牧民群众能干会干、投资400万元以下的政府投资基建项目，交由农牧民施工企业组织实施。支持加强对贫困群众的实用技术和劳动技能培训，增强培训项目的针对性、实用性，切实增强贫困群众脱贫致富的本领，坚定其立足自身实现脱贫的决心和信心。改进资金使用和项目实施方式，更多采用生产奖补、劳务补助等方式，调动贫困群众脱贫积极性、主动性，增强其脱贫的内生动力，避免“养懒人”。

（九）抓实定点扶贫

2016—2020年，累计选派106名驻村干部深入拉萨市、那曲市、日喀则市开展强基惠民驻村定点扶贫工作。驻村工作队深入贯彻落实区党委、政府各项决策部署，结合“四讲四爱”主题教育，认真落实新时代干部驻村“七项重点任务”。组织宣讲300余次，印发《西藏自治区农牧民享受财政补助优惠政策明白卡》等宣传资料10 000余份，使群众深入了解党的惠民利民政策，让其明白“惠从何来，惠在何处”。5年来，驻村工作队申报落实3 876. 78万元惠民利民项目，涉及牲畜圈、文化室、教育设施、农田水利、村道等方面，解决了所驻村（居）最迫切、最急需的问题，带动了群众就业增收，助力脱贫摘帽。印发《〈“十三五”期间厅机关科级以上干部结对帮扶实施方案〉的通知》，组织1 163人次厅机关党员干部到驻村点开展结对帮扶工作，共投入帮扶资金46万余元，有效缓解结对户燃眉之急，得到结对帮扶群众广泛认可和支持。

二、财政支持脱贫攻坚政策实施效果

2019年底，全区74县区全部摘帽、62.8万建档立卡贫困人口全部脱贫，贫困发生率降为零，连续四年被中央确定为“综合评价好”，群众满意度达98%以上，成为“三区三州”中率先脱贫的地区之一，在世界屋脊历史性消除绝对贫困，提交了新时代脱贫攻坚的西藏答卷。5年来，全区共实施产业脱贫项目2 661个，带动贫困人口23.8万人脱，受益农牧民超40万人，培育产业化龙头企业145家，专合组织1万余家。将“一方水土养不起一方人”区域的26.6万名贫困人口，搬迁至生产资料富裕、基础设施相对完善区域。依托624个边境小康村建设，将边境贫困人口就地安置。昌都“三岩”片区跨市整体易地扶贫搬迁全面启动。对有劳动能力的建档立卡贫困人口、低保人口、低收入农牧民稳健实施生态补偿脱贫政策，累计落实岗位补助资金88.64亿元，助力建档立卡贫困人口2016—2017年年均增收3 000元，2018—2020年年均增收3 500元。在15年免费教育的基础上，义务教育学校师生比全部达到国家标准。贫困家庭大学生“三免一补”政策累计资助在校贫困大学生4.68万人次。采取“订单式”“委培式”等培训模式，培训贫困人口15.51万人次，建成扶贫车间193个，累计转移就业18.64万人次。聚焦特殊贫困群体，农村最低生活保障人口13.35万人，其中建档立卡贫困人口11.32万人。落实住院

“先诊疗后付费”制度，建档立卡贫困人口在原报销标准的基础上上浮 5%，大病专项救治病种扩大到 33 种。完成 2 743 个行政村宽带网路建设、2 467 个行政村宽带网络改造升级。

三、财政支持脱贫攻坚工作亮点及积累的经验

（一）工作亮点

总结财政支持脱贫攻坚工作，其亮点主要表现为“四个转变”：一是从注重依靠中央补助向中央补助和“自身挖掘”并重转变。在保障资金需求方面，将全区 29 项涉农财政资金（中央层面 17 项、自治区层面 12 项）纳入统筹整合范围。同时，规定自治区、地市、县（区）结余 1 年以上和结转 2 年以上的涉农财政资金全部统筹整合用于扶贫开发，有效弥补因财力困难而造成的资金投入不足短板。二是从注重投入总量向更加注重投入效益转变。在统筹整合后的资金分配方面，明确资金分配与绩效考评结果挂钩，绩效考评的内容包括：资金投入、资金拨付、资金监管、资金使用成效、贫困人口减少、工作机制创新、违法违纪情况，做到了财扶贫资金绩效管理全过程、全方位覆盖。三是从注重均衡发力向更加注重深度贫困地区转变。深入贯彻落“三个新增”要求，整合资金的下达拨付与深度贫困地区脱贫攻坚实施方案、县（区）脱贫攻坚项目库项目建设紧密衔接。中央和自治区财政预算安排的涉农增量资金和基建投资用于“三农”的部分增量资金重点向深度贫困地区倾斜。2016—2020 年，累计安排日喀则、昌都、那曲市三个深度贫困地区中央和自治区整合资金 480.58 亿元，占自治区统筹整合资金总规模的 73.87%。四是从注重机制保障向更加注重主体责任落实转变。深化了自治区负总责、市县抓落实的

工作机制，在指导市、县统筹安排使用脱贫攻坚统筹整合资金方面，明确了项目支持、资金使用的具体依据。规定地市党政主要负责为本地市统筹整合资金绩效考核直接责任人，县（区）党委书记、县（区）长为本县（区）统筹整合资金绩效考核直接责任人。

（二）积累的经验

总结财政支持脱贫攻坚工作，积累的宝贵经验：一是坚持党的领导，强化组织保障。坚持中国共产党领导，以新发展理念引领脱贫攻坚，是新时代中国脱贫攻坚的基本经验。打赢脱贫攻坚战、全面建成小康社会是中国共产党的庄严承诺。“越是进行脱贫攻坚，越是要加强和改善党的领导”不仅体现了中国共产党的决心，也体现了中国共产党消除贫困、改善民生的信心。这种决心和信心源于“坚持党的领导，发挥社会主义制度可以集中力量办大事的优势，这是我们最大的政治优势”。在脱贫攻坚工作中，中国共产党一以贯之地全面加强党的领导，加强顶层设计，完善决策部署，明确各级主体责任。解放和发展生产力，提高发展质量和效益，是解决贫困问题的前提和基础。党的十八大以来，中国共产党提出了“创新、协调、绿色、开放、共享”的新发展理念，把脱贫攻坚纳入“四个全面”战略布局，用新发展理念为打赢脱贫攻坚战、实现“两个一百年”奋斗目标提供引领。二是坚持精准方略，提高脱贫实效。习近平总书记在深刻总结实践经验进行深入调研的基础上，提出精准扶贫、精准脱贫基本方略，强调精准扶贫要做到“六个精准”，即扶持对象精准、项目安排精准、资金使用精准、措施到户精准、因村派人精准、脱贫成效精准，推动解决了扶持谁、谁来扶、怎么扶、如何退的问题。特别是提出“五个一批工程”，即发展生产脱贫一批、易地扶贫搬迁脱贫一批、生态补偿脱贫一批、发展教育脱贫一批、社会保障兜底一批。这些思想和举措，深刻把握精准要求，用“精准滴灌”取代“大水漫灌”，使贫困人口得到了精准识别，扶贫资金用在了刀刃上，对症下药、靶向治疗，提升了脱贫质量和效率，做到了真脱贫、脱真贫。三是坚持加大投入，强化资金支持。“兵马未动，粮草先行。”各类投入都是为打赢脱贫攻坚战提供全面保障。推进脱贫攻坚无论是修建基础设施、完善公共服务体系还是改善贫困群众生产生活条件，每一件都需要真金白银投入。脱贫攻坚，财政投入发挥了主体和主导作用。各级财政部门构建了健全的财政综合扶贫政策体系，中央财政不断加大贫困地区一般转移支付力度，省、市、县财政大幅增加贫困地区财力保障，专项转移支付向贫困地区、贫困人口倾斜，财政专项扶贫资金投入稳定增长，对落实精准扶贫要求，发挥了重要作用。2016—2020年，自治区累计投入 911.66 亿元支持脱贫攻坚。其中：统筹整合财政涉农资金 753.88 亿元，易地扶贫搬迁融资贷款和中央预算内基建投资等资金 157.78 亿元，主要用于农牧业生产发展、小型基础设施和水、电、路公共服务基础设施等，受益群体不仅限于建档立卡贫困人口，全区农牧民将共同受益并长期发挥作用。四是坚持社会动员，凝聚各方力量。在持续稳定发挥政府在脱贫攻坚中主导作用的同时，广泛调动社会各界参与扶贫开发的积极性，坚持专项扶贫、行业扶贫、社会扶贫等多方力量、多次举措有机结合和互为支撑的“三位一体”扶贫大格局。加大了东西部协作和对口援藏力度，扩大协作规模，拓宽合作领域，使东西部协作和对口支援踏上新台阶。完善了党政机关、企事业单位定点扶贫工作机制，推动了贫困地区、贫困群众脱贫进程，密切了党群关系。激发社会组织积极性，注重社会组织参与扶贫的长效激励约束机制的完善，通过脱贫攻坚先进典型的宣传和乡村文明建设，形成了全社会扶贫济困的良好氛围。

陕西省财政脱贫攻坚工作情况

一、切实履职尽责，不断强化政治担当

“十三五”期间，陕西省财政厅切实把打赢脱贫攻坚战作为首要政治任务，按照“中央统筹、省负总责、市县抓落实”的扶贫工作要求，充分发挥财政职能作用，切实加强对脱贫攻坚工作的组织领导。

（一）健全工作机制，提高政治站位

陕西省财政厅党组坚持以习近平新时代中国特色社会主义思想为指导，全面系统领会习近平总书记关于扶贫工作的重要论述，特别是来陕西考察时对脱贫攻坚作出的重要指示，聚焦“两不愁三保障”目标标准，立足财政职责定位，将精准扶贫、精准脱贫与“讲政治、敢担当、改作风”和“不忘初心、牢记使命”主题教育结合起来，及时组织召开厅党组会议、党组理论中心组学习会及厅脱贫攻坚领导小组会，传达学习党中央、国务院和省委、省政府脱贫攻坚重要会议精神，统筹研究和协调推进全省财政脱贫各项重点工作。建立了习近平总书记重要指示批示的贯彻落实工作机制，对涉及财政工作的，第一时间认真研究贯彻落实意见，并作为督办件，实行台账管理，坚决做到脱贫攻坚工作部

署到哪里，财政工作就跟进到哪里，始终把脱贫攻坚作为最紧迫、最重要的头等大事，作为财政保障民生的第一要务，确保习近平总书记重要指示批示和党中央决策部署在全省财政系统落地生根、取得实效，切实把增强“四个意识”、坚定“四个自信”、做到“两个维护”贯穿到财政支持脱贫攻坚工作全过程、各方面，为坚决夺取脱贫攻坚战全面胜利提供了坚实的财政保障。

（二）加强组织领导，夯实工作责任

成立了陕西省财政厅脱贫攻坚暨涉农资金整合工作协调领导小组，由厅党组书记任组长，其他党组成员任副组长，主要职责是组织开展财政支持脱贫攻坚和统筹整合使用财政涉农资金试点工作，研究和制定相关政策措施，协调解决脱贫攻坚和统筹整合财政涉农资金中遇到的重要问题。2019 年，又组建了省财政厅脱贫攻坚工作专班，将领导小组成员单位由原来的 13 个处室调增到 16 个，从各相关处室抽调 12 名同志集中办公，并专门从驻厅纪检监察组抽调 1 名处级干部充实到工作专班，全程跟踪督导与省财政厅有关的整改任务及各项重点工作落实情况。

（三）做好“两联一包”对口帮扶工作

一是印发了《省财政厅开展进村入户帮扶工作的通知》，明确 17 位厅级领导及 54 个党支部结对帮扶 121 户贫困户，并将柞水县中坪社区 184 户贫困户全部纳入产业帮扶。二是加强帮扶干部队伍力量，先后派出 1 名副厅级领导和 1 名正处级干部担任中坪社区第一书记，确定 2 名专职联络员，与其他 18 个帮扶成员单位建立扶贫工作联络机制。三是建立了“两联一包”省级扶贫团联席会议机制，总结各单位扶贫工作成效经验，加强扶贫团成员单位沟通交流，形成帮扶合力。四是坚持产业主导、对症下

药、精准脱贫，帮助柞水县曹坪镇中坪社区形成五个主导产业：完成光伏电站1.8兆瓦，建立了珍稀食药用菌产业技术扶贫示范基地30亩，建设吊带木耳大棚40个，投入鱼苗130万尾发展冷水鱼养殖，建立春蕾社区工厂等，帮助中坪社区贫困户121户313人全部实现脱贫摘帽。

二、持续加大资金投入，不断提高保障能力

充分发挥公共财政的保障支撑作用，紧紧围绕脱贫任务，持续加大对脱贫攻坚的投入力度，建立了扶贫资金投入稳定增长机制。

（一）财政专项扶贫资金大幅增加，保障能力持续增强

2016—2020年，累计投入财政专项扶贫资金613.22亿元，其中：中央财政专项扶贫资金254.9亿元，由2015年的24.13亿元，增加到2020年的61.66亿元，增长2.56倍，年均增幅20.64%；省级财政专项扶贫资金144.6亿元，由2015年底的8.6亿元增加到2020年的43.2亿元，增长5.03倍，年均增幅38.12%；各市县财政部门也大幅增加本级专项扶贫资金投入，2016—2020年累计安排213.71亿元，为全省56个贫困县全部摘帽退出提供了有力保障。

（二）深入推进财政扶贫领域“放管服”改革，积极推进涉农资金整合工作

对纳入整合范围的各项资金，一律实行项目审批权限下放、资金切块下达，并确保对贫困县的资金增幅不低于该项资金的平均增幅，对深度贫困县确保增幅达到10%以上，让贫困县放下包

袱，打消疑虑。县级层面，要求各县切实承担起资金整合的主体责任，发挥好资金整合的平台作用，认真编制资金整合方案，及时制定出台相应的资金管理办法，确保“放得下、接得住、管得严、用得好”。据统计，2016—2020 年，陕西省 56 个贫困县累计整合涉农资金 813.39 亿元，重点支持贫困县发展产业和基础设施建设，贫困县涉农资金整合规模效益逐步显现。

（三）多渠道筹措扶贫资金，投入机制不断健全

一是 2020 年积极争取中央脱贫攻坚补短板综合财力补助资金 7.46 亿元，统筹用于解决各县区剩余未脱贫人口、贫困劳动力就业、易地扶贫搬迁大型安置和贫困群众“苦咸水”等问题。二是从 2017 年起在省对县均衡性转移支付资金中，单列脱贫攻坚财力补助。2017—2020 年累计安排 42.2 亿元，优先保障全省驻村扶贫工作队及第一书记工作经费。三是通过地方政府债券方式，2017—2020 年累计安排 265.14 亿元支持易地扶贫搬迁工作。四是利用世行贷款 1 亿美元（折合人民币约 6.56 亿元），支持 11 个贫困县的 253 个行政村社区发展传统优势产业和农业基础设施建设与服务。五是按照“三年任务、两年完成”的要求，2018—2019 年，通过统筹中央和省级相关资金 126 亿元，支持全省贫困地区农村道路和安全饮水项目建设。六是“十三五”期间，累计安排省级彩票公益金 9.22 亿元，重点支持贫困地区公益设施建设。七是 2016—2020 年累计从江苏省争取扶贫协作资金 74.13 亿元，加强东西部扶贫协作。八是发挥财政资金杠杆作用，支持县级建立和完善扶贫小额信贷风险补偿机制，积极吸引金融资金投入脱贫攻坚工作，全省扶贫资金投入机制不断健全。

（四）加大对深度贫困县地区的支持，确保攻克深度贫困“堡垒”

一是持续加大对11个深度贫困县资金支持力度，在分配中央和省财级政专项扶贫资金过程中，严格落实对深度贫困县在正常增幅基础上再提高20%以上的政策要求，2016—2020年，累计向11个深度贫困县投入中央和省级财政专项扶贫资金81.95亿元，占该项资金总量的20.51%。二是切块下达给贫困县的其他整合范围内的资金也重点向深度贫困地区倾斜。2016—2020年，11个深度贫困县累计整合涉农资金193.94亿元，占56个贫困县实际整合涉农资金总量的23.84%。三是督促市县严格落实脱贫攻坚期间每个深度贫困村涉农资金投入不低于500万元的政策要求。四是在分配中央革命老区转移支付资金时，将34个贫困革命老区县的转移支付系数设定为1.1，对9个深度贫困革命老区县转移支付系数设定为1.2，5年来累计安排革命老区县转移支付资金32.78亿元，有力地支持了革命老区县脱贫攻坚任务的完成。

三、加快资金支出进度，提高使用效益

会同陕西省扶贫办制定下发了《关于加快财政扶贫资金支出进度的通知》，进一步明确了专项扶贫资金计划、预算下达的程序和时限。在资金下达、拨付环节，建立限时办结制度。在资金支出环节，要求扶贫部门和相关项目主管部门切实履行项目资金使用主体责任，切实抓好项目计划、项目建设、项目验收等相关工作，为加快资金拨付和支出进度创造条件。从陕西省扶贫专项资金支出进度实际情况看，各级扶贫资金支出进度大幅度提高，

在财政部和国务院扶贫办多次通报中，陕西省资金拨付进度均居全国前列。在消化结余结转资金方面，会同省扶贫办制定《关于加快扶贫资金闲置清理整改工作的通知》，建立了财政专项扶贫资金定期报告制度，及时掌握扶贫专项资金结余结转情况。对县级已下达预算15个工作日以上仍未执行的，有专人催办；3个月以上未执行的，对部门进行约谈或将有关情况报告同级党委、政府进行督办，并报上级财政部门；6个月以上未执行的，由财政部门直接收回并调整到当年其他扶贫项目。对结转结余1年以上的，贫困县收回统一纳入当年涉农资金整合范围统筹安排使用，非贫困县收回重新安排用于脱贫攻坚，切实解决了资金“趴窝”“挪窝”等问题，扶贫资金的使用效益不断提高。

四、完善制度办法，强化资金监管

一是完善制度办法，先后制定了《财政专项扶贫资金管理办法》《财政扶贫资金监管及责任追究办法》等60余项资金管理制度，为强化扶贫资金监管提供了政策遵循。二是夯实监管责任，建立“三张清单”，即：建立扶贫资金“负面清单”，防止资金使用不规范；建立扶贫领域“常见问题清单”，防止发现问题整改不彻底；建立扶贫领域“风险防范清单”，防止履责风险发生。三是细化各级各类扶贫资金台账，加强横向与部门间、纵向上下级财政间的对账工作，做到资金来源清晰、流向清楚、使用规范，着力解决扶贫资金“管用脱节”“一拨了之”等突出问题。四是将中央42项、省级30项涉贫资金全部纳入扶贫资金动态监控系统监管。印发了《陕西省财政厅关于进一步做好财政扶贫资金动态监控系统工作的通知》，修订完善监控工作规程和机制，积极推动监控系统向部门和乡镇扶贫一线延伸，及时做好预警疑点核实、违规问题的处置，强化数据监控分析利用，充分发挥了监控平台的实时监督和预警作用。五是制定了《财政专项扶贫资金分配管理内部控制操作规程》，从财政专项扶贫资金管理岗位设置、资金分配管理流程、风险点、防范措施等方面进一步加强财政专项扶贫资金管理，切实防范业务和廉政风险。六是在省财政厅官网设立扶贫资金公开专栏，配合扶贫部门强化项目库、公告公示等管理制度落实，加大信息公开力度，自觉接受社会和群众监督，形成强大的监督合力。七是与省编办联合下发了《关于调整和完善乡镇（街道）财政管理工作的实施意见》《关于进一步明确乡镇财政监管职责的通知》《关于进一步加强乡镇财政管理工作的通知》等文件，督促加快乡镇财政建设，充分发挥就地就近监管优势。八是全面实施扶贫项目资金绩效管理，建立扶贫资金“花钱必问效、无效必问责”的管理机制，将所有扶贫项目绩效目标随同预算资金同步下达，推动扶贫资金管理从“重投入”向“重结果”转变。在安排财政专项扶贫资金时，将绩效评价结果作为资金分配的重要因素，对绩效评价好的市县安排资金予以奖励，充分发挥绩效评价的正向激励作用。

五、统筹各方力量，形成脱贫攻坚强大合力

紧盯“两不愁三保障”和农村安全饮水目标标准，加大对脱贫攻坚各项重点工作的支持，形成强大攻坚合力。一是支持健康扶贫，不断加大对城乡居民基本医疗保障的支持力度，同步提高政府补助和个人缴费标准，全省城乡居民基本医疗保险筹资标准由2016年的570元提高到2020年的830元，增加了260元，增长幅度达45.6%。完善建档立卡农村贫困人口参加新农合财政补贴政策，2018—2020年，省财政按照每人每年45元给予定额补

助，市县财政补贴标准由各市自行确定，确保贫困人口100%参加新农合；按照每人每年70元的标准，为全省319.2万贫困人口建立补充医疗保障；将建档立卡贫困人口全部纳入重特大疾病医疗救助范围，加大医疗救助力度。通过基本医疗保险、大病保险、医疗救助等，最大限度地减轻贫困人口的住院医疗费用负担。二是支持教育扶贫。以贫困县区、贫困家庭学生为主重点支持建立健全覆盖各个教育阶段的生均经费补助政策体系，各类学校基本运转得到较好保障；完善覆盖各个教育阶段的家庭经济困难学生资助制度，统一城乡义务教育"两免一补"政策，扩大高职学生国家助学金覆盖面并提高平均资助标准，保障家庭经济困难学生应助尽助，年惠及学生150余万名；多措并举促进办学质量提升，"十三五"期间，累计招聘特岗教师2.37万名到贫困县区乡镇以下学校从教，选派5 000余名优秀义务教育教师到边远贫困地区、革命老区支教，在56个贫困县区推行乡村教师生活补助政策，实施5年一个周期的教师培训制度，基本完成义务教育薄弱环节改善与能力提升计划规划任务，全省通过国家义务教育基本均衡县评估验收，切实保障适龄学生接受有质量的教育。三是支持农村危房改造。"十三五"期间，累计下达农村危房改造补助资金47.28亿元，其中，中央35.8亿元，省级11.48亿元，完成建档立卡贫困户、低保户、农村分散供养特困人员和贫困残疾人家庭等四类重点对象24.09万户危房改造任务，支持14个试点县建立农村低收入群体住房安全保障长效机制，并在抗震烈度7度及以上地区开展农房抗震改造。四是支持易地扶贫搬迁。制定出台了《关于加强易地扶贫搬迁资金管理的意见》。"十三五"期间，累计筹集易地扶贫搬迁资金482.77亿元，其中：中央预算内资金67.51亿元，地方政府债券265.14亿元，贷款150.12亿元，支持做好陕西省易地扶贫搬迁工作。截止到

2020 年底，全省 24.93 万户 84.36 万搬迁群众，安置房已全部达到国家规定的搬迁入住标准，实际入住 24.93 万户 84.36 万人，实际入住率 100%。全省“十三五”易地扶贫搬迁旧宅基地腾空收回 22.11 万户，应复垦复绿 18.3 万户，腾退复垦复绿任务全部完成。五是支持做好贫困群众饮水安全工作。“十三五”期间，累计完成农村饮水安全投资 102.7 亿元，其中：投入中央和省级财政资金 51.61 亿元，建成工程 1.8 万处，解决了 198.9 万贫困人口的饮水安全问题，巩固提升受益总人口 1 672 万人，全省农村集中供水率达到 90% 以上，自来水普及率达到 90% 以上，56 个退出贫困县农村饮水安全问题全部达到退出标准，全面完成了饮水安全脱贫攻坚任务。六是积极落实其他行业扶贫相关政策。统筹推动产业扶贫、就业扶贫、生态扶贫、光伏扶贫等工作，支持做好贫困群众兜底保障工作，贫困区群众的基础设施条件和生产生活水平得到明显改善。

六、深入开展调研，强化对基层的培训指导

一是加强调查研究，每年结合脱贫攻坚工作实际拟定重点调研课题，先后形成了《关于贫困县财政涉农资金整合政策的调研报告》《关于陕西省资产收益扶贫的研究》《关于陕西省乡镇财政建设和管理情况的调研报告》等研究成果，通过调查研究来指导实践、促进工作，为全省财政扶贫工作提供决策参考。二是强化政策培训。每年组织开展资金监管和政策业务方面的培训班，对省级部门、市县领导及业务人员进行政策培训。录制了“脱贫攻坚财政资金保障政策解读”专题视频课件，编印了《陕西省财政支持脱贫攻坚相关政策汇编》《工作经验交流》《扶贫资金监管课件》等资料，供全省扶贫干部学习参考。三是加强日常指

导，通过微信群、QQ群、电话等方式，及时了解和掌握基层实际工作情况，对基层在政策执行过程存在的困难和问题，及时给予答疑解惑，指导市、县顺利开展各项工作。

七、加大信息宣传力度，为脱贫攻坚营造良好氛围

注重总结推广各地在财政扶贫工作方面好的经验和做法，着力营造良好的脱贫攻坚工作氛围。一是加强媒体宣传力度，讲好脱贫攻坚中财政人的故事。中国财经报等中央媒体专题报道《积极有效发挥财政职能作用 坚决夺取脱贫攻坚战全面胜利》《脱贫攻坚路上的“孺子牛”》《积极有效发挥财政职能作用 坚决夺取脱贫攻坚战全面胜利》等宣传信息，《陕西获中央财政专项扶贫资金绩效评价优秀等次》《省财政厅全力推进“三排查三清零”工作落实》等新闻稿件被陕西日报、西安晚报等媒体宣传报道，为财政脱贫攻坚工作营造了良好氛围。二是及时总结财政支持脱贫攻坚好的经验做法，《陕西发挥优势 统筹实施 助力产业扶贫》《陕西稳步推进疫情防控期间脱贫攻坚工作》等9篇宣传稿件。三是加强政策及经验的宣传力度。编制了《财政支持脱贫攻坚有关政策要点》，印发各市县学习参考，强化对基层的政策辅导。编发25期《陕西省财政支农暨脱贫攻坚学习资料》，对基层在财政支持脱贫攻坚方面好的做法和经验及时进行了总结、宣传和推广。通过陕西日报等媒体刊发《陕西优化财政政策推进脱贫攻坚工作》《战疫情、稳生产 省财政对菜蔬秧苗移栽实行一次奖补》，对中央和省级新出台的财政扶贫政策及时进行宣传报道，引导基层和群众及时掌握政策动向，促进益贫惠民措施更好落地落实。

八、发挥纪检监察职能，不断强化扶贫领域作风建设

一是持续深化扶贫领域腐败和作风问题专项治理，全面整治扶贫领域漠视侵害群众利益问题，深化惠民惠农财政补贴资金专项治理，强化对脱贫攻坚决策部署落实情况的政治监督和日常监督。二是驻厅纪检组深入商洛市财政局、丹凤县竹林关镇财政所和柞水县下梁镇西川村等地，就扶贫项目组织实施、扶贫资金使用监管、“两联一包”责任落实、扶贫干部工作作风等进行专题调研。三是用好三项机制，在对扶贫干部严管的同时，更加体现厚爱，在干部选拔任用中，向挂职扶贫一线倾斜，对在援藏、扶贫等急难险重工作中做出突出贡献的干部优先考虑。

九、健全长效机制，巩固脱贫成果

（一）优化政策措施，全力攻坚克难

为积极应对突如其来的新冠疫情和下半年出现的洪涝灾害，进一步优化政策措施，全力攻坚克难。一是下发《关于积极应对新冠肺炎疫情 优化财政专项扶贫资金使用 加快扶贫项目建设工作的通知》，对疫情期间扶贫产业发展、贫困劳动力就业等加大支持力度，全力保障贫困群众基本生活，全力推进疫情期间脱贫攻坚工作。二是出台疫情防控期间蔬菜移栽财政奖补政策，对符合条件的规模生产经营主体给予一次性资金奖补，支持蔬菜产业项目尽快恢复生产。三是研究制定了《关于完善细化财政专项扶贫资金和涉农整合资金使用管理有关政策的通知》，对非贫困村贫困人口扶持、边缘户帮扶政策、以前年度已实施扶贫项目支

持、扶贫资金项目管理等四方面的政策，进行了细化完善。四是制定了《关于用好扶贫资金项目支持克服洪涝灾害影响的通知》，明确了加大对受灾严重地区的倾斜支持、精准安排使用资金、做好项目库动态调整、加大消费扶贫力度等方面的政策要求，防止受灾群众因灾致贫返贫。

（二）积极开展消费扶贫工作

一是制定出台了《陕西省财政厅支持开展消费扶贫助力打赢脱贫攻坚战的实施方案》，建立了消费扶贫联席会议制度，加强对全省政府采购消费扶贫工作的安排部署和组织协调；二是举办了2次政府采购贫困地区农副产品销售平台业务培训班，提高预算单位使用“扶贫832”平台的能力；三是协调省级预算单位认真落实好“扶贫832”平台采购份额预留工作，使用工会经费采购职工福利和单位自有食堂采购农副产品的，预留一定比例通过“扶贫832”平台采购贫困地区农副产品；四是充分利用陕西省政府采购网、微信工作群等媒介宣传政府采购消费扶贫政策，营造全社会奉献爱心、扶贫帮困的良好氛围。

（三）做好易地扶贫搬迁后期扶持

认真贯彻落实全省后续扶持“1+7”政策措施，配合省发改委和省国土厅，再次对搬迁安置点配套的道路、教育、医疗、垃圾污水处理设施补短板项目进行排查梳理，督促市县抓好项目建设，补齐短板弱项。从2019年其，每年安排省级后期扶持资金5 000万元，统筹做好产业配套、就业保障、社区管理和公共服务等后续扶持工作，推动各类资源要素向后续扶持聚集，满足搬迁群众生产生活需求。

（四）做好易地扶贫搬迁债务偿还工作

按照《“十三五”易地扶贫搬迁资金整改有关问题的通知》要求，由省级负责贷款资金偿还，市县负责政府债券资金的偿还。会同相关部门建立了还款制度，制定资金筹措方案和年度还款计划，落实还款任务、还款责任、还款措施。督促各市县结合本地实际债务规模，按照省《关于加强增减挂钩节余指标收益管理做好易地扶贫搬迁还款和后续扶持工作的通知》规定，统筹增减挂钩节余指标收益，建立易地扶贫搬迁还款准备金制度，确保易地扶贫搬迁还款资金有来源、有保障，防范化解政府隐性债务风险。

甘肃省财政脱贫攻坚工作情况

2016 年以来，甘肃省财政部门以习近平新时代中国特色社会主义思想为指导，认真贯彻落实党中央决策部署和省委省政府工作要求，始终把脱贫攻坚作为第一政治、头等大事和第一民生工程，坚决扛起脱贫攻坚资金保障的政治责任，认真履行脱贫攻坚资金保障职责，持续加大扶贫资金投入，强力推进涉农资金整合，精准统筹使用扶贫资金，强化扶贫资金监管，全力以赴助推打赢打好脱贫攻坚战。

一、提高政治站位，以高度责任感推进财政脱贫攻坚工作

甘肃省财政厅党组坚持把贯彻落实习近平总书记关于扶贫工作的重要论述、对甘肃重要讲话和指示精神作为财政脱贫攻坚工作的根本遵循，先后制定学习贯彻习近平总书记关于扶贫工作的重要论述、参加十三届全国人大二次会议甘肃代表团审议时的重要讲话精神、视察甘肃重要讲话和指示精神、《习近平谈治国理政》（第三卷）等实施方案，对深入学习宣传贯彻习近平总书记重要讲话精神作出具体安排，提出明确要求。坚持读原著、学原文、悟原理，努力做到学习跟进、认识跟进、行动跟进。2016—2020 年，先后组织召开 23 次党组会议、27 次中心组学习会议、3 次全厅干部大会，交流学习心得，畅谈学习体会。教育引导全

厅党员干部充分认识打赢脱贫攻坚战的极端重要性和紧迫性，进一步增强“四个意识”、坚定“四个自信”、做到“两个维护”，坚定必胜信心和决心，强化做好脱贫攻坚资金保障工作的思想自觉、政治自觉和行动自觉。加强组织领导，成立厅脱贫攻坚领导小组，厅党组书记、厅长任组长，班子其他成员任副组长，各处室主要负责同志为成员，下设资金保障（资金问题整改）、扶贫领域腐败和作风防治、帮扶工作三个办公室及扶贫领域腐败和作风治理督查组。从脱贫攻坚资金专责组成员单位抽调 5 名处级干部脱岗到省财政厅集中办公。整合抽调厅内 28 人，充实专责组力量，专职负责扶贫资金保障、监督管理和问题整改，确保各项任务有领导盯办、有人负责。对标对表习近平总书记重要讲话和指示精神，多次召开厅党组会、厅脱贫攻坚领导小组会、专班会，财政系统调度会、推进会，研究谋划脱贫攻坚资金保障措施，安排布置资金保障工作；认真履行资金保障专责组组长单位职责，建立日常沟通协调机制，不定期召开资金保障专责组协调会、座谈会，研究分析资金保障工作进展情况，及时解决存在的问题。

二、持续加大投入，强化脱贫攻坚资金保障

（一）持续加大财政扶贫资金投入

2016—2020 年，全省财政专项扶贫资金、其他涉农整合资金（不含纳入整合的财政专项扶贫资金）、政府一般债券、土地指标跨省域调剂收入、东西部扶贫协作等可用于脱贫攻坚的资金总额达 1 881.13 亿元，年均增长 30.96%。其中，2016 年 194.24 亿元，2017 年 250.72 亿元，2018 年 391.82 亿元，2019 年 473.02

亿元，2020 年 571.33 亿元。

（二）创建扶贫小额信贷扶贫新模式

充分发挥财政资金“四两拨千斤”的作用，2016—2020 年，财政累计贴息 81 亿元，撬动金融机构信贷资金 650 多亿元，为符合条件、有发展生产意愿的贫困户办理扶贫小额信贷，惠及 100 多万建档立卡贫困户，400 多万贫困人口，有效激发了贫困群众发展生产、增加收入的内生动力。

（三）积极引导金融资金支持扶贫

鼓励和引导全省金融机构不断加大扶贫再贷款等央行低成本资金投放力度，2016—2020 年，累计发放扶贫再贷款 455.5 亿元。同时，围绕甘肃“牛羊菜果蔬药”六大特色富民产业，通过政府性融资担保基金，创设特色产业贷款，2017—2020 年，累计投放产业贷款 1 301 亿元。

三、健全完善政策，切实提高扶贫资金保障质量

（一）完善财政扶贫资金投入政策

省级和片区贫困县按财政收入增量的 20% 以上、市级按 10% 以上、插花县按 15% 以上增列财政专项扶贫资金预算。深度贫困地区市县政府除“保工资、保运转、保基本民生”外，新增财力主要用于脱贫攻坚。深度贫困县按不低于 60% 的比例将省上下达的一般债券额度安排用于脱贫攻坚项目。土地指标跨省域调剂收入重点用于脱贫攻坚，未完成脱贫攻坚任务的县区，不得安排用于与脱贫攻坚无关的项目。脱贫攻坚三年行动期间，全省地

方财政专项扶贫资金投入分别占地方一般公共预算收入的10%、11%、13%，与中央下达甘肃省专项扶贫资金比例分别为1∶1、0.92∶1、1.03∶1。“十三五”期间，甘肃省地方财政专项扶贫资金投入占地方一般公共预算的比例从2015年的3.4%增长到2020年的13%。

（二）细化涉农资金统筹整合政策

根据国务院办公厅《关于支持贫困县开展统筹整合使用财政涉农资金试点的意见》（国办发〔2016〕22号）精神，报请省政府出台《甘肃省人民政府办公厅关于支持贫困县开展统筹整合使用财政涉农资金试点的实施意见》（甘政办发〔2016〕100号）。脱贫攻坚期内涉农整合资金一律不得用于“负面清单”事项，及其他与脱贫攻坚无关的行业搭车项目。2016—2020年，贫困县累计整合使用涉农资金922.18亿元，整合率达到73.74%。

（三）完善资金分配政策

加大一般性转移支付力度，省级对深度贫困县区均衡性转移支付补助系数高于市县平均水平3个百分点，累计下达均衡性转移支付667.3亿元。完善深度贫困县区县级基本财力保障机制，逐步提高扶贫开发支出标准，由2017年的人均800元提高到2020年的2 000元，累计下达县级基本财力保障奖补资金161.5亿元。财政专项扶贫资金投入重点向深度贫困地区倾斜，安排到深度贫困县区财政专项扶贫资金不低于当年资金的50%。2018—2020年，安排“两州一县”（临夏州、甘南州、天祝藏族自治县）和其他18个省定深度贫困县财政专项扶贫资金397.72亿元，年均增长19.26%，占全省的65.29%。其中，“两州一县”166.4亿元，年均增长19.59%，占全省的27.31%。按照“四个不摘”的要求，坚持财政专项扶贫资金对脱贫摘帽县的投入力度不减，每年分配已脱贫摘帽县财政专项扶贫资金不低于上年水平。

（四）完善产业扶贫政策

2018年，制定出台《关于进一步加大资金投入扶持产业发展确保打赢脱贫攻坚战的通知》（甘政办发〔2018〕103号），将所有财政专项扶贫资金和70%以上的整合涉农资金主要安排用于到户扶持，其中70%以上的到户资金原则上用于种养和光伏产业。结合农村“三变改革”，到户产业扶持资金人均按0.5万元进行帮扶，按户最多不超过3万元，其中一半用于产业发展，一半用于入股、配股到与贫困户发展产业密切关联的龙头企业或农民专业合作社。

（五）调整完善扶贫小额信贷政策

2018年下半年，甘肃省扶贫小额信贷陆续到期，为了继续发挥扶贫小额信贷在脱贫攻坚中的积极作用，报请政府印发《关于调整完善精准扶贫专项贷款政策的通知》（甘政办发〔2018〕70号），对农户直接使用的贷款，到期后根据农户意愿分类收回或续贷，最长不超过3年，续贷期内省财政给予全额贴息；对已到期“户贷企用”贷款，一律收回或转为商业贷款。进一步发挥财政、金融监管、扶贫等相关部门的职责，建立健全协作机制，完善工作措施，多级联动、协同推进扶贫小额信贷健康发展。压实县级政府主体责任、承贷银行本业责任、部门工作责任，持续做好到期贷款回收续贷，强化贷后管理，防止简单“一贷了之”“一续了之”，防控贷款风险。对贫困户贷款，到期后经追索仍无力偿还的，按规定启动风险补偿机制。

（六）完善农业保险政策

2016—2020 年，累计投入农业保险补贴 49.94 亿元，支持承保农业保险品种 96 个，实现了农业保险对所有贫困户、所有种养产业、自然灾害和市场风险“三个全覆盖”，增强了贫困户抵御风险的能力，有效保障了贫困群众家庭收入。

（七）认真落实财政支持疫情防控政策措施

新冠肺炎疫情发生以来，甘肃省财政厅坚决贯彻落实习近平总书记关于坚决打赢新冠肺炎疫情防控阻击战的重要讲话、指示批示精神和党中央国务院及省委省政府关于抗击坚决打赢新冠疫情防控阻击战、脱贫攻坚歼灭战的决策部署，联合省扶贫办及时下发通知，调整和优化资金使用，重点向产业项目倾斜，强化就业支持，确保抗击疫情和脱贫攻坚双促进、双胜利。在支持产业发展方面，明确新冠肺炎疫情期间财政专项扶贫资金优先支持与疫情防控相关的影响脱贫攻坚任务完成的扶贫项目。采取生产资料补助、种养业先建后补、存量奖补、见犊补母等多种方式，适当加大奖补力度，支持受疫情影响难以外出且有意愿发展产业的贫困户和可能致贫人口恢复生产，开展生产自救；对积极带动贫困户发展的扶贫龙头企业和合作社等带贫主体，给予一次性生产补贴和贷款贴息支持；鼓励各地采取资产收益扶贫的方式，支持受疫情影响较大的规模化标准化种植养殖、农产品初加工深加工、储存、运输等产业链条上的生产经营主体渡过难关。在支持就业方面，加大以工代赈、以奖代补、劳务补助力度，引导贫困群众积极主动参与脱贫攻坚。鼓励就近吸纳贫困农民工就业。提高吸纳用工补贴标准，对企业、扶贫车间等各类生产经营主体吸纳本地贫困劳动力且稳定就业半年和 1 年以上的，分别给予一次性补助；支持开发乡村公益性岗位，2020年在全省开发3万个乡村公益性岗位基础上，再开发2万个乡村公益性岗位，所需资金从就业补助和扶贫资金中列支；利用扶贫资金给予差别化、阶梯式奖补，支持有组织输转贫困劳动力，鼓励其外出务工、长期务工和稳定务工；鼓励采取以工代赈方式，积极组织贫困群众参与安全饮水、村组道路硬化等扶贫项目和工程建设，充分创造贫困群众省内就业岗位。

四、紧盯重点任务，精准统筹使用扶贫资金

按照习近平总书记关于“聚焦再聚焦、精准再精准”的重要指示精神，紧紧围绕“两不愁三保障”，下足“绣花”功夫，督促指导贫困县紧盯行业扶贫任务，紧扣当地脱贫攻坚实施方案，按照“项目跟着任务走、资金跟着项目走”的要求，将资金与当地重点任务精准匹配，确保产业、就业、危房改造、人饮安全、易地搬迁、乡村道路建设等底线任务圆满完成。特别是2020年，为了确保攻坚任务不留尾巴，资金需求不留缺口，全力支持决战决胜脱贫攻坚，通过“三上三下”，在认真摸清75个贫困县扶贫任务和资金保障情况、找准问题症结的基础上，辨证施治，对症下药。一是提请省脱贫攻坚领导小组印发了《关于加大扶贫资金投入 保攻坚补短板强监管的意见》（甘脱贫领发〔2020〕4号），明确将各类扶贫资金全部纳入精准统筹使用范围，按照全面打赢脱贫攻坚战和补短板、强弱项的要求，紧扣脱贫攻坚任务，精准统筹安排使用，确保“3+1”冲刺清零后续行动和“5+1”专项提升行动资金需求。二是精心组织贫困县编制资金精准统筹使用方案，指导督促贫困县按照“缺什么补什么”的原则，“保攻坚、强巩固、促提升”的顺序，将扶贫资金与扶贫项目精准匹

配、紧密衔接，补短板、强弱项，确保脱贫攻坚底线性任务全面清零。三是严把精准统筹方案审查关。与省扶贫办共同组织省直11个资金主管部门逐县对资金精准统筹使用方案进行认真审查。行业部门负责审查项目的必要性、可行性和合规性，财政部门负责审查资金来源和投向。“一对一”“面对面”解读政策，指出问题，提出修改完善的意见建议，边审边改。对与脱贫攻坚任务关联度不高的“搭车”、提标及“负面清单”项目一律剔除，从源头上防止项目安排不精准、资金使用不合规的问题；对存在资金缺口的“两不愁三保障”底线性任务，要求加大资金统筹力度，给予足额保障；对资金保障相对宽裕的地方，指导做好巩固脱贫攻坚成果相关工作。三是及时督促贫困县修改完善方案。对审查过程中发现的问题，认真分析原因，研究提出解决办法，逐县书面反馈意见，督促贫困县及时修改完善。省级对8个未摘帽贫困县扶贫资金精准统筹使用方案修改完善情况挂牌督战；市州对67个已脱贫摘帽县扶贫资金精准统筹使用方案进行审查备案，对发现的问题，及时指导贫困县修改完善。对贫困县二次上报方案，再审再改，直至完全符合政策要求。四是压实责任，狠抓落实。会同扶贫部门强化督导调研，督促县级切实履行扶贫资金精准统筹使用主体责任，市级履行监督责任，结合脱贫攻坚普查工作，认真排查梳理，发现问题，及时整改，确保精准统筹使用扶贫资金各项政策不变通、不走样、不打折。

五、建章立制，不断强化扶贫资金监管

按照习近平总书记关于“扶贫资金是贫困群众的‘救命钱’，一分一厘都不能乱花，更容不得动手脚、玩猫腻”的要求，及时制定管理办法，不断建立制度机制，扎紧“篱笆”，厘清职

责，靠实责任，加强监管，切实提高扶贫资金的使用效益。

（一）健全完善扶贫资金管理办法

一是报请省脱贫攻坚领导小组印发《甘肃省扶贫资金监督管理追责办法》（甘脱贫领发〔2019〕11号），从省级到乡村，逐级、逐部门明确扶贫资金使用管理职责，规定对资金管理过程中可能出现的58种情形进行问责，构建分工明确、上下联动、协同监管，覆盖预算安排、资金拨付、绩效评价、监督问责等全过程的监督管理机制。二是报请省政府办公厅出台《甘肃省扶贫项目资金绩效管理实施办法》《甘肃省财政专项扶贫资金绩效管理实施办法》，将中央和省市县预算安排用于脱贫攻坚项目的各类财政资金全部纳入绩效管理，构建协调完善的绩效评价体系。按照"花钱必问效、无效必问责"的要求，强化行业主管部门绩效管理主体责任，指导督促部门科学规范合理设定项目绩效目标，认真做好扶贫项目资金运行监控、绩效评价、绩效公开等工作，提高资金使用效益。三是制定出台扶贫资金动态监控实施办法，建立扶贫资金动态监控平台，明确监控内容，靠实工作责任，规范监控流程，加强业务培训，充分运用信息化手段对各类扶贫资金分配下达、资金支付、使用管理等重点流程和关键节点进行重点监控，发现问题、及时纠正。四是完善扶贫项目资金公告公示办法，督促扶贫资金主管部门严格按照"两个一律"的要求，将扶贫资金分配结果一律公开；乡村两级扶贫项目安排和资金使用情况一律公告公示，主动接受社会监督，做到"阳光扶贫""廉洁扶贫"。五是制定完善了财政专项扶贫资金管理办法、东西部扶贫资金管理办法、脱贫攻坚补短板综合财力补助资金管理办法及解决"苦咸水"资金管理办法等，将"谁主管专项、谁分配资金、谁负责监管"和"谁使用资金、谁负责绩效"的要求细化到资金使用管理的方方面面，不断提高规范管理使用的水平。

（二）细化创新工作机制

一是限时拨付。中央下达预算指标“随到随办”，项目明确的在10日内拨付到位；需要二次分配的20个工作日内拨付到位；省级资金在人大批准后60日内拨付到位。二是库款调度。开辟资金调度“绿色通道”，采取专项调度方式，满足市县扶贫资金支出需求，支持扶贫政策和项目尽快落地。三是支出报告。按旬报告财政专项扶贫资金支出进度，按月报告涉农整合资金支出进度，统计分析支出情况，督促加快资金支出。四是通报约谈。对扶贫资金支出管理存在问题的地方，约谈县区分管领导和财政部门负责人，或发出批评告知单，督促加快项目实施和资金支出进度。五是资金使用方案“双审”。对涉农资金整合，财政部门审查资金来源和使用范围，扶贫等行业部门审查项目安排情况；每年3月、8月分两次审查，指出问题、反馈意见，督促修改完善方案，确保资金精准、规范、有效使用。2020年，又对贫困县精准统筹使用方案进行了“双审”，紧扣重点任务精准统筹用好各类扶贫资金，防止脱贫任务出现死角、盲区。六是资金预拨。扶贫项目资金经县级扶贫资金主管部门审核后，工程类项目可按资金计划数50%、种养业项目可按资金计划数80%预拨资金，加快项目实施和资金支出进度。七是国库集中支付。对到户补助资金，参照工资统发方式，通过商业银行直接汇入农户“一折统”账户；其余项目资金由扶贫项目主管部门报送用款计划、审核报账资料、进行记账核算，国库直接支付至项目实施单位。八是中期绩效评价。聘请第三方机构，采取“五查五看”（查资金流向、看资金使用是否精准，查资金流量、看资金有无挤占挪用闲置浪费，查资金流速、看资金有无拨付迟缓或以拨代支，查监督管理、看有无违纪违规使用资金造成严重损失浪费，查责任落实、看监管责任有无缺失）的办法，对贫困县财政专项扶贫资金和涉农整合资金开展中期绩效评价，督促贫困县加强扶贫资金使用监管，提高扶贫资金使用效益。九是挂牌督战。2020 年，对 8 个未脱贫摘帽贫困县资金保障和精准统筹使用进行挂牌督战，督促其加大投入、精准统筹使用各项扶贫资金，为全面完成脱贫攻坚任务提供资金保障。

六、认真履行职责，扎实做好定点帮扶工作

认真贯彻落实中央关于定点帮扶部署和省委省政府要求，针对贫困根源，围绕脱贫目标，对症施策，扎实帮扶，全面完成各项工作任务，脱贫攻坚帮扶成效显著。2019 年底，渭源县整县脱贫摘帽，2020 年 10 月靖远县北湾镇富坪村整村脱贫。一是认真履行省直组长单位协调联动职责，主动向渭源县省级联系包抓领导汇报帮扶工作进展，协助做好渭源县帮扶工作。制定了《帮扶渭源县省直单位工作制度》，加强与帮扶单位沟通协调，严格责任落实考核，督促各级帮扶单位履行职责，合力助推渭源县打赢打好脱贫攻坚战。二是“十三五”期间，厅班子成员 80 多次进村入户，调研督导帮扶工作；按照尽锐出战的要求，先后选派 2 名处级干部挂任县委副书记，专职负责脱贫攻坚；30 多名干部长期吃住在村、干在一线，293 名责任人到户帮扶 2 000 多次。三是充分发挥驻村工作队和第一书记作用，“十三五”期间，发动村干部和能人大户出资、村集体和群众入股等方式，成立了 30 多个养殖、种植、农机合作社，建设规模化养殖场 12 处、蔬菜及蘑菇大棚 130 多座、种植高原夏菜及山野菜 1 500 余亩、订单式种植高品质中药材 225 亩、购置农机具 15 套（40 余件），带

动贫困群众2 000多户，实现集体经济收入235万元；积极开展消费扶贫，鼓励食堂采购、个人购买，帮扶解决农产品销路问题。四是邀请农业专家赴贫困村开展种植、养殖等实用技术专题讲座和培训，提高科学种养殖水平；充分利用东西部协作的机遇，“十三五”期间，组织劳务输出1.02万人次。对外出打工的“两后生”进行木工、瓦工、电焊、驾驶等职业培训，累计技能培训2 900人次，使其掌握必要的劳动技能，提高务工收入。五是协调推进基础设施建设，“十三五”期间，累计硬化村社道路124公里，修建河堤、护坡、河渠6.8公里、便民桥23座和小型水库1座，新建和维修村部、文化广场、老年活动中心、学校幼儿园29处，改造危房983户，易地搬迁301户，架设太阳能路灯850盏，绿化3 000亩，有效地改善了贫困村生产生活环境。实实在在的帮扶成效，得到了组织和群众的肯定。省财政厅先后获得省脱贫攻坚帮扶工作协调领导小组授予的“先进单位”称号、渭源县“先进帮扶单位”称号，有5人获得全省脱贫攻坚帮扶工作先进个人称号，1人获得定西市帮扶先进个人称号，8人获得渭源县帮扶先进个人称号。在2019年终考核时，群众对省财政厅满意度达到100%。

总的来看，甘肃省脱贫攻坚资金保障工作扎实有效，得到了有关方面的充分肯定。2016年、2018年、2019年，国家财政专项扶贫资金绩效评价甘肃省均被评为优秀等次。2018年，资金保障专责组被省脱贫攻坚领导小组评为“全省脱贫攻坚先进集体”。2018年、2019年，省财政厅在全省脱贫攻坚成效考核中连续两年被评为“好”等次，在全省东西部扶贫协作成效考核中连续两年被评为优秀等次。

青海省财政脱贫攻坚工作情况

消除贫困，改善民生，逐步实现共同富裕，是社会主义的本质要求，是中国共产党对人民的庄严承诺，也是财政部门义不容辞的责任。青海省地处青藏高原东北部，平均海拔超过4 000米，是集边远、高寒、多民族、欠发达于一体的贫困省份，省域各县全部为贫困县，脱贫攻坚任务十分艰巨。党的十八大以来，青海各级财政部门始终以习近平总书记关于扶贫工作的重要论述为指引，全面贯彻落实中央和省委各项决策部署，不断优化支出结构，加强政策集成，举全省财力筑起青海高原各族人民脱贫攻坚的坚强堡垒。

一、全面践行脱贫攻坚政治责任

“政治工作是一切经济工作的生命线”。《中共中央 国务院关于打赢脱贫攻坚战的决定》印发以来，青海省各级财政部门把打赢脱贫攻坚战作为首要政治任务，集中财力，主动作为、全面落实主体责任，充分发挥财政职能作用，强力助推全省脱贫攻坚任务全面完成。

（一）提高站位、扛起责任，高位推动财政扶贫工作有序开展

全省各级财政部门强化政治担当，压实主体责任，从增强

"四个意识"、坚定"四个自信"、全面实现第一个百年奋斗目标的政治高度深刻认识打赢打好脱贫攻坚战的重要性、紧迫性，将习近平总书记关于扶贫工作的重要论述、中央和省委省政府脱贫攻坚重点工作部署纳入班子年度学习计划，每年组织集中学习讨论，切实把思想和行动统一到习近平总书记重要指示精神上来，统一到党中央、国务院，省委、省政府的决策部署上来。全省各级财政部门均成立了以主要领导任组长，分管领导为副组长，相关处（科）室负责人为成员的脱贫攻坚领导小组，各级财政部门"一把手"亲自研究、亲自部署，对标对表明确工作任务和重点举措，高位推进财政扶贫各项重点工作落实落细。

（二）立足实际、着眼全局，建立健全脱贫攻坚财政支持政策体系

为确保紧跟全国脱贫攻坚步伐不掉队，2016 年以来，全省各级财政部门紧紧围绕脱贫攻坚目标任务，深入开展脱贫攻坚政策调研，立足青海实际，建立健全脱贫攻坚政策体系。以中央脱贫攻坚各项政策要求为基调，按照省委、省政府"四年集中攻坚、一年巩固提升"的总体部署，参与研究制定《关于打赢脱贫攻坚战提前实现整体脱贫的实施意见》，提出了省级财政专项扶贫资金每年增长 20% 的资金保障机制。以《关于打赢脱贫攻坚战提前实现整体脱贫的实施意见》为蓝本，会同行业部门研究制定了 8 个脱贫攻坚专项行动计划和 10 个行业扶贫专项方案，构建了以扶贫、教育、交通、水利等多部门联动，产业、就业、兜底保障等多渠道、多层面共同发力的脱贫攻坚投入保障格局。同时，配套出台了《青海省财政专项扶贫资金管理办法》《青海省互助资金管理办法》等若干政策办法，全面加强扶贫资金和项目管理，细化具体政策措施，推动脱贫攻坚各项政策落实。

（三）强化担当、主动履职，充分履行各级扶贫开发领导小组副组长职责

全省各级财政部门积极主动履职，有效发挥职能作用，认真担当履行副组长职责，全力配合扶贫开发领导小组开展工作。一是面对艰巨的脱贫攻坚资金保障任务和复杂严峻的经济形势，立足财政工作职责，一手抓资金筹措调度，一手抓资金精准使用，集中一切力量优先保障脱贫攻坚专项资金投入，为各成员单位提供强有力的扶贫工作经费保障。二是紧密开展部门协作，主动参与行业部门扶贫方案及政策制度研究工作，开展财政扶贫资金管理使用的前置性审查，在生态畜牧业、金融保险、村集体经济等方面，加强政策研究，确保政策可持续、财力可承受。三是多层次、多渠道加强扶贫资金监督管理，对资金违规使用等问题抓早抓小，进一步提高财政资金使用效益。2016—2020 年审计共发现问题 1 301 个，涉及金额 163. 43 亿元，整改率达 99. 9%，通过盘活、收回或上缴国库等方式节约挽回资金 36. 35 亿元。四是立足财政职能，通过集中培训、实地督导、建立县长微信群和定期通报等方式，加强政策解读力度，强化约束。五是加大调研宣传力度，不断提升财政扶贫工作的知晓度和认可度。

（四）发挥优势、倾情奉献，全面做好定点扶贫工作

坚持把定点扶贫工作作为政治任务列入党组重要议事日程，紧盯定点帮扶 4 个贫困村脱贫目标，定方案、明措施、压责任，既当驻村工作队的靠山，又当脱贫群众指导员，聚力推进脱贫攻坚任务落地、确保成效。2016—2020 年，厅领导先后 60 余人次率队宣传政策、走村调研、入户走访、督导落实，先后精选 19 名党性强、有能力、敢担当的党员干部担任联点村第一书记和工

作队员，厅机关24个党支部与4个贫困村党支部结对帮扶，136名干部职工与101户贫困户结亲，建立了党组成员连片、支部联村、党员干部联户的“三联”机制。4个定点帮扶贫困村提前一年全面退出，101户贫困群众如期脱贫，贫困户年人均收入超过万元，实现了稳定脱贫、持续增收。

二、全力保障脱贫攻坚“粮草军需”

夺取脱贫攻坚战全面胜利，资金保障是关键。2016年以来，在宏观经济下行压力加大、财政收支矛盾突出的情况下，全省各级财政部门始终坚持把脱贫攻坚摆在财政工作的突出位置，建立多元化财政投入机制，集全省财力，全力保障脱贫攻坚资金投入。

（一）财政专项扶贫资金投入持续加大

在中央专项投入方面，2016—2020年，中央财政累计安排专项扶贫资金153.8亿元，年均增幅超过14%，重点支持扶贫到户产业、光伏扶贫、旅游扶贫等扶贫发展项目及贫困地区小型基础设施建设项目。此外，2020年中央安排青海省脱贫攻坚补短板综合财力补助资金7 658万元，支持全省各地全面落实省委脱贫攻坚“补针点睛”工作要求。在本省财力投入方面，2016—2020年，累计投入省级财政扶贫资金72.8亿元，年均增长超过23%。全省8个市州42个县（市、区、行委）落实市县财政专项扶贫资金59亿元。另外，国家脱贫攻坚税费和政策采购相关优惠政策全面落实，对易地扶贫搬迁、贫困群众创业、就业、扶贫产品销售等领域给予政策倾斜，进一步助力贫困地区发展、贫困群众增收。

（二）相关行业扶贫资金投入保障有力

在全力保障财政专项扶贫资金投入的基础上，紧紧围绕“两不愁、三保障”和省委省政府确定的“1+8+10”脱贫攻坚工作要求，瞄准贫困群众最关心、最直接、最紧迫的现实问题，加大贫困地区民生投入保障力度，全面提升基本公共服务能力。按建档立卡人数折算，2016—2020年，累计安排行业扶贫资金272.7亿元，大力推进贫困地区教育、医疗、社会保障、住房、基础设施和公共服务等建设，全方位支持打赢脱贫攻坚战，不断提升贫困群众的获得感和幸福感。

（三）贫困县涉农资金统筹整合扎实推进

全面贯彻落实国务院关于贫困县开展统筹整合使用财政涉农资金试点工作要求，将原有70余项财政涉农专项资金整合成14个大专项，并对原有资金管理制度进行修订完善，切实解决资金使用“小、散、弱”问题，从省级源头支持各县开展资金统筹整合。按照“多个渠道引水、一个龙头放水”原则，支持全省贫困县开展财政涉农资金统筹整合，逐县落实整合方案“两上两下”评审机制，规范资金整合范围及用途。“十三五”期间，贫困县实际统筹整合各类涉农资金用于脱贫攻坚的规模达706亿元，切实增强了贫困县统揽经济社会发展全局能力。

（四）多方位脱贫攻坚投入机制稳定有效

在加大各类财政扶贫资金投入和涉农资金统筹整合力度的基础上，充分发挥财政资金的引导撬动作用，着力构建“财政专项、行业扶贫、金融信贷、社会帮扶、东西部协作、对口援青帮扶”的“六位一体”投入保障机制，为脱贫攻坚提供了多元化保障支撑。在金融信贷投入方面，采取贷款贴息、信贷担保贴费等方式，对符合扶贫贷款贴息政策的贫困群众、扶贫企业提供金融服务支持。截至 2020 年底，全省金融机构精准扶贫贷款余额达到 1 404 亿元。“十三五”期间，各类扶贫贷款中建档立卡贫困户及已脱贫人口贷款累计发放 108.5 亿元，产业精准扶贫贷款累计发放 443.74 亿元。在社会帮扶方面，发起“百企帮百村、百企联百户”精准扶贫行动，2016—2020 年，动员 391 家商（协）会、民营企业与 470 个贫困村结成帮扶对子，通过产业、就业、技能、公益等方面的帮扶，带领困难群众脱贫致富。在东西部协作扶贫方面，2017—2020 年，共接收江苏省东西部扶贫协作资金 11.1 亿元，累计实施扶贫项目 385 个。同时，通过税费减免、项目支持、金融服务保障等措施，先后引进 27 家江苏企业落户青海，完成投资额近 7 亿元，带动 2.48 万名贫困人口实现脱贫增收。在对口援青方面，2016—2020 年，共接收北京、上海、山东、天津、浙江、江苏等省市对口援助资金 78.29 亿元，重点用于支持青海省藏区 6 州破解深度贫困地区经济社会发展瓶颈。

（五）资金分配使用机制更趋科学

进一步贯彻落实“省负总责、市县抓落实”的脱贫攻坚管理体制，在做好“放管服”工作的基础上，以“因素法”资金分配为抓手，结合中央政策导向和全省年度脱贫攻坚重点任务，动态调整分配因素和权重，建立更趋科学合理的资金分配方式。同时，层层压实责任，鼓励引导县级建立健全扶贫投入新机制，增强贫困县脱贫攻坚的自主权和决定权，为县级政府“一线实践、一线决策、一线落实”夯实基础。

（六）绩效管理结果充分运用

会同相关部门每年对全省贫困县开展扶贫资金绩效考评工作，从地方投入、项目安排和管理、公示公告、涉农资金统筹整合试点开展情况，以及各类审计、巡视、督查检查反馈问题整改情况等方面全面考核。同时，强化考核结果运用，将其作为省对下脱贫攻坚成效考核的重要组成部分和资金分配的重要依据。2017 年、2018 年、2019 年、2020 年每年安排专项奖励资金 1.6 亿元，按每个县 2 000 万元的标准，对评价结果排名前 8 位的先进县进奖励。

三、高质量完成脱贫攻坚战“青海答卷”

脱贫攻坚战打响以来，青海财政紧紧围绕打赢脱贫攻坚战整体目标，与行业部门共谋贫困地区经济社会发展，全力助推脱贫攻坚目标任务落实落细。截止到 2019 年底，全省 42 个贫困县、1 622 个贫困村、53.9 万贫困人口均实现脱贫“摘帽”，农牧区特别是深度贫困地区居民生产生活得到了翻天覆地的改变，全省提前一年高质量交出了脱贫攻坚战的“青海答卷”。经过 5 年的不懈努力，全省学前教育毛入园率、九年义务教育巩固率、高中阶段教育毛入学率分别达到 90.69%、96.87%、90.31%；基本医疗保险实现应保尽保，住院医疗费用经基本医疗保险、大病保险、医疗救助后实际报销比例达 90%；全省 14.54 万户建档立卡贫困户全部实现了现行标准下住房安全有保障的目标；241.33 万人的饮水安全得到巩固提升，涉及 30.14 万贫困人口的饮水安全问题得到全面解决。通过实施光伏产业，发展生态畜牧业、农家旅游业等产业，村集体经济实现全面“破零”，农牧民实现有效增收。

“十三五”期间，在财政部等国家部委的大力支持下，在省委、省政府的坚强领导下，青海财政扶贫工作推进有力，取得了显著成效。整体看，主要呈现以下特点：

（一）集中力量办大事

全省各级各类财政支农和扶贫资金集聚效应明显，涉农资金整合力度空前，省级专项扶贫资金年增幅20%的投入机制全面落实。“十三五”期间，全省实际用于脱贫攻坚的各类资金达近1 100亿元，年均安排资金超过220亿元，占年均一般公共预算支出的12%以上，形成了全省上下“一盘棋”的脱贫攻坚财力保障格局，有力地助推了全省提前一年实现“绝对贫困”人口全面清零目标。

（二）脱贫攻坚推动农业供给侧结构性改革继续深化

以绿色发展为导向，以结构调整为重点，以农牧业增效、农牧民增收和农牧区增绿为目标，因地制宜促进扶贫产业由“量”向“质”转变，有力推动全省农业供给侧结构性改革继续深化。同时，采取“以奖代补、贴息、担保”等多种方式，引导撬动金融和社会资本更多投向农牧业农牧区，不断拓宽“三农”资金投入渠道。

（三）生态、绿色发展理念进一步凸显

全面践行“四个扎扎实实”重大要求，牢牢把握“三个最大”的省情定位，坚持绿色发展、生态优先原则，逐步建立起了以绿色生态为导向的农业补贴制度，在全国首开先河创建绿色有机农畜产品示范省，探索形成高原特色、生态特征、资源节约、环境友好的高原生态扶贫产业发展路径。坚持脱贫攻坚与生态保护共赢原则，因地制宜积极探索生态扶贫模式，通过支持实施光伏扶贫、生态公益性管护岗、生态旅游业等项目，打通了“绿水青山”与“金山银山”双向转化通道。

（四）财政资金监管更加有力

在持续加大财政支持脱贫攻坚投入的同时，不断加强财政资金监管，通过座谈培训、现场督导、检查通报、信息化监控等有效手段，使财政监管工作走出文件、走出会议、走出办公室。同时，以问题为导向，结合各类巡视、审计、督查考评反馈问题，认真分析原因找不足，夯实责任抓整改，全面推进财政资金规范有效运行，使全省财政扶贫工作在历次中央巡视、审计中，反馈问题越来越少、性质越来越小。

四、工作经验

在这场脱贫攻坚伟大实践中，青海财政积极履职、勇于探索，积累了许多宝贵的工作经验。

（一）打赢脱贫攻坚战，坚持党的领导是根本保证

脱贫攻坚取得伟大成就，关键在党的绝对领导。脱贫攻坚以来，全省各级财政部门始终以习近平总书记关于扶贫工作的重要论述为指导，自觉对标中央、紧跟核心，全面贯彻落实省委各项工作部署，深化学思践悟，坚持知行合一，保证财政扶贫各项工作始终沿着正确方向前行。脱贫攻坚伟大实践再次充分证明：坚持党的绝对领导，财政工作就有了“领航者”，人民群众就有了“主心骨”，只要在思想上充分信赖核心、政治上坚决维护核心、

组织上自觉服从核心、感情上深刻认同核心，坚决贯彻落实中央决策部署，就一定能够战胜前进道路上的一切艰难险阻，就一定会从胜利走向新的胜利。

（二）打赢脱贫攻坚战，落实精准方略是基本途径

“精准扶贫、精准脱贫”是党实事求是路线的生动体现，也是各级财政部门以有限的财力，推动脱贫攻坚宏伟目标落实落地的重要抓手。脱贫攻坚以来，全省各级财政部门因地制宜、因户制宜，在政策制定上求精准，不搞“一刀切”；在资金分配上讲精准，不撒“胡椒面”；在监督管理上抓精准，不搞“假大空”，以财政工作务实、扎实的作风，推动脱贫攻坚取得实实在在的成效。脱贫攻坚伟大实践再次充分证明：在全球政治经济发生深刻变化的今天，“实事求是”仍然是我党乘风破浪、攻克堡垒、再创辉煌的法宝，是“十四五”财政工作再上新台阶的坚强动力。

（三）打赢脱贫攻坚战，“集中力量办大事”是重要方法

脱贫攻坚是一项系统性工程，涉及面广、任务繁重，需要政府主导社会力量参与，也离不开群众主体作用的发挥，凝聚各方智慧、聚集各类资源，是打赢脱贫攻坚战的关键之举。脱贫攻坚以来，全省各级财政在各级党委政府的坚强领导下，与各行业部门、金融机构、企业军队戮力同心，共商共谋，全面构建专项扶贫、行业扶贫、援青扶贫和社会帮扶的大扶贫格局，是保障脱贫攻坚庞大财力需求的必由之路。脱贫攻坚伟大实践再次充分证明：“集中力量办大事”是中国特色社会主义制度的显著优势。只要立足财政职能，与各界力量加强协作，横向联通、纵向贯通，不断开创优势互补、合作共赢、统筹整合各方资源力量，坚持“一盘棋”谋划、“一张图”作战，就能最终实现“两个一百

年”奋斗目标。

（四）打赢脱贫攻坚战，强化作风建设是有效保障

党的作风就是党的形象，关系人心向背，关系党的生死存亡。脱贫攻坚以来，全省各级财政部门高度重视扶贫领域作风建设，会同纪委、巡视、审计等力量，坚决防止和纠正官僚主义、形式主义，严肃惩治和预防扶贫领域违纪违法行为，打出了正风肃纪的铁拳，为脱贫攻坚决战决胜提供了坚强的纪律和作风保证。脱贫攻坚伟大实践再次充分证明：作风建设是党的生命线，也是我们党的建设永恒主题。只要我们强化问题导向，持续打好作风建设攻坚战和持久战，坚决防止和纠正“四风”问题，就能真正把各项工作落到实处、抓出实效，为实现中华民族伟大复兴的中国梦作出有力贡献。

回顾“十三五”脱贫攻坚历程，财政助推脱贫攻坚成效显著。但青海仍处于社会主义初级阶段较低层次的省情不会改变，有限的财力与巩固脱贫的刚需矛盾依然突出，生态保护与经济社会发展统筹推进的责任依然艰巨。任重而道远者，不择地而息。下一步，我们将继续发扬“科学理财、服务民生、追求卓越、同舟共济”的青海财政精神，不忘初心，勇于担当，承前启后，紧跟中央各项决策部署，全面推进巩固拓展脱贫攻坚成果同乡村振兴有效衔接。

宁夏回族自治区财政脱贫攻坚工作情况

宁夏是西部地区、民族地区、革命老区、欠发达地区，全区22个县（区）中有9个是贫困县，主要集中在西海固地区。脱贫攻坚战打响以来，自治区财政厅深入学习习近平总书记关于扶贫工作的重要论述和总书记视察宁夏重要讲话精神，认真贯彻落实自治区党委、政府关于脱贫攻坚的各项决策部署，坚持精准扶贫、精准脱贫基本方略，凝心聚力、主动担当、尽锐出战，有力地保障了自治区脱贫攻坚任务的圆满完成。截至2020年底，1 100个贫困村全部脱贫出列，9个贫困县全部脱贫摘帽，“两不愁三保障”突出问题基本解决。自2017年起，连续3年获得全国财政专项扶贫资金绩效评价考核表彰奖励，3年累计获得奖励资金3.5亿元。

一、提高政治站位，强化政治责任

宁夏回族自治区财政厅始终把脱贫攻坚工作作为政治任务，主动谋划、高效落实。一是深入学习讲话精神。认真组织学习习近平总书记关于扶贫工作的重要论述和习近平总书记两次来宁夏视察时的重要讲话精神，深刻领会精神实质和丰富内涵，树牢“四个意识”，坚定“四个自信”，做到“两个维护”，始终坚持“两不愁、三保障”现行标准，既不降低标准，也不吊高胃口，确保脱贫工作务实，脱贫工作扎实，脱贫结果真实。二是强化组织领导作用。坚持“省负总责、市县抓落实”工作机制，成立了厅主要负责同志挂帅的脱贫攻坚领导小组，切实加强党组对脱贫攻坚工作的领导。厅党组书记、厅长以身作则，经常深入脱贫一线调研，协调解决问题，推动工作落实，遍访了所有贫困县和脱贫任务较重的非贫困县。2016—2020年，先后召开10次党组会、12次党组中心组会议、9次领导小组专题会议，传达学习有关文件和会议精神，研究部署和推进落实财政脱贫攻坚重点工作。加强服务指导力度，成立财政扶贫专班，实行7×24小时全天候政策咨询、业务指导等服务，对挂牌督战西吉县实行专人包扶和督导。三是持续加强作风建设。坚决反对财政脱贫攻坚方面困扰基层的形式主义和官僚主义，主动服务基层，帮助基层解决实际困难，切实减轻基层负担，不折不扣地抓好扶贫领域腐败和作风问题专项治理。四是全面整改存在问题。对脱贫攻坚成效考核、国务院专项督查、巡视整改等反馈的问题统筹安排、一体推进、举一反三、扎实整改，细化工作责任，实行清单管理，按期逐一销账，不留死角、彻底解决。

二、发挥职能作用，全力保障资金

自治区财政厅始终把打赢脱贫攻坚战作为头等大事和第一民生工程，举全厅之力作为重中之重予以优先保障。一是完善政策措施。及时制定了《宁夏财政专项扶贫资金管理办法》《宁夏财政专项扶贫资金绩效评价办法》和《财政扶贫资金使用管理责任追究办法》等办法，对扶贫资金支出范围、分配依据、下达时限、监管责任、绩效管理、责任追究等做了明确规定，形成了制度完善、管理规范、效益明显的管理体系。二是健全保障机制。

建立了任务明确、权责匹配、责任清晰、公开透明的资金保障机制，由自治区财政厅负责扶贫资金的筹集下达、资金监管，由自治区扶贫办负责扶贫资金的分配使用、资金监督、绩效评价，由各县（区）履行扶贫资金使用管理的主体责任，实行“责任、权利、资金、任务”四到县机制。三是持续加大投入。切实发挥好政府投入的主体和主导作用，持续加大扶贫资金的投入力度，确保财政投入只增不减。2016—2020 年，投入各类扶贫资金 467.99 亿元，自治区贫困人口人均投入始终位于全国前列。积极争取中央扶贫资金 127.53 亿元，其中中央财政专项扶贫资金 113.33 亿元。加大自治区本级投入，“十三五”期间安排自治区扶贫资金 160.57 亿元，其中自治区财政专项扶贫资金 35.24 亿元，脱贫攻坚地方债资金 87.2 亿元，自治区专项扶贫资金增幅和占比均超过中央考核标准。积极解决“两不愁三保障”和农村饮水安全短板弱项，在 2020 年收官之年争取中央财政脱贫攻坚补短板综合财力一次性补助资金 6.1 亿元，其中支持挂牌督战县资金 1.68 亿元，支持解决自治区 13 个市、县（区）22.74 万人的“苦咸水”问题资金 3.57 亿元。积极对接帮扶资金，自 1996 年福建省与宁夏建立了对口扶贫协作关系以来，福建省累计帮扶自治区资金 26.3 亿元，特别是 2016 年习近平总书记在银川主持召开东西部扶贫协作座谈会后，福建省帮扶力度越来越大，2020 年达到 5.3 亿元，是 1996 年的 30 倍。引导撬动金融投入，通过财政资金引导，增加金融资金对脱贫攻坚的投放，发挥资本市场支持贫困地区发展作用。安排 10 亿元支持市、县（区）设立了扶贫产业担保基金，用于扶持生态移民后续产业发展，发挥扶贫龙头企业和合作社的减贫带动作用。自治区财政主动担当，将自治区易地扶贫搬迁项目 33.9 亿元贷款和地方债资金实行统借统还，已经用自治区财政本级预算资金提前偿还 5.9 亿元贷款，切实减轻了基层财政负担。同时，坚持依法合规筹集扶贫资金，脱贫攻坚期内扶贫领域没有出现新增隐性债务的情况。四是规范资金分配。认真落实“三个新增”和“四个不摘”要求，资金重点向“五县一片”深度贫困地区倾斜，向年度计划摘帽县和挂牌督战县、村倾斜，保障贫困县资金增幅达到中央考核要求，分配给贫困县的资金不低于资金总量的60%以上。统筹兼顾非贫困县、非贫困村发展，引导鼓励加大产业扶贫投入，培育可持续发展能力。扶贫资金全部实行“因素法”分配，切块下达，不指定任何项目，实行“责任、权利、资金、任务”四到县机制，由各市、县（区）根据年度脱贫攻坚任务统筹安排使用，重点解决“两不愁三保障”和农村饮水安全突出问题。五是及时下达资金。扶贫资金全部在30日内分解下达到各市、县（区），要求各市、县（区）财政部门在30日内拨付到资金使用部门，资金使用部门按照项目建设进度加快支出。定期对扶贫资金支出进度进行通报，并将支出进度纳入党委、政府脱贫攻坚成效考核范围，在下年度扶贫资金分配时，对支付进度慢的各市、县（区）予以调减，对支付进度较好的各市、县（区）予以调增或奖补。

三、发挥整合效应，形成资金合力

贫困县统筹整合使用财政涉农资金是打赢脱贫攻坚战的重大政策措施，也是财政改革的一次重大创新，自治区财政厅一以贯之、不折不扣地执行好贫困县涉农资金整合政策。自2016年实施以来，全区上下紧紧围绕脱贫攻坚目标任务，抢抓机遇，创新机制，全方位、多层次深入推进整合试点工作，一次性将9个贫困县和37项资金全部纳入统筹整合范围，试点县在“因需而整”前提下实现“应整尽整”。通过建立协调机制、确保组织保障，紧盯资金分配、落实增幅保障，压实整合责任、推动应整尽整，全面培训辅导、定期督导通报，完善制度办法、强化资金监管，强化绩效考核、注重结果运用，认真积极整改、制度统一规范等7项具体措施，解决了资金碎片化的问题，发挥了“一个池子蓄水”的整合效益，体现了集中财力办大事的效果。“十三五”期间累计统筹整合涉农资金255.49亿元，自治区贫困县年均统筹整合资金5.7亿元，每年的整合资金占年度扶贫总投入的一半以上。2018年，自治区统筹整合涉农资金考核获得优秀等次，和财政专项扶贫资金绩效评价考核总共获得奖励资金1.4亿元。

四、创新监管方式，规范资金管理

充分用好中央扶贫资金动态监控平台，建立“制度+技术”的长效监管机制，打通了扶贫资金管理使用“最后一公里”的问题。在全国率先研发应用了宁夏财政扶贫资金监管系统，实现了全过程、动态化、穿透式监管，提高了精准识别、精准帮扶、精准管理、精准退出、精准统计、精准考核的效率。联合财政部宁夏监管局、审计厅、扶贫办、驻厅纪检组等部门开展扶贫资金专项检查，形成了部门协同、责任共担、数据共享、上下联动、成果共用的监管机制，切实减轻了基层负担，提高了监管效率。定期对扶贫资金支出进度进行通报，集中约谈结余资金量大、支出进度较慢的市、县（区）政府主管领导，督促整改检查出的各类问题，及时移交疑似问题线索。通过加强扶贫资金监管，违纪违规问题大幅减少，资金使用的规范性、精准性有效提高。

五、强化绩效管理，提高资金效益

严格执行扶贫资金项目公示公告制度，运用网站、电视、公告栏等各种渠道，确保贫困群众知情权、参与权、监督权，增强扶贫资金使用的透明度，保障资金在阳光下运行。实行扶贫资金“花钱必问效，无效必问责”的绩效理念，制定了《宁夏回族自治区扶贫项目资金绩效管理办法》，强化全过程绩效管理，严格年度绩效考核，突出结果导向、问题导向、绩效导向，强化结果运用，切实提高扶贫资金使用效益。将县（区）财政专项扶贫资金使用情况纳入对党委、政府脱贫攻坚成效考核范围，对绩效好的在资金分配时予以奖励。自 2017 年起，自治区连续 3 年获得全国财政专项扶贫资金绩效评价考核表彰，累计获得奖励资金 3.5 亿元。

六、聚焦收官之年，补齐短板弱项

在 2020 年脱贫攻坚收官之年，对西吉县和 80 个薄弱村实施挂牌督战，集中力量、聚集资源、集成政策攻克最后堡垒，补齐短板弱项。

（一）开展“四查四补”

坚持现行脱贫标准，对标“两不愁三保障”，瞄准突出问题和薄弱环节，集中开展查损补失、查漏补缺、查短补齐、查弱补强“四查四补”，实行全覆盖、多角度、地毯式排查，支持解决各类短板弱项问题 5.3 万个，有效巩固提升了脱贫质量。强化移民后续扶持，支持就近就地就业，2020 年安排资金 3.6 亿元，新建扶贫车间 21 个、养殖圈棚 118 座、设施温棚 235 栋，实施零就业家庭、住房困难家庭等 7 项清零行动，确保移民搬得出、稳得住、能致富。

（二）聚焦挂牌督战

全力保障挂牌督战西吉县，2020 年投入 19.36 亿元，较 2019 年增加 3.91 亿元，增幅 25.3%，资金投入可充足保障年度脱贫任务需求。加大对非贫困县、村的支持力度，防止出现“盲区”“死角”。落实对脱贫监测户和边缘户的帮扶政策，建立防止返贫监测和帮扶机制。切块下达 1 亿元资金，重点围绕边缘易致贫人口产业发展和“两不愁、三保障”突出问题进行支持。

（三）用好补助资金

切实管好用好来之不易的脱贫攻坚补短板资金，尽快发挥资金效益。收到资金指标后，自治区财政厅第一时间向自治区党委和政府主要负责同志以及分管财政、扶贫工作的负责同志进行了报告，并与自治区扶贫办、水利厅充分沟通资金分配方案，按照规定的 10 个工作内全部将资金分配到各市、县（区），省级下达进度 100%。及时制定了补短板资金管理办法和使用负面清单，明确了该项资金不属于纳入统筹整合范围内的资金，由各市、县（区）按照资金使用用途，本着“缺什么、补什么”的原则合理安排资金。督促各市、县（区）切实履行资金管理使用的主体责任，严格按照现行脱贫标准安排项目，坚决杜绝安排负面清单上明令禁止的项目，对不符合的项目及时进行纠正。将补短板资金全部纳入宁夏财政扶贫资金监管系统，从指标下达、资金拨付到实际支付进行全过程穿透式监管，每月对资金支出情况进行通报排序。联合财政部宁夏监管局、审计厅、扶贫办下发《关于脱贫攻坚收官之年进一步加强财政扶贫资金管理使用的通知》，督促各市、县（区）尽快将资金落实到项目上，加快资金支出进度，发挥资金使用效益。

（四）有效应对疫情

加大疫情期间产业扶贫和就业扶贫的支持力度，及时出台《关于进一步规范和加强2020年财政扶贫资金使用管理的通知》，对积极带动贫困户发展的扶贫龙头企业和合作社，对复工复产的扶贫车间和扶贫企业，在落实好原有贴息政策的基础上，根据带动贫困户规模，给予一次性补贴；安排财政专项扶贫资金稳定贫困人口就业岗位，对外出务工贫困劳动力给予交通和生活费补助；开发临时性公益岗位优先安置贫困劳动力就近就业。通过一系列支持政策，将新冠肺炎疫情对脱贫攻坚的影响降到最低。

七、加大帮扶力度，带领群众增收

自治区财政厅定点驻村帮扶固原市原州区张易镇大店村和官厅镇薛庄村，厅党组始终高度重视驻村帮扶工作，成立了厅长任组长、2位副厅长任副组长的扶贫驻村开发工作领导小组。制定了《财政厅机关扶贫开发驻村工作管理暂行办法》，建立了厅机关协同检查督导制度、处室协作帮扶机制、扶贫工作队定期汇报制度等。厅党组每年专题研究部署一次扶贫开发驻村工作，扶贫工作队每年向厅党组报告一次工作情况。先后选派14名优秀干部开展驻村帮扶工作，4名第一书记因表现突出获得了提拔任用。厅领导多次到扶贫点开展调研，亲自为两个扶贫点出谋划策，协调帮扶项目，解决帮扶资金，形成了厅领导高度重视、厅机关关心支持、党员干部积极帮扶的工作合力。同时，严格落实《自治区党委办公厅 人民政府办公厅关于进一步加强贫困驻村工作队选派管理工作的通知》等相关规定，足额安排扶贫开发驻村工作经费，及时为扶贫队员核报伙食补助及差旅费，办理人身意外伤害保险和安排健康检查，增强了扶贫队员的热情和动力。大店村形成了中药材种植及加工和野兔养殖等主打产业，薛庄村形成了红梅杏、香菇种植、土鸡蛋、农家醋、林下蔬菜、光伏发电六大产业，通过产业带动，增加了贫困户收入，巩固了脱贫成效，趟出了可持续发展的路子。薛庄村的驻村帮扶经验做法被《人民日报》《光明日报》《经济日报》等媒体平台刊登，党支部被评为四星级党支部。

八、推进资产收益扶贫，拓宽增收渠道

自治区财政厅、农牧厅、扶贫办联合制定了《关于开展财政支农资金支持资产收益扶贫的指导意见》，坚持“因村制宜、发挥优势、项目带动、分类实施”的原则，以“打造一批示范村，扶持一批贫困村，消除一批空壳村”为目标，进一步明确和规范了资产收益扶贫工作。会同自治区党委组织部、农业农村厅制定下发了《关于坚持和加强农村基层党组织领导扶持壮大村级集体经济的通知》和《宁夏扶持壮大村集体经济项目管理办法》，按照“发挥优势、折股量化、项目带动、健全制度”的要求，安排7.9亿元财政奖补资金在自治区9个贫困县（区）的995个行政村实施了扶持壮大村级集体经济发展项目，积极推进资产收益扶贫工作，增加村集体和贫困户收入。通过建设设施农业、加工、养殖、光伏、乡村旅游等项目，将资产折股量化到贫困村、贫困户，明确资产管理主体责任，采取承包、租赁、入股等方式，确保了贫困村和贫困户有稳定的收益。盐池县的光伏资产收益、海原县养牛资产收益、隆德县的设施农业资产收益等项目都取得了较好的成效，贫困群众增收效果明显。

九、加强队伍建设，确保尽锐出战

按照习近平总书记“尽锐出战”的要求，自治区财政厅调剂3名同志组成财政脱贫攻坚工作专班，专门从事财政脱贫攻坚工作。工作专班的同志克服重重困难，主动担当、迎难而上、尽锐出战。认真研究制定财政脱贫攻坚政策，积极开展调查研究，会同扶贫部门共同研究解决脱贫攻坚中出现的新情况新问题。多次深入基层一线调研，积极帮助县（区）解决实际困难和问题，经常放弃休息时间，加班加点，为打赢脱贫攻坚战履职尽责。

十、提前谋划政策，实现脱贫攻坚与乡村振兴有效衔接

严格落实“四个不摘”要求，保持脱贫攻坚期内财政政策总体稳定，巩固脱贫攻坚成果。认真梳理、全面总结脱贫攻坚期内政策制度、资金保障、管理使用、绩效评价等方面好的做法、好的经验，并推广运用到其他支农资金管理领域，提升管理水平。全面评估现有财政支持政策，积极释放政策红利，推动脱贫攻坚与乡村振兴财政支持政策的有效衔接，建立巩固脱贫攻坚成果和实现乡村振兴长短结合、标本兼治的体制机制。

新疆维吾尔自治区财政脱贫攻坚工作情况

党的十八大以来，新疆财政厅将脱贫攻坚作为重大政治责任，始终坚持以习近平新时代中国特色社会主义思想为指导，深入学习贯彻习近平总书记关于扶贫工作重要论述、习近平总书记脱贫攻坚系列重要讲话精神，从增强“四个意识”、坚定“四个自信”、做到“两个维护”的政治高度，切实增强决战决胜脱贫攻坚的责任感和使命感；始终坚持贯彻落实党中央治疆方略，围绕社会稳定和长治久安总目标，聚焦南疆四地州深度贫困，聚焦“两不愁、三保障”问题短板，支持推进“七个一批”“三个加大力度”，切实抓好脱贫攻坚任务的落实；始终坚持精准扶贫精准脱贫基本方略，注重目标导向、问题导向和结果导向，有效发挥财政职能作用，加大脱贫攻坚投入，强化扶贫资金监管，持续推动财政支持脱贫攻坚政策、资金与监管更加精准有效，切实为新疆决战脱贫攻坚、决胜全面建成小康社会提供更加坚实有力的财政保障。

一、聚焦目标任务，履行政治责任

（一）始终聚焦脱贫攻坚目标任务

新疆财政厅坚持增加政府扶贫投入与提高资金使用效益并

重，健全与脱贫攻坚任务相适应的投入保障机制，支持贫困地区围绕脱贫目标，尽快补齐脱贫攻坚短板。坚持新增财政专项扶贫资金全部用于深度贫困地区，安排下达到南疆四地州的财政专项扶贫资金占全区资金总规模的80%以上，安排下达到深度贫困县的财政专项扶贫资金占南疆四地州资金总规模的85%以上。加大财政投入力度，统筹使用相关行业资金、专项扶贫资金、整合资金等，向符合条件的“两不愁三保障”项目倾斜，优先用于解决“两不愁三保障”突出问题。

（二）不断提高脱贫攻坚政治站位

新疆财政厅始终坚持把脱贫攻坚作为重大政治责任和头等大事，将学习贯彻习近平总书记关于扶贫工作的重要论述、重要指示批示精神作为重要政治纪律和政治规矩，认真学习习近平新时代中国特色社会主义思想、习近平总书记关于扶贫工作的重要讲话和重要指示精神，结合实际对重大决策部署方针政策解读，切实武装头脑、指导实践、推动工作。

（三）坚决落实脱贫攻坚工作责任

为凝聚财政支持脱贫攻坚工作合力，统筹推进消费扶贫、挂牌督战、定点帮扶等财政脱贫攻坚各项重点工作，新疆财政厅成立脱贫攻坚领导小组及下设办公室，统筹推进财政支持脱贫攻坚各项工作任务落实。特别是2019年以来，从有关处室抽调一批精兵强将，组成脱贫攻坚工作专班，脱离原工作岗位，进入脱贫攻坚办公室工作，专司财政脱贫攻坚工作，作为常设机构一直工作到全面完成脱贫攻坚任务，负责统筹协调、指导督促、监督检查财政脱贫攻坚各项具体工作，认真研究财政脱贫攻坚政策制度，确保打赢脱贫攻坚战，与全国人民同步进入小康社会。

二、持续加大投入，夯实资金保障

（一）加大脱贫攻坚资金投入

按照确定的脱贫攻坚目标任务，新疆财政厅从调整财政支出结构、统筹整合涉农资金等方面发力，多措并举，积极筹措各项扶贫资金，不断加大脱贫攻坚资金保障力度。2016—2020 年，新疆安排财政扶贫资金 1 449. 69 亿元。按照资金类别分为：财政专项扶贫资金 643. 12 亿元，统筹整合涉农资金 434. 47 亿元，地方政府债券资金 372. 1 亿元。

2016 年，自治区安排财政扶贫资金 100. 03 亿元，同比增长 71. 13 亿元，增幅 246. 03%。其中：财政专项扶贫资金 49. 75 亿元，统筹整合涉农资金 24. 28 亿元，地方政府债券资金 26 亿元。

2017 年，自治区安排财政扶贫资金 210. 35 亿元，同比增长 110. 32 亿元，增幅 110. 28%。其中：财政专项扶贫资金 82. 1 亿元，统筹整合涉农资金 94. 25 亿元，地方政府债券资金 34 亿元。

2018 年，自治区安排财政扶贫资金 334. 91 亿元，同比增长 124. 56 亿元，增幅 59. 22%。其中：财政专项扶贫资金 145. 93 亿元，统筹整合涉农资金 109. 98 亿元，地方政府债券资金 79 亿元。

2019 年，自治区安排财政扶贫资金 375. 67 亿元，同比增长 40. 76 亿元，增幅 12. 17%。其中：财政专项扶贫资金 167. 11 亿元，统筹整合涉农资金 116. 56 亿元，地方政府债券资金 92 亿元。

2020 年，自治区安排财政扶贫资金 428. 73 亿元，同比增长 53. 06 亿元，增幅 14. 12%。其中：财政专项扶贫资金 198. 23 亿元，统筹整合涉农资金 89.4 亿元，地方政府债券资金 141.1 亿元。

（二）聚焦南疆深度贫困地区

为认真贯彻习近平总书记关于加快推进深度贫困地区脱贫攻坚的重要讲话精神，新疆扶贫资金投入重点向南疆四地州深度贫困地区倾斜。2016—2020 年，自治区共安排南疆四地州财政扶贫资金 1 256.94 亿元，占全疆扶贫资金总量的 86.7%。其中：2016 年 56.37 亿元，同比增长 37.7 亿元，增幅 201.93%；2017 年 188.37 亿元，同比增长 132 亿元，增幅 234.17%；2018 年 308.8 亿元，同比增长 120.43 亿元，增幅 63.93%；2019 年 343.35 亿元，同比增长 34.55 亿元，增幅 11.19%；2020 年 360.05 亿元，同比增长 16.7 亿元，增幅 5.86%。财政投入力度的不断加大，有力地支持了南疆四地州脱贫攻坚任务的顺利推进，坚决落实了中央加大“三区三州”脱贫攻坚扶贫资金投入的要求。

（三）补齐脱贫攻坚财力短板

为贯彻落实习近平总书记关于扶贫工作的重要论述和党中央、国务院关于打赢脱贫攻坚战的决策部署，克服新冠肺炎疫情影响，坚决打赢脱贫攻坚战和完成全面小康任务，中央财政下达新疆维吾尔自治区 2020 年脱贫攻坚补短板综合财力补助资金 35.09 亿元。新疆财政厅分配资金时，向 2020 年南疆四地州 10 个挂牌督战县倾斜，主要用于解决影响脱贫攻坚顺利收官的“两不愁三保障”突出问题，支持易地扶贫搬迁后续扶持、克服疫情影响发展产业、带动贫困劳动力就业和产销对接问题，以及巩固脱贫攻坚成果、兜底保障、农村饮水安全工程维修养护等任务，进一步为自治区高质量打赢脱贫攻坚战提供财力保障。

（四）安排城乡建设用地增减挂调剂资金

城乡建设用地增减挂钩节余指标跨省域调剂政策是国家助推脱贫攻坚的重要举措，是加速乡村振兴的现实需要，也是国家支持贫困地区加快脱贫进程的重要利好政策。2019 年、2020 年，中央财政下达新疆维吾尔自治区城乡建设用地增减挂钩节余指标跨省域调剂资金 83.83 亿元，其中：2019 年下达 44.05 亿元，2020 年下达 39.78 亿元。调剂资金下达地州、县市后，按规定全部用于巩固脱贫攻坚成果和支持实施乡村振兴战略，优先和重点保障产生节余指标深度贫困地区的安置补偿、拆旧复垦、基础设施和公共服务设施建设、生态修复、耕地保护、高标准农田建设、农业农村发展以及购买易地扶贫搬迁服务等。

三、坚决落实政策，确保实施效果

（一）巩固“两不愁”，补齐“三保障”

1. 巩固“两不愁”成果。2016—2020 年，新疆财政厅通过统筹整合城乡低保、临时救助、特困供养、孤儿基本生活费、流浪乞讨等困难群众救助资金，安排落实困难群众基本生活救助资金 363.31 亿元。2016—2020 年，自治区筹集下达就业资金 254.91 亿元，有力保障各地职业培训补贴、社会保险补贴、就业创业服务补贴等就业创业支出，重点支持深度贫困地区贫困家庭劳动力转移就业和职业技能培训工作。一是自 2016 年至 2020 年，先后 4 次提高城乡居民低保标准。其中：农村低保标准从 2016 年每人每年 2 855 元提高至 2020 年每人每年 4 100 元，有力保障全区农村低保对象166.43万人的基本生活。二是困难残疾人生活补贴和重度残疾人护理补贴从2016年每人每月80元提高至2019年起每人每月100元；继续落实80岁以上老年人高龄津贴和免费体检待遇。三是2016年以来，全区每年实现新增城镇就业45万人以上、农村富余劳动力转移就业250万人（次）以上，培训各类人员100万人（次）以上，就业困难人员就业5万人以上，应届高校毕业生就业率88%以上，特别是2018年至2019年，新疆22个深度贫困县通过“六个一批”渠道有组织转移建档立卡贫困家庭劳动力就业在岗14.57万人，提前完成自治区党委确定的三年10万人目标任务。

2. 补齐“三保障”短板。新疆财政厅聚焦“三保障”，紧盯重点地区和重点问题，从最困难的群体入手，从最突出的问题着眼，从最薄弱的环节抓起，切实解决好直接影响脱贫攻坚的突出问题。一是保障义务教育投入。2016年以来，根据“两个只增不减”的要求，优化教育经费支出结构，引导资金项目向薄弱地区、薄弱环节倾斜。实施“全面改薄”、“三区三州”教育脱贫攻坚、落实“两免一补”政策，建立覆盖教育经费投入使用管理全过程的绩效管理机制。2016年至2020年，全区义务教育一般公共预算教育投入2 133亿元，其中南疆四地州投入1 002亿元，占全疆义务教育一般公共预算教育投入的47%。二是保障基本医疗投入。紧紧围绕“健康新疆”建设各项重点工作，不断深化医药卫生体制改革，推进健康扶贫、医疗保险精准扶贫，逐步提高公共卫生服务保障水平，实施全民免费体检工程，建立深度贫困人口补充医疗保险政策。三是保障安全住房投入。自2016年起已累计下达危房改造资金274.57亿元（自治区资金150.5亿元，中央资金124.07亿元），累计实施低保户、农村分散供养特困人员、贫困残疾人家庭和建档立卡贫困户等4类重点对象危房改造

59.81 万户，其中南疆四地州 50.03 万户。2020 年下达的资金分配给 32 个贫困县资金比例达 93%，统筹用于涉农资金整合，完成全区 7.5 万户农村安居工程建设任务。四是保障饮水安全投入。始终把解决贫困人口饮水安全问题作为重大政治任务和头号工程，全力推进农村饮水安全工程建设。2016—2020 年，多渠道筹集资金完成投资 140 亿元（其中南疆四地州 133 亿元），全区建成农村饮水安全工程 400 余项，累计解决了 152 万贫困人口饮水问题（其中：南疆四地州 128 万人）。总体来看，农村人口供水保障水平达到全国中等偏上水平，标志着全疆贫困人口的饮水问题得到了全面解决。

（二）加强统筹整合，汇聚资金合力

2016 年以来，新疆财政厅稳步推进统筹整合财政资金试点工作，不断加大统筹整合力度，加大对贫困县倾斜支持，发挥财政资金的引导作用和规模效应。2016 年至 2020 年，自治区向贫困县分配下达中央和自治区涉农资金累计达 856.93 亿元，其中：中央资金 702.70 亿元，自治区资金 154.23 亿元。一是做到源头整合，细化资金预算编制。坚持“资金跟着项目走、项目跟着规划走、规划跟着生产需求走”的原则，从脱贫攻坚项目库中筛选整合资金实施方案项目预算，鼓励各试点贫困县尽可能将整合资金“大类间打通”“跨类别使用”，聚集足够财政资金集中解决当年脱贫攻坚急需解决的问题，真正将资金用在了“刀刃上”。二是健全政策体系，完善资金分配机制。按照“确保增幅、切块下达、县级使用”的原则，直接切块下达到县，项目审批权下放到贫困县，解决资金投入固化、“碎片化”使用问题，将各部门“零钱”变成“整钱”，打破“打酱油的钱不能买醋”的困局，统揽全局，整合使用，统筹安排。三是确保资金增幅，聚焦深度

贫困地区。在资金分配上聚焦贫困地区特别是南疆四地州，自治区财政统一按照年度资金总量和上年资金下达情况进行增幅审核和把关，确保分配给贫困县的资金增幅不低于该项资金的全区平均增幅，建立起了“多个渠道引水，一个龙头放水”的扶贫投入新格局。

（三）推进小额信贷，破解融资瓶颈

2016—2020 年，新疆维吾尔自治区 13 个地（州、市）扶贫小额信贷累计贷款户数 43.31 万户，累计贷款金额 193.7 亿元，累计还款 108.71 亿元，贷款余额 84.99 亿元，各县市累计支付贴息资金 13.9 亿元，确保了扶贫小额信贷“贷得到、贷得准、贷得快、用得好、还得上”，不断激发群众发展生产、增加收入的内生动力。一是强化政策支持，推动健康发展。制定《新疆维吾尔自治区扶贫小额信贷实施细则》（新政办发〔2018〕77 号），明确了具体规定和操作细则，形成金融扶贫的有效制度规范，实行财政贴息和风险补偿金，有力支持了扶贫小额信贷的投放工作。二是强化施策精准，确保需贷尽贷。精准聚集“信用记录良好，有贷款意愿、有就业创业潜质、技能素质和一定还款能力”的建档立卡贫困户，严把扶贫小额信贷的准入关，确保符合扶贫小额信贷条件的贫困户“需贷尽贷”。三是强化监测分析，补齐工作短板。制定《关于进一步加强扶贫小额信贷监管的意见》（新扶贫领字〔2019〕14 号），从严格贷前“三级联审”、严格贷款发放、严格贷后监督管理、严格风险控制四个方面，实现扶贫小额信贷从贷前到贷后的监管闭环管理，以杜绝屡改屡犯、边改边犯的问题。四是强化正向宣传，激发内生动力。加强专题培训，提升一线业务人员对扶贫小额信贷政策水平；通过宣传手册、微信公众号、金融夜校等形式，加强政策宣传。强化脱贫致

富典型的宣传，激发广大贫困户求发展、盼富裕的干事创业热情。

（四）强化监督管理，确保安全运行

新疆财政厅为有效解决扶贫资金监管中存在的薄弱环节和突出问题，坚持以问题为导向，完善扶贫资金监管政策设计，创新扶贫资金监管方式，筑牢扶贫资金监管“防火墙”。一是建立“闭环监管”机制。针对新形势下扶贫资金在管理使用存在的问题，研究制定了《关于进一步加强扶贫资金监管的意见》（新财脱贫组〔2019〕2号），通过明确每项财政扶贫资金从筹集到分配下达、支出使用、绩效管理每个环节的工作任务，实现扶贫资金全链条“闭环式”运行，确保扶贫资金实现“管得住、用得好”。二是建立“动态监控”机制。在全区统一的扶贫资金动态监控平台上，以预算编制为源头，以绩效目标为依据，以支付环节为依托，以动态监控为抓手，实现财政扶贫资金运行过程可记录、风险可预警、责任可追溯、绩效可跟踪，做到扶贫资金全过程、全覆盖、全方位监管。三是建立“视频调度”机制。通过定期、不定期的常态化研判调度，紧盯财政扶贫资金分配下达、支出使用、绩效管理各个流程，及时发现各地财政扶贫资金使用管理方面存在的问题，对存在问题的地州和县市直接调度，向有关地州财政局领导进行问询，及时督促整改，进一步推动全区财政扶贫资金安全管理、规范使用、高效发挥作用。四是建立“监督检查”机制。脱贫攻坚期内，连续5年组织第三方机构，采用会议座谈、内业检查、外业抽查等方式，对南疆四地州深度贫困县（市）扶贫资金的项目计划、方案审批、资金支出、项目实施、会计核算等进行专项检查，分析存在的问题，提出整改措施建议，督促抓好整改落实，并对基层扶贫干部“面对面、手把手”

指导培训，教会工作方法、补齐工作短板。

（五）狠抓绩效管理，发挥使用效益

新疆财政厅持续推进扶贫项目资金绩效管理，推动建立‘花钱必问效、无效必问责’的绩效管理机制，切实提高财政扶贫项目资金配置和使用效益。一是建立扶贫绩效管理制度保障。先后出台了《新疆维吾尔自治区扶贫项目资金绩效管理办法》（新政办发〔2018〕143号）、《新疆维吾尔自治区县级扶贫项目资金绩效管理操作指南》（新财扶〔2018〕47号）、《关于进一步加强财政扶贫资金监督管理的意见》（新财脱贫组〔2019〕2号）、《自治区财政专项扶贫资金绩效管理操作》（新财预〔2019〕170号）等一系列关于加强扶贫资金绩效管理的制度与办法，细化各项绩效管理工作操作规范，为实施扶贫预算绩效管理提供全面制度保障。二是明确扶贫绩效管理工作任务。按照“谁用款、谁负责”的原则，对预算绩效管理未达到相关要求，致使财政资金配置和执行绩效未能达到预期目标或规定标准的，将依规予以问责，推动建立“花钱必问效、无效必问责”的绩效管理机制，强化落实资金使用单位的主体责任，为打赢脱贫攻坚战提供制度支撑。三是开展扶贫绩效管理业务培训。脱贫攻坚期内，每年安排专人组成培训工作组，针对14个地（州、市）开展扶贫项目资金绩效管理培训工作，累计培训相关扶贫干部累计达2 000余人，从扶贫项目资金绩效目标编制、动态监控实施、绩效综合评价方面，规范扶贫项目资金绩效管理程序，有效提升基层绩效管理业务能力和水平。四是强化扶贫绩效管理责任落实。建立了严肃追责问责机制，明确项目主管部门和资金使用单位主要负责人对本部门、本单位扶贫项目资金预算绩效管理负责，强化对各地、县扶贫绩效管理工作的考核，对考核名次靠后、工作推进不力的地区和部门责令限期整改，采取通报、约谈等方式追究绩效管理主体责任。通过持续聚焦和强化扶贫绩效管理工作，自治区脱贫攻坚工作取得明显成效，连续四年荣获国家财政专项扶贫资金绩效评价奖励资金 4.6 亿元。

经过多年财政扶贫资金的大力支持，新疆扎实推进“七个一批”“三个加大力度”，集中力量攻坚，万众一心克难，脱贫攻坚取得决定性成就。截至 2020 年底，全疆现行标准下 308.9 万农村贫困人口全部脱贫，3 666 个贫困村全部退出，35 个贫困县全部摘帽（32 个国定贫困县、3 个区定贫困县），新疆绝对贫困问题得到历史性解决。

四、附录

附录 1：

财政部脱贫攻坚领导小组及办公室

（财办〔2018〕23 号）

2018 年 6 月 12 日，财政部印发《财政部关于成立财政部脱贫攻坚领导小组的通知》（财办〔2018〕23 号），成立财政部脱贫攻坚领导小组，领导小组下设办公室，组成人员如下（职务及排序以发文时为准，下同）。

（一）财政部脱贫攻坚领导小组

组　长：	刘　昆	财政部党组书记、部长
副组长：	程丽华	财政部党组成员、副部长
成　员：	吴奇修	农业司司长、国务院农村综合改革办公室主任
	欧文汉	办公厅主任
	李敬辉	预算司司长
	曾晓安	综合司司长
	王建凡	税政司司长
	娄　洪	政府采购管理办公室主任
	汪长海	行政政法司副司长
	刘新安	科教司副司长
	黄家玉	文化司巡视员

孙光奇　　经济建设司主要负责人
符金陵　　社会保障司巡视员
陆庆平　　资产管理司司长
王　毅　　金融司司长
王小龙　　监督检查局局长
彭　华　　人事教育司司长
孙国府　　机关党委常务副书记

（二）办公室

主　任：吴奇修　　农业司司长、国务院农村综合改革办公室主任

财政部脱贫攻坚领导小组及办公室

（财办〔2018〕37 号）

2018 年 12 月 17 日，财政部印发《财政部关于调整充实部脱贫攻坚领导小组及其办公室成员的通知》（财办〔2018〕37 号），调整充实了部脱贫攻坚领导小组及办公室成员，调整充实后组成如下。

（一）财政部脱贫攻坚领导小组

组　长：	刘　昆	财政部党组书记、部长
副组长：	程丽华	财政部党组成员、副部长
	刘　伟	财政部党组成员、副部长
	余蔚平	财政部党组成员、副部长
	邹加怡	财政部党组成员、副部长
	许宏才	财政部党组成员、部长助理
成　员：	吴奇修	农业司司长、国务院农村综合改革办公室主任
	欧文汉	办公厅主任
	李敬辉	预算司司长
	彭　华	人事教育司司长
	孙国府	机关党委常务副书记
	汪义达	政策研究室巡视员

曾晓安　　综合司司长
贾荣鄂　　条法司司长
王建凡　　税政司司长
王小龙　　国库司司长
王　瑛　　行政政法司主要负责人
黄家玉　　科教司司长
叶雁林　　文化司副司长
孙光奇　　经济建设司司长
符金陵　　社会保障司司长
陆庆平　　资产管理司司长
王　毅　　金融司司长
刘　健　　国际经济关系司司长
张文才　　国际财金合作司主要负责人
高一斌　　会计司司长
郜进兴　　监督检查局局长
文秋良　　巡视工作领导小组办公室主要负责人
吴振鹏　　干部教育中心主任
王建勋　　信息网络中心主任

（二）办公室

主　任：吴奇修　　农业司司长、国务院农村综合改革办公室主任
副主任：王庆阁　　办公厅副主任
郝　磊　　预算司副司长
柯　凤　　农业司副司长
胡　帆　　人事教育司副司长

郭衍鹏　　机关党委副巡视员
成　员：项中新　　政策研究室副主任
刘金云　　综合司巡视员
赖永添　　条法司副司长
陈东浩　　税政司副司长
吕恒心　　国库支付中心副主任
区利民　　行政政法司副司长
童爱萍　　科教司副司长
叶雁林　　文化司副司长
濮剑鹏　　经济建设司副司长
王新祥　　社会保障司副司长
马　勇　　资产管理司副司长
董德刚　　金融司副司长
黄仲阳　　国际经济关系司副巡视员
张政伟　　国际财金合作司副司长
邵　敏　　会计司副司长
王振东　　监督检查局副局长
李　为　　干部教育中心副主任
吴　涛　　信息网络中心副主任

财政部脱贫攻坚领导小组及办公室

（财脱贫组〔2019〕6号）

2019年7月15日，财政部脱贫攻坚领导小组印发了《财政部脱贫攻坚领导小组关于调整领导小组及其办公室成员的通知》（财脱贫组〔2019〕6号），调整了领导小组及办公室成员，调整后组成如下。

（一）财政部脱贫攻坚领导小组

组　长：	刘　昆	财政部党组书记、部长
副组长：	程丽华	财政部党组成员、副部长
	余蔚平	财政部党组成员、副部长
	邹加怡	财政部党组成员、副部长
	许宏才	财政部党组成员、副部长
成　员：	吴奇修	农业农村司司长
	欧文汉	办公厅主任
	李敬辉	预算司司长
	彭　华	人事教育司司长
	孙国府	机关党委常务副书记
	汪义达	政策研究室一级巡视员
	曾晓安	综合司司长
	贾荣鄂	条法司司长

王建凡　　税政司司长
王小龙　　国库司司长
孙光奇　　经济建设司司长
王　瑛　　行政政法司司长
黄家玉　　科教和文化司司长
符金陵　　社会保障司司长
夏先德　　自然资源和生态环境司司长
陆庆平　　资产管理司司长
王　毅　　金融司司长
刘　健　　国际经济关系司司长
张文才　　国际财金合作司司长
高一斌　　会计司司长
郜进兴　　监督评价局局长
文秋良　　巡视工作领导小组办公室主任
吴振鹏　　干部教育中心主任
王建勋　　信息网络中心主任

（二）办公室

主　任：吴奇修　　农业农村司司长
副主任：王庆阁　　办公厅副主任
郝　磊　　预算司副司长
柯　凤　　农业农村司一级巡视员
李若云　　人事教育司副司长
郭衍鹏　　机关党委二级巡视员
成　员：赵则永　　政策研究室二级巡视员
赵志红　　综合司副司长

赖永添	条法司副司长
陈东浩	税政司副司长
吕恒心	国库支付中心副主任
濮剑鹏	经济建设司副司长
赵新国	行政政法司副司长
吕建平	科教和文化司副司长
王新祥	社会保障司副司长
凡科军	自然资源和生态环境司副司长
马　勇	资产管理司副司长
董德刚	金融司副司长
黄仲阳	国际经济关系司二级巡视员
周强武	国际财金合作司副司长
高大平	会计司二级巡视员
邵　敏	监督评价局一级巡视员
李　为	干部教育中心副主任
吴　涛	信息网络中心副主任

财政部脱贫攻坚领导小组

(财脱贫组〔2019〕8号)

2019年12月25日，财政部脱贫攻坚领导小组印发了《财政部脱贫攻坚领导小组关于增补领导小组副组长的通知》(财脱贫组〔2019〕8号)，增补部党组成员、部长助理欧文汉同志为部脱贫攻坚领导小组副组长。

附录 2：

财政脱贫攻坚大事记

2015 年

1. 2015 年 3 月至 11 月，按照国务院扶贫开发领导小组统一部署，财政部积极参加《中共中央 国务院关于打赢脱贫攻坚战的决定》起草工作，时任财政部副部长胡静林同志担任起草组领导小组成员，同时派人担任研讨组和起草组成员。一方面，认真做好政策研究，为文件起草建言献策；另一方面，立足财政职能，把好财税政策关。

2. 2015 年 11 月 27 日至 28 日，时任财政部部长楼继伟同志和时任财政部副部长胡静林同志参加中央扶贫开发工作会议。

3. 2015 年 11 月 29 日，发展改革委、国务院扶贫办、财政部、原国土资源部、中国人民银行联合印发《关于印发“十三五”时期易地扶贫搬迁工作方案的通知》（发改地区〔2015〕2769 号），明确易地扶贫搬迁总体要求、搬迁对象、安置方式、建设内容、补助标准、筹资方式、政策保障、职责分工、监督考核。

2016 年

1. 2016 年 1 月 18 日至 19 日，按照国务院扶贫开发领导小组统一部署，财政部与新闻出版广电总局组成宣讲调研慰问组，由时任财政部副部长胡静林同志带队，赴重庆市宣讲中央扶贫开发工作会议精神，调研重庆市推进脱贫攻坚工作情况并慰问贫困群众。

2. 2016 年 3 月 1 日，经报李克强总理、时任国务院副总理张高丽同志同意，财政部、国务院扶贫办联合印发《关于做好易地扶贫搬迁贷款财政贴息工作的通知》（财农〔2016〕5 号），贯彻落实党中央、国务院关于“十三五”时期 1 000 万建档立卡贫困人口易地扶贫搬迁的决策部署，指导各地做好易地扶贫搬迁低成本长期贷款财政贴息工作。

3. 2016 年 3 月 24 日至 25 日，为贯彻落实全国易地扶贫搬迁工作电视电话会议精神，按照国务院扶贫开发领导小组的统一部署，时任财政部副部长胡静林同志率队赴河南、河北两省宣讲“十三五”易地扶贫搬迁政策，了解两省搬迁工作进展情况，答疑解惑，推动工作。

4. 2016 年 4 月 12 日，在深入研究和充分征求发展改革委、国务院扶贫办等 16 个部门意见的基础上，财政部报经国务院同意，以国务院办公厅名义印发了《关于支持贫困县开展统筹整合使用财政涉农资金试点的意见》（国办发〔2016〕22 号），该文件的印发，在年底被网友评为 2016 年脱贫攻坚“十件大事”之一。

5. 2016 年 4 月 15 日，为贯彻落实中共中央办公厅、国务院办公厅印发的《贯彻实施〈中共中央 国务院关于打赢脱贫攻坚战的决定〉重要政策措施分工方案》，财政部办公厅印发《关于印发〈中共中央 国务院关于打赢脱贫攻坚战的决定〉重要政策措施部内分工方案的通知》（财办发〔2016〕35 号），将涉及财政部的 68 项任务分工（牵头 11 项、配合 57 项）逐一明确到责任司局。

6. 2016 年 4 月 12 日，《国务院办公厅关于支持贫困县开展统筹整合使用财政涉农资金试点的意见》（国办发〔2016〕22 号）印发的当天，财政部农业司在江苏镇江主持召开工作座谈会，组织参加财政支农政策培训班的相关省级财政部门负责同志学习文件精神，研究抓好贯彻落实工作。

7. 2016 年 4 月 26 日，余蔚平副部长出席时任国务院副总理刘延东同志在宁夏主持召开的部分地区农村义务教育学生营养改善计划座谈会。期间，赴宁夏红寺堡区和石嘴山市惠农区调研，深入红寺堡区柳泉乡旧城小学、玉池小学、富康小学以及石嘴山市第十六中学、石嘴山市第二十三小学和惠农中学，实地调研教育脱贫攻坚。

8. 2016 年 5 月 10 日，全国支持贫困县开展统筹整合使用财政涉农资金试点电视电话会议在国务院小礼堂召开，有关省设置分会场，时任国务院副总理汪洋同志出席会议并发表讲话，时任财政部部长楼继伟同志参加会议并发言，有关部门负责同志、22 个试点省（区、市）负责同志参加会议。

9. 2016 年 6 月 7 日，时任财政部副部长胡静林同志主持召开了贫困县涉农资金统筹整合试点工作协调机制办公室第一次全体会议，财政部、发展改革委等 11 个部门参加会议，研究建立整合试点工作协调机制。

10. 2016 年 6 月 28 日，财政部联合国务院扶贫办组织 10 省（区、市）财政、扶贫部门有关负责同志在湖北省大悟县召开贫困县涉农资金整合试点现场工作会，时任财政部副部长胡静林同志出席会议并讲话。会议听取了各地关于整合试点工作中遇到的问题和意见建议，研究了下一步工作。

11. 2016 年 7 月，财政部党组以“支持做好补齐短板工作　坚决打赢脱贫攻坚战”为主题，举行党组中心组“两学一做”

专题学习研讨会。

12. 2016年7月5日至7日，财政部农业司会同部干部教育中心在山东威海举办财政扶贫政策培训班，对全国有扶贫开发任务的28省财政厅负责扶贫工作的处领导和业务骨干，以及中央有关部门负责扶贫工作的业务骨干进行培训，拉开了“十三五”期间财政部举办的系列脱贫攻坚培训班的序幕。

13. 2016年8月，财政部印发了《关于易地扶贫搬迁贷款有关问题的批复》（财预〔2016〕114号），明确省级投融资主体贷款如何管理、地方财政不能提供担保承诺等重大政策。

14. 2016年8月30日，财政部、教育部印发《关于免除普通高中建档立卡家庭经济困难学生学杂费的意见》（财教〔2016〕292号），提出按照“中央政策引导、地方统筹实施”的原则，从2016年秋季学期起，免除公办普通高中建档立卡等家庭经济困难学生（含非建档立卡的家庭经济困难残疾学生、农村低保家庭学生、农村特困救助供养学生）学杂费。

15. 2016年9月1日，财政部印发了《关于城乡建设用地增减挂钩支持易地扶贫搬迁有关财政政策问题的通知》（财综〔2016〕36号），明确利用增减挂钩政策支持开展易地扶贫搬迁，符合规定的，可以不缴纳新增费、耕地开垦费，增减挂钩收益全额缴入国库，实行收支两条线管理。

16. 2016年9月2日，《财政部办公厅关于进一步加强扶贫资金监督检查促进精准扶贫政策落实的意见》（财办监〔2016〕6号），加强对扶贫资金政策制定和管理使用全过程的监督检查，建立健全扶贫资金违规使用责任追究制度，强化监督检查成果运用，促进扶贫资金管理使用中体制机制问题的整改。

17. 2016年9月8日至16日，国务院扶贫办、发展改革委、财政部组织联合调研组，赴西藏自治区开展易地扶贫搬迁专题调研，全面了解西藏易地扶贫搬迁工作情况、面临的问题，听取西藏各级政府的政策建议，向中央领导同志呈报了《关于西藏易地扶贫搬迁工作的调研报告》。

18. 2016 年 3 月起，财政部配合发展改革委深入研究编制了《全国“十三五”易地扶贫搬迁规划》（发改地区〔2016〕2022 号），经国务院同意后，于 2016 年 9 月 20 日正式印发。

19. 2016 年 9 月 28 日，财政部农业司在北京召开财政扶贫开发工作座谈会，邀请部分省份财政厅农业处（扶贫处）负责同志参加，讨论修订《财政专项扶贫资金管理办法》（财农〔2011〕412 号），研究进一步推进贫困县涉农资金整合试点工作。

20. 2016 年 10 月，财政部与国务院扶贫办联合印发了《关于开展财政专项扶贫资金集中检查工作的通知》（国开办司发〔2016〕70 号）和《关于 2015 年专项扶贫资金绩效评价情况的通报》（国开办发〔2016〕31 号），部署各地针对财政专项扶贫资金开展自查自纠和集中检查，抓好绩效评价发现问题的整改。同时，充分发挥财政部驻各地专员办的监督力量，委托专员办对各省中央财政专项扶贫资金的使用管理情况进行日常监管。

21. 2016 年 10 月 20 日，财政部党组理论学习中心组围绕“支持做好补齐短板工作，打赢脱贫攻坚战”开展集体学习研讨。时任财政部党组书记、部长楼继伟同志主持中心组学习，中心组成员朱光耀、刘昆、胡静林同志参加。

22. 2016 年 10 月 24 日，财政部、国务院扶贫办联合印发《关于进一步做好贫困县涉农资金整合工作有关事项的通知》（财农〔2016〕151 号），从加大资金保障力度、加快工作进度、加强考核评估、建立激励机制等多个方面提出具体要求，该文件作为国办发〔2016〕22 号文件的重要配套文件，为加快推进整合试点工作发挥了重要作用。

23. 2016 年 10 月 24 日至 28 日，根据国务院扶贫开发领导小组统一部署，时任财政部副部长胡静林同志率队赴山西省开展脱贫攻坚巡查工作，考察山西省各级党委政府贯彻落实中央决策部署，推进精准扶贫、精准脱贫工作情况，了解主要做法和问题整改情况，督促山西省切实打好脱贫攻坚战。

24. 2016 年 1 月至 11 月，财政部积极配合发展改革委编制“十三五”脱贫攻坚规划，立足财政部门职能研究提出意见建议。11 月 23 日，国务院公开发布《关于印发“十三五”脱贫攻坚规划的通知》（国发〔2016〕64 号）。

25. 2016 年 11 月 30 日，财政部在北京召集山西、安徽等 10 个省（区、市）财政厅（局）和扶贫办负责同志召开座谈会，深入研讨资产收益扶贫工作，时任财政部副部长胡静林同志出席会议并讲话。会后，向国务院领导同志呈报《关于资产收益扶贫进展情况的报告》，重点就如何控制资产收益扶贫风险、规范试点工作开展提出了政策建议。

2017 年

1. 2017 年 2 月 6 日，财政部会同国务院扶贫办印发《关于做好 2017 年贫困县涉农资金整合试点工作的通知》（财农〔2017〕4 号），部署各地做好 2017 年贫困县涉农资金整合试点工作，要求各地将试点范围扩大到全部贫困县；鼓励试点贫困县尽可能在“大类间打通”“跨类别使用”，做到“应整尽整”；要求省级财政、扶贫部门对整合试点工作开展经常性调研和督导，及时发现操作层面遇到的具体问题，分析解决共性问题。

2. 2017 年 2 月 7 日至 8 日，时任财政部党组成员、副部长胡静林同志一行到平江县调研，深入安定镇横冲村、翁江镇石坳村调研指导精准扶贫工作，看望慰问困难群众。

3. 2017 年 2 月 22 日至 23 日，时任财政部党组成员、部长助理许宏才同志一行到永胜县开展调研，看望慰问贫困县干部群众，研究推动定点扶贫相关工作。

4. 2017 年 3—5 月，财政部会同国务院扶贫办组织开展了 2015—2016 年财政扶贫资金管理使用情况专项检查。检查对象为脱贫攻坚任务较重的河北、山西等中西部 22 个省（区、市）以及辽宁、江苏等东部 6 个省的 874 个县，抽查 5 155 个乡（镇）、19 643 个行政村，入户走访 4. 2 万个贫困家庭，共涉及各级扶贫资金 484. 5 亿元。

5. 2017 年 3 月 13 日，财政部联合国务院扶贫办等 6 部门修订印发了《中央财政专项扶贫资金管理办法》（财农〔2017〕8 号）。新修订的资金管理办法落实“放管服”的改革要求，释放了强化监管的明确信号，改进了资金支出范围，采取“负面清单”管理方式，明确提出资金项目审批权限下放到县级，获得广泛好评。

6. 2017 年 4 月至 8 月，财政部积极配合全国政协做好“实施精准扶贫中存在的问题和建议”监督性调研工作，并参与座谈、调研和分组讨论。

7. 2017 年 4 月，财政部农业司先后赴湖南、甘肃、四川、贵州、广西、海南等地开展了贫困县涉农资金整合试点工作跟踪调研。对整合试点情况进行了全面跟踪分析，梳理形成跟踪调研报告，并研究提出完善政策的建议。

8. 2017 年 4 月 7 日，财政部农业司在云南省昆明市召开资产收益扶贫工作座谈会，邀请部分省份财政、扶贫部门同志及发展改革委、农业部、国务院扶贫办相关司局同志深入讨论资产收益扶贫工作进展情况、存在的问题。

9. 2017 年 5 月 2 日至 3 日，时任财政部副部长胡静林同志带队赴陕西开展财政扶贫资金管理使用情况检查督导，并赴铜川市耀州区开展脱贫攻坚调研，详细了解脱贫攻坚进展情况，实地查看扶贫项目，走访慰问贫困群众。

10. 2017 年 5 月 15 日至 18 日，为督促各地严格执行易地扶贫搬迁的各项政策标准，加强搬迁资金使用管理，按照国务院扶贫开发领导小组统一部署，财政部会同发展改革委、中国人民银行、国家开发银行、中国农业发展银行组成联合检查组，赴福建、江西两省开展了 2016 年易地扶贫搬迁抽查检查。

11. 2017 年 5 月 31 日，财政部会同农业部、国务院扶贫办联合印发了《关于做好财政支农资金支持资产收益扶贫工作的通知》（财农〔2017〕52 号），进一步明确可用于开展资产收益扶贫的资产范围，要求各地选好项目、实施主体，加强风险防控，保障好建档立卡贫困户收益，确保资产收益扶贫工作规范有序开展。

12. 2017 年 6 月 23 日，财政部选派平江县安定镇横冲村第一书记高杰同志受邀参加湖南省委书记杜家毫所在支部主题党日活动，分享在脱贫攻坚一线的工作实践和工作体会。杜家毫称赞高杰同志扎根农村基层，用自己的艰苦奋斗精彩演绎了一部带领广大群众脱贫攻坚、创业致富，实现青年党员人生价值的现实版《欢乐颂》。2017 年 7 月，财政部选派平江县安定镇横冲村第一书记高杰同志驻村工作做法作为典型案例，入选中央组织部编写的《抓党建促脱贫攻坚案例选：第一书记》一书。

13. 2017 年 6 月 28 日，财政部召开党组扩大会议，传达学习习近平总书记太原深度贫困地区脱贫攻坚座谈会重要讲话精神，研究部署贯彻落实工作。会议议定了财政部贯彻落实习近平总书记重要讲话精神的有关任务及分工。

14. 2017 年 6 月，财政部首次从中央财政专项扶贫资金中安排 32 亿元，对 2016 年省级党委和政府扶贫开发工作成效考核综合评价好的 8 个省份各奖励 4 亿元。

15. 2017 年 7 月 8 日，财政部党组成员、副部长余蔚平同志出席时任国务院副总理刘延东同志在甘肃主持召开的全国打赢教育脱贫攻坚战现场会并发言。

16. 2017 年 7 月 12 日至 14 日，按照国务院扶贫开发领导小组的统一部署，财政部与人力资源社会保障部、国务院参事室组成联合巡查组，由时任财政部副部长胡静林同志率队，赴黑龙江省开展脱贫攻坚巡查。巡查组重点考察了黑龙江各级党委政府贯彻落实中央决策部署，推进精准扶贫、精准脱贫工作情况，了解考核发现问题的整改落实情况，督促黑龙江省切实打好脱贫攻坚战。

17. 2017 年 7 月 18—20 日，财政部党组成员、副部长余蔚平带队赴吉林省开展健康扶贫专题调研，在当地召开内蒙古、江西、四川等 10 省份财政部门座谈会，听取有关健康扶贫的意见建议。

18. 2017 年 7 月 21 日，财政部召开第 12 次部长办公会议。余蔚平副部长出席会议，社会保障司、预算司、农业司相关同志列席会议。会议听取了社会保障司关于健康扶贫有关工作情况的汇报。会议要求积极落实习近平总书记关于健康扶贫工作的重要指示精神，在保持现有社会保障政策体系完整性的同时，加强顶层设计，进一步加大对因病致贫、因病返贫群众的帮扶力度，将基本医疗保险、大病保险和医疗救助三张医疗“保障网”织牢、加密。

19. 2017 年 7 月 29 日，财政部召开党组会议，听取关于财政扶贫资金专项检查情况的汇报，会议要求进一步加大支持脱贫攻坚工作力度，增加财政资金安排的针对性，健全相关资金管理制度。

20. 2017 年 8 月 14 日，财政部向国务院报送了《财政部关于健康扶贫有关情况的报告》（财社〔2017〕136 号），报告了地方政府的主要做法、存在的问题和下一步工作考虑。国务院领导批示要求认真研究，以问题为导向推动相关工作，形成规范健康扶贫的指导性意见，整合力量，完善政策，着力解决农村贫困人口因病致贫返贫问题，坚决打赢脱贫攻坚战。

21. 2017 年 8 月 30 日，时任财政部党组书记、部长肖捷同志参加全国人大常委会第二十九次会议，就做好脱贫攻坚工作情况接受专题询问。

22. 2017 年 9 月 1 日，为贯彻落实习近平总书记在山西座谈会上“三个新增”的重要指示精神要求，财政部农业司在赴甘肃临夏、四川凉山等深度贫困地区调研的基础上，会同预算司等相关司局反复研究测算，提出了 2018—2020 年中央财政支持深度贫困地区脱贫攻坚资金安排的初步方案，向中央领导同志呈报了《关于 2018—2020 年中央财政支持深度贫困地区脱贫攻坚资金初步考虑的报告》（财呈〔2017〕123 号）。

23. 2017 年 9 月 8 日，财政部会同国务院扶贫办修订印发了《财政专项扶贫资金绩效评价办法》（财农〔2017〕115 号）。新的绩效评价办法，适应了脱贫攻坚新形势和财政资金绩效管理新要求，突出了资金使用精准，提高了资金拨付进度和资金结转结余率等指标权重，完善了奖惩机制，将整合资金使用成效纳入评价体系，探索绩效目标管理。

24. 2017 年 9 月 25 日，时任财政部党组书记、部长肖捷同志主持召开部领导专题会议，研究财政部定点扶贫工作。会议深入学习了习近平总书记扶贫开发重要战略思想，观看了财政部选派驻村第一书记高杰同志驻村工作纪录片《财政部来的村支书》，听取了人事教育司、农业司关于财政部定点扶贫工作情况的汇报。会议决定，由肖捷同志担任定点扶贫工作领导小组组长，时任部党组成员、副部长胡静林同志和时任部党组成员、部长助理许宏才同志担任副组长，办公厅等10家单位为成员单位；由机关党委和农业司牵头负责定点扶贫工作，定点扶贫工作领导小组办公室设在机关党委。

25. 2017年9月27日至28日，时任财政部党组书记、部长肖捷同志率领预算司、农业司主要负责人深入“三区三州”深度贫困地区甘肃省临夏州东乡县开展调研，并在兰州市召开座谈会听取意见建议。

26. 2017年10月，为贯彻落实国务院扶贫开发领导小组的部署和要求，财政部会同国务院扶贫办等四部门，由时任财政部副部长胡静林同志带队，选择8省份开展了贫困县涉农资金整合专项督查工作。通过召开座谈会、实地查看、访谈等形式，深入了解各地整合试点政策落实情况，督促各地进一步深入推进贫困县涉农资金整合工作。

27. 2017年10月11日，财政部召开定点扶贫挂职干部座谈会，专题研究定点扶贫工作。时任财政部党组成员、副部长胡静林同志出席会议并讲话。会议传达了部党组研究财政部定点扶贫工作会议精神，听取了平江、永胜两县6名挂职干部定点扶贫工作情况报告，与会同志就进一步推进定点扶贫工作进行深入交流。

28. 2017年11月8日，财政部定点扶贫工作领导小组办公室印发《财政部加强定点扶贫工作方案》。该方案立足发挥财政部门优势，结合定点扶贫县实际，进一步明确了当前时期抓好思想认识、体制机制、工作措施等关键环节的重点任务，提出强化工作保障的具体举措，搭建了财政部定点扶贫工作的整体框架。

29. 2017 年 11 月 8 日至 10 日，财政部农业司与干部教育中心在上海举办了 2017 年财政扶贫重点工作培训班。全国有扶贫任务的 28 个省份的财政、扶贫部门负责同志和业务骨干参加了培训。

30. 2017 年 11 月 13 日，印发《财政部关于进一步加强财政扶贫资金监管确保脱贫攻坚成效的意见》（财办〔2017〕41 号），加强扶贫资金日常监管，建立定期检查机制，严肃查处扶贫领域的违法违规问题。

31. 2017 年 11 月 24 日至 29 日，财政部党组成员、驻部纪检组组长赵惠令同志一行赴永胜县、平江县开展调研，督促检查财政部定点扶贫县党委政府承担脱贫攻坚主体责任，调研推动落实脱贫政策措施、加强脱贫资金整合使用及监督管理等方面情况。

32. 2017 年 6 月起，为贯彻落实国务院扶贫开发领导小组部署，财政部会同农业部、国务院扶贫办组成联合调研组，赴多地开展资产收益扶贫专题调研。2017 年 10 月 30 日，财政部向国务院扶贫开发领导小组呈报了《关于资产收益扶贫工作专题调研情况的报告》（财农〔2017〕139 号）。

33. 2017 年 12 月 4 日，财政部在北京召集安徽等 4 个省份召开财政支持脱贫攻坚座谈会，深入了解各地推进脱贫攻坚面临的突出问题，研判脱贫攻坚形势，时任财政部副部长胡静林同志出席座谈会并讲话。

34. 2017 年 12 月 18 日，中央纪委驻财政部纪检组落实李克强总理 2017 年 10 月 26 日在财政部和国务院扶贫办《关于财政扶贫资金专项检查情况的报告》（财监〔2017〕28 号）上的批示，向财政部监督检查局反馈加强扶贫资金监管的意见建议。

35. 2017 年 12 月 20 日至 21 日，财政部在四川省成都市主持召开财政支持深度贫困地区脱贫攻坚座谈会，研究如何更好地发挥财政职能，支持打好深度贫困攻坚战，财政部相关司局、“三区三州”所在省和 20 多个市州财政部门负责同志参加会议。

2018 年

1. 2018 年 1 月 9 日至 10 日，时任财政部定点扶贫工作领导小组副组长、副部长胡静林同志率财政部调研组一行，赴定点扶贫县云南省永胜县看望慰问扶贫干部，实地调研永胜县脱贫攻坚工作。

2. 2018 年 1 月 15 日，时任财政部党组书记、部长肖捷同志主持召开定点县扶贫情况座谈会，邀请永胜、平江两县县委负责同志一行来部交流脱贫攻坚情况。时任部党组成员、副部长胡静林同志，时任部党组成员、部长助理许宏才同志以及部定点扶贫工作领导小组成员单位有关负责同志参加会议。

3. 2018 年 1 月 19 日，财政部召开部领导专题会议，专题研究定点扶贫工作。部党组成员、驻部纪检监察组组长赵惠令同志，时任部党组成员、副部长胡静林同志，时任部党组成员、部长助理许宏才同志出席会议。会议听取了部定点扶贫工作领导小组办公室及相关单位关于财政部定点扶贫工作情况的汇报。会议决定，围绕永胜、平江两县的帮扶需求和自身职责业务，提出具体帮扶措施计划；由部定点扶贫工作领导小组办公室牵头，督促各相关单位抓好落实。

4. 2018 年 1 月 25 日，时任财政部副部长胡静林同志带队，深入云南怒江等地开展调研，研究完善财政支持深度贫困地区脱贫攻坚政策措施，形成了《转移性收入对贫困群众收入贡献情况

——云南丽江、怒江贫困地区调研报告》，并呈报时任国务院副总理汪洋同志。

5. 2018 年 1 月 30 日，财政部印发了《关于支持“三区三州”脱贫攻坚有关工作的通知》（财农〔2018〕6 号），将支持“三区三州”的增量资金细化分解到具体地区，并对资金使用管理提出要求。

6. 2018 年 1 月 30 日，财政部印发了《财政部开展扶贫领域作风问题专项治理实施方案》（财农〔2018〕4 号），落实国务院扶贫开发领导小组对扶贫领域作风问题专项治理要求，从治理内容、主要措施、工作要求三个方面进行了工作部署。

7. 2018 年 2 月 22 日，财政部党组召开会议传达打好精准脱贫攻坚战座谈会精神，研究部署贯彻落实工作，要求配合有关部门研究制订脱贫攻坚行动计划，加强扶贫资金管理，做好财政资金保障工作。

8. 2018 年 2 月 26 日，财政部办公厅印发了《关于印发〈财政支农资金支持资产收益扶贫案例（一）〉的通知》（财办农〔2018〕18 号），通过典型示范带动的形式，推动各地资产收益扶贫规范有序开展。

9. 2018 年 3 月 2 日，时任财政部党组成员、部长助理许宏才同志主持召开定点扶贫工作座谈会，听取永胜县扶贫工作进展，通报前一阶段财政部定点帮扶任务落实情况，并研究下一步工作。云南省丽江市市长郑艺及丽江市、永胜县相关负责同志参会并开展交流。

10. 2018 年 3 月 22 日，财政部会同国务院扶贫办印发《关于做好 2018 年贫困县涉农资金整合试点工作的通知》（财农〔2018〕9 号），对进一步抓好整合试点提出明确要求，重点督促各地严格按照规定的范围和要求推进试点；落实“省负总责”要求，进一步提高整合的深度和质量；完善贫困县年度整合方案，找出“坚之所在”，排出轻重缓急，优先解决突出短板和重点问题。

11. 2018 年 3 月 23 日，刘昆部长主持召开部领导专题会，听取了农业司主要负责同志关于扶贫资金管理有关情况的汇报，并就认真学习和坚决落实习近平总书记关于精准扶贫及精准脱贫的系列重要讲话精神、建立扶贫资金总台账、组织开展对重点地区扶贫资金的专项稽核工作、落实扶贫资金项目公告公示制度、监控扶贫资金使用情况、做好扶贫资金绩效目标管理等工作进行了安排部署。有关部领导及部内农业司等有关司局参加会议。

12. 2018 年 3 月 26 日至 30 日，财政部在湖南长沙举办 2018 年定点扶贫培训班，对平江、永胜两县 125 名扶贫干部进行培训。

13. 2018 年 4 月 8—11 日，余蔚平副部长带队赴四川凉山彝族自治州开展专题调研并强调：教育脱贫攻坚必须立足基层、实事求是，在财政支持政策上要突出重点、精准施策。

14. 2018 年 4 月 18 日至 19 日，财政部在河南郑州召开了全国加强扶贫资金管理座谈会，时任财政部副部长胡静林同志、部内相关司局负责人、全国 28 个省份财政厅负责同志及农业处负责人参加会议。会议就建立扶贫资金监管长效机制，支持打好精准脱贫攻坚战，建立扶贫资金总台账，充分利用国库动态监控系统加强扶贫资金管理，及时发现扶贫资金分配、拨付、使用中存在的问题，了解各地加强扶贫资金管理情况进行了交流讨论。

15. 2018 年 4 月 24 日，财政部门户网站首页显著位置开设“扶贫资金政策专栏”，集中展示财政部组织开展脱贫攻坚工作情况。

16. 2018 年 5 月 4 日，财政部会同国务院扶贫办印发《关于

2017年贫困县涉农资金整合试点工作推进情况的通报》（财农〔2018〕22号），对22个试点省工作推进情况进行了分类排序和通报。督促各地总结经验，对照不足，分析原因，及时整改，将整合试点各项政策落到实处。

17. 2018年5月15日，财政部会同国务院扶贫办、发展改革委起草了《扶贫项目资金绩效管理办法》（国办发〔2018〕35号），并以国务院办公厅文件转发。同时，财政部脱贫攻坚领导小组印发《关于贯彻落实〈扶贫项目资金绩效管理办法〉的通知》（财脱贫组〔2018〕2号）、《关于加强扶贫项目资金绩效管理考核有关问题的通知》（财脱贫组〔2018〕4号），进一步细化绩效目标填报要求，推动实施扶贫项目资金全面绩效评价。

18. 2018年1月至5月，按照国务院扶贫开发领导小组统一部署，财政部积极参与《中共中央 国务院关于打赢脱贫攻坚战三年行动的指导意见》起草工作，认真研究提出政策建议。

19. 2018年6月4—10日，按照国务院扶贫开发领导小组统一部署，财政部、住房城乡建设部、台盟中央组成巡查组，由程丽华副部长带队，赴甘肃省临夏、甘南、定西等地开展脱贫攻坚巡查，重点了解甘肃省整改落实情况，推动甘肃省进一步抓好脱贫攻坚工作。

20. 2018年6月13日，财政部、发展改革委、国务院扶贫办、自然资源部和中国人民银行联合印发了《关于调整规范易地扶贫搬迁融资方式的通知》（财农〔2018〕46号），以2017年7月14日为时间节点，将易地扶贫搬迁贷款等融资方式统一调整规范为发行地方政府债券。

21. 2018年6月13日，财政部印发了《关于成立财政部脱贫攻坚领导小组的通知》（财办〔2018〕23号），正式成立财政部脱贫攻坚领导小组，下设领导小组办公室在农业司，加强对财政脱贫攻坚工作的组织领导、统筹部署和督促实施。

22. 2018年6月15日，财政部党组召开会议，传达学习习近平总书记对“打赢脱贫攻坚战三年行动”的重要批示精神，会议明确打赢脱贫攻坚战是重大政治任务，由党组书记负总责，党组成员共同负责；要坚持党中央确定的脱贫攻坚目标和扶贫标准；解决好深度贫困地区和特殊贫困群体的问题；进一步做好财政部定点扶贫工作；落实扶贫资金安排，保障扶贫资金安全，坚决防止资金贪污和浪费挪用。

23. 2018年6月16日，财政部印发了《关于全面加强脱贫攻坚期内各级各类扶贫资金管理的意见》（财办〔2018〕24号），推动建立了“1+4”的扶贫资金管理机制。围绕“全面加强各级各类扶贫资金管理”这个中心任务，进一步理顺各级各类扶贫资金管理体系，首次提出建立扶贫资金总台账和财政扶贫资金动态监控机制，推动各级财政扶贫资金“横向到边，纵向到底”，监控到“最后一公里”。

24. 2018年6月21日，财政部部长、部脱贫攻坚领导小组组长刘昆同志出席脱贫攻坚领导小组第一次会议并讲话。会议传达学习了习近平总书记和李克强总理对“打赢脱贫攻坚战三年行动”的重要批示精神和2018年6月15日第12次部党组会议关于贯彻落实有关中央批示精神的意见，听取了部内有关司局负责同志全面加强扶贫资金管理工作进展情况汇报，领导小组副组长程丽华同志及领导小组全体成员出席会议。

25. 2018年6月27日，印发《财政部关于印发〈财政扶贫资金动态监控工作实施方案〉的通知》（财办〔2018〕25号），明确了做好财政扶贫资金动态监控工作的重要意义、工作目标、实施原则和实施步骤等总体要求，提出了建立财政扶贫资金总台账、搭建财政扶贫资金动态监控平台、建立和完善动态监控管理制度机制等三大任务，强调了加强组织领导、明确责任分工、提供资金保障、强化督导落实等四项保障措施。

26. 2018 年 6 月 28 日，国务院扶贫办综合司、财政部办公厅、农业部办公厅印发《关于开展闲置扶贫资金专项清理工作的通知》（国开办司发〔2018〕21 号），督促各省开展闲置资金自查清理工作，并开展实地督导调研。2018 年 9 月 30 日，三部门向国务院呈报《关于切实解决扶贫资金闲置问题情况的报告》（国开办报〔2018〕40 号）。将财政专项扶贫资金的管理经验，作为第五次大督查典型经验材料上报国务院。

27. 2018 年 7 月 3 日，财政部印发《关于调整财政部定点扶贫工作领导小组组长、副组长和成员单位的通知》（财党〔2018〕55 号）。该通知明确财政部党组书记、部长刘昆同志任部定点扶贫工作领导小组组长，财政部党组成员、副部长程丽华和邹加怡同志任部定点扶贫工作领导小组副组长，并对部分成员单位进行调整。

28. 2018 年 7 月 2 日，财政部脱贫攻坚领导小组办公室主任吴奇修同志主持召开领导小组办公室会议，学习贯彻《中共中央国务院关于打赢脱贫攻坚战三年行动的指导意见》、财政部脱贫攻坚领导小组第一次会议精神，特别是刘昆部长讲话精神和程丽华副部长总结讲话要求，协调推进财政扶贫重点工作，领导小组办公室成员和信息网络中心负责同志等参加了会议。

29. 2018 年 7 月 16—19 日，程丽华副部长率队赴云南省丽江永胜、怒江泸水两地调研定点扶贫和脱贫攻坚工作，调研组通过进村入户、实地调研和座谈等方式，深入了解“三区三州”深度贫困地区脱贫攻坚工作情况，进一步研究完善财政支持深度贫困地区脱贫攻坚相关政策措施。

30. 2018 年 7 月 17—18 日，财政部党组成员、副部长、部脱贫攻坚领导小组副组长、部定点扶贫工作领导小组副组长程丽华带领农业司、机关党委相关同志赴云南永胜县调研督导脱贫攻坚和定点帮扶工作。根据调研情况，调研组撰写了《赴永胜县开展定点扶贫调研情况报告》。

31. 2018 年 7 月 27 日，财政部召开定点扶贫工作会议，传达学习定点扶贫工作有关文件和会议精神，研究部署下一阶段工作。财政部党组成员、副部长、部定点扶贫工作领导小组副组长程丽华出席会议并讲话。会议由部党组成员、副部长、部定点扶贫工作领导小组副组长邹加怡主持。

32. 2018 年 7 月 29 日，经国务院扶贫开发领导小组评估并经江西省人民政府批准，财政部自 2013 年起对口支援的瑞金市以零错退、零漏评、群众满意度 99.38%、综合贫困发生率 0.91% 的成绩实现脱贫摘帽，翻开红都新的历史篇章。

33. 2018 年 8 月 20—25 日，财政部预算司、农业司和国库司组成部脱贫攻坚领导小组联合调研组，赴湖南省平江县、云南省永胜县调研扶贫资金绩效管理和动态监控工作情况。

34. 2018 年，财政部党组将“财政支持保障性扶贫政策研究”确定为部党组重点调研课题，由程丽华副部长牵头。9 月至 11 月，农业农村司会同预算司、科教司、社会保障司等组成课题组，对全国有脱贫攻坚任务的 28 个省份广泛开展书面调研，联合中央财经大学组成调研组赴贵州省开展实地调研。课题组调研梳理了保障性扶贫政策实施情况、面临的主要困难和问题，研究提出政策建议，形成了《关于财政支持保障性扶贫政策研究报告》。

35. 2018 年 9 月 6 日，时任财政部副部长刘伟同志出席全国财政国库工作会议，在会议讲话中对做好财政扶贫资金动态监控工作提出明确要求。刘伟同志强调指出，监控扶贫资金是国务院给财政部布置的重要任务，财政部党组高度重视。国库司会同相关司局，在很短的时间里开发了覆盖各级财政的扶贫资金动态监控平台，确定财政扶贫资金总台账核算体系，有了一个良好开局。地方各级财政国库部门要高度重视，积极主动作为，全力推进相关工作。

36. 2018 年 9 月 6 日至 7 日，财政部党组成员、副部长、部定点扶贫工作领导小组副组长邹加怡同志一行赴平江县调研督导脱贫攻坚工作。调研组深入加义镇泊头村、农场产业扶贫基地、安定镇横冲村和三市镇淡江村，调研土地集中流转、特色扶贫产业发展、基层党组织结对帮扶等工作，并召开座谈会，听取永胜县脱贫攻坚及定点帮扶工作情况汇报。

37. 2018 年 9 月 19 日，财政部脱贫攻坚领导小组办公室主任吴奇修同志主持召开专题会议，贯彻落实部党组会议、部脱贫攻坚领导小组第一次会议和部领导关于扶贫资金动态监控的一系列批示指示精神，研究协商推进财政扶贫资金动态监控相关工作，解决存在的问题。领导小组办公室有关负责同志、信息网络中心分管负责同志以及 42 项资金归口司局相关处室同志参加会议。

38. 2018 年 9 月 25 日，受刘昆部长委托，副部长、部脱贫攻坚领导小组副组长程丽华同志主持召开了部脱贫攻坚领导小组全体会议，传达学习《中国共产党农村工作条例》等有关文件、会议精神；并通报巡视整改等有关情况，领导小组副组长及成员单位负责同志参加会议。

39. 2018 年 9 月 28 日，财政部党组成员、驻部纪检监察组组长赵惠令同志召集黑龙江、云南、贵州、甘肃、重庆等 5 家专员办负责同志就财政扶贫重点工作进展情况及扶贫领域腐败和作风问题专项治理工作情况进行座谈。

40. 2018 年 10 月至 11 月，财政部组织开展财政支持脱贫攻坚政策落实情况专项核查。核查对象为“三区三州”等深度贫困地区，涉及四川、云南、西藏、甘肃、青海、新疆六省区，重点抽查了 12 个市州 12 个县，52 个乡（镇）、175 个行政村，入户走访 482 个贫困家庭，涉及各级各类扶贫资金 216.13 亿元。

41. 2018 年 10 月 9 日，财政部副部长程丽华同志主持召开部领导专题会议，研究财政扶贫资金动态监控平台建设工作。农业司有关负责同志汇报了扶贫资金动态监控工作进展情况，国库司有关负责同志汇报了财政扶贫资金动态监控平台建设情况，信息网络中心有关负责同志和预算司有关负责同志分别做了发言。国库司会同信息网络中心在线演示了监控平台，介绍了平台总体设计思路及主要功能。

42. 2018 年 10 月 15 日，财政部办公厅印发《关于印发〈中共中央 国务院关于打赢脱贫攻坚战三年行动的指导意见〉重要政策措施部内分工方案的通知》（财办发〔2018〕85 号），明确了有关举措的部内分工。

43. 2018 年 10 月 15 日，财政部党组召开会议，学习习近平总书记关于巡视工作的重要论述和关于脱贫攻坚的系列重要讲话、指示精神，学习中央巡视工作领导小组关于脱贫攻坚专项巡视的要求，研究布置了财政部配合开展中央脱贫攻坚专项巡视有关工作。

44. 2018 年 10 月 17 日，财政部党组召开会议，传达学习习近平总书记在中央政治局常委会会议听取十九届中央第一轮巡视情况汇报时的重要讲话精神，学习习近平总书记等中央领导同志关于脱贫攻坚的重要批示精神，研究落实中央第十巡视组在部党组工作汇报会上提出的要求。

45. 2018 年 10 月 18 日至 11 月 30 日，根据中央统一部署，中央第十巡视组对财政部党组开展了脱贫攻坚专项巡视。

46. 2018年10月19日至20日，财政部党组书记、部长刘昆同志一行赴平江县调研督导，先后前往加义镇丽江村、泊头村，实地走访易地扶贫集中安置点、苗木种植基地、村级公共服务中心等，看望慰问建档立卡贫困户，并召开定点扶贫工作座谈会，与平江县相关负责同志、村镇干部等深入交流。

47. 2018年10月26日，财政部党组召开会议研究部署进一步做好贯彻落实习近平总书记关于脱贫攻坚的重要批示精神工作，会议要求要深入学习领会习近平总书记重要批示精神，结合财政扶贫工作实际抓好落实，更好履行脱贫攻坚政治责任。

48. 2018年10月29日，财政部党组理论学习中心组围绕“深入学习贯彻习近平总书记扶贫重要论述，扎实做好脱贫攻坚工作”开展集体学习研讨。部党组书记、部长刘昆同志主持中心组学习，中心组成员赵惠令、余蔚平、邹加怡、许宏才同志参加。

49. 2018年10月30日，财政部农业司在中央和国家机关工作委员会首次对中央和国家机关脱贫攻坚评选表彰中，和其他19家单位一起荣获“中央和国家机关脱贫攻坚先进集体”。

50. 2018年10月31日，受刘昆部长委托，副部长、部脱贫攻坚领导小组副组长程丽华同志主持召开部脱贫攻坚领导小组会议，深入学习习近平总书记扶贫工作重要论述和中央有关会议精神，详细传达学习了中央第十巡视组吴海英组长和刘昆部长在中央第十巡视组对财政部党组开展脱贫攻坚专项巡视动员会上的讲话精神，部署做好脱贫攻坚专项巡视整改工作，特别是对尽快完善支持脱贫攻坚的税收优惠政策、加快推进扶贫资金动态监控工作、加强脱贫攻坚有关问题整改“回头看”等工作提出了要求。领导小组全体成员出席会议，中央第十巡视组及中央纪委驻财政部纪检监察组派员列席会议。

51. 2018 年 11 月 1 日，财政部、教育部印发《关于进一步加强财政投入管理 深入推进“三区三州”教育脱贫攻坚的指导意见》（财科教〔2018〕130 号）。明确提出“坚持雪中送炭补短板、坚持聚焦目标不发散、坚持科学管理讲绩效”的原则，巩固教育脱贫成果，到 2020 年实现建档立卡等贫困人口教育基本公共服务全覆盖，贫困地区义务教育学校达到基本办学条件，保障贫困家庭孩子接受九年义务教育，贫困地区义务教育信息化水平逐步提升，乡村教师队伍素质、国家通用语言文字能力不断增强，健全覆盖各级各类教育的资助政策体系，实现应助尽助，在人口集中和产业发展需要的贫困地区办好中等职业学校等目标。

52. 2018 年 11 月 2 日，财政部脱贫攻坚领导小组召开加强扶贫资金管理专题座谈会，听取了国务院发展研究中心和中国财政科学研究院有关专家、国务院扶贫办规划财务司负责同志，以及吉林、河南、四川、云南四省财政厅、县政府或财政局负责同志，就“涉农资金整合问题”和“财政专项扶贫资金绩效评价问题”的意见建议。会后，认真研究四省同志提出的意见建议并分别办函答复。部脱贫攻坚领导小组办公室主任吴奇修主持会议，国务院发展研究中心和中国财政科学研究院有关专家，国务院扶贫办规划财务司负责同志，吉林、河南、四川、云南省财政厅以及上述四省部分贫困县的政府或财政局负责同志应邀参加会议，财政部预算司、经济建设司、社会保障司、文化司、农业司负责同志出席会议，中央第十巡视组和中央纪委驻财政部纪检组派员列席会议。

53. 2018 年 11 月 16 日至 20 日，按照部脱贫攻坚领导小组第二次全体会议精神，部脱贫攻坚领导小组办公室委托江西、贵州、广西专员办及三省区财政厅，开展了脱贫攻坚发现问题整改

“回头看”调研。

54. 2018 年 11 月，农业司牵头起草财政部脱贫攻坚专项巡视发现问题立行立改方案，向巡视组报告立行立改进展情况，并及时研究提出调整和充实部脱贫攻坚领导小组及办公室成员的方案，按程序报经刘昆部长签批同意，进一步理顺工作机制，充实脱贫攻坚工作力量。

55. 2018 年 12 月 4 日至 5 日，财政部农业司与干部教育中心在宁夏举办了 2018 年财政扶贫工作培训班，全国 28 个省份的财政部门负责同志、处级干部和业务骨干参加了培训。

56. 2018 年 12 月 11 日，财政部国库司会同相关司局组织开展财政扶贫资金动态监控平台部署实施视频培训，有脱贫攻坚任务的 28 个省级及所属市县财政部门 4 万余人参加培训。

57. 2018 年 12 月 12 日至 13 日，财政部农业司在河北廊坊召开了财政专项扶贫资金绩效评价工作座谈会，就做好 2018 年财政专项扶贫资金绩效评价工作进行了动员和培训，相关省份财政厅、扶贫办同志参加会议。

58. 2018 年 12 月 17 日，财政部召开定点扶贫工作推进会。财政部党组成员、副部长、部定点扶贫工作领导小组副组长程丽华同志主持会议并讲话。会议深入学习贯彻习近平总书记扶贫工作重要论述，总结 2018 年财政部定点扶贫工作，研究部署今后两年定点帮扶工作。部机关、在京直属单位、驻湖南和云南专员办、驻平江和永胜两县定点扶贫工作队以及湖南、云南两省财政厅，岳阳市、丽江市财政局和两个定点扶贫县有关同志在主会场和分会场参加会议。

59. 2018 年 12 月 21 日，财政部党组召开会议审议《财政部贯彻落实打赢脱贫攻坚战三年行动指导意见的实施方案》。2018 年 12 月 25 日，财政部印发了《关于印发〈财政部贯彻落实打赢脱贫攻坚战三年行动指导意见的实施方案〉的通知》（财办〔2018〕40号），进一步细化财政脱贫攻坚各项政策措施，推动各级财政抓实脱贫攻坚工作，更好地履行脱贫攻坚职责。

60. 2018年12月，农业司赴甘肃定西、宁夏固原等深度贫困地区调研脱贫攻坚，对“三西”扶贫资金使用管理情况专题调研，深入研究“三区三州”之外的贫困人口多、脱贫难度大的深度贫困地区脱贫攻坚工作。

61. 2018年12月，财政部联合国务院扶贫办在对各省2017年财政专项扶贫资金绩效评价中，首次采取委托第三方机构抽查的方式，考评各地资金精准使用情况。

2019年

1. 2019年1月3日，财政部脱贫攻坚领导小组办公室召开调整充实成员单位后的第一次全体会议，传达学习习近平总书记重要指示精神和中央经济工作会议、中央农村工作会议、全国扶贫开发工作会议有关精神，研究推进当前财政脱贫攻坚重点工作。部脱贫攻坚领导小组办公室主任吴奇修主持会议，领导小组办公室24个成员单位全体成员出席会议，驻部纪检监察组应邀派员列席会议。

2. 2019年1月4日，国务院脱贫攻坚领导小组在四川省凉山州召开了“三区三州”脱贫攻坚座谈会，胡春华副总理出席并讲话。程丽华副部长参加会议，并结合财政职能，介绍了中央财政对“三区三州”的扶贫投入情况，就地方反映的热点问题进行了解答，并提出了进一步加强资金管理等建议。

3. 2019年1月28日，中央第十巡视组组长吴海英同志向财政部党组反馈了脱贫攻坚专项巡视意见。

4. 2019年1月14日，财政部党组成员、副部长、部定点扶贫工作领导小组副组长邹加怡同志主持召开财政部定点扶贫工作座谈会，预算司、农业司、人教司、机关党委及平江县相关负责同志参加。

5. 2019年1月23日至24日，财政部党组成员、副部长余蔚平同志一行赴平江县调研督导脱贫攻坚工作，深入三市镇淡江村听取村庄发展、支部联学联建等情况介绍，走访慰问贫困户，考察了解平江科技兴产、教育扶贫的情况，召开座谈会听取了平江县脱贫攻坚及定点帮扶工作情况汇报。

6. 2019年1月28日，财政部党组召开会议，传达学习习近平总书记关于巡视工作重要讲话精神。会议要求，部党组和部内各级党组织要深入学习贯彻习近平总书记重要讲话精神，认真落实中央巡视工作领导小组和中央第十巡视组要求，抓好脱贫攻坚专项巡视整改各项工作。

7. 2019年1月29日，财政部脱贫攻坚领导小组办公室召开主任办公会，传达学习习近平总书记关于巡视工作重要讲话精神，落实中央巡视组和中央巡视办的要求，研究部署脱贫攻坚专项巡视整改工作；宣布成立财政部脱贫攻坚领导小组办公室工作组，抽调精干力量成立工作专班，统筹协调巡视整改和脱贫攻坚重点工作，抓好跟踪督办。领导小组办公室主任吴奇修主持会议，领导小组办公室副主任出席会议，工作组成员列席会议。

8. 2019年1月31日，财政部党组召开会议审议通过《财政部党组关于中央脱贫攻坚专项巡视整改工作总体方案》。会议提出，党组成员要带头提高政治站位，按照分工主动负责尽责；各责任单位要认真做好巡视整改各项工作；部脱贫攻坚领导小组办公室要抓紧研究制订问题清单、任务清单、责任清单，切实承担起综合协调、督促检查等整改日常工作。

9. 2019 年 1 月 31 日，财政部脱贫攻坚领导小组召开全体会议，传达学习习近平总书记和近期中央有关会议关于脱贫攻坚专项巡视工作的重要讲话精神，中央巡视领导小组、中央第十巡视组关于脱贫攻坚专项巡视整改的要求，研究部署巡视整改和财政脱贫攻坚工作。财政部党组书记、部长、领导小组组长刘昆同志主持会议并讲话。财政部脱贫攻坚领导小组副组长、成员出席了会议，驻部纪检监察组应邀派员列席会议。受刘昆同志委托，时任财政部副部长刘伟同志作总结讲话。

10. 2019 年 2 月 13—14 日，财政部党组成员、副部长程丽华同志一行赴平江县开展定点扶贫调研督导，实地考察易地扶贫搬迁集中安置点及产业扶贫项目，走访慰问贫困户，调研农村改厕情况、小型基础设施建设项目等，督促当地落实主体责任，召开座谈会听取了平江县脱贫攻坚及定点帮扶工作情况汇报，并就财政部脱贫攻坚专项巡视反馈问题整改广泛听取意见建议。

11. 2019 年 2 月 14 日，时任财政部副部长刘伟同志赴贵州省调研，并主持召开财政扶贫资金监管工作座谈会。会议总结了前一个时期扶贫资金监管工作，就认真落实中央脱贫攻坚专项巡视发现问题整改要求作出安排部署。会议要求，切实提高政治站位，建立健全权责清晰、部门协同、上下联动的扶贫资金监管机制，创新完善信息化监管手段和强化财政监督队伍建设，持续开展财政监督专项检查，有序有效开展绩效评价，落实各项整改要求，推动党中央、国务院打赢脱贫攻坚战重大决策部署落地生根。

12. 2019 年 2 月 15 日，财政部脱贫攻坚领导小组召开办公室专题会议，协商讨论财政部脱贫攻坚专项巡视整改任务分工有关情况。领导小组办公室主任吴奇修主持会议，领导小组办公室副主任出席会议，驻部纪检监察组应邀派员列席会议。

13. 2019年2月18日，财政部脱贫攻坚领导小组召开全体会议，传达学习国务院扶贫开发领导小组第六次会议、广西河池深度贫困地区脱贫攻坚座谈会议精神，听取科教司、经济建设司、社会保障司关于支持解决“三保障”和饮水安全突出问题工作情况的汇报，研究部署近期财政脱贫攻坚重点工作。部党组成员、副部长、财政部脱贫攻坚领导小组副组长程丽华主持会议并作总结讲话，驻部纪检监察组应邀派员列席会议。

14. 2019年2月21—23日，财政部国库司赴云南省永胜县，就脱贫攻坚、定点扶贫、财政扶贫资金动态监控工作开展专题调研。

15. 2019年2月22日，财政部制定印发了《财政部党组关于中央脱贫攻坚专项巡视反馈问题整改和建议落实分工方案》（财党〔2019〕24号），将中央第十巡视组反馈的问题和建议梳理归纳为42项整改任务，并逐项明确了责任部领导、责任司局、整改期限和整改措施，形成了巡视整改的问题清单、任务清单和责任清单。

16. 2019年2月25日，财政部召开全国财政系统脱贫攻坚专项巡视整改工作推进会，深入学习贯彻习近平总书记关于脱贫攻坚专项巡视的重要讲话精神，部署做好脱贫攻坚专项巡视整改工作。部党组书记、部长、财政部脱贫攻坚领导小组组长刘昆同志出席会议并作讲话。

17. 2019年2月28日，财政部会同国务院扶贫办印发了《关于做好2019年贫困县涉农资金整合试点工作的通知》（财农〔2019〕7号），明确整合资金实行“负面清单”管理、及时修订完善制度、取消限制性规定、做实做细整合方案、落实向中央相关部门通报制度等一系列措施，督促各地放权到位，规范推进整合试点工作。

18. 2019年2月28日，财政部脱贫攻坚领导小组印发了2019年工作要点，进一步明确财政脱贫攻坚工作总体要求，进一步强化脱贫攻坚投入保障工作，确定财政脱贫攻坚多项重点举措，中央电视台《新闻联播》予以及时报道。

19. 2019年3月1日，湖南省人民政府印发《关于同意平江县等4县脱贫摘帽的批复》（湘政函〔2019〕18号），同意平江县脱贫摘帽。

20. 2019年3月1日，财政部驻平江县加义镇泊头村第一书记刘斌樑同志扶贫工作做法被中央和国家机关工委编入《中央和国家机关驻村第一书记扶贫典型案例集》。

21. 2019年3月11日，财政部召开永胜县定点扶贫工作座谈会，交流永胜县脱贫攻坚情况，研究推进下一步工作。财政部党组成员、副部长、部定点扶贫工作领导小组副组长程丽华主持会议，部党组成员、副部长、部定点扶贫工作领导小组副组长邹加怡出席会议。云南省财政厅、丽江市政府及永胜县委负责同志分别介绍脱贫攻坚有关情况。

22. 2019年3月13日，财政部脱贫攻坚领导小组办公室印发《关于建立〈决定〉〈三年行动指导意见〉财政部牵头事项落实情况双月调度制度的通知》（财脱贫办〔2019〕3号），要求部内各牵头司局按程序及时报告工作进展情况。双月调度制度的建立和执行，对于部党组及时了解和抓好财政脱贫攻坚重点任务落实发挥了积极作用。

23. 2019年3月13日，为认真抓好中央脱贫攻坚专项巡视反馈问题整改，加强对全国财政系统脱贫攻坚业务的指导，推动做好今明两年财政脱贫攻坚重点工作，财政部党组印发《中央脱贫攻坚专项巡视整改问题清单、任务清单、责任清单的通知》（财党〔2019〕33号），共计明确178项具体整改措施。

24. 2019年3月19日，财政部脱贫攻坚领导小组办公室召开成员单位联络员会议，研究进一步抓好脱贫攻坚专项巡视整改，做好整改进展情况报告工作。

25. 2019年3月20日，财政部召开全国财政系统脱贫攻坚工作视频会，学习贯彻习近平总书记关于扶贫工作的重要论述和党中央、国务院近期脱贫攻坚有关重要会议精神，总结2018年财政脱贫攻坚工作，安排部署接下两年财政脱贫攻坚重点工作。部党组书记、部长、部脱贫攻坚领导小组组长刘昆同志讲话，时任部党组成员、副部长、部脱贫攻坚领导小组副组长刘伟同志主持会议，新疆、四川、安徽、山东四省区财政厅负责同志作交流发言。

26. 2019年3月21日，财政部党组成员、副部长、部定点扶贫工作领导小组副组长邹加怡主持召开部定点扶贫工作领导小组全体会议，学习贯彻习近平总书记关于扶贫工作的重要论述，审议《财政部2019年定点扶贫工作要点》（财党委〔2019〕11号），研究部署2019年定点扶贫工作。

27. 2019年3月22日，财政部党组召开会议传达学习习近平总书记在全国“两会”期间参加全国人大甘肃、河南代表团审议时的重要讲话精神，系统学习习近平总书记关于脱贫攻坚工作的系列重要讲话精神，研究贯彻落实工作。

28. 2019年3月25日，中央纪委驻财政部纪检组印发《关于深入开展财政扶贫领域腐败和作风问题专项治理工作安排的通知》（驻财纪监发〔2019〕1号），对财政部深入开展扶贫领域腐败和作风问题专项治理工作作出全面安排。

29. 2019年3月25—26日和3月28—29日，财政部分两期举办贫困地区财政干部脱贫攻坚政策培训班，程丽华副部长出席培训班开班仪式并作动员讲话，全国832个贫困县财政局负责同志、中西部22省份监管局相关负责同志参加了培训。

30. 2019年3月26日，中央纪委驻财政部纪检组会同财政部内控办、人事教育司、机关党委，召开财政部脱贫攻坚任务单位座谈会，听取农业司、税政司等15个部内单位落实《中共中央 国务院关于打赢脱贫攻坚战的决定》《中共中央 国务院关于打赢脱贫攻坚战三年行动的指导意见》任务分工有关工作推进、日常监管、制度建设等方面的情况汇报。部党组成员、驻部纪检监察组组长赵惠令同志出席会议并讲话。

31. 2019年3月26—28日，财政部在云南省昆明市举办2019年财政扶贫工作培训班，对平江、永胜两县135名扶贫干部进行培训。

32. 2019年3月29日，财政部党组成员、副部长程丽华同志主持召开专题会议，听取分管司局脱贫攻坚专项巡视整改进展情况和《中共中央 国务院关于打赢脱贫攻坚战的决定》《中共中央 国务院关于打赢脱贫攻坚战三年行动的指导意见》牵头事项贯彻落实进展情况，督促推动相关工作。

33. 2019年4月3日，中央纪委驻财政部纪检组组织召开专题学习会，邀请财政部农业司有关负责同志就脱贫攻坚有关内容为全组同志授课。财政部党组成员、驻部纪检监察组组长赵惠令同志出席学习会并对全组下一步学习和工作提出要求。

34. 2019年4月4日，财政部脱贫攻坚领导小组印发《关于贯彻落实深入开展消费扶贫 助力打赢脱贫攻坚战指导意见的实施方案》（财脱贫组〔2019〕2号），提出了推动承销贫困地区产品、加强宣传推广促销、鼓励扶贫干部推销、完善电子商务营销、支持龙头企业带销、完善基础设施促销等多项支持消费扶贫的具体举措。

35. 2019年4月4日，财政部会同国务院扶贫办印发了《关于〈中央专项彩票公益金支持贫困革命老区脱贫攻坚资金管理办法〉的补充通知》（财农〔2019〕20号），进一步加强中央专项彩票公益金支持贫困革命老区脱贫攻坚资金管理。

36. 2019年4月9日至11日，财政部党组成员、副部长、部脱贫攻坚领导小组副组长程丽华同志率调研组，赴贵州省调研脱贫攻坚情况。调研组先后前往贵州省财政厅、遵义市湄潭县、黔东南州榕江县，现场观摩扶贫资金动态监控平台和扶贫项目资金绩效管理情况，实地调研易地扶贫搬迁后续扶持、产业扶贫、旅游扶贫、社会扶贫等项目情况，走访了解贫困群众生产生活状况和帮扶情况。在贵州省财政厅召开座谈会，详细听取了贵州省财政厅以及赫章县、晴隆县、湄潭县有关负责同志关于财政扶贫工作情况的汇报和意见建议。

37. 2019年4月15日，财政部脱贫攻坚领导小组印发《关于进一步规范和完善脱贫攻坚有关工作机制的通知》（财脱贫组〔2019〕3号），从建立长效机制出发，提出一揽子完善脱贫攻坚工作机制的相关措施，进一步完善了传达学习中央精神、强化责任意识、文件运转规程、政策信息公开等工作机制。

38. 2019年4月15日，部党组成员、副部长、部脱贫攻坚领导小组副组长许宏才到国库司调研，听取了国库司关于财政扶贫资金动态监控平台建设情况、存在问题及下一步工作的汇报，研究部署监控平台建设下一阶段工作。预算司、农业司、信息网络中心有关负责同志参加调研，对进一步做好监控平台建设、落实好巡视整改任务等进行了深入讨论。

39. 2019年4月17日，印发《财政部关于加强和规范财政支持脱贫攻坚政策落实情况监督工作的意见》（财监〔2019〕12号），聚焦重点区域、财政系统、重点资金和政策等，从优化监督方式、完善责任追究机制、充分运用监督成果、有效落实公开公示制度等四个方面，提出进一步完善监督机制的具体措施，推动形成长效监督机制。

40. 2019 年 4 月 29 日，财政部会同住房城乡建设部印发了《关于加强农村危房改造资金使用管理 助力全面完成脱贫攻坚任务的通知》（财社〔2019〕53 号），从切实落实资金保障责任、着力加大对深度贫困地区和特困农户的倾斜支持、继续支持做好贫困县涉农资金整合工作、不断加强资金规范管理等方面，进一步明确了农村危房改造资金的使用管理要求。

41. 2019 年 4 月 30 日，教育部办公厅、财政部办公厅、国务院扶贫办综合司印发《关于进一步加大深度贫困地区支持力度切实做好义务教育有保障工作的通知》（教财厅〔2019〕1 号），要求瞄准突出问题和重点任务精准发力，强化资金支持和监管，强化责任狠抓落实，切实解决贫困地区义务教育保障面临的突出问题，重点加大力度推进“三区三州”以及“三区三州”外贫困人口多、贫困发生率高、脱贫难度较大的深度贫困地区教育脱贫攻坚。

42. 2019 年，财政部党组将“财政支持脱贫攻坚与乡村振兴相衔接政策研究”明确为部党组重点调研课题，由程丽华副部长牵头。5 月至 11 月，农业农村司、部脱贫攻坚领导小组办公室、北京国家会计学院组成联合课题组，同时委托江苏等 5 个省份独立开展研究，邀请山东等 8 个省份配合开展研究。课题组全面梳理评估财政脱贫攻坚政策，先后组织赴 12 个省份开展实地调研，召开专题座谈会，形成了《财政支持脱贫攻坚与乡村振兴有效衔接课题研究报告》等一系列研究成果。

43. 2019 年 5 月 4—6 日，财政部党组书记、部长刘昆同志赴永胜县调研督导，考察易地扶贫搬迁、产业扶贫等项目，走进贫困户家里，详细了解其家庭情况以及存在的困难和问题，并召开定点扶贫工作座谈会，听取永胜县关于脱贫攻坚进展情况和财政部定点帮扶工作情况介绍，督促县委县政府落实脱贫攻坚主体责任。

44. 2019 年 5 月 7 日，国务院扶贫开发领导小组印发《关于 2018 年中央单位定点扶贫工作成效考核情况的通报》（国开发〔2019〕9 号），财政部 2018 年定点扶贫工作被评为“好”等次。

45. 2019 年 5 月 8 日，财政部脱贫攻坚领导小组召开全体会议，学习贯彻习近平总书记在解决“两不愁三保障”突出问题座谈会上的重要讲话精神，传达学习汪洋主席、胡春华副总理近期在有关脱贫攻坚专题会上的讲话精神，研究审议部脱贫攻坚领导小组成员单位及办公室工作职责和工作制度，安排部署下阶段专项巡视整改工作。部党组成员、副部长、部脱贫攻坚领导小组副组长程丽华同志主持会议并作总结讲话。部党组成员、副部长、部脱贫攻坚领导小组副组长余蔚平、许宏才同志以及领导小组成员出席了会议，驻部纪检监察组应邀派员列席会议。

46. 2019 年 5 月 9 日和 5 月 15 日，中央纪委驻财政部纪检组分别在河南郑州、甘肃兰州召开全国部分省（市、自治区）财政厅（局）纪检监察组长座谈会，对财政支持脱贫攻坚工作情况进行调研座谈，财政部党组成员、驻部纪检监察组组长赵惠令同志出席会议并就加强财政脱贫攻坚工作监督提出要求。会议期间，赵惠令同志带队到河南、甘肃监管局就扶贫资金监管工作进行了调研，并实地调研了甘肃临夏州脱贫攻坚工作。

47. 2019 年 5 月 10 日，财政部脱贫攻坚领导小组印发《财政部脱贫攻坚领导小组成员单位及办公室工作职责和工作制度（试行）》（财脱贫组〔2019〕5 号），进一步健全财政部脱贫攻坚工作机制，完善和细化部脱贫攻坚领导小组各成员单位以及办公室的职责，规范领导小组及办公室工作制度，确保各项工作有序开展。

48. 2019 年 5 月 23 日，财政部农业司会同预算司、监督评价局召开财政扶贫资金日常监管有关政策视频培训会；并印发了《关于印发〈2019 年财政扶贫资金日常监管工作方案〉的通知》(财办农〔2019〕47 号)，组织各地监管局开展 2019 年财政扶贫资金日常监管工作，重点核查巡视、审计和财政专项扶贫资金绩效评价发现的资金使用管理存在的问题整改情况。

49. 2019 年 5 月 29 日，财政部、国务院扶贫办联合印发《关于运用政府采购政策支持脱贫攻坚的通知》(财库〔2019〕27 号)，要求各级预算单位预留一定比例食堂食材采购份额采购贫困地区农副产品，明确财政部、国务院扶贫办会同有关部门搭建贫困地区农副产品网络销售平台，为贫困地区农副产品提供网络销售渠道。

50. 2019 年，财政部农业农村司建立“三区三州”脱贫攻坚基层联系点制度。及时掌握财政支持脱贫攻坚各项政策措施的落实情况，了解基层扶贫资金管理状况，研究解决“三区三州”脱贫攻坚存在的突出问题。2019 年 6 月和 11 月，先后组织赴基层联系点康定、泸水开展调研。

51. 2019 年 6 月 18 日，财政部脱贫攻坚领导小组办公室召开全体会议，传达学习国务院扶贫开发领导小组第七次会议审议通过的《关于解决“两不愁三保障”突出问题的指导意见》主要精神、《2019 年脱贫攻坚督查巡查工作方案》《2018 年贫困县退出抽查工作方案》主要内容和国家脱贫攻坚普查工作总体安排，梳理研究脱贫攻坚专项巡视整改阶段性成果和后续重点工作，研究调整充实财政部脱贫攻坚领导小组及其办公室成员有关事宜。领导小组办公室成员出席会议，驻部纪检监察组以及自然资源和生态环境司应邀派员参加会议。

52. 2019 年 6 月 20 日，中央纪委驻财政部纪检组向有关监管局下发了扶贫资金使用管理情况书面调研通知，会同财政部农业农村司及河北、山西等 12 个监管局对纳入扶贫资金台账管理的 42 项财政扶贫资金使用管理情况进行调研。

53. 2019 年 6 月 21 日，财政部印发《财政部财政扶贫资金动态监控工作规程》（财办〔2019〕37 号），明确动态监控内容、职责分工、动态监控业务需求和预警规则管理、预警信息处理和动态监控情况反馈、监控平台使用与数据管理等工作要求。

54. 2019 年 6 月 24 日至 29 日，按照“不忘初心、牢记使命”主题教育安排，落实脱贫攻坚专项巡视整改要求，财政部党组成员、副部长、部脱贫攻坚领导小组副组长程丽华同志率调研组一行，深入西藏自治区开展脱贫攻坚专题调研。先后赴林芝市米林县、巴宜区、工布江达县，拉萨市城关区，日喀则市桑珠孜区等地，实地了解边境小康村建设、旅游扶贫、产业扶贫、村集体经济发展等情况，进村入户了解脱贫攻坚情况，并召开座谈会，听取自治区财政厅、扶贫办、农业农村厅等相关部门的汇报，认真总结西藏脱贫攻坚工作取得的成绩和经验，深入了解面临的困难和问题，形成下一步工作的意见建议。

55. 2019 年 6 月 26 日，财政部印发了《关于印发〈财政支农资金支持资产收益扶贫案例（二）〉的通知》（财办农〔2019〕54 号），通过典型示范带动的形式，进一步推动各地资产收益扶贫工作规范有序开展。

56. 2019 年 7 月 4 日，财政部脱贫攻坚领导小组办公室召开《关于支持深度贫困地区脱贫攻坚的实施意见》落实情况第三方评价座谈会，相关司局参加并接受第三方评价机构清研智库的现场评估。

57. 2019 年 7 月 9 日，印发《财政部门财政扶贫资金违规管理责任追究办法》（财监〔2019〕21号），明确了该办法适用范围及资金范围，列明了违反规定管理使用财政扶贫资金的十种情形，包括以弄虚作假手段骗取、套取财政扶贫资金，无故延迟拨付财政扶贫资金造成扶贫资金闲置，贪污、挪用财政扶贫资金等行为。同时，针对财政部门及其工作人员明确了相应追责的形式。

58. 2019年7月17日，根据部领导分工调整以及机构改革方案，财政部脱贫攻坚领导小组发文调整领导小组及其办公室成员。

59. 2019年7月19日，财政部召开定点扶贫工作推进交流会。财政部党组书记、部长、部定点扶贫工作领导小组组长刘昆出席会议并讲话。部党组成员、驻部纪检监察组组长赵惠令主持会议。会议结合“不忘初心、牢记使命”主题教育，深入学习贯彻习近平总书记关于扶贫工作的重要论述，总结交流定点扶贫工作成效和做法，研究部署下一步定点帮扶工作。

60. 2019年7月23日至25日，按照“不忘初心、牢记使命”主题教育安排，财政部党组成员、副部长、部脱贫攻坚领导小组副组长程丽华同志率队，深入内蒙古自治区呼伦贝尔市开展脱贫攻坚与乡村振兴衔接专题调研。调研组先后前往额尔古纳市、陈巴尔虎旗、满洲里市，实地调研现代牧业发展、产业扶贫、生态治理等情况，进村入户了解牧民生产生活状况，并于25日在满洲里市召开座谈会，围绕生态保护、脱贫攻坚、产业发展、农牧民增收、作风建设等五个方面开展座谈，充分听取了内蒙古自治区财政厅及呼伦贝尔市、额尔古纳市、陈巴尔虎旗、满洲里市有关负责同志意见建议。

61. 2019年7月24日，财政部脱贫攻坚领导小组办公室在云南昆明召开财政支持脱贫攻坚与乡村振兴有效衔接课题调研座谈会，听取有关省（区、市）财政部门负责同志关于课题研究成果的汇报，研究如何做好财政支持脱贫攻坚与乡村振兴有效衔接工作。

62. 2019 年 7 月 25 日至 27 日，财政部脱贫攻坚领导小组办公室、农业农村司赴云南省永胜县调研定点扶贫和脱贫攻坚工作，实地查看永胜地震灾情，研究支持灾后设施修复和生产恢复工作。向部领导呈报《关于永胜县脱贫攻坚与乡村振兴调研情况的报告》，刘昆部长等部领导签批同意。

63. 2019 年 7 月 30 日，财政部党组成员、驻部纪检监察组组长赵惠令同志专程到全国社会保障基金会听取了“不忘初心，牢记使命”主题教育开展情况，同时了解定点帮扶内蒙古兴和县脱贫工作。

64. 2019 年 8—9 月，财政部组织河北、山西、湖北、湖南、广西、贵州、陕西、宁夏等监管局就地开展了财政支持深度贫困地区脱贫攻坚政策落实情况核查。核查范围是 2017—2018 年度各项财政支持脱贫攻坚政策落实及资金管理使用情况，重点包括扶贫资金分配、使用、监管和绩效管理等。

65. 2019 年 8 月 12 日，财政部农业农村司印发《关于财政专项扶贫资金动态监控工作情况的通报》，针对扶贫资金动态监控中发现的问题，及时就各省中央财政专项扶贫资金的拨付情况、到县情况以及省级财政扶贫资金安排情况向各省进行通报，督促地方采取有效措施，加快资金拨付，确保资金规模达到增幅要求。农业农村司实现“率先在财政专项扶贫资金上实现动态监控和运用相关数据”。

66. 2019 年 8 月 16 日，财政部会同国务院扶贫办、供销总社印发《政府采购贫困地区农副产品实施方案》（财库〔2019〕41 号），进一步细化明确平台产品在线展示、产地认定、质量标准等工作，并将湖南平江县、云南永胜县列为首批试点县。

67. 2019 年 8 月 19 日至 22 日，财政部党组成员、驻部纪检监察组组长赵惠令同志率队，赴黑龙江、吉林两省就减税降费政策实施情况和财政扶贫资金监管工作开展专题调研。

68. 2019 年 8 月 22 日，财政部党组成员、副部长许宏才主持召开定点扶贫工作座谈会，与丽江市、永胜县政府主要负责同志座谈交流定点扶贫相关工作。

69. 根据国务院扶贫开发领导小组统一部署，2019 年 9 月 3 日至 11 日，财政部和商务部组成联合巡查组，由财政部副部长程丽华同志带队深入吉林省延边自治州龙井市、汪清县和白城市通榆县、大安县等县市开展实地巡查，重点了解了吉林省“两不愁三保障”落实情况等，推动吉林省进一步抓好脱贫攻坚工作。

70. 2019 年 9 月 5 日，财政部联合国务院扶贫办、发展改革委等 6 部委印发了《财政专项扶贫资金绩效管理操作指南（试行）》（财办农〔2019〕68 号），明确了县级财政、扶贫以及预算资金申请单位绩效管理中的操作流程，提供了绩效管理流程图和 5 类绩效目标申报模版供地方参考，有效解决了扶贫项目资金绩效管理落地难的问题。

71. 2019 年 9 月 17 日，财政部脱贫攻坚领导小组印发《关于坚决破除扶贫领域形式主义、官僚主义的通知》（财脱贫组〔2019〕7 号），要求进一步提高政治站位，把坚决破除形式主义、官僚主义要求落实到财政脱贫攻坚各项具体工作中。

72. 2019 年 9 月 23 日，财政部联合国务院扶贫办印发《关于调整〈财政专项扶贫资金绩效评价指标评分表〉的通知》（财农〔2019〕89 号），结合脱贫攻坚新情况、新要求，进一步完善财政专项扶贫资金绩效评价指标。

73. 2019 年 9 月 25 日，财政部脱贫攻坚领导小组召开全体会议，传达学习《中国共产党农村工作条例》，学习贯彻习近平总书记的重要批示精神，传达胡春华副总理关于扶贫领域防止形式主义、官僚主义的批示精神，传达学习全国产业扶贫工作推进会、深度贫困地区脱贫攻坚督导推进会会议精神，通报脱贫攻坚专项巡视整改进展情况，安排配合脱贫攻坚重要政策措施落实情况第三方调查评估有关事项。财政部党组成员、副部长、领导小组副组长程丽华同志主持会议并讲话。财政部党组成员、副部长、领导小组副组长许宏才同志以及领导小组成员出席会议，驻部纪检监察组应邀派员列席会议。

74. 2019 年 9 月 26 日，财政部定点扶贫领导小组办公室与中国农业银行签订消费扶贫合作备忘录，双方将通过中国农业银行扶贫商城，在扶贫商户入驻、产品宣传、经营管理和售后服务等方面开展合作。

75. 2019 年 10 月 17 日，湖南省举办 2019 年“百名最美扶贫人物”表彰暨先进事迹报告会。财政部驻平江县定点扶贫工作队队长、平江县委副书记邢朝虹获评“最美丽扶贫人物”，并作典型发言。

76. 2019 年 10 月 17 日，财政部、国务院扶贫办、供销总社在京举行贫困地区农副产品网络销售平台上线仪式，平台上线运行。财政部副部长许宏才出席活动并致辞。

77. 2019 年 10 月 21 日，财政部脱贫攻坚领导小组办公室召开全体会议，传达学习习近平总书记和李克强总理对第六个国家扶贫日的重要指示批示以及国务院扶贫开发领导小组第八次会议精神，审议《财政系统脱贫攻坚排查梳理“回头看”工作方案》，推动财政支持“三保障”和饮水安全、易地扶贫搬迁后续扶持工作，抓好脱贫攻坚专项巡视整改工作和《中共中央 国务院关于打赢脱贫攻坚战的决定》、《中共中央 国务院关于打赢脱贫攻坚战三年行动的指导意见》财政部牵头事项等工作的贯彻落实。领导小组办公室主任吴奇修同志主持会议，领导小组办公室成员出席会议，驻部纪检监察组应邀派员参加会议。

78. 2019 年 10 月 23—25 日，财政部党组成员、驻部纪检监察组组长赵惠令同志先后赴财政部上海、河南监管局就推动打赢“三大攻坚战”以及落实减税降费情况督导调研。

79. 2019 年 10 月 30 日，财政部脱贫攻坚领导小组办公室印发《财政系统脱贫攻坚排查梳理“回头看”工作方案》（财脱贫办〔2019〕24 号），布置各级财政部门，聚焦《中共中央 国务院关于打赢脱贫攻坚战的决定》、《中共中央 国务院关于打赢脱贫攻坚战三年行动的指导意见》落实情况、各类监督检查发现问题整改情况、支持推进行业扶贫重点工作情况、定点扶贫工作开展情况四个方面，全面梳理排查，通过“回头看”着力巩固拓展脱贫成果。

80. 2019 年 11 月上旬，财政部党组成员、驻部纪检监察组组长赵惠令同志召开专门会议，听取财政部脱贫攻坚领导小组成员单位和财政部定点扶贫工作领导小组成员单位情况报告。

81. 2019 年 11 月 4 日，财政部脱贫攻坚领导小组办公室召开脱贫攻坚重要政策措施落实情况第三方评估座谈会，相关司局负责同志参加并接受第三方评价机构清研智库的现场评估。

82. 2019 年 11 月 8 日，财政部党组召开会议传达学习习近平总书记、李克强总理在第六个全国扶贫日到来之际的重要指示批示精神，研究贯彻落实工作。会议要求部内各单位开展深入学习，认真按要求开展财政脱贫攻坚领域排查梳理“回头看”工作，聚焦“3 + 1”补短板和易地扶贫搬迁后续扶持工作。

83. 2019 年 11 月 12—14 日，财政部农业农村司会同干部教育中心在山东烟台举办 2019 年财政扶贫工作培训班，对有扶贫任务的28个省（区、市）监管局、财政和扶贫部门的业务骨干进行培训。

84. 2019年11月21日，财政部党组成员、驻部纪检监察组组长赵惠令同志召开专题会议，听取重点司局整改进展情况汇报，财政部脱贫攻坚领导小组办公室和驻部纪检监察组抽查相关佐证材料，督促整改落实。

85. 2019年11月28日，财政部党组理论学习中心组围绕“深入学习贯彻党的十九届四中全会精神，加快建立完善现代财政制度，推动财政制度优势更好转化为国家治理效能；学习《习近平关于“三农”工作论述摘编》和《中国共产党农村工作条例》”开展集体学习研讨。部党组书记、部长刘昆同志主持中心组学习，中心组成员赵惠令、许宏才、王尔乘、刘伟同志参加。

86. 2019年12月4日，财政部脱贫攻坚领导小组召开专题会议，研究中央脱贫攻坚专项巡视“回头看”准备工作。部党组成员、副部长、领导小组副组长程丽华同志主持会议并讲话。

87. 2019年12月6日，财政部国库司会同预算司、监督评价局、信息网络中心组织开展财政扶贫资金动态监控工作视频培训，讲解财政扶贫资金动态监控月报及预警信息处理、分析报表使用及口径解释、指标下达及接口操作、绩效管理、运维管理等。部内相关司局、信息网络中心共40余名同志在主会场参加培训，财政部有关监管局和有脱贫攻坚任务的28个省及所属市县财政部门近3.8万人在当地视频会议室参加培训。

88. 2019年12月7日，财政部机关党委、行政政法司主要负责同志陪同中央政府驻香港联络办秘书长文宏武，全国政协常委、香港各界扶贫促进会召集人谭锦球一行赴云南省永胜县调研，考察选择香港各界扶贫促进会帮扶永胜县项目。

89. 2019年12月16日，财政部脱贫攻坚领导小组办公室召开专题会议。会议传达了刘昆同志等部领导同志关于做好巡视“回头看”工作的批示要求，传达了《财政部党组关于接受和配合中央脱贫攻坚专项巡视“回头看”工作方案》的主要内容，传达了对接中央巡视组进驻会议的主要情况。

90. 2019 年 12 月 23 日至 2020 年 1 月 15 日，根据中央统一部署，中央第十巡视组对财政部党组开展了脱贫攻坚专项巡视“回头看”。

91. 2019 年 12 月 26 日，召开第九次全国财政系统先进集体和工作者表彰大会，部党组书记、刘昆出席表彰大会并讲话，人力资源社会保障部党组成员、副部长张义全和财政部党组成员为表彰对象颁奖。财政部驻云南永胜县定点扶贫工作队被评为全国财政系统先进集体。同时在评选中，对于扶贫干部和集体，在名额推选和表彰上倾斜侧重，以实际行动助力脱贫攻坚。

92. 2019 年 12 月 27 日，财政部脱贫攻坚领导小组办公室召开专题会议。会议研究讨论《财政部党组关于脱贫攻坚专项巡视整改情况的汇报》修改事宜。

93. 2019 年 12 月 30 日，根据财政部领导班子成员调整情况，按程序增补部党组成员、部长助理欧文汉同志为财政部脱贫攻坚领导小组副组长。

94. 2019 年 12 月 31 日，财政部党组召开会议传达学习中央农村工作会议、全国扶贫开发工作会议以及国务院扶贫开发领导小组第九次会议精神，听取了关于抓好贯彻落实意见的汇报，并研究部署了贯彻落实工作。

2020 年

1. 2020 年 1 月 8 日，财政部脱贫攻坚领导小组办公室召开全体会议，传达学习习近平总书记对做好“三农”工作的重要指示精神，学习贯彻中央农村工作会议、全国扶贫开发工作会议、国务院扶贫开发领导小组第九次会议精神以及汪洋主席在四川脱贫攻坚调研座谈会上的讲话精神、胡春华副总理在云南怒江州深度贫困地区脱贫攻坚调研座谈会上的讲话精神，总结 2019 年部脱贫攻坚领导小组办公室工作，研究 2020 年财政脱贫攻坚工作思路。领导小组办公室主任吴奇修同志主持会议，领导小组办公室成员出席会议，驻部纪检监察组应邀派员参加会议。

2. 2020 年 1 月 10 日，财政部党组成员、副部长余蔚平、许宏才同志与平江县委县政府负责同志一行进行座谈，交流脱贫攻坚工作情况。

3. 2020 年 1 月 14 日，部脱贫攻坚领导小组办公室召开专题会议，研究进一步推进 2020 年后减贫政策研究工作。

4. 2020 年 2 月 14 日，胡春华副总理主持召开研究脱贫攻坚与乡村振兴战略有机衔接工作第一次会议，听取发展改革委、民政部、财政部、人民银行负责同志汇报研究完善 2020 年后扶贫政策有关情况。财政部副部长程丽华同志代表财政部汇报了 2020 年后财政扶贫政策调整完善的初步考虑，为中央顶层设计出谋献策。

5. 2020 年 2 月 17 日，国务院扶贫办、财政部及时制定印发《关于积极应对新冠肺炎疫情影响 加强财政专项扶贫资金项目管理工作 确保全面如期完成脱贫攻坚目标任务的通知》（国开办发〔2020〕5 号），针对性优化财政专项扶贫资金支持政策，要求各地在资金投入方面，向受疫情影响较重地区适当倾斜，切实保障好这些地区脱贫攻坚资金需求；在资金使用方面，重点向产业项目倾斜，结合实际加大对受疫情影响较大的产业扶贫项目生产、储存、运输、销售等环节的支持，解决农产品“卖难”问题；支持贫困户恢复生产，开展生产自救，加大奖补力度；强化就业支持，通过一次性生产补贴、贷款贴息支持、临时岗位补助等，支持带动贫困户就业。文件的及时出台，为各地客服疫情影响，确保脱贫攻坚决战决胜发挥了重要作用。

6. 2020 年 2 月 18 日，程丽华副部长参加各民主党派中央脱贫攻坚民主监督工作座谈会。

7. 2020 年 2 月 19 日，财政部脱贫攻坚领导小组印发了 2020 年工作要点，明确了 2020 年财政脱贫攻坚 10 项重点任务，包括认真学习领会习近平总书记关于扶贫的重要论述、巩固深化巡视整改成果、加强扶贫领域资金监管、加大财政扶贫投入力度、加快补齐脱贫攻坚短板、推进贫困县涉农资金整合试点、提高扶贫项目资金绩效、推进脱贫攻坚与乡村振兴有效衔接、履行定点帮扶责任、加强财政脱贫攻坚成效和经验总结等。

8. 2020 年 2 月 28 日，财政部党组召开会议，审议财政系统脱贫攻坚排查梳理“回头看”情况，研究部署 2020 年财政脱贫攻坚重点工作。

9. 2020 年 3 月 13 日，财政部会同国务院扶贫办印发了《关于做好 2020 年财政专项扶贫资金管理、贫困县涉农资金整合试点及资产收益扶贫等工作的通知》（财农〔2020〕4 号），要求各地加大财政专项扶贫资金投入力度，加大贫困县涉农资金整合力度，资金分配向“三区三州”等深度贫困地区、挂牌督战地区等倾斜，提高用于农业特色扶贫产业的资金比例，补齐农村饮水安全运行维护等必要的公益性基础设施短板，统筹资金支持非贫困县、非贫困村贫困人口脱贫。

10. 2020 年 3 月 13 日，财政部党组召开会议，传达学习习近平总书记在决战决胜脱贫攻坚座谈会上的重要讲话精神，研究部署贯彻落实工作；传达学习习近平总书记在听取脱贫攻坚有关情况汇报时的重要讲话精神，通报《中央第十巡视组关于对财政部党组开展脱贫攻坚专项巡视“回头看”的反馈意见》（中巡发〔2020〕92号），研究部署整改工作。

11. 2020年3月19日，财政部脱贫攻坚领导小组召开全体会议，深入学习贯彻习近平总书记在决战决胜脱贫攻坚座谈会上的重要讲话精神；通报中央第十巡视组对财政部党组脱贫攻坚专项巡视“回头看”的反馈意见；传达学习党中央、国务院关于脱贫攻坚的有关会议、文件精神，通报全国财政系统脱贫攻坚排查梳理“回头看”有关情况；审议《财政部脱贫攻坚领导小组关于贯彻落实习近平总书记在决战决胜脱贫攻坚座谈会上重要讲话精神工作方案》，部署财政脱贫攻坚工作。部党组书记、部长、领导小组组长刘昆同志主持会议并讲话。领导小组副组长程丽华、邹加怡、许宏才、欧文汉同志以及领导小组成员出席会议，驻部纪检监察组、机关纪委应邀派员列席会议。

12. 2020年3月24日，为贯彻落实习近平总书记在决战决胜脱贫攻坚座谈会上重要讲话精神，财政部脱贫攻坚领导小组印发了《关于贯彻落实习近平总书记在决战决胜脱贫攻坚座谈会上重要讲话精神工作方案》（财脱贫组〔2020〕3号），把思想和行动统一到坚决贯彻落实习近平总书记重要讲话精神上来，从八个方面出实招、强举措，细化实化了决战决胜脱贫攻坚的财税支持政策举措和工作任务。

13. 2020年3月24日，中央政治局常委、全国政协主席汪洋同志到国务院扶贫办调研脱贫攻坚工作并召开座谈会，财政部副部长程丽华同志陪同调研。

14. 2020年4月，国务院扶贫办、财政部联合印发了《关于贯彻落实〈关于建立防止返贫监测和帮扶机制的指导意见〉的通知》（国开办发〔2020〕13号），明确按规定条件确定的监测对象中，具备发展产业条件和有劳动能力的，可安排各级财政专项扶贫资金对其申请的扶贫小额信贷予以贴息，支持其参加与生产相关的经营技能培训、劳动技能培训，支持通过村内扶贫公益岗位安置。

15. 2020 年，财政部党组将“挂牌督战地区脱贫攻坚补短板相关政策研究”列为重点调研课题，由程丽华副部长牵头。2020 年 4—6 月，部脱贫攻坚领导小组办公室、农业农村司会同社会保障司、广西等三省份监管局和贵州等五省份财政部门组成联合课题组，疫情期间开展书面调研的基础上，疫情缓解后赴甘肃岷县、东乡等 39 个挂牌督战县实地调研。针对挂牌督战发现的问题和地方反映的困难，及时研究采取措施，形成了《挂牌督战地区脱贫攻坚补短板政策研究报告》。

16. 2019 年 4 月 7 日，财政部印发《关于做好近期预算执行动态监控工作有关事项的通知》（财预便〔2020〕55 号），恢复因疫情影响的财政扶贫资金动态监控情况报送制度。

17. 2020 年 4 月 13 日，国务院扶贫开发领导小组印发《关于 2019 年中央单位定点扶贫工作成效评价情况的通报》（国开发〔2020〕8 号），财政部 2019 年定点扶贫年度考核为“好”。

18. 2020 年 4 月 20 日，财政部会同国务院扶贫办印发了《关于 2019 年贫困县涉农资金整合试点工作推进情况的通报》（财农〔2020〕16 号），要求各地认真落实整合试点相关工作要求，坚持问题导向，及时整改，举一反三推进整合试点工作。

19. 2020 年 4 月 16 日，财政部办公厅、教育部办公厅印发《关于进一步加大支持力度持续做好义务教育有保障工作的通知》（财办教〔2020〕41 号），从聚焦深度贫困挂牌督战，加大义务教育投入保障力度；强化政策资金跟踪问效，提高教育扶贫资金使用绩效；落实地方主体责任，探索建立解决相对贫困的长效机制等方面，指导地方加大力度推进“三区三州”等深度贫困地区，特别是挂牌督战地区教育脱贫攻坚有关工作。

20. 2020 年 4 月 17 日，财政部党组召开会议，听取 2019 年中央单位定点扶贫工作成效评价情况及抓好落实工作建议的汇报。会议对部脱贫攻坚领导小组办公室、定点扶贫工作领导小组办公室、社保基金会、机关党委等有关单位，以及机关党委、农业农村司等定点扶贫工作领导小组成员单位提出表扬。

21. 2020 年 4 月 21 日，财政部脱贫攻坚领导小组印发《财政部脱贫攻坚领导小组关于开展财政系统脱贫攻坚挂牌督战工作和建立双月会商机制的通知》（财脱贫组〔2020〕4 号）。部署开展财政系统开展脱贫攻坚挂牌督战工作，对未摘帽的 52 个贫困县、未出列的 1 113 个贫困村以及财政部定点帮扶的湖南省平江县、云南省永胜县，开展挂牌督战，加大工作指导和支持力度，支持贫困县如期摘帽、贫困村按期出列、贫困人口全部脱贫。建立财政脱贫攻坚重点工作双月会商机制，对各方面反映的影响脱贫攻坚顺利收官的突出问题，开展专题会商，积极研究提出针对性支持措施并推动落实。

22. 2020 年 4 月 21 日，财政部党组成员、驻部纪检监察组组长赵惠令同志主持召开部巡视“回头看”整改部分牵头单位工作情况汇报会，先后听取了农业农村司、办公厅、机关党委、社会保障司等 4 个牵头单位在财政脱贫攻坚整改措施制定、工作推进、任务完成以及制度建设等方面的情况汇报。部脱贫攻坚专项巡视“回头看”监督工作领导小组成员单位有关负责同志参会并进行了讨论发言。赵惠令同志从提高思想认识、把握形势任务、落实主体责任，以及下一步工作安排等四个方面提出了要求。

23. 2020 年 4 月 22 日至 29 日，机关党委、农业农村司会同驻部纪检监察组赴平江、永胜两县调研，深入了解脱贫攻坚工作进展、疫情对脱贫攻坚的影响以及发挥“试验田”作用情况，并形成了专题调研报告。

24. 2020年4月23日至26日，汪洋主席赴云南、贵州调研脱贫攻坚工作，财政部副部长程丽华同志陪同调研。

25. 2020年4月23日，中央纪委常委、国家监委委员卢希同志一行来财政部调研，了解中央政府投资项目、各类财政补贴项目、扶贫资金拨付使用情况、批准的地方政府债券和基金，以及财政监督等数据资料情况。国库司介绍了财政扶贫资金动态监控建设和应用，以及财政内控工作等有关情况。

26. 2020年4月26日，财政部脱贫攻坚领导小组办公室主任、巡视“回头看”整改工作领导小组办公室主任吴奇修同志主持召开财政脱贫攻坚重点工作双月会商会议，就广西易地扶贫搬迁后续扶持问题、野生动物禁养相关政策问题以及甘肃、宁夏苦咸水问题组织会商，通报和调度脱贫攻坚专项巡视“回头看”整改工作进展情况，研究推动脱贫攻坚重点工作。驻部纪检监察组应邀派员列席会议。

27. 2020年5月25日，贯彻落实习近平总书记重要讲话和重要指示批示精神，按照党中央、国务院关于统筹推进疫情防控和脱贫攻坚工作的决策部署，在2020年预算安排专项扶贫资金1 461亿元的基础上，中央财政一次性安排下达脱贫攻坚补短板综合财力补助资金300亿元，以挂牌督战县村为重点，支持贫困地区克服疫情影响，结合实际补齐短板弱项，为如期高质量打赢脱贫攻坚战提供资金保障。财政部建立了补短板资金定期报告和调度分析制度，督促切实加快支出进度，强化资金监管。

28. 2020年5月8日，财政部党组成员、驻部纪检监察组组长赵惠令同志主持召开部巡视“回头看”整改部分牵头单位工作情况汇报会，先后听取了税政司、预算司、国库司、监督评价局等4个牵头单位在财政脱贫攻坚整改措施制定、工作推进、任务完成以及制度建设等方面的情况汇报。部脱贫攻坚专项巡视“回头看”监督工作领导小组成员单位有关负责同志参会并进行了讨论发言。

29. 2020年5月11日，财政部脱贫攻坚领导小组印发《关于贯彻落实财政部党组与驻部纪检监察组定期会商机制 做好财政脱贫攻坚工作情况定期通报的通知》（财脱贫组〔2020〕5号），明确从2020年4月起，部党组、驻部纪检监察组每半年通报一次脱贫攻坚工作情况，形成同向发力、协作互动的工作格局。

30. 2020年5月16日，云南省人民政府印发《云南省人民政府关于批准昭阳区等31个县市区退出贫困县的通知》（云政发〔2020〕14号），批准永胜县退出贫困县。

31. 2020年5月20日，财政部脱贫攻坚领导小组办公室召开全体会议，会议传达学习习近平总书记在陕西、山西考察调研有关脱贫攻坚工作的重要讲话精神，国务院第91次常务会议精神，以及汪洋主席、胡春华副总理近期脱贫攻坚方面的讲话精神；会议通报落实《中共中央 国务院关于打赢脱贫攻坚战三年行动的指导意见》第三方评估反馈结果；部脱贫攻坚领导小组各成员单位介绍巡视“回头看”整改进展情况。领导小组办公室主任吴奇修同志主持会议，领导小组办公室成员出席会议，驻部纪检监察组、机关纪委应邀派员参加会议。

32. 5月22日，财政部脱贫攻坚领导小组办公室印发《关于加强挂牌督战地区财政脱贫攻坚资金管理和政策落实工作的通知》（财脱贫办〔2020〕5号），细化挂牌督战地区资金管理和政策落实工作要求。

33. 2020年5月25日，财政部党组成员、驻部纪检监察组组长赵惠令同志，部党组成员、副部长程丽华、邹加怡、许宏才同志在部机关听取永胜县脱贫摘帽情况汇报。期间，邹加怡同志主持召开座谈会，与永胜县委县政府负责同志、财政部驻永胜县定点扶贫工作队全体同志座谈交流。

34. 2020 年 5 月 26 日，许宏才副部长召集国库司、农业农村司、监督评价局开会，研究财政扶贫资金动态监控平台后续应用问题。

35. 2020 年 5 月 27 日，中央纪委驻财政部纪检组召开财政部脱贫攻坚巡视“回头看”整改工作成员单位汇报会，先后听取了经济建设司、科教和文化司、自然资源和生态环境司、金融司、人事教育司等 5 个牵头单位介绍巡视“回头看”意见反馈以来，脱贫攻坚整改措施制定、工作推进、任务完成以及制度建设等方面的情况。

36. 2020 年 6 月 2 日，程丽华副部长主持召开决战决胜脱贫攻坚资金保障和挂牌督战工作视频布置会，督促指导挂牌督战地区切实抓好财政脱贫攻坚资金管理和政策落实工作。水利部、国务院扶贫办有关负责同志在主会场出席会议并讲话。驻部纪检监察组应邀派员列席会议。云南、四川、甘肃、新疆等地财政、扶贫、水利部门有关负责同志发言。

37. 2020 年 6 月 9 日，出台《财政部关于进一步加强扶贫资金监管工作的指导意见》（财监〔2020〕9 号），建机制、聚合力，明确责任分工，强化责任追究，推动扶贫资金监管“一盘棋”。

38. 2020 年 7 月 3 日，财政部脱贫攻坚领导小组办公室主任、巡视“回头看”整改工作领导小组办公室主任吴奇修同志主持召开办公室全体会议，传达学习和研究落实习近平总书记在宁夏考察调研时的重要讲话精神和十三届全国政协十二次会议、国务院扶贫开发领导小组第十一次会议、脱贫攻坚督战工作电视电话会议精神，总结巡视“回头看”整改工作情况，研究巡视整改后续工作和审计发现问题整改工作，安排部署近期财政脱贫攻坚重点工作。领导小组办公室成员出席会议，驻部纪检监察组、机关纪委（巡视“回头看”整改监督工作领导小组办公室）应邀派员参加会议。

39. 2020 年 7 月 3 日，部脱贫攻坚领导小组办公室主任、巡视“回头看”整改工作领导小组办公室主任吴奇修同志主持召开第二次财政脱贫攻坚重点工作双月会商会议，就财政支持特殊贫困人口兜底保障问题、脱贫攻坚补短板综合财力补助资金落实情况和财政支持贫困劳动力稳岗就业问题组织会商。预算司、社会保障司、农业农村司负责同志出席会议，驻部纪检监察组、机关纪委（巡视“回头看”整改监督工作领导小组办公室）应邀派员列席会议。

40. 2020 年 7 月 6 日至 7 日，李克强总理赴贵州考察调研脱贫攻坚等工作，财政部部长刘昆同志陪同调研。

41. 2020 年 7 月 6 日至 8 日，汪洋主席赴西藏自治区考察调研，财政部副部长程丽华同志陪同调研。

42. 2020 年 7 月 10 日，财政部党组召开会议，传达学习李克强总理在贵州考察期间关于脱贫攻坚等工作的重要指示精神，听取部脱贫攻坚领导小组办公室等司局关于落实举措的汇报，研究部署了贯彻落实工作，要求部内相关单位抓好收官阶段贫困劳动力稳岗就业、返贫监测帮扶、防止因疫因灾致贫返贫等工作。

43. 2020 年 7 月 20 日至 29 日，按照国务院扶贫开发领导小组统一部署，财政部、全国妇联、台盟中央组成联合督查组，由程丽华副部长带队，赴甘肃省开展脱贫攻坚督查，全面了解甘肃省脱贫攻坚领域发现的问题整改和脱贫攻坚收官阶段重点工作进展情况，发现并与地方共同研究解决存在的问题，提出改进工作的建议。

44. 2020 年 7 月 21 日，财政部、国务院扶贫办、供销总社以视频会议形式召开政府采购贫困地区农副产品工作推进会。财政部副部长许宏才出席会议并讲话。会议传达了政府采购贫困地区农副产品工作进展情况，研究推进下一步工作。

45. 2020 年 8 月 18 日至 20 日，汪洋主席赴甘肃调研脱贫攻坚与乡村振兴衔接工作，召开全国政协重点提案督办协商会。财政部副部长程丽华同志陪同调研并参加座谈会。

46. 2020 年 8 月 31 日，财政部脱贫攻坚领导小组办公室主任吴奇修同志主持召开领导小组办公室全体会议。传达学习了习近平总书记和李克强总理、汪洋主席近期有关脱贫攻坚工作的重要讲话精神，以及胡春华副总理主持召开的国务院扶贫开发领导小组等有关会议精神，安排部署了下阶段脱贫攻坚重点工作。领导小组办公室成员出席会议，驻部纪检监察组、机关纪委应邀派员参加会议。

47. 2020 年 9 月至 10 月，财政部脱贫攻坚领导小组办公室、办公厅、农业农村司组织新华社、人民日报、中央电视台等多家中央重点媒体记者赴江西、湖北、四川、云南开展财政脱贫攻坚采访调研，深入一线倾听财政干部、贫困群众真实声音，收集鲜活的新闻报道素材，掌握生动案例，集中刊发了一系列新闻报道，充分展示财政脱贫攻坚工作成效。

48. 2020 年 9 月 21 日至 23 日，财政部党组成员、副部长、部脱贫攻坚领导小组副组长、部定点扶贫工作领导小组副组长程丽华同志率队，深入云南省丽江市宁蒗县、永胜县开展脱贫攻坚与“三农”工作调研。了解脱贫攻坚挂牌督战、基础设施改善、产业和教育扶贫，以及财政部定点帮扶点项目建设等情况，并召开座谈会，听取云南省财政厅及丽江市、永胜县有关负责同志意见建议，和财政部驻永胜工作队工作情况汇报，指导做好财政支持脱贫攻坚及“三农”工作。

49. 2020年9月21日，财政部印发《关于持续抓好财政扶贫资金动态监控平台应用有关事项的通知》（财库便函〔2020〕818号），从日常监控开展、监控结果运用和数据分析利用、提高数据接入效率和质量等方面，对省级财政部门监控工作的开展提出了要求。

50. 2020年9月25日，财政部脱贫攻坚领导小组办公室主任吴奇修同志主持召开财政脱贫攻坚重点工作双月会商会议，就脱贫攻坚与乡村振兴衔接政策专题研究进展情况组织会商。部脱贫攻坚领导小组办公室副主任及综合司、税政司、预算司、国库司、经济建设司、科教和文化司、社会保障司、自然资源和生态环境司、农业农村司、金融司、机关党委有关同志出席会议，驻部纪检监察组、机关纪委应邀派员列席会议。

51. 2020年9月30日，财政部党组书记、部长刘昆同志与湖南省岳阳市委主要负责同志通电话，就推动平江县继续巩固脱贫攻坚成果、接续推进乡村振兴战略提出要求。

52. 2020年10月15日，云南省委、省政府召开云南省脱贫攻坚表彰大会暨脱贫攻坚先进事迹报告会。财政部驻永胜县定点扶贫工作队队长魏高明同志被授予“扶贫先进工作者”称号，财政部选派永胜县程海镇崀峨村第一书记颜铭同志被授予“优秀驻村扶贫工作队员”称号。

53. 2020年10月17日，财政部农业农村司扶贫开发处、经济建设司能源处、金融司普惠金融处被国务院扶贫开发领导小组授予“全国脱贫攻坚奖组织创新奖”。

54. 2020年10月19日，财政部党组成员、副部长余蔚平同志和邹加怡同志在部机关听取湖南省岳阳市和平江县脱贫攻坚情况汇报。期间，邹加怡同志主持召开座谈会，与岳阳市、平江县负责同志一行进行座谈交流，就进一步巩固脱贫攻坚成果、衔接推进乡村振兴提出希望和要求。

55. 2020年10月21日，由供销总社主办，财政部和国务院扶贫办协办的“2020消费扶贫·贫困地区农副产品产销对接会”在北京农展馆开幕。全国人大常委会副委员长吉炳轩出席对接会并宣布开幕。供销总社理事会主任喻红秋、财政部副部长余蔚平、国务院扶贫办副主任洪天云出席开幕式并致辞。

56. 2020年11月5日至6日，财政部党组成员、副部长、财政部定点扶贫工作领导小组副组长邹加怡同志赴湖南省平江县调研脱贫攻坚有关工作，实地考察农民专业合作社、扶贫产业基地、易地扶贫安置区、汨罗江流域综合治理项目、创新创业园区以及教育扶贫项目，走访慰问建档立卡户，并召开座谈会交流脱贫攻坚有关情况，研究推进下一步工作。

57. 2020年11月6日，财政部党组召开会议传达学习中央纪委、国家监委关于财政部党组脱贫攻坚专项巡视整改报告的反馈意见，听取了关于落实举措建议的汇报。会议指出，在部党组的领导下，部脱贫攻坚领导小组办公室积极发挥统筹协调作用，各司局履职尽责，脱贫攻坚专项巡视“回头看”整改成果得到中央第十巡视组的充分肯定。会议还研究部署了下一步重点工作。

58. 2020年11月17日，中央和国家机关工委召开中央和国家机关脱贫攻坚先进集体、优秀个人表彰会，财政部驻平江县定点扶贫工作队杨宇同志被授予“中央和国家机关脱贫攻坚优秀个人”称号，并作为代表发言。

59. 2020年11月17日至18日，财政部党组成员、驻部纪检监察组组长赵惠令同志在财政部贵州监管局召开部分监管局驻村帮扶工作座谈会，并带队赴贵州省龙里县开展扶贫工作调研。

60. 2020 年 11 月 19 日至 20 日，财政部党组成员、驻部纪检监察组组长赵惠令同志一行赴永胜县调研财政部定点扶贫工作。调研组实地考察永胜县红高粱收购基地、程海镇莨峨村、三川镇翠湖村、县民族中学，了解脱贫攻坚产业发展、民族教育等情况，走访慰问建档立卡贫困户，并召开座谈会交流脱贫攻坚有关情况，研究推进下一步工作。

61. 2020 年 11 月 19 日，财政部召开财政脱贫攻坚媒体吹风会，财政部脱贫攻坚领导小组办公室主任吴奇修同志介绍了财政支持脱贫攻坚总体情况，税政司、预算司、国库司、经济建设司、科教和文化司、社会保障司、自然资源和生态环境司、农业农村司、金融司、监督评价局、机关党委负责同志根据职责分工，围绕财政支持脱贫攻坚相关政策、具体做法、工作成效、典型案例等介绍了相关工作成效和亮点，媒体记者与各司局负责同志开展了互动交流。

62. 2020 年 12 月 1 日，程丽华副部长接受了中央广播电视总台《伟大壮举》摄制组采访，就财政扶贫投入、扶贫资金监管、贫困县涉农资金整合政策等情况回答了记者提问。

63. 2020 年 12 月 2 日，财政部和国家税务总局在国新办新闻发布厅联合召开“财税支持脱贫攻坚有关情况”发布会，财政部党组成员、副部长、部脱贫攻坚领导小组副组长程丽华同志以及部脱贫攻坚领导小组办公室、农业农村司、监督评价局主要负责同志参加了发布会，并就媒体关注的财政脱贫攻坚问题进行了发布和回应。